Do Rococó ao Cubismo

Coleção Stylus
Dirigida por J. Guinsburg

Equipe de realização — Tradução: Maria Helena Pires Martins; Revisão: Geraldo Gerson de Souza e Valéria de Souza; Produção: Plinio Martins Filho.

Do Rococó ao Cubismo na arte e na literatura

Wylie Sypher

EDITORA PERSPECTIVA

Título do original
Rococo to Cubism in Art and Literature

Copyright © 1960, by Wylie Sypher
All rights reserved under International and Pan-American Copyright Conventions. Published in New York by Random House, Inc., and simultaneously in Toronto, Canada, by Random House of Canada Limited.

Direitos em língua portuguesa reservados à
EDITORA PERSPECTIVA S/A
Av. Brigadeiro Luís Antônio, 3025
01401 — São Paulo — Brasil
Telefone: 288-8388
1980

SUMÁRIO

Agradecimentos 7

Prefácio 11

PRIMEIRA PARTE: ROCOCÓ: A IDÉIA DE DE UMA ORDEM

1. Pope e a Situação do Rococó 21
2. As Ilusões do Iluminismo 27
3. O Rococó como Estilo 35
4. Arabesco em Verso 43
5. O Gênero Pitoresco 53

SEGUNDA PARTE: O PITORESCO, O ROMANTISMO E O SIMBOLISMO

1. A Perda de um Estilo 63
2. O Pitoresco Visual: Os Prazeres da Imaginação 75
3. O Pitoresco Psicológico: Associação e Devaneio 81
4. O luminismo 93
5. Correspondências 101

TERCEIRA PARTE: O NEOMANEIRISMO

1. Estilo, Estilização e Bloqueio 119
2. A Condição Neomaneirista 125
3. A Experimentação Impressionista 135
4. Nazarenos, Lioneses e Pré-rafaelitas 153
5. Os Nais e a Art Nouveau 165

QUARTA PARTE: A PERSPECTIVA CUBISTA

1. O Novo Mundo de Relações: A Fotografia e o Cinema 191
2. A Dramaturgia Cubista 211
3. O Romance Cubista 217
4. O Mundo sem Objetos: Neoplasticismo e Poesia 227

Nota Bibliográfica 239

AGRADECIMENTOS

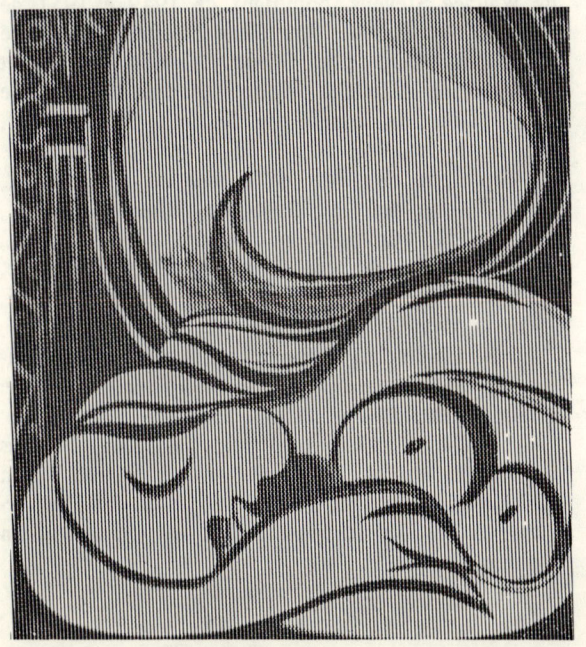

Mais uma vez, agradeço a consultoria editorial prestada por Jason Epstein e por Andrew Chiappe bem como a The Simon Guggenheim Memorial Foundation pela bolsa que me permitiu revisitar os museus europeus. Por outro lado, não poderia ter escrito estes capítulos se não contasse com o auxílio dos bibliotecários do Fogg Art Museum da Universidade de Harvard. Além disso, contei, também, com o desvelo e a sabedoria de Evelyn Kossoff do Departamento Editorial da Random House.

Os editores da *Kenyon Review* e da *The University of Toronto Quaterly* bondosamente consentiram que eu fizesse uso de certas passagens e matérias dos artigos "Gide's Cubist Novel", "Arabesque in Verse" e "The *Morceau de Fantaisie* in Verse", por mim escritos em 1945 e 1949 e que apareceram originalmente nessas revistas.

O sr. Henry Pearlman de Nova York e a sra. Frank G. Thomson de Haverford, Pennsylvania, permitiram-me reproduzir pinturas de suas coleções particulares.

O meu débito para com os historiadores e críticos de arte, em virtude do escopo da discussão, não está perfeitamente indicado nem nas notas bibliográficas nem nas notas de rodapé já que nelas não se pode especificar tudo que devemos a outrem. Estes capítulos estão baseados no trabalho de estudiosos como Pierre Francastel e Guy Michaud.

Agradeço, ainda, às seguintes editoras por me terem permitido fazer citações de textos cujos direitos lhes são reservados:

B. T. Batsford, Ltd. pelas passagens extraídas de *Picasso*, de Gertrude Stein.

Dodd, Mead & Company, Inc., pelas passagens extraídas de *Poemas* de William Sharp.

E. P. Dutton & Company, Inc. e aos herdeiros de Luigi Pirandello, pelas passagens extraídas de *Each in His Own Way* e *Six Characters in Search of An Author* de Luigi Pirandello, do livro *Naked Masks: Five Plays*.

Elek Books, Ltd. pelas passagens extraídas de *A Love Affair* de Émile Zola, traduzido por Jean Stewart e editado em 1957.

Farrar, Straus e Cudahy, Inc. pelas passagens extraídas de *Selected Letters of Gustave Flaubert*, traduzido e editado por Francis Steegmuller, copyright de 1953.

Grove Press, Inc. pelas passagens extraídas de *Selected Writings of Gérard de Nerval*, traduzido por Geoffrey Wagner que também escreveu uma introdução crítica e notas: Grove Press, 1957; de *The Voyeur* de Alain Robbe-Grillet, traduzido por Richard Howard, Grove Press, 1958; de "A Fresh Start for Fiction" e "Three Reflected Visions" de Alain Robbe-Grillet, que apareceram em *Evergreen Review*, vol. I, nº 3, Grove Press, 1957.

Harcourt, Brace and Company, Inc. pelas passagens extraídas de *Film Form* e *Film Sense* de Sergei M. Eisenstein; de *Speculations* de T. E. Hulme; de "The Music of Poetry" de T. S. Eliot, copyright de 1942; de "Burnt Norton", "The Dry Salvages" e "East Coker" do livro *Four Quartets* de T. S. Eliot, copyright de 1943; de "The Waste Land", "The Love Song of J. Alfred Prufrock", "Preludes", "Whispers of Immortality", "The Hollow Men" e "Ash Wednesday" da obra *Collected Poems 1909-1935* de T. S. Eliot, copyright 1936 por Harcourt, Brace and Company.

Henry Holt and Company, Inc., The Society of Authors como representante literário dos Curadores do Espólio do falecido A. E. Housman e a Jonathan Cape Ltd., editores da obra *Collected Poems* de A. E. Housman pela passagem extraída de *A Shropshire Lad* de A. E. Housman.

Houghton Mifflin Company pelas passagens extraídas de *Mont Saint Michel and Chartres* de Henry Adams.

The Johns Hopkins Press pelas passagens extraídas de *Selected Prose Poems, Essays, and Letters of Mallarmé*, traduzido e editado por Bradford Cook.

Alfred A. Knopf, Inc. pelas passagens extraídas de *The Collected Poems of Wallace Stevens* de Wallace Stevens, copyright de 1942, 1947, 1950 e 1954 por Wallace Stevens; de *The Necessary Angel* de Wallace Stevens, copyright de 1949 e 1951 de Wallace Stevens; de *The Counterfeiters* de André Gide, traduzido por Dorothy Bussy, copyright de 1927 de Alfred A. Knopf, Inc; de *Journals* de André Gide, traduzido por Justin O'Brien, vol. I, copyright de 1947 de Alfred A. Knopf, Inc., vol. II, copyright de 1948 de Alfred A. Knopf, Inc., vol. III, copyright de 1949 de Alfred A. Knopf, Inc., vol. IV, copyright de 1951 de Alfred A. Knopf, Inc.; de *Lafcadio's Adventures* de André Gide, traduzido por Dorothy Bussy, copyright de 1925, 1928 de Alfred A. Knopf, Inc.

J. B. Lippincott Company pelas passagens extraídas de *Manet and the French Impressionists* de Théodore Duret.

The Macmillan Company pelas passagens extraídas de *Science and the Modern World* de Alfred North Whitehead, copyright de 1925-26; e de *Pre-Raphaelitism and the Pre-Raphaelite Brotherhood* de William Holman Hunt.

The Museum of Modern Art pelas passagens extraídas de *Picasso: Fifty Years of His Art* por Alfred Barr; e de *Post-Impressionism* de John Rewald.

W. W. Norton & Company, Inc. pelas passagens extraídas de *The Modern Theme* de José Ortega y Gasset.

Phaidon Press, Ltd. pelas passagens extraídas de *The Journal of Eugène Delacroix, A Selection* editado por Hubert Wellington e traduzido por Lucy Norton; e de *The Mirror of Art: Critical Studies by Baudelaire*, traduzido e editado por Jonathan Mayne.

Oxford University Press por "You Bid Me Try" de Austin Dobson.

The Philadelphia Museum of Art pelas passagens extraídas de *Creation of the Rococo* de Fiske Kimball.

Philosophical Library pelas passagens extraídas de "Immortality" do livro *Essays in Science and Philosophy* de Alfred North Whitehead.

Random House, Inc. pelas passagens extraídas de *Lectures in America* de Gertrude Stein; e de *Ulysses* de James Joyce.

Rinehart and Company Inc. pela passagem extraída de "Blue Symphny" de John Gould Fletcher do livro *Preludes and Symphonies*, copyright de 1930.

Charles Scribner's Sons pelas passagens extraídas de "London Voluntaries" de William Ernest Henley.

Paul Theobald and Company pelas passagens extraídas de *The New Landscape* de Gyorgy Kepes.

Alice B. Toklas pelas passagens extraídas de "Mis Furr and Miss Skeene" de Gertrude Stein.

Viking Press, Inc. pelas passagens extraídas de *Portrait of the Artist as a Young Man* de James Joyce.

Auburndale, Massachusetts

Para Lucy

PREFÁCIO

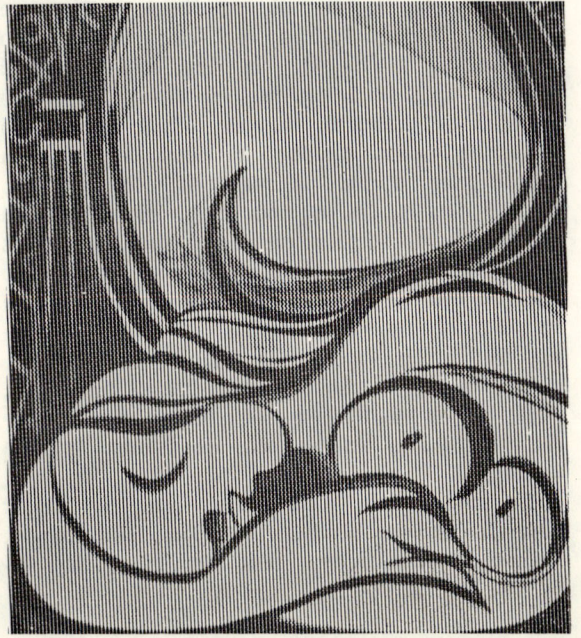

As hipóteses que estão por detrás destes capítulos já foram lançadas por outras pessoas. Limitar-me-ei, portanto, a repetir o que já foi escrito:

> Em cada período existe uma forma geral das formas de pensamento; e essa forma, como o ar que respiramos, é tão translúcida, tão penetrante e tão aparentemente necessária que só nos tornamos dela conscientes através de um esforço extremo.
> (Alfred North Whitehead: *Adventures of Ideas*)

> Os sistemas dependem totalmente, ou melhor, derivam diretamente da atitude mental geral de uma época particular... Mais ainda, a mudança de um sistema não está relacionada somente a poucos elementos mas afeta o todo... As formas voltam; os sistemas não.
> (Emil Kaufmann: *Architecture in the Age of Reason*)

> Somente técnica não pode explicar o aparecimento de um novo estilo pois um novo estilo em arte revela o aparecimento de uma nova atitude do homem frente ao mundo.
> (Pierre Francastel: *Peinture et Société*)

Estas passagens sugerirão a minha preocupação, já presente em *Four Stages of Renaissance Style*, com analogias, isto é, formas cognatas em literatura, pintura, arquitetura ou qualquer outra das belas artes. Não tentarei defender esta aventura pois já procurei justificá-la na introdução do livro que trata do Renascimento, Maneirismo, Barroco e fim do Barroco como fases do estilo de 1400 a 1700. De certa maneira, o presente trabalho é uma continuação do anterior.

Entretanto, tratar de estilo, depois de 1700, apresenta maiores problemas porque nos aproximamos dos períodos modernos e a perspectiva que temos é muito mais curta do que quando lidamos com a Idade Média, o Renascimento ou o Barroco. Depois que os historiadores da arte percorreram os primeiros períodos por caminhos tão diferentes, as generalizações se tornaram possíveis, talvez porque a história tenha gradualmente determinado quais foram as evoluções secundárias. Então, no decurso de nosso exame, à medida que mais e mais aprendemos, o problema se complica outra vez dando margem a contínuas reinterpretações. Quanto mais próximos estivermos de qualquer período, seja através do tempo ou do conhecimento, tanto mais complicado ele parecerá. O século XIX está muito próximo no tempo e as dificuldades de sua arte se tornam por demais aparentes, exatamente porque a história ainda não conseguiu peneirá-las e deixar de fora os problemas menores.

Entretanto, se vamos discutir as artes de 1700 até o presente, necessariamente envolveremos a noção de estilo, precisando, por isso, chegar a um acordo quanto às implicações contidas no termo estilo. O próprio uso da palavra já foi considerado, e com razão, uma ofensa e nenhuma outra idéia certamente já causou maiores disputas: parece que não conseguimos viver com ela nem sem ela. Provavelmente ninguém tratou melhor o problema do estilo que Arnold Hauser no artigo "O Estilo e Suas Mudanças". Hauser parte da premissa de que a idéia de estilo é tão essencial para a história da arte que, sem ela, teríamos somente uma cronologia ou um catálogo das obras e dos artistas e não poderíamos chegar a indagar o como e o porquê das mudanças em arte. Mais ainda, a noção de estilo é autocontraditória, já que muitos artistas trabalhando individualmente produzem o que nenhum deles pretendia: "Estilo é a unidade ideal de um todo que compreende inúmeros elementos concretos e disparatados". Como diz Hauser, o monte é mais do que os grãos de areia que o compõem; entretanto, o monte é somente a soma dos grãos. Assim, o estilo tem uma dupla natureza: adquire sua forma, direção e estrutura a partir de muitos artistas, embora nenhum deles esteja, necessariamente, consciente do estilo que está ajudando a criar. Eu diria ainda mais: se o trabalho de artistas individuais for por demais individualizado e muito diferente do trabalho que outros artistas estiverem executando, nesse caso, pode ser que o estilo jamais encontre seu denominador comum. Ocorreu algo parecido entre os românticos e os impressionistas: cada grupo tem muito em comum, mas pode-se dizer que têm muito que não é comum para terem produzido um estilo. Em outras palavras, um estilo congrega uma comunidade de problemas, métodos e soluções.

Este comentário prova que um estilo é uma abstração; ele "existe", observa Hauser, mas nunca "existe" no mesmo sentido que "existe" um quadro de qualquer artista. O estilo, de certa forma, é somente uma ficção da história escrita a respeito da obra de diferentes artistas. Mas é uma ficção necessária mesmo que não se possa chegar a um acordo sobre o modo de sua "existência". O estilo renascentista é "ao mesmo tempo mais e menos do que aquilo que foi expresso nas obras dos mestres do Renascimento". Hauser observa argutamente que um estilo é "como um tema musical do qual só são conhecidas as variações". O estilo existe — ou, pelo menos, aparece — embora nenhuma obra de artista algum realmente o realize. Assim sendo, um estilo se manifesta quase que apesar da inconsciência que os artistas têm de estarem criando um estilo.

De minha parte, diria que um estilo deveria ser descrito em vez de definido incondicionalmente, porque a tentativa de definir acurada e convincentemente pode levar ao dogmatismo em áreas onde o dogmatismo não é nem necessário nem útil. A história da arte, como toda história, é uma interpretação; e a interpretação não pode nem deve ser final: um assunto fechado.

No curso da minha discussão, assumi que um estilo genuíno é a expressão dominante, prevalecente ou autenticamente contemporânea da visão de mundo daqueles artistas que tiveram mais êxito ao intuir o tipo de experiência humana peculiar ao seu tempo e que têm a capacidade de expressar esta experiência sob formas profundamente adequadas ao pensamento, à ciência e à tecnologia que fazem parte dessa mesma experiência. Esta expressão não é facilmente conseguida. Um estilo nasce devagar, depois de muitos esforços, falsos inícios e erros. Todas estas dificuldades, todos estes desvios são inevitáveis pois qualquer época só adquire indiretamente a consciência das suas crenças sobre o mundo em que existe; e há sempre a tendência de traduzir a experiência contemporânea para o idioma da experiência do passado — o que, é óbvio, dá continuidade à história das artes.

Tomemos, por exemplo, a mudança no conceito de mundo ocorrida quando a ordem ptolomaica medieval foi substituída pela ordem copérnica renascentista. Foi uma revolução no conceito de espaço, isto é, no próprio conceito de universo e do lugar do homem dentro dele. Na arte, o primeiro sintoma desta mudança de concepção do mundo apareceu quando os escultores, arquitetos e pintores do início do Renascimento começaram a representar a realidade através do ponto de fuga da perspectiva ortogonal. Tal perspectiva em si nada era além de mera técnica, um mecanismo especial para organizar uma pintura ou escultura de acordo com as proporções da nova matemática. Naturalmente esta técnica, a princípio, produziu alguns efeitos estranhos como nas pinturas de Paolo Uccello. Foi somente depois que Alberti e outros teóricos italianos do *quattrocento* racionalizaram a técnica dentro de um sistema fechado de tratamento do espaço que surgiu o autêntico estilo renascentista nas obras de pintores importantes. Apesar do nascimento lento de um novo espaço pictórico e arquitetural e apesar das várias maneiras pessoais e, muitas vezes, conflitantes de usar o ponto de fuga da perspectiva, a criação de um espaço matematicamente coerente a partir de um ponto de vista tornou possível a *Escola de Atenas* de Rafael, uma obra que representa de forma acabada e quase oficial o estilo "grandioso" do Renascimento e que resume em símbolos pictóricos a experiência de uma época através de técnicas que estavam em profunda harmonia com o pensamento e com a ciência dessa era.

Um estilo é mais do que as técnicas que entram para compor esse estilo, pois expressa de forma adequada e, talvez, clássica, toda a consciência de uma época, expressão esta que ultrapassa a mera manipulação da perspectiva. Nenhum estilo atinge a maturidade até que todas as técnicas que o compõem sejam fundidas em um método de representação coerente ou, de alguma forma, compatível.

Outrossim, isto não quer dizer que um estilo não tenha nenhuma relação com os estilos anteriores. Ao contrário, todo estilo de maior importância tem um débito para com os estilos anteriores: o Renascimento para com a arte de Roma, o Maneirismo para com o Renascimento, o Barroco também para com o Renascimento e o Cubismo, provavelmente, para com quase todos os estilos conhecidos. O importante não é que um estilo seja completamente novo mas que apresente uma *visão dos estilos do passado própria de sua época*. O Gótico tem uma visão da arte antiga diferente da visão do Renascimento; e tanto o estilo gótico quanto o renascentista, derivando da antiguidade, foram realmente fiéis à sua época. A pintura acadêmica do século XIX também derivou da antiguidade, mas o pintor acadêmico não tornou contemporâneos os estilos anteriores. Em contraste, Picasso consegue essa proeza, ao brincar com o passado para sublinhar as diferenças com o presente. Na colocação de T. S. Eliot, o poeta moderno é moderno precisamente *porque* faz uso da poesia do passado de maneira que lhe é própria e de acordo com sua própria intenção, a fim de lidar com o presente. Ou, nas palavras de Hauser, o estilo é uma dialética entre as obras em progresso e as obras já existentes. No século XIX, o pintor ou poeta freqüentemente tentava adaptar novas técnicas a composições arcaicas. Assim, não usava as convenções do passado para explorar novas técnicas contemporâneas mas preferia fazer com que essas técnicas se sujeitassem àquelas convenções. Este foi um dos problemas com a pintura impressionista: houve a descoberta de novas técnicas e a tentativa de adaptá-las à composição convencional. Foi também uma dificuldade para a poesia romântica, que descobriu a técnica do simbolismo mas hesitou em se descartar das convenções retóricas da ode, da balada e da métrica.

Na evolução dos estilos, as técnicas aparecem antes do estilo maduro. Isto foi particularmente verdadeiro no século XIX, uma era em que a Biologia, a Física, a Geologia, a Astronomia e as máquinas estavam transformando os fundamentos da existência e das crenças. A técnica do artista está sempre se desenvolvendo ao mesmo tempo que a mutante tecnologia de sua cultura — com a câmara, por exemplo; e nenhum século testemunhou mais rápida ou completa revolução na tecnologia, nas artes aplicadas, na teoria científica e na invenção de novos materiais como o ferro fundido.

Nestas circunstâncias, esperar-se-ia que o século XIX apresentasse técnicas artísticas que competissem entre si; e esse foi precisamente o caso. O artista foi afetado pelas profundas desarmonias do pensamento do século XIX, tais como o choque entre uma explicação mecanicista ou vitalista da vida, entre as férreas leis de Física e as forças orgânicas da Biologia, entre a concepção materialista da sociedade e a concepção heróica e biológica do Estado. Assim, há algo mecânico na pintura influenciada pela câmara fotográfica, mas existe também algo de biológico e orgânico nos ritmos de Renoir. Onde ocorre a competição entre as técnicas, se torna difícil fazer história. Só a cronologia não interpreta o que aconteceu, pois técnicas competitivas estão constantemente interagindo umas com as outras.

Em virtude dessa competição, tentei fazer distinção entre um estilo genuíno e o que denominei estilização, que é o emprego de uma certa técnica.

Para distinguir: uma técnica não se torna um estilo antes de poder ser usada para representar adequadamente a visão do mundo de uma época e, da mesma forma que as artes do início da Renascença, as artes do século XIX são uma arena de técnicas competitivas de representação. É só com o Cubismo — um estilo que resume e concilia as muitas técnicas legadas pelo Impressionismo, pelo Pós-Impressionismo e pela Art Nouveau — que se atinge um estilo autenticamente moderno. De maneira semelhante, Uccello, Pollaiuolo e Fra Angelico, cada qual usando sua própria técnica ou estilização, tornaram finalmente possível o estilo grandioso de Rafael. O estilo se fundamenta na técnica que transcende. Deste ponto de vista, o Impressionismo foi uma técnica — engenhosa, frutificante e valiosa — mas não um estilo; ou, mais precisamente, houve muitas técnicas diferentes entre os impressionistas, cada um dos quais fazia experiências com seu próprio método.

O último século produziu estilizações e não um estilo. É útil fazer-se esta distinção, no século XIX acima de todos os outros, porque grande parte da arte desse século constitui-se numa exibição de novas técnicas que não se fundiram em um estilo, provavelmente porque o artista muitas vezes opôs resistência à tecnologia de sua época ou porque empregou-a de maneira superficial. O artista vitoriano odiava o ferro, por exemplo, porque odiava a industrialização; entretanto, o ferro era a base da tecnologia que determinava o seu modo de vida. Quão surpreendente é ver um pintor como Turner ou Monet criando uma obra de arte a partir da visão de uma fundição ou de uma estrada de ferro. Assim, as artes do século XIX apresentaram uma forma curiosa de hiato cultural que Francastel chama de "bloqueio". Com o século XX e o aparecimento do Cubismo, este bloqueio tende a desaparecer, uma vez que o pintor cubista era capaz de aceitar e assimilar à sua arte não só a tecnologia como também a teoria científica que prevalecia em sua época. Usando o cinema, a máquina e a teoria da relatividade, de boa vontade e inteligentemente, embora nem sempre consciente de sua intenção, o Cubismo se manifesta como um arquétipo do estilo moderno que o século precedente não havia sido capaz de formular. A Bauhaus simplesmente deu continuidade a este estilo, novamente dentro do campo tecnológico — uma forma de retorno das artes para a sociedade. Não quero, porém, advogar que tenha havido qualquer evolução ou progresso consistente e contínuo em direção ao Cubismo, embora este tenha sido, da mesma forma, inevitável ou, pelo menos, uma consumação.

Em certo sentido também, as artes do século XIX apresentaram um certo tipo de primitivismo, porque muitos pintores e arquitetos experimentaram novas técnicas apesar de não terem atingido um estilo maduro. Francastel notou que os primitivos verdadeiros não são aqueles que tentam, como os pré-realistas, voltar a formas anteriores de arte, freqüentemente arcaicas, mas aqueles que fazem uso de uma nova técnica. Assim também, os verdadeiros primitivos da poesia do século XIX não são os que tentaram reviver a balada mas os que exploraram a técnica do poema-prosa e do verso livre. O verso livre, concordamos, nunca atingiu o estágio de ser um estilo; mas conduziu ao estilo autenticamente moderno de Valéry e Eliot que mantém uma relação com os cubistas e o cinema. Da mesma maneira, Degas é um primitivo ao experimentar ver as coisas como que através de um daguerreótipo, embora, como muitos dos primitivos do século XIX, tenha sido um almofadinha e um sofisticado. O realismo do romance do século XIX foi uma forma de experiência primitiva comparável — influenciada desta vez por ciências como a Medicina, Psicologia ou Psiquiatria e pela observação em laboratório, biológica ou sociológica — que nunca conseguiu atingir um estilo satisfatório. Mas, através de seus próprios fracassos, o realismo tornou possível a ficção "pura" de André Gide, que retirou do romance tudo o que não fosse ficcional.

Tudo isto quer dizer também que o século XIX foi tão revolucionário nas artes quanto na sociedade. E os verdadeiros revolucionários em arte não são os que se revoltam contra ou rejeitam o passado mas aqueles que, durante sua revolta, encontram uma nova técnica. A rebelião, em si, não é criativa, como o prova a arte romântica, embora possa levar a novas técnicas. Os impressionistas foram rebeldes surpreendentemente criativos.

À luz de todas estas complicações, não posso escrever uma história consecutiva das fases pelas quais se desenvolveu um estilo no século XIX, um período em que técnicas ou estilizações competitivas se desenvolveram concomitantemente e foram adotadas e adaptadas internacionalmente quase no mesmo instante em que eram inventadas. Ao invés, estou tentando distinguir alguma relação entre as estilizações: modos ou técnicas de representação com materiais diferentes. Muitos temperamentos diferentes usaram destas técnicas para propósitos bastante diferentes e com efeitos muito diferentes. Existe, contudo, uma tendência principal; surgiu, pelo menos, um estilo moderno a partir dessas técnicas em competição.

Se um estilo é a autêntica e concordante imagem da consciência de uma época, uma estilização é, algumas vezes, de um modo ou de outro, um compromisso, uma fuga, um substituto temporário, uma aventura de adaptação de novas técnicas a formas ou assuntos passados. Ao dizer isto, não pretendo nem por um momento depreciar a estilização. Algumas das experiências de maior valor no século XIX assumiram a forma de estilização, o que, do ponto de vista histórico e cultural, pode ser tão significativo quanto um estilo que atinge a maturidade. Pois, quando um estilo atinge a maturidade, já está fora de moda: só por breve momento ele consegue ser contemporâneo; depois, torna-se uma convenção. No meio tempo, o artista precisa continuar a ser contemporâneo, a pertencer à sua época, o que quer dizer que ele não pode se apoiar cheio de confiança sobre um estilo. As estilizações do século XIX provam que muitos artistas sabiam que estavam se mantendo em uma fronteira. A arte sempre floresce perto das fronteiras, precisa estar sempre pressionada contra fronteiras.

As várias estilizações que apareceram no século XIX tornam necessário fazer uma outra distinção de termos: distinção entre ilustração e decoração.

Por ilustração, entendo a pintura de anedota ou literária, que usa a tela para contar uma estória ou para apresentar um episódio. Em contraste, a forma mais pura de decoração é o motivo, o projeto aceito pelo seu valor puramente ornamental ou estético. A maior parte das artes do século XIX foram ilustrativas, de forma literária ou anedótica. A ênfase na trama do romance mostra o quão inerradicável era o desejo por uma "estória". A reação contra a arte ilustrativa resultou no Simbolismo, Art Nouveau e na pintura francesa de um pequeno grupo de Nabis ou "sintetistas", reunidos em torno de Maurice Denis, que rejeitou o realismo e seguiu a arte decorativa plana de Gauguin. A tendência de todo esse movimento decadente foi em direção à decoração e à arte abstrata. A arte ilustrativa é servil ao assunto; a arte decorativa ou ornamental se liberta do assunto ou trata um assunto (ou um objeto em pintura) primariamente como veículo da representação do motivo.

Tentei descrever estilo e estilização tão claramente quanto possível, mencionando pintores ou poetas cujas obras exemplificassem a técnica em discussão. Entretanto, preciso insistir no fato de que quase todo pintor, poeta ou romancista citado possui outros aspectos além dos por mim escolhidos para serem discutidos. Monet, por exemplo, é um realista que também é um impressionista *e* um simbolista; as primeiras fábulas simbolistas de Gide são bem diferentes de *Les Faux-Monnayeurs*; em Turner, podemos ver uma primeira fase cinza completamente estranha à sua fase iluminista; Corot, às vezes, é um ilustrador e, às vezes, um protocubista; Delacroix é às vezes romântico e, de repente, realista; Tennyson *consegue* escrever versos muito limpos; Baudelaire é um sonhador romântico tardio e um pré-simbolista; e, acho, ninguém seria suficientemente tolo para rotular Picasso como sendo somente um cubista, embora eu me sinta em liberdade para me referir a ele dessa forma. Quase todas as obras que citei têm outras relações com a história literária e artística além das que especifico.

Mais importante ainda, as estilizações estão sempre interseccionando umas às outras durante o período todo. Manet é um impressionista que apresenta forte semelhança com a Art Nouveau e até com a arte abstrata: o seu *Almoço sobre a Relva* é ao mesmo tempo uma simplificação das cores, um padrão plano e um projeto abstrato, tão desencarnado quanto as figurações que Gris apresentou mais tarde. Os *fauves* como Matisse estão muito próximos da Art Nouveau; mas também se aproximam dos simbolistas. Como é difícil dizer se Gauguin pertence ao Simbolismo, Art Nouveau, Pós-Impressionismo ou Fauvismo. Sou compelido a escolher os exemplos arbitrariamente, sem querer dizer que os estilos ou estilizações possam ser, ou devam ser, isolados uns dos outros.

Uma vez discutidos estes bloqueios, interferências e intersecções, tentarei indicar as relações entre quatro ou mais estilos ou estilizações identificáveis: Rococó e seu companheiro *genre pittoresque*; o Pitoresco e sua auxiliar, a técnica romântico-simbolista; o neomaneirismo e seus auxiliares pré-rafaelitas, impressionistas e Art Nouveau; e o Cubismo. Existem outros; e seria possível e legítimo considerar o todo a partir de outros pontos de vista. Nem quero dizer que o pitoresco seja mais importante que o Romantismo ou o Simbolismo que, em si, são evoluções importantes mas que fazem uso de uma certa psicologia primeiramente usada no Pitoresco. O estudo das relações entre estes quatro estilos ou estilizações leva a uma interpretação das artes que, espero, possa ser mantida. A natureza contraditória do pensamento e da experiência do século XIX, os muitos problemas não resolvidos da arte e da história desse mesmo século justificam que os enfoquemos a partir de tantos ângulos diferentes quanto nos for possível. Ao enfocá-los, assim, vemos também que tendências como o Romantismo, o Impressionismo, Realismo, Pré-Rafaelismo, Simbolismo e Art Nouveau têm mais do que um significado, têm, na realidade, um conjunto de significados, dependendo de como forem vistos. Nem é preciso repetir que, já que um não pode ser isolado dos outros, deve haver uma certa sobreposição em qualquer relato sobre esses movimentos artísticos que lhes mudam as feições quando colocados juntos.

De qualquer forma, algumas das técnicas do Rococó reaparecem no fim do século. Por isso é essencial que comecemos falando de um estilo considerado como sendo frívolo e aparentemente estranho ao nosso assunto.

Espero que esta discussão seja encarada como um ensaio e não como um panorama da arte moderna e da literatura. No prefácio do seu penetrante livro sobre os estágios da pintura francesa contemporânea, Bernard Dorival ressalta que vai considerar somente problemas especiais e que, necessariamente, tratará o assunto de maneira esquemática, incompleta e estilizada. O que ele disse a respeito dos seus três volumes se aplica, de forma mais acurada e mais óbvia, ao que se segue.

PRIMEIRA PARTE:
ROCOCÓ: A IDÉIA DE UMA ORDEM

1. POPE E A SITUAÇÃO DO ROCOCÓ

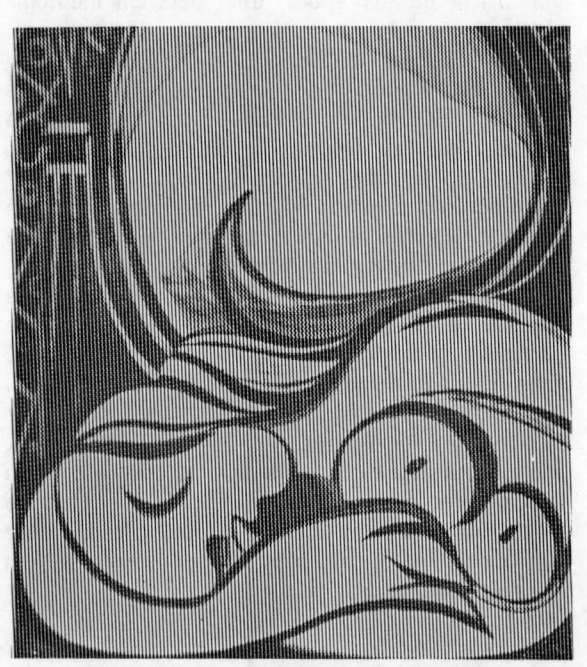

É difícil falar do Rococó sem, por um lado, assumir uma posição de condescendência nem, por outro, parecer levá-lo muito a sério, pois o Rococó não é um dos estilos de maior importância e aparece durante a primeira metade do século XVIII como uma manifestação fugidia nas artes decorativas. Normalmente, é identificado com as artes dos primeiros anos de reinado de Luís XV, que reduziu a uma escala mais íntima os exageros de Luís XIV, as formalidades de uma sociedade do fim do Barroco. Quer o Rococó derive ou não do Barroco, apresenta-se como uma reação contra a correnteza do Barroco da mesma forma que a pintura de Watteau é uma reação contra a pintura acadêmica de Le Brun. Sendo flamengo, Watteau conserva a nota realista dos "pequenos mestres", tornando-a na melodia das suas *fêtes champêtres* através do toque pessoal da sua modesta paleta. Watteau tem a sua própria etiqueta cuidadosa e a sua visão é tão sofisticada quanto a arte de Versalhes, mais fácil e mais graciosa, porém. Enquanto ele pintava, os arquitetos e decoradores parisienses, como Lepautre e Oppenord, estavam projetando os *hôtels* e dando um toque mais informal à magnificente decoração de Versalhes. Estes *hôtels* conservaram muitas das ilusões de espelho presentes no palácio e foram planejados, como Versalhes, exatamente simétricos. Mas as proporções eram mais leves; a atmosfera, mais íntima, adaptada à conversa espirituosa dos grupos de salão que floresciam no relaxamento da compostura real; as paredes foram reduzidas a um equilíbrio de planos simples que eram decorados com sensibilidade com frondes, gavinhas ou pequenos grupos de armas e instrumentos de caças, conhecidos como troféus. Estes delicados detalhes naturalísticos foram usados como motivos ornamentais em contraposição à pura geometria das estruturas arquitetônicas. A qualidade distintiva do Rococó é bom gosto, aquela faculdade indefinível mas muito responsiva à qual os franceses se referem como *je ne sais quoi*. O Rococó diminui a grandiosidade do Barroco precedente mas sem vulgarizar os modos de uma nova sociedade classe média que dificilmente levaria a monarquia tão a sério quanto foi levada nos esplêndidos dias de Luís XIV. Esta sociedade precisava de um teatro menor e menos pretensioso que o usado pelo Rei Sol. Depois das pomposas aléias de Versalhes, vemos os calmos e poéticos panoramas que se abrem por detrás das alegres festinhas de Watteau, arranjados dentro da reduzida atividade do Rococó que obedece ao ritmo do minueto e que tem a fragilidade da porcelana.

O Rococó, então, parece ser um anti-clímax. Diferentemente do Barroco, o Rococó não produziu muito no campo teórico uma vez que seus artistas por temperamento inclinavam-se para o não-acadêmico e o não-pedante: eles tinham um toque e não um sistema. Entretanto, o Rococó é um estilo legítimo e, mesmo, recorrente; apesar da sua superficialidade, é bastante importante porque é o último estilo coerente antes que o fim do século XVIII e o século XIX testemunhassem a perda de um estilo e a permanência de estilizações. Na verdade, a volta a um estilo ocorrida no fim do século XIX se deu, em parte, através dos métodos Neo-Rococó empregados pela Art Nouveau. É por isto que precisamos tratar o Rococó como um estilo moderno. É uma linha divisória de águas possivelmente porque despontou com o Iluminismo, época em que a ciência começou a afetar profundamente a nossa visão do mundo. Sir Isaac Newton ainda era vivo quando floresceu o Rococó.

Existe também uma certa dificuldade porque o início do século XVIII é, de muitas maneiras, estranho para nós, e o Rococó é um aspecto da consciência desse período. Esta consciência, talvez, tenha sido melhor representada pelo único grande poeta do Rococó, Alexander Pope, que é o menos simpático para nós, modernos. Parece, portanto, desagradável mas inevitável que nos aproximemos do problema rococó tratando, em primeiro lugar, do tipo particular de sensibilidade poética de Pope e, sem pretender muito, colocando-o dentro de uma certa perspectiva. É melhor que admitamos de imediato que não é preciso gostar de Pope; feita esta concessão, precisamos também admitir que Pope foi, no sentido que Gertrude Stein dá ao termo, um artista de sua época: um poeta em harmonia plena com a cultura e o pensamento de seu tempo. Pode ser valioso repetir o que Dr. Johnson disse em resposta à questão que se levantou já em meados do século XVIII — "se Pope é um poeta". Com grande segurança Johnson replicou: "Se Pope não for um poeta, onde devemos encontrar a poesia? Circunscrever a poesia a uma definição mostrará somente os estreitos limites de quem define, embora não seja fácil fazer uma definição que exclua Pope".

Pope é único: limitado, talvez, mas capaz de escrever poesia porque colocou em verso um modo particular de crença que tornou possível a sua arte. É um modo de crença que não mais pode ser mantido apesar das curiosas associações entre Rococó e Art Nouveau, ponte entre o final do século XIX e a arte abstrata dos modernos. A ciência de uma época pode influir na crença e cada época tem o predomínio de uma ciência, o que, em si, reflete um modo de consciência. Pope nasceu em um mundo newtoniano.

Para percebermos mais claramente o que seja a maneira rococó de crença, própria de Pope, tentaremos distingui-la da nossa própria maneira de crer. Há muito tempo supomos que não se pode escrever poesia a menos que o poeta tenha algum mito a seu dispor; freqüentemente, também, ouvimos que a ciência nos despojou de mitos e, conseqüentemente, da visão poética do mundo, tornando a tarefa do poeta quase impossivelmente difícil. A ciência, dizemos, "despojou o homem de sua herança espiritual" e "daqueles símbolos e fábulas básicas" pelos quais vive o homem. O ensaio de I. A. Richards sobre *Science and Poetry* (1926) já tem alguns anos; entretanto, parece que aceitamos a sua opinião de que "o universo da matemática" tornou obsoleta a "visão mágica", isto é, "a crença em um mundo de Espíritos e Poderes que controlam os acontecimentos e que podem ser evocados e, até certo ponto, controlados por práticas humanas". Richards continua explicando que a poesia e as outras artes nascem desta visão mágica e "podem morrer com ela". Como pode a poesia, pergunta ele, falar de um Deus que está sujeito à lei da relatividade? Assim, nossas crenças poéticas são "como um canteiro de dálias cujos caules foram removidos". Na verdade, Ernst Cassirer nos convenceu de que a visão mítica do mundo é mais dificilmente erradicável do que o presumia Richards; mas mesmo Cassirer concede que, "à nova luz da ciência, a visão mítica deve desaparecer". Em desespero, tentamos encontrar o mito nos símbolos freudianos, nos romances de Grail, nos arquétipos de Jung, nas lendárias aventuras de Stephen Dedalus ou no anoitecer celta. O mito verdadeiro, entretanto, é uma crença inconsciente e nós, talvez, tenhamos tornado hiperconsciente a necessidade que o poeta tem do mito. Assim, Richards foi forçado a dizer que o poeta moderno só tem a habilidade para fazer afirmações falsas, desligadas de qualquer crença genuína.

Este tipo de lamento sobre a dificuldade de se ter uma visão mítica não é novo. No início do século XIX, Thomas Love Peacock calmamente afirmou que não existiam mais dríades em Hyde Park. Alexander Pope nunca supôs que existissem, nem em Hyde Park, nem em Twickenham. Mas escreveu poesia. E tornou as teorias científicas de seu tempo imediatamente disponíveis à sua sensibilidade através do discurso poético, do ensaio em verso. De maneira correta ou errônea, há mais de um século presumimos que essa não é a maneira adequada de se escrever poesia. Concordamos em que isso seja somente verso ao "nível de comentário da prosa". Ouvimos, também, dizer que Descartes e Newton mataram a poesia.

A verdade pura e simples é que isso não aconteceu. Eles mataram um certo tipo de poesia, indubitavelmente, mas não a poesia. Como o nosso capítulo final pode sugerir, Wordsworth está provavelmente certo quando disse em 1800 em uma das mais inteligentes passagens jamais escritas sobre poesia:

> Se as labutas dos homens de ciência jamais criarem uma revolução material, direta ou indireta, na nossa condição e nas impressões que habitualmente recebemos, o poeta não dormirá mais, então, do que o faz agora; ele estará pronto para seguir os passos do homem de ciência não só naqueles efeitos indiretos gerais, mas estará ao lado do cientista, levando sensação para o seio dos objetos de ciência. As mais remotas descobertas do químico, do botânico ou do mineralogista serão objetos adequados, como quaisquer outros, para a arte poética se chegar a hora em que estas coisas nos sejam familiares e que as relações pelas quais são pensadas pelos seguidores destas respectivas ciências se constituam em material manifesto e palpável para nós, como seres que se alegram e que sofrem.

O próprio Wordsworth "voou" na atmosfera da ciência — a psicologia associacionista do século XVIII que ele continuamente empregava para *discutir* a perda e a recuperação da sua visão poética.

Não existe uma poesia do discurso, não-mítica a ponto de ser quase expositiva? Lucrécio escreveu esse tipo de poesia. Muito da *Comédia* de Dante, especialmente as discussões culminantes no *Paraíso* a respeito do livre-arbítrio, da graça e do pecado, é poesia do discurso, uma explicação intensa e acurada que cristaliza os teoremas de Aquino em uma linguagem do intelecto dirigida ao intelecto. (Preferimos, no entanto, o drama do *Inferno* ao intelectualismo do *Paraíso*.)

Obviamente Pope não é um Dante, nem em intensidade, nem em intelecto. Mesmo assim, como poeta de maior sucesso do Iluminismo, enfrentou, em poesia, uma tarefa especialmente do século XVIII: torna acessível à arte o racionalismo newtoniano que causara uma revolução na vida do homem como ser que pensa e que crê. Em seus ensaios em verso, escreveu poesia expositiva que se originava de idéias e que tinha um tipo especial de decoração verbal: o poema como idéia e ornamento. Aqui, esta poesia só nos interessará na medida em que representa um estilo na história das artes. Pope é excepcional, se não anômalo, na literatura inglesa e, sem dúvida, o mais importante poeta de sua época, a época após Boileau, que produziu tão pouco verso na França que os historiadores se desculpam dizendo que foi uma época de prosa. Pope mantém uma relação curiosa com a sensibilidade dos fins do Barroco e com a arte de Dryden e Racine, parecendo fazer uso da mesma estrutura de ritmo, de oposição, afirmações contrárias e antíteses. Mas a linguagem de Pope não é a linguagem de Dryden e Racine e os seus versos não mostram o modo de consciência próprio do fim do Barroco, que é mais robusto em Dryden e mais voltado para o interior e para o psicológico na análise que Racine faz do eu. Pope pertence a uma outra tradição de formas artísticas, o Rococó. E o Rococó não é somente o Barroco destituído de peso ou o Barroco filigranado. O Rococó aparece na idade da razão, criando o poema como idéia e ornamento e separando-se, assim, do Barroco.

No prefácio de *Essay on Man*, Pope nos dá uma idéia do que seja o modo de consciência rococó: "A ciência da natureza humana, como todas as outras ciências, pode ser reduzida a uns poucos e claros pontos: não existem, no mundo, muitas verdades que possam ser afirmadas com certeza". A redução que Pope faz da natureza humana a uns poucos e claros pontos não é semelhante às reduções dos dramas de Racine porque em primeiro lugar ela é pensada e, depois, sentida: a idéia precede a realização enquanto experiência poética. É uma redução racional e não psicológica. A idéia de Natureza que está por detrás do *Essay* de Pope é um conceito tão abstrato, tão simples, quanto o sistema teórico de espaço e tempo de Newton, com suas leis primárias do movimento:

See worlds on worlds compose one universe,
Observe how system into system runs,
What other planets circle other suns...
Of systems possible, if 'tis confest
That Wisdom infinite must form the best,
Where all must fall or not coherent be,
And all that rises, rise in due degree;
Then in the scale of reasoning life, 'tis plain
There must be, somewhere, such a rank as man*.

Duvidar desta teodicéia é um pecado contra a "Causa eterna" que fez "este quadro" com todas as suas "belas dependências", com as suas "justas gradações":

The general order, since the whole began,
Is kept in Nature, and is kept in Man**.

O Iluminismo teve um talento especial para conceber estruturas intelectuais nuas como o "quadro etéreo" de Pope, dando coerência a percepções científicas, éticas e estéticas e dotando o racionalismo de um tipo especial de convicção:

...the first Almighty Cause
Acts not by partial but by gen'ral laws***.

Uma das impropriedades cometidas pela crítica foi a de situar Pope juntamente com Dr. Johnson entre os poetas neoclássicos. Há, pelo menos, duas diferenças. Johnson não "numera as estrias da tulipa"

---

* Veja mundos sobre mundos compor um universo,/ Observe como os sistemas se interligam/ Que outros planetas circulam ao redor de outros sóis.../ Dentre os sistemas possíveis, se for admitido/ A Sabedoria infinita precisa formar o melhor/ No qual tudo terá seu lugar ou não será coerente,/ E tudo que se levantar, o fará no grau certo;/ Portanto na escala da vida racional, é claro/ Precisa haver, em algum ponto, o lugar do homem.

** A ordem geral, desde o início do todo,/ Está na Natureza e está no homem.

*** ...a primeira Causa Suprema/ Age por leis gerais e não parciais.

enquanto na poesia de Pope abundam as particularidades de todos os tipos: o brilho de um colar, os objetos de um quarto de vestir, o brilho da carpa, o lustro da crista de um faisão, as ênfases nítidas em diálogos casuais, o escárnio contra este ou aquele almofadinha. Depois, também, se *Vanity of Human Wishes* de Johnson julga a experiência em termos sumários e formais, não é uma obra racionalista. Se nos perguntássemos qual o poeta mais doutrinário, responderíamos Pope, não Johnson, da mesma forma que diríamos Voltaire e não Racine, o mesmo Voltaire que escrevia que a moralidade é um sistema abstrato e cósmico:

La morale uniforme en tout temps, en tout lieu,
A des siècles sans fin parle au nom de ce Dieu.
C'est la loi de Trajan, de Socrate, et la vôtre.
De ce cult éternel la nature est l'apôtre*.

("*La Loi Naturelle*", I)

Johnson acredita que ela seja concordante; mas não consegue pensá-la dentro deste tipo de lógica. Passa em revista o homem da China ao Peru, mas não possui um conceito de "lei da natureza", nenhum sistema deístico do universo. Voltaire, esperando purificar a sociedade de suas infâmias, é um ser ainda mais racional que Descartes. Johnson é um moralista que não consegue racionalizar os seus imperativos de acordo com as abstrações de Voltaire. A atmosfera do poema de Voltaire, como a atmosfera do seu *Dicionário Filosófico*, é ideacional. É a atmosfera do *Essay on Man* de Pope que declara que a Natureza é um sistema harmonioso:

... jarring interests, of themselves create
Th'according music of a well-mixed State.
Such is the World's great harmony, that springs
From Order, Union, full Consent of things**.

* A moral comum em todos os tempos, em todo lugar,/ Por séculos sem fim fala em nome desse Deus./ É a lei de Trajano, de Sócrates e a sua./ A natureza é o apóstolo desse culto eterno.

** ...interesses discordantes, criam por si/ A música correspondente de um Estado bem misturado./ Essa é a grande harmonia do mundo que resulta/ Da Ordem, União e Consentimento das coisas.

Esta proposição não é semelhante às conclusões que Johnson tirou da experiência moral; sentimo-nos tentados a chamá-la teórica. É um tipo de tese que Johnson não se permitiria formular por ser um "conceito". Aqui, Pope se revela como sendo um artista com tendência intelectualizante; começa com o conceito de ordem metafísica e ilustra repetidamente como essa ordem se manifesta[1]. As suas idéias são as suas visões.

Longe de se importar com a beleza da ordem abstrata, Johnson carrega todo o peso de suas próprias dúvidas, seus próprios preconceitos, seus próprios fracassos e dores. Considerando sobriamente a experiência moral que viveu, tenta julgar a vida de maneira compreensiva. Pope não parece ter começado por este tipo de evidência: ele encontrou a idéia corrente da ordem universal e passou a exemplificar os seus aspectos. É duvidoso que alguém — menos ainda Samuel Johnson — pudesse sistematizar as crenças de Johnson numa ideologia. Caminhando lenta e pragmaticamente em direção às suas afirmações, Johnson luta com teimosia contra as suas próprias inconsistências e falta de lógica que, embora possam lhe causar grandes problemas, não o afastam das suas convicções. Pope também é inconsistente e faz afirmações contraditórias ou até paradoxais. No *Essay on Man* estas contradições são (pensa ele) resolvidas dentro do quadro de uma clara idéia da Ordem Natural que serve de premissa ao poema. Ou elas desaparecem, de forma aceitável, por detrás de uma simples lógica verbal ou de idéias como "Qualquer coisa que exista, é certa". Esta é uma idéia que Johnson não tomaria como um axioma. Nem Dryden, nem Boileau nem qualquer outro poeta do fim do Barroco existiu dentro do sistema de idéias brilhante mas precário de Pope. Pope

1. Maynard Mack, introdução a *Essay on Man*, de Pope, editado em 1950 por Twickenham. Este aspecto específico de Pope também foi tratado no capítulo vii do livro *Alexander Pope*, de Reuben A. Brower, que apareceu em 1959, depois que este livro já estava no prelo.

pensa pouco, mas pensa e é um poeta — o que Voltaire, com toda a sua agilidade mental, não é.

Pope já foi chamado de versejador talentoso, um extraordinário produtor de filigrana, um romântico inibido, um veículo de rancores mesquinhos, um moralista ardente e um irônico metafísico. Já nos disseram que ele não pode ser julgado por *The Rape of the Lock* mas somente por *The Dunciad*; ou não por *The Dunciad* mas somente por *The Rape of the Lock*; ou por nenhum e, sim, por suas pinturas de grupos de figuras ou por seus ensaios em verso. Na verdade, ele é um grande artista dentro do estilo conhecido como Rococó. Essa é a razão pela qual o seu intelecto muitas vezes guiou a sua sensibilidade poética. Comprovadamente, não tinha um intelecto de primeira classe e suas idéias eram superficiais; entretanto, sancionado por um tipo especial de inteligência poética, Pope, praticamente sozinho, conseguiu fazer um movimento na poesia contra o Barroco e o fim do Barroco. O significado do método poético de Pope, da sua própria maneira de crença poética, pode ser percebido se o colocarmos à luz do Iluminismo que produziu finalmente um Immanuel Kant, que disse que a experiência humana só é possível quando se tem uma "idéia de uma ordem", um "conceito de um mundo inteligível".

A "idéia de uma ordem" de Pope se revela quando ele afirma que o "mal parcial é o bem universal", o que parece ser um lugar-comum. Mas um chavão é um chavão especialmente porque quem o profere não tem consciência de estar hipersimplificando as coisas. Não podemos considerar a idéia de Pope sobre a ordem como sendo um chavão neste sentido. Ao contrário, Pope estava pondo em prática o seu tipo próprio de ousadia poética, pois estava tentando colocar ao alcance da imaginação poética e sem o benefício do mito, a melhor parte da ciência de seu tempo, embora ela fosse muito abstrata. A ousadia não parece, é claro, muito extremada. Mesmo assim, Pope é um poeta do Iluminismo e Kant colocou bem o espírito do Iluminismo na sua frase *sapere aude*: ouse usar o seu intelecto. Uma das limitações provém das idéias correntes do tempo de Pope: graças a Bolingbroke e outros, corria uma versão facilitada de Newton. Antes, pois, de definir o Rococó como um estilo, precisamos considerar o tipo de idéias usadas por Pope, idéias estas que tornaram possíveis a poesia e a arquitetura rococó.

2. AS ILUSÕES DO ILUMINISMO

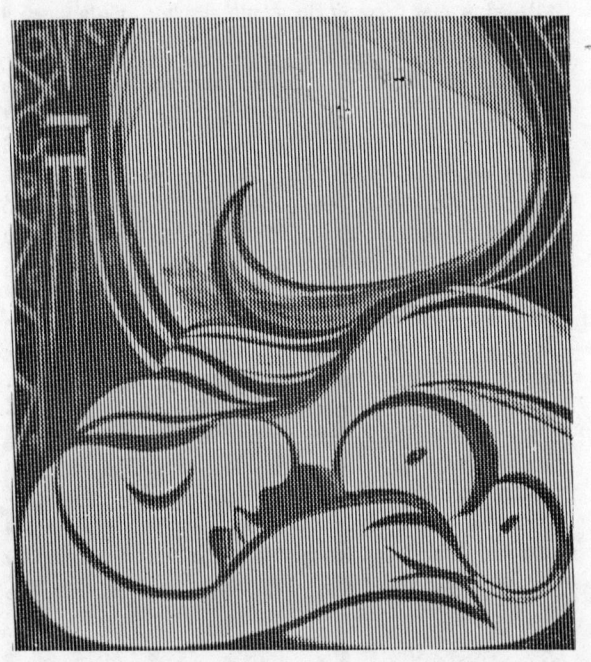

Uma vez, Whitehead comentou que "em cada período existe uma forma geral das formas de pensamento". Isto é, a maneira de pensar de cada época é também uma maneira de ser consciente. O século XVIII é normalmente chamado de a idade da razão sem que se reconheça que a atividade racional do período foi quase idêntica à atividade imaginativa. A imaginação iluminista freqüentemente se expressou *como* idéia. Desde o século XIX, a imaginação vem sendo colocada em oposição à razão e identificada a poder emocional, representação plástica ou sugestão do que não pode ser dito. Esta pode ser uma das causas do desaparecimento da poesia de idéias.

A maneira especial de ser consciente do iluminismo estava fundada, como Whitehead também notou, em um sistema de pensamento modelado pelos matemáticos de século XVII, um sistema bastante abstrato que apresentava, por um lado, corpos precisamente localizados e, por outro, o intelecto que conseguia construir um quadro conceitual do tempo e do espaço para envolver estes corpos localizados de maneira simples[2]. Newton foi o principal arquiteto desta ordem mundial e o seu sistema inspirou uma atitude religiosa chamada deísmo, cujo centro, Deus, era um intelecto matemático. I. A. Richards já perguntou se podemos esperar que os poetas consigam lidar com um Deus que está sujeito à teoria da relatividade. Pope conseguiu, em circunstâncias semelhantes, lidar com um Deus sujeito às três leis primárias do movimento postuladas por Newton. Estas leis mudaram, mas o problema poético é o mesmo.

O modo de estar consciente do iluminismo apareceu logo com Descartes que, já dizia d'Alembert, era tanto filósofo quanto geômetra. Sua maior influência foi como racionalista: uma pessoa que, nas suas próprias palavras, pode empregar "longas cadeias de raciocínios, simples e fáceis, do tipo usado pelos geômetras a fim de chegar às mais difíceis demonstrações". Durante o século XVIII, o método matemático se tornou o modelo internacional de pensamento. Fontenelle fala do iluminismo quando, como devoto de Descartes e Newton, comenta que "o espírito geométrico não está tão ligado à geometria que não possa ser desligado e transportado para outros ramos do conhecimento".

Assim, o iluminismo passou a confiar profundamente nas idéias inatas, aquelas noções primárias ou intuições tão claras que não podem ser colocadas em dúvida nem desaprovadas, como não se colocam em dúvida os axiomas da geometria. Estas idéias primárias não são construídas a partir da evidência dos sentidos: pois, não importa que estejamos dormindo ou acordados, Descartes nos assegura, um quadrado só pode ter quatro lados: "verdade tão clara e aparente" não pode ser questionada. Descartes despoja a realidade da cor, do cheiro e de todas as qualidades sensíveis; a essência de qualquer corpo é a idéia matemática que temos desse corpo, seu comprimento, largura e altura, feições estas que só são conhecidas se as pensarmos. Descartes parece ter provado que a realidade não é o mundo físico mas a idéia que dele fazemos.

Newton completou a reconstrução do mundo sobre uma base de idéias abstratas ao fazer do seu universo um sistema matemático governado pelas leis da gravitação. Localizou todos os corpos dentro de uma estrutura de tempo absoluto e de espaço absoluto, que funcionavam como um envelope conceitual para todas as coisas existentes aqui ou ali, agora ou depois:

> O tempo absoluto, verdadeiro e matemático em si e por sua própria natureza corre uniformemente, sem relação nenhuma com qualquer coisa externa e é chamado por outro nome: duração. O tempo relativo, aparente e comum é algum tipo (acurado ou não) de medida da duração através do movimento; é comumente usado ao invés do tempo verdadeiro, como, por exemplo, a hora, o dia, o mês, o ano.
>
> O espaço absoluto, por sua própria natureza, sem nenhuma relação com qualquer coisa externa, permanece sempre igual e imóvel. Espaço relativo é alguma dimensão ou medida móvel dos espaços absolutos, que nossos sentidos determinam em relação à posição dos corpos e que é normalmente confundido com o espaço absoluto...
>
> ... Todos os movimentos podem ser acelerados ou retardados, mas o correr do tempo absoluto não é passível de qualquer mudança...
>
> Assim como a ordem das partes do tempo é imutável, também é imutável a ordem das partes do espaço.
>
> (*Principia*, I)

Os planetas, regulados pelo tempo absoluto, espaço absoluto e força matemática, revolvem ao redor do sol; as luas revolvem ao redor da Terra e dos planetas, formando "o mais bonito dos sistemas", estruturado pelo "Senhor Deus, Pantocrator ou Governante Universal" que é um princípio abstrato "absolutamente destituído de qualquer corpo ou figura corpórea, não podendo, portanto, ser visto, nem ouvido, nem tocado; nem deve Ele ser adorado sob nenhuma forma de representação corpórea". O universo de Newton é um constructo matemático e seu Deus não pode ser mitologizado como o Deus da Relatividade de Einstein também não o pode. Ele não pode ser encarnado mas somente pensado. A imagem carnal do Deus

---

2. Capítulos iii e iv de *Science and the Modern World*, 1925.

barroco, — o pai de Milton golpeando Satã e jogando-o no abismo — foi abstraído e chegou-se à *idéia* de Deus. Até a "força" newtoniana não é a vontade pessoal de uma divindade mas uma lei matemática.

Finalmente, John Locke em seu *Essay Concerning Human Understanding* (1690) decidiu que, embora não houvesse idéias inatas no intelecto, o conhecimento era nada menos "que a percepção da conexão, do acordo, do desacordo e da repugnância entre qualquer uma das nossas idéias". Locke além de racionalista é um empirista; e, se os sentidos nos dão o material do conhecimento, o conhecimento em si é o resultado da abstração desta experiência dos sentidos até se chegar às idéias e ajustar-se estas idéias em relações claras. Assim, Locke, como Descartes, chega a identificar conhecimento com noções de tamanho, figura, número e movimento. Estas são as "qualidades primárias" do nosso mundo. As "qualidades secundárias" são as cores, os sons, o gosto e odor, as impressões "sensíveis" que os corpos produzem em nós. Nós sentimos o mundo através dos sentidos; mas nós o conhecemos somente quando as idéias se desligam dessa experiência sensível.

Locke, e não Descartes, é o *decano* do iluminismo, erigido sobre poucas e simples idéias: um corpo coerente de premissas subjacentes, largamente aceitas como sendo por demais evidentes para, como um todo, precisarem ser formalmente expostas ou defendidas[3]. Estes pré-conceitos foram as premissas do pensamento do século XVIII, da mesma forma como a evolução se tornou a premissa do pensamento do século XIX.

A idéia de uma ordem na natureza, no intelecto humano e na sociedade, que fosse evidente por si própria, levou o iluminismo a ser doutrinário em quase todas as suas crenças. No fim do século XVII, Leibnitz concebeu o seu universo como um sistema de átomos formais (mônadas) que se movimentavam livre mas regularmente de acordo com uma harmonia

---

3. Arthur O. Lovejoy, "The Parallel of Deism and Classicism", *Modern Philology*, XXIX, 1932, pp. 281-99.

preestabelecida, a premissa de uma ordem "tão razoável" que o leva a afirmar:

> Da perfeição do autor supremo, segue-se ainda que não só a ordem do universo é a mais perfeita possível, mas também que cada espelho vivo represente o universo de acordo com seu ponto de vista, isto é, que cada *mônada*, cada centro substancial, precisa ter suas percepções e seus desejos tão bem regulados quanto seja compatível com todo o resto...
> Pois tudo é regulado nas coisas, uma vez por todas, com tanta ordem e harmonia quanto possível; a sabedoria e a bondade supremas não podem agir senão com perfeita harmonia.
>
> (*Principles of Nature and Grace*, 1714)

A fé dos deístas se baseava nesta ordem, onde cada relação é tão clara quanto em um sistema geométrico; estas relações, comenta Samuel Clarke, são "notoriamente simples e evidentes". O mundo é um acordo de átomos livres.

De maneira semelhante, a idéia de uma ordem evidente por si própria e fundada por "contrato" preestabelecido é a premissa do governo civil de Locke que deduz da lei da natureza uma pré-condição para a ação:

> ... é certo que exista tal lei e isso também é tão inteligível e claro para uma criatura racional que a estude, como a lei positiva das nações; não, possivelmente muito mais clara; tanto quanto a razão pode ser mais facilmente entendida do que as fantasias e as invenções complicadas dos homens.

A clareza desta lei está precisamente no fato de *não* ser escrita e de "não se encontrar em lugar algum a não ser nos intelectos humanos". O estado natural, base da sociedade civil, tem sua própria lei, pois não é um estado de licenciosidade, mas de razão:

> O estado natural é governado pela lei natural que obriga a todos; e a razão, que é essa lei, ensina a todos que a consultarem que, sendo todos iguais e independentes, ninguém deve ferir a vida, a saúde, a liberdade ou as posses do outro.

Locke nunca pretendeu "soltar o homem em uma liberdade desenfreada, antes que ele tenha a razão para guiá-lo", pois isso não seria liberdade mas uma corrida pelo poder. "A liberdade do homem, então, e a liberdade de agir de acordo com a sua própria vontade, fundamenta-se no fato dele ser dotado de razão, que é capaz de instruí-lo na lei pela qual ele deve se governar". A política barroca estava baseada no poder autoritário; a política de Locke baseia-se sobre a razão, que é a lei natural. Como o átomo formal de Leibnitz que se move por sua própria vontade num acordo preestabelecido com outros átomos, o homem civil de Locke tem uma "liberdade natural para ser livre de qualquer poder superior na terra e para ter como sua única regra a lei natural". As mônadas de Leibnitz, o homem livre de Locke, os planetas de Newton cada um correndo com sua própria força em sua própria órbita, obedecendo, entretanto, às leis "naturais" da gravidade — todos fazem parte do "mais bonito dos sistemas".

As várias Declarações de Direitos Humanos não poderiam ter sido escritas sem os conceitos políticos primários que só poderiam ser mantidos na atmosfera ideal do iluminismo. No fim do século, Adam Smith transferiu a idéia de ordem também para a esfera econômica. Cada membro da sociedade que tem poder aquisitivo obedece ao seu impulso "natural" de comprar no mercado mais barato e vender no mais caro, assegurando a sua liberdade numa troca livre, regulada pelas leis "naturais" da oferta e da procura. Estes princípios econômicos assemelham-se ao princípio literário que, como disseram Rymer e Dennis, a poesia se submete à lei natural: "o homem é o mesmo em todos os lugares" e a poesia "não pode ter grandeza ou real beleza se se desviar das leis que a razão severamente lhe prescreve". Para Pope, o Parnaso é o reino da Razão, já que o julgamento do poeta precisa "seguir a natureza".

Alexander Pope não foi um filósofo; mas assumiu a existência de algumas noções primárias — padrões que parecem ter sido inatos de uma maneira quase cartesiana. Os críticos podem falar irrefletidamente, admite ele:

Yet if we look more closely, we shall find
Most have the seeds of judgment in their mind:
Nature affords at least a glimmering light;
The lines, tho' touch'd but faintly, are drawn right*.

As categorias do julgamento estão aí. Intencionalmente usei a palavra categorias pois os versos nos lembram que o racionalismo do iluminismo foi, ironicamente, justificado por Immanuel Kant, que foi capaz de mostrar que só as nossas noções de espaço, tempo, causa e efeito nos dão capacidade de lidar com um mundo que não podemos compreender nem através dos sentidos, nem em si mesmo. E o nosso intelecto, através das "categorias da experiência", coloca uma ordem nas nossas impressões confusas, ordem esta que torna a experiência inteligível, útil e, mesmo, pensável. O iluminismo tinha como certo que o conhecimento é apenas o conhecimento racional e, à sua maneira, Kant afirmou o valor das idéias.

Quando procuramos um nome para esta "forma geral" das formas de pensamento iluminista, encontramo-lo em Jeremy Bentham, um dos últimos pensadores do iluminismo e um dos mais duros críticos do racionalismo. Ele a chamaria de *ficção*[4]. No uso que Bentham dá ao termo, uma ficção não é uma "entidade perceptível" mas uma invenção do intelecto e da língua, criada "pela forma gramatical do discurso empregado para se falar dela". As nossas idéias de Direito, Obrigação, Poder, Prerrogativa, Possessão e Propriedade são ficções pois a "existência de fato não lhes pode ser atribuída"; são afirmações. "As entidades fictícias devem a sua própria existência — *a sua impossível mas indispensável existência* — à língua e somente à língua." Nós não pretendemos que as ficções tenham o mesmo tipo de realidade que atribuímos aos objetos da

---

* Entretanto, se olharmos mais de perto, descobriremos/ Que a maior parte tem a semente do julgamento em seu intelecto:/ A Natureza concede pelo menos uma luz fraca./ Pode-se traçar as linhas, corretamente, embora se as toque de leve.

4. Jeremy Bentham, *Works*, Edinburgh, 1843, principalmente o vol. VIII e o "Fragment on Ontology". Conferir também com *Bentham's Theory of Fictions*, ed. C. K. Ogden, 1932.

natureza. Elas são, entretanto, necessárias para a atividade do intelecto. "Não podemos falar, nem sequer pensar em nada do que acontece ou passa pela nossa mente a não ser como *ficção*." Superfícies e linhas, comenta Bentham, são ficções; e não podemos ter a geometria sem elas. Elas são "inventadas para que o discurso seja possível", um "instrumento sem o qual a língua ou, pelo menos, a língua de qualquer forma superior à linguagem da criação bruta, não poderia existir".

Não existe comentário melhor do que este sobre a maneira de crer do iluminismo, sobre a sua "formação de idéias". Bentham compreende que, em sua época, os imperativos morais e políticos assumiram a forma de ficções — "o mobiliário do intelecto", como as chama — idéias que, uma vez concebidas, são discutidas como se fossem entidades "reais" e não "pneumáticas". Por exemplo, "a palavra *direito* é o nome de uma entidade fictícia; um daqueles objetos cuja existência é inventada para que o discurso seja possível, mas uma ficção tão necessária que sem ela o discurso humano não poderia ter continuidade". E há "um grau considerável de semelhança" entre as idéias com as quais está equipada a mente humana. Bentham percebe que o conceito de direito, não tendo existência objetiva no decurso da história, é um meio pelo qual o homem ordena a sua própria existência na história e impõe à história um princípio de justiça.

O iluminismo foi, assim, capaz de viver de modo consciente em um mundo de idéias, percebendo que suas ficções eram invenções do intelecto, um modo particular de crença. Perceber os dados através de ficções impostas a eles garantia a racionalidade do significado.

Esta maneira iluminista de estar consciente foi reinterpretada recentemente por Vaihinger. Ele considera as ficções como sendo estruturas racionais inventadas pelo eu para auxiliá-lo a dominar a experiência[5]. Vaihinger classificou os vários tipos de ficção de forma mais cuidadosa que Bentham. Em primeiro lugar, existem as *ficções legítimas* conscien-

5. Em *The Philosophy of "As If"*, Londres, 1924.

temente admitidas sob a forma de suposições ou convenções que sabemos não poderem ser provadas empiricamente mas que, entretanto, são úteis; consideramos estas ficções, segundo a famosa frase de Vaihinger, *como se (als ob)* pudessem ser verificadas. A maior parte das verdades "evidentes" do iluminismo foram considerados *como se* pudessem ser verificadas: a igualdade dos homens, o estado natural, o pacto social, as verdades e direitos inalienáveis. Em segundo lugar, existem as *semi-ficções* que são só parcialmente verificáveis ou "referenciais". As leis econômicas de Adam Smith são semi-ficções. A *hipótese* é uma ficção que necessita ser suportada ou provada através de evidência objetiva (a ciência no século XIX desenvolveu-se a partir de hipóteses). O *dogma* é uma ficção que aceitamos como sendo uma afirmação arbitrária, necessária para apascentar o medo ou a dúvida, ou para reduzir a tensão do eu. Por detrás do dogma, existe alguma necessidade urgente.

A genialidade essencial do iluminismo foi a sua capacidade de erigir ficções ou semi-ficções. Para os nossos propósitos, não precisamos perguntar se as ficções do direito natural, da lei natural e da ordem natural foram ou não, ocasionalmente, expressas sob pressões dogmáticas. Talvez elas estivessem presentes em Locke; certamente estavam nas ardentes mentes revolucionárias de Paine e Condorcet. O principal é que Vaihinger descreve a forma geral do pensamento da era iluminista quando diz: "os construtos ideacionais são ficções verdadeiras no sentido estrito do termo quando estão não só em contradição com a realidade mas também em contradição consigo próprios". A geometria, por exemplo, repousa sobre uma base de ficções verdadeiras, pois os próprios conceitos de ponto, linha, plano, círculo e esfera são fundados em situações "irreais" e são também contraditórios: um ponto é um absurdo lógico e dificilmente poderemos construir um mundo lógico a partir de pontos, linhas e superfícies planas. Entretanto, estas ficções são, como o número 3,1416..., essenciais para o discurso racional mesmo que nunca nos seja possível ver um ponto, uma linha, um plano ou um círculo.

O geômetra precisa acreditar nestas ficções; e, de um modo especial, ele realmente acredita, embora saiba que são contraditórias em si. O *Essay on Man* de Pope, como o *Civil Government* de Locke e o *Wealth of Nations* de Smith ou a Declaração de Independência de Jefferson estão coalhados de ficções verdadeiras tais como "a ordem geral", "o bem universal" e "a Natureza".

Tendo chegado a esta visão ficcional do mundo, o iluminismo percebeu que poderia passar sem o mito, aquela visão mágica de "Espíritos e Poderes que controlam os acontecimentos e que podem ser evocados e, até certo ponto, controlados através das práticas humanas". Milton tentou dar uma visão mítica ou mágica do mundo no teatro barroco de *Paradise Lost*, onde o universo ainda não havia sido neutralizado pela ciência e onde as imagens antropomórficas de Deus e do Diabo ainda podiam ser invocadas. Para Milton, como poeta, os deuses ainda permaneciam, em certo sentido, no Olimpo e ele podia animar o seu mundo — ou pelo menos o paraíso — através de agentes humanos. Mas mesmo Milton teve problemas com essas imagens mágicas e agentes divinos e, depois que o iluminismo se estabeleceu, todas as figuras mitológicas se tornaram os duendes de *Rape of the Lock* de Pope ou as personificações do verso do século XVIII. A linguagem do mito é, essencialmente, metafórica já que a metáfora dramatiza o mundo e antropomorfiza a realidade. Pope usa o símile mas não a metáfora como mecanismo poético usual.

Não importa o que nós acreditamos que o mito seja: existe uma diferença entre a visão do mundo barroca e a ficcional. Aqui está a importância do rococó como estilo: até aqui, o primeiro estilo moderno. O iluminismo dispensou o teatro mágico e plástico de Milton. A cosmogonia barroca de Milton se transforma no firmamento espaçoso de Addison, uma "estrutura reluzente" onde Deus é um princípio astronômico e o universo é um sistema radiante da lei matemática. Os mundos ainda são produtos da ordem divina, mas os planetas descrevem órbitas newtonianas: "Todos exultavam no ouvido da Razão". Se existe drama no universo de Addison, não é um drama mítico representado pelos deuses e pelos heróis barrocos, mas é o resultado da ação de forças desencarnadas.

A visão ficcional do mundo induz a uma nova situação na poesia, a uma nova relação entre o poema e o intelecto. Será injusto dizer que o Éden e o Paraíso resplandescente de Milton já eram anacrônicos, já eram um cenário poético mal adaptado para a teologia racionalizante do poeta? Infelizmente, algumas vezes o intelecto de Milton parece ser superior ao seu mito poético. Assim sendo, *Paradise Lost* foi escrito em condições poéticas adversas, uma vez que o seu mito — sucesso triunfante enquanto arte barroca — não foi capaz de conquistar a adesão incondicional da profunda inteligência de Milton. O quadro poético que fez do mundo foi incapaz de representar por completo o quadro racional que tinha desse mesmo mundo. Tentou dar uma visão mágica do mundo no início de uma época que tenderia à neutralização da visão científica.

Enquanto poeta do iluminismo, Pope conseguiu dominar o seu meio intelectual. Não tentou criar (ou até mesmo acreditar?) o tipo de mito criado por Milton. De maneira um pouco semelhante a Dante quando escreveu *Vita Nuova*, Pope exibiu uma nova mentalidade poética. Pope, utilizando-se das ficções de Ordem e Natureza — fundamentadas que estavam no "melhor pensamento de sua época" —, escreveu um tipo de poesia que lhe permitiu expressar as suas convicções sem tornar o universo em um teatro antropomórfico. O meio poético que usou foi adequado ao quadro de mundo que traçou:

> Look round our world, behold the chain of love
> Combining all below and all above.
> See plastic Nature working to this end,
> The single atoms to each other tend,
> Attract, attracted to, the next in place,
> Formed and impelled its neighbour to embrace.
> See matter next, with various life endued,
> Press to one center still, the general good*

* Olhe o nosso mundo, contemple a corrente de amor/ Combinando tudo que está embaixo com tudo que

Estas ficções são simplórias e, certamente, não podemos mais acreditar nelas. Entretanto, Pope resolveu seu problema poético, aceitando a poesia do discurso, um meio de expressão que, para o poeta, não exigia a "suspensão da descrença", nem mecanismos artificiais ou invenções. Foi um meio que assimilou a poesia à cultura dominante sem obrigar a mentir a si mesmo. De certo modo, então, o mecanismo poético usado por Milton, quando comparado ao de Pope, causa um tipo de obscurantismo, um pavor de pertencer ao seu próprio tempo. É claro que toda boa poesia é tradicional; no entanto, podemos perguntar se qualquer poesia pode ter sucesso se não pertencer o mais possível ao seu tempo, tanto do ponto de vista intelectual quanto técnico. De outra forma, haveria uma verdade muito amarga no sarcasmo de Peacock ao dizer que a mente poética caminha, como um caranguejo, para trás, vivendo "nos dias que já passaram". Para rejeitar Pope, precisamos ter outros motivos, pois suas crenças e seu meio de expressão não são anacrônicos. Não estamos, porém, preocupados com a verdade da poesia mas somente com a singular importância do rococó no desenvolvimento dos estilos modernos. Ele representa uma quebra com o passado.

Pope pertence a seu tempo ainda de mais um jeito, pois o século XVIII foi não só racionalista mas também empírico: como diz Hazard, foi uma época racional por temperamento, mas empírica nas atividades. O iluminismo surgiu no racionalismo de Locke e na matemática de Newton; mas também produziu as observações botânicas de Buffon. Existe uma semelhança entre o método poético de Pope e o método científico de Buffon, pois este apresenta um sistema racional da natureza mas, também, um estudo acurado da flora. (A botânica é uma ciência característica do século XVIII como bem o provam o profundo interesse de Thomas Gray e o interesse por flores demonstrado por outros.) Ao discutir a "Verdade", Buffon revela as duas faces do intelecto do século XVIII: o temperamento teórico e as atividades empíricas:

> Existem muitos tipos de verdades. Estamos acostumados a colocar em primeiro lugar as verdades matemáticas que são, entretanto, verdades somente de definição; estas definições estão baseadas em *simples suposições* e são *abstratas*, e todas as verdades deste tipo são somente as conseqüências lógicas, mas sempre abstratas, dessas definições...
> Ao contrário, as verdades físicas não são arbitrárias e não dependem de nós; em vez de se basearem somente nas suposições que fazemos, estão *fundamentadas nos fatos*; uma sucessão de fatos semelhantes... A palavra verdade inclui a ambas e, conseqüentemente, indica duas "verdades" diferentes...
>
> (*História Natural*)

Na ciência física, defende Buffon, procede-se "de observação para observação". Os jornais e as cartas da época apresentam várias passagens dos mais delicados e pessoais tipos de exame da natureza. Se Pope é o poeta do iluminismo, ele também projetou as lojas de brinquedos do coração, percebendo cada pequeno detalhe:

> Here files of pins extend their shining rows,
> Puffs, powders, patches, bibles, billet-doux*.

O primeiro plano está cheio de percepções de pequenos detalhes. Ele é sensível a cores, sons, texturas e a todas as qualidades "secundárias" das coisas. Em um sentido bastante técnico, Pope é rococó — o mais extraordinário poeta em um estilo que não é nem o de Milton, nem o de Johnson. É um estilo menor, por certo, mas é a base para o grande e enevoado sonho romântico que se seguiu.

---

está em cima./ Veja a Natureza plástica trabalhando para este fim,/ Os átomos individuais tendem um para o outro/ Atraem, e são atraídos e o vizinho/ É formado e impelido a abraçar o que está a seu lado./ Veja a matéria, em seguida, investida de várias vidas,/ Pressionar ainda para um centro, o bem geral.

* Aqui, linhas de alfinetes se estendem em filas brilhantes,/ Pompons, pós, remendos, bíblias, cartas de amor.

3. O ROCOCÓ COMO ESTILO

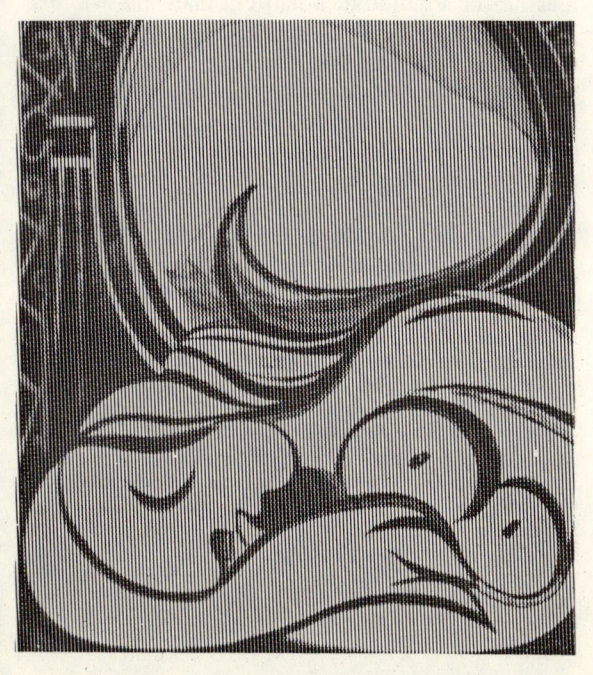

Já foram dadas inúmeras e vagas definições do rococó, possivelmente porque este estilo exprime uma situação bastante transitória. Antes do rococó, no fim do século XVII, encontramos o resplandescente e autoritário barroco que, no fim do período, havia se tornado mais sóbrio, mais formal e mais grave. Durante esse tempo, o espírito cartesiano estava produzindo os seus efeitos, pois, como bem o nota Cassirer, depois dos meados do século XVII, a mentalidade racionalista "permeia todos os campos de conhecimento até dominar não só a filosofia mas também a literatura, a moral, a ciência política e a sociologia". Este racionalismo, entretanto, não paralisou as artes até quase o fim do século XVIII, quando a geração da Revolução Francesa se devotou à "geometria elementar" da arte do Diretório: Adams, Hepplewhite e o classicismo superficial de Jacques Louis David. Servindo de transição ou de ponto de intersecção no começo do século XVIII, o rococó foi influenciado pelo espírito cartesiano mas não capitulou à sua geometria; também foi influenciado pelas propriedades do último período do barroco e pelo gosto e sensibilidade quase feminina de La Rochefoucauld, La Fontaine e outros artistas franceses que tinham um *esprit de finesse*. É difícil definir este estilo perecível porque é, paradoxalmente, ao mesmo tempo formal e vivo. Aceita aquilo que é decente com um toque pessoal e com expressividade; é natural e artificial; é um estilo público convencional com um toque particular inalienável; as suas fórmulas propiciam liberdade e um certo à-vontade. É uma arte que sabe aproveitar os materiais mais insignificantes, sem submetê-los a tensão excessiva.

O melhor que podemos fazer é dar atenção às definições que aparecem em *Creation of the Rococo* de Fiske Kimball, uma descrição estritamente histórica do estilo[6]. Para se dizer a verdade, o rococó pertence à época de Luís XV e à França e, mesmo que tenha se manifestado na arquitetura, ele não é um estilo arquitetônico mas uma evolução dentro das artes decorativas: "caso quase único na história artística, a esfera primeira do movimento se situou no reino da decoração: decoração de interiores, fossem eles domésticos ou religiosos, e a ornamentação, principalmente, de superfície". Esta ornamentação da superfície não derivou do barroco nem, apesar de apresentar uma certa fantasia de tipo oriental, foi diretamente influenciada pelo *chinesismo*. Ao contrário, projetistas, como Pierre Lepautre e Oppenord, fizeram um uso arquitetônico dos motivos de arabescos inventados por decoradores e pintores como Berain e Watteau. Foram feitas gravuras e publicações de coleções de troféus e outros ornamentos, como, por exemplo, o *Recueil d'arabesques, trophées, et autres ornements décoratifs* de Watteau, na época em que o rococó estava aparecendo em arquitetura. O arabesco já tinha sido usado anteriormente em jardinagem e em "compartimentos de ornamento" pintados por Le Brun. De qualquer modo, o rococó é, antes de tudo, um estilo de ornamentação, ornamentação esta que, deve-se dizer, não é basicamente ilustrativa mas decorativa. A distinção é importante porque diz respeito ao neo-rococó do fim do século XIX, a decoração Art Nouveau. Rococó tratava o motivo ornamental como um fim em si mesmo.

A arquitetura barroca usou freqüentemente a cártula, uma forma altamente plástica e escultural. O arabesco era bem diferente da cártula, pois esta era moldada a partir de pesadas massas barrocas. A decoração rococó era um jogo de detalhes naturalísticos claros e elaborados sobre um superfície plana ou vazia e, à medida que os arabescos se estenderam para a arquitetura, diminuiu a ênfase barroca nas colunas, pilastras e ricas ordens plásticas. A mudança da pomposidade barroca para o gosto rococó pode, em decoração, ser vista ao se comparar o materialismo dos assentos do coro de Saint Paul (1695-1697) feitos por Grinling Gibbons, ao naturalismo fastidioso dos bancos do coro de Notre Dame (1710-1711) de Pierre Lepautre.

Durante o período rococó, que abrange aproximadamente a primeira metade do século XVIII, a estrutura arquitetônica não era mais massiva, mas foi reduzida a finas faixas de pilastras que definiam os painéis simples das paredes. Os cômodos se tornaram espaços simétricos, equilibrados por elementos centrais e diagonais, um esqueleto quase goticamente frágil. Nas salas projetadas por Lepautre no início do século,

...uma das qualidades mais surpreendentes foi o abandono da plasticidade: tanto nos elementos arquitetônicos quanto nos motivos decorativos. Logo a coluna desapareceu por completo de seus trabalhos e a pilastra, com o relevo muito atenuado e reduzido, sobreviveu somente enquanto faixa, tendo-se-lhe dissolvido o capitel e a base. Os painéis das paredes cresceram em altura; da mesma forma, a projeção das cornijas foi reduzida... Entrelaçamentos e volutas... invadiram a parte superior e inferior dos painéis assim como passaram a aparecer, também, ao redor da roseta central. O típico campo para o enriquecimento decorativo não era mais a cártula plástica do barroco, que só sobreviveu sob a forma de escudo de armas, porém uma superfície lisa com faixas e volutas.

(*Creation of the Rococo*)

---

6. Obviamente toda minha discussão sobre o estilo rococó está baseada no livro de Fiske Kimball, tendo eu adotado suas opiniões e palavras.

As paredes se tornam o campo para motivos ornamentais que exigem artesãos extraordinários: faixas finamente executadas, entrelaçamentos, folhas de palmeiras, folhagens, caules, volutas de acanto, florões, ramos de flores e gavinhas cuidadosamente apresentadas sobre um plano neutro [1].

Estes frágeis trechos, precisamente cortados, com detalhes complicados, espalhavam-se pelo painel para criar um "organismo linear delicado" em substituição às colunas ricas, ao forte contraste de sombra e luz e aos volumosos elementos arquitetônicos usados pelo barroco. No rococó, o fino e delicado esqueleto arquitetônico, que quase desapareceu, colocava-se como o mundo ordenado de Newton, erigido através de conceitos matemáticos, que eram as ficções mentais não coloridas que existiam por detrás da complexa aparência das coisas. Ou, talvez, como a idéia que Locke fazia do estado natural como um projeto invisível subjacente à ordem social. Para aumentar a qualidade ficcional do espaço do rococó, o arquiteto freqüentemente fazia uso de espelhos. No Hôtel de Soubise, os espelhos não só esvaziam as paredes como também fazem com que os volumes desapareçam de tal forma que se tem a impressão de se mover através de um infinito continuamente em mudança. Este, entretanto, está firmemente ordenado pelo equilíbrio dos elementos centrais e diagonais. Por detrás de toda esta ilusão existem equações. Os detalhes decorativos individuais deste espaço rococó são liberados, embora repetidos, reafirmados com uma regularidade que lembra o mundo criado por Pope em *Windsor Forest*: "Where order in variety we see/ And where, though all things differ, all agree".

Como aponta Fiske Kimball, Oppenord e outros arquitetos rococó utilizaram um plano de fundo altamente convencional: "as paredes preexistentes de cômodos de formas simples e indiferentes". Tendo simplificado e regularizado a estrutura das paredes para um conjunto de planos simétricos, ornaram com campos decorativos estas superfícies neutras, utilizando-se de curvas em C, curvas inversas, entrelaçamentos e espirais. Assim, a superfície da parede se tornou orgânica embora a arquitetura tenha sido uma abstração geométrica de simples retângulos e cubos. A brilhante inscrição dos arabescos flui com vitalidade espontânea da matemática invisível e despretensiosa das paredes. A matemática das paredes, entretanto, estava sempre presente como uma ficção de apoio, uma harmonia preestabelecida com a qual se contava, colocada claramente embora sem lances de originalidade.

Geralmente falando, então, a subestrutura do rococó foi racionalizada nos termos mais simples e, na superfície, a decoração naturalística precisa e brilhante se desenvolve com um equilíbrio oculto e não com simetria matemática. Dentre as razões para a vitalidade da ornamentação rococó, encontramos o fato de que um dos lados do painel nunca repete exatamente o desenho do outro lado; existe equivalência e, não, repetição. O entrelaçamento varia continuamente o seu padrão e a variedade dos detalhes naturalísticos é tão viva que, sem a simetria da subestrutura, pareceria confusa. As paredes se curvaram para formar os tetos, apresentando molduras côncavas ornamentadas que criavam uma ilusão de forma mais hábil que o teatro barroco. De certo ponto de vista, o rococó é exo-esqueletal porque se ramifica sobre uma superfície, "vive ao longo da linha" como a aranha de Pope, que se move complicadamente. Como acontece no extravagante gótico, as paredes se tornam imperceptíveis por detrás da folhagem, dos ramos de flores, das gavinhas e das volutas tão finamente executadas que nos deslumbram. O artista rococó tem extraordinária facilidade de registrar as qualidades secundárias das coisas, como diria Locke. A ordem simples da sala retangular, equilibrada pelos elementos arquitetônicos e pelas janelas, é uma estrutura abstrata capaz de sustentar o instável naturalismo que brota da própria estrutura.

Estas evoluções do rococó se deram entre 1700 e 1740 no interior do Petit Luxembourg, do Hôtel de Roquelaure [2], no Hôtel de Soubise e em outros lugares de Paris, pois o rococó é essencialmente uma arte urbana como a arte do *Spectator* e dos ensaios addisonianos. É a arte da classe média que ainda não foi engolida pela metrópole. É urbana, de forma bas-

1. Hôtel de Matignon, Paris: *Interior*

2. Hôtel de Roquelaure, Paris: *Painel*

3. GUARDI (Francesco): *Campo San Zanipolo*

4. GASPARI (Pietro): *Prospettiva*

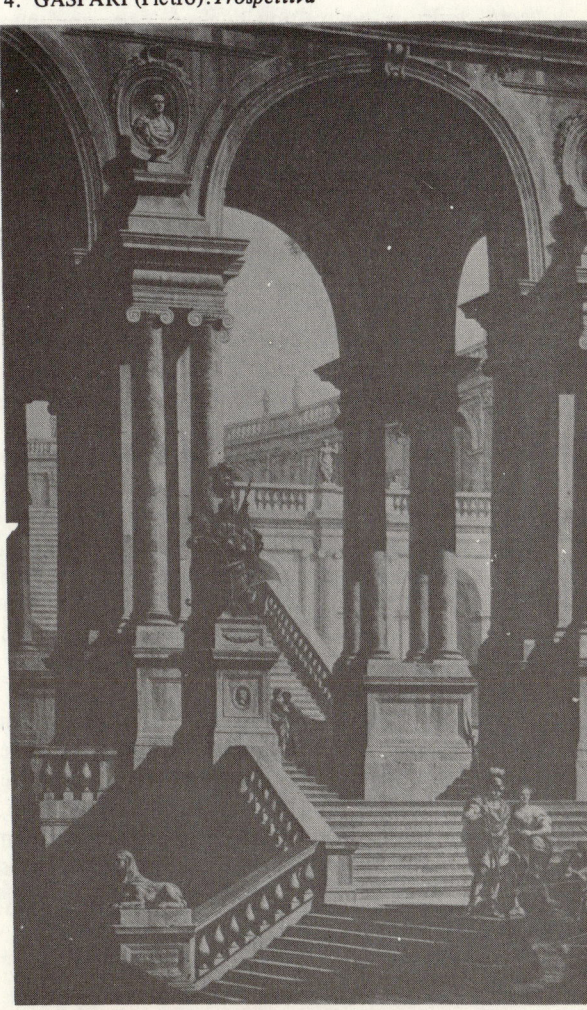

tante literal; e o barroco, de certa forma, não o era. A cidade ainda não se tinha convertido em prisão e a classe média ainda não tinha sido espoliada de sua tradição pela era da máquina. Daí o toque de bom gosto e polidez que aparece no rococó. Estas classes precisam de uma arte menos dominante do que o barroco. Pope foi um dos poetas que ganharam a vida escrevendo para esta nova classe. Ele apareceu em um momento em que podia se sentir à vontade com Bolingbroke e a poesia que escreveu é de uma finura decorativa inigualável. O rococó revela uma condição social provisória, com todo o novo individualismo de um mundo newtoniano.

Nesse meio tempo, os pintores rococó como Watteau, Lancret, Pater e Bigari estavam situando os seus volumes em um novo tipo de espaço. Se o barroco concentra as massas e tende a concentrar as figuras volumosas no primeiro plano, a pintura rococó subdivide as massas, permite que espaços vazios apareçam no primeiro plano e abre distâncias infinitas atrás das suas pequenas *fêtes champêtres* artificiais. O espaço do rococó apresenta um tipo próprio de vazio porque os corpos são localizados casualmente, em *nódulos*[7], deixando-os em uma situação de grande liberdade, de maneira que podem se mover espontaneamente. É quase como se as pessoas das pequenas cenas de jardim de Watteau fossem dotadas de uma "liberdade natural", uma liberdade que elas podem assumir sem insistir na força ou na vontade barrocas. "Os que aprenderam a dançar se movimentam com maior facilidade", diz Pope, colocando em palavras a impressão que temos dos pastores e pastoras emancipadas dos painéis rococó, que exprimem o seu estado de espírito sem constrangimento e sem esforço.

Nos meados do século, o italiano Bigari criou em seus quadros uma arquitetura visionária surpreendente onde figuras semelhantes a bonecos se movem com graça dentro de um espaço que parece mais vazio que os imponentes espaços barrocos. É como se um enorme e ordenado sistema newtoniano tivesse penetrado naturalmente o mundo rococó, temperando a tensão barroca, isolando os corpos, atomizando o episódio e fazendo com que o espaço dominasse a massa em vez desta dominar aquele, como acontecia no barroco. O primeiro plano do rococó pode se apresentar de forma complicada, mas nunca é cheio demais. Entretanto, por menores que sejam as figuras, o espaço do rococó jamais é opressivo. As vivas personagens de Watteau e Lancret estão perfeitamente à vontade nesses grandes espaços vazios; de acordo com a sua vontade, reúnem-se em grupos; movimentam-se aqui e ali, embora a sua marcha jamais seja desordenada. Eles têm os modos do amador; e a pose do amador — a aversão pelo pedante — é característica da atitude rococó. A indiferença que aparece em Watteau, Bigari ou Lancret é devida, em parte, à habilidade própria do rococó em *localizar* os corpos com jeito, quase da mesma maneira pela qual Newton localizou, com êxito, os corpos no seu universo através de leis periódicas ou intervalos periódicos. Por exemplo, a escala, nas cenas venezianas [3] de Guardi, é tão bem manipulada que, embora as dimensões sejam comuns, o efeito conseguido de espaços vazios e de espaço para se mover é quase miraculoso. O mais complicado ornamento rococó, como a pintura rococó, apresenta uma atmosfera de liberdade; cada detalhe tem a sua própria individualidade. Tanto a arte quanto a cultura rococó têm uma profunda consciência de identidade pessoal ou temperamento individual que não é agressiva; é a consciência particular e íntima de distinções que são compreendidas e não discutidas. *The Rape of the Lock* é um poema curiosamente pessoal, apesar da sua deliberada artificialidade. As cenas de Watteau são curiosamente íntimas, apesar da sua afetação deliberada.

A pintura rococó herdou do *genre* dos Países Baixos uma nota especial não-heróica e até mesmo anti-heróica que aparece não só em Watteau e na *conversation galante* francesa mas, de modo mais significativo, nas paisagens que *brincam* com a natureza na *veduta fantastica* italiana, especialmente nas quedas d'água pintadas por Giuseppe Zais. A paisagem rococó sugere que o modo do homem

---

7. Conferir com Louis Gillet, *La Peinture de Poussin à David*, 1935, p. 124.

se relacionar com o mundo mudou. Ruysdael e Hobbema subordinaram o homem à natureza — ao preço de quase ignorar as figuras que são desprezíveis nas suas paisagens. Ao contrário, o drama nas cenas de parque de Fragonard centralizam-se nos pequenos almofadinhas banhados em luz solar esfumaçada. As inúmeras fantasias de Marieschi, Ricci e Zuccarelli são animadas por camponeses miniaturizados espalhados no meio de imensas ruínas. Algumas vezes, em Moretti, Gaspari ou Battaglioli eles aparecem no meio de uma *prospettiva* [4] arquitetônica. Em todos os cantos, o ser humano é colocado em relação pessoal mas não heróica com a cena. Isto também é verdade em Guardi, cujos pátios venezianos são entrevistos por entre arcadas saturadas de luz cor de bronze; o mármore de *Dogana* ou *Santa Maria della Salute* brilha através das sombras projetadas pelas apáticas águas verdes do canal, pois Guardi já estava dando um toque semelhante ao dos impressionistas em suas paisagens. Estas percepções de quedas d'água, ruínas e canais são inconstantes, parecem sonho e são momentâneas, mostrando que a *veduta* do rococó é uma das primeiras variedades do pitoresco, pois coloca o homem dentro de um tipo de atmosfera. Ao tratar os panoramas de *Os Campos Elíseos* [5] ou *Festa no Parque*, Watteau usa a fórmula rococó de reunir as figuras, fazendo-as existir dentro de um tipo de luz ou ar, exatamente como estavam reunidas, ligeiramente fora do eixo, na *Windsor Forest* de Pope, onde ninfas e seus amantes demoram-se no meio dos bosques que ora deixam penetrar, ora afugentam o dia. Estas figuras, mesmo imersas dentro de um clima, não perdem sua individualidade. Os excelentes olhos rococó de Guardi percebem individualmente cada um dos cidadãos de Veneza à medida que desfilam aos milhares pela vasta Praça de São Marcos durante os festivais.

Uma vez que o espaço rococó é mais vazio que o barroco, apresenta-se como se fosse simplesmente uma área destinada ao movimento, dando, ao ao ambiente rococó, uma elasticidade que faltava à mais monumental arena barroca. Os tetos de Tiepolo se abrem à mitologia barroca, dispersando-a através de novos espaços vazios celestiais. Através das suas reuniões animadas, as figuras do *Embarque para Cítera* de Watteau, ou das festas campestres de Lancret e Pater tornam o espaço ao seu redor elástico e até a natureza parece estar viva. Mas os ritmos da natureza rococó — por mais fáceis que sejam — não sugerem as pesadas forças biológicas que pulsam pela natureza pós-darwiniana, forças estas chamadas por Whitman de "instinto procriador". A ciência dominante do século XIX foi a biologia; a ciência dominante do século XVIII foi a astronomia, o sistema de Newton. As passagens coloquiais das conversas e cartas do período rococó sugerem, como os intervalos da pintura rococó, a liberdade sem colisão nem confusão.

Os deístas, entretanto, julgaram poder encontrar, dentro da geometria do sistema de Newton, uma certa animação, um "sentido sublime" de alguma coisa misturada. Este movimento sutil parece brincar entre as gavinhas e folhagens da ornamentação rococó. O rococó começa como decoração de um sistema abstrato através de detalhes naturalistas; mas conduz os seus ramos e folhagens delicadas a um significado de "piedade natural". Deus não é só o intelecto matemático; logo se sente que Ele é um espírito, um sopro cósmico. Assim, o sistema newtoniano deu margem ao aparecimento do paradoxo do rococó: a geometria do universo foi animada pelos ritmos orgânicos (não ainda sentida "no sangue") e Pope, aceitando a visão deística da natureza, atinge um estágio intermediário entre Newton e Wordsworth:

See thro', this air, this ocean, and this earth,
All matter quick, and bursting into birth:
Above, how high progressive life may go!
Around, how wide! how deep extend below!
Vast chain of being, which from God began;
Natures ethereal, human, angel, man,
Beast, bird, fish, insect, what no eye can see,
No glass can reach; from infinite to thee;
From thee to nothing...*

* Olhai através deste ar, deste oceano e desta terra,/ A matéria, rápida, irrompendo à luz:/ Acima, quão progressiva

O artista do rococó, como Pope, se encontra no intervalo entre o barroco e o panteísmo romântico que se seguirá. Mesmo assim, a poesia de Pope, como a arquitetura de Lepautre e a pintura de Watteau, pertence a um estilo que se distingue dos outros.

5. WATTEAU: *Os Campos Elísios*

pode ser a vida!/ Ao redor, quão largo! como é profundo lá embaixo!/ Vasta corrente de ser que em Deus se originou;/ Naturezas etéreas, ser humano, anjo, homem,/ Fera, pássaro, peixe, inseto, o que não é visto por olho algum/ Nenhum aparelho óptico pode alcançar; do infinito a vós;/ De vós ao nada...

4. ARABESCO EM VERSO

Quando da publicação de *Essay on Man* em 1733-34, Pope escreveu uma nota preliminar em *"The Design"* na qual ele afirma que o mérito do poema estava em "ficar entre dois pólos de doutrinas aparentemente opostas". Esperava mostrar que podia harmonizar posição social com igualdade, auto-estima com benevolência, razão com paixão, e mal parcial com bem universal. Acreditava que podia reduzir estas contradições aparentes através da idéia de Natureza, uma das brilhantes ficções do iluminismo, tão contraditória quanto qualquer um dos axiomas da geometria. Pope tinha consciência das simplificações desta ficção uma vez que, no poema todo, ele insiste na necessidade de se acreditar que

The least confusion but in one, not all
That system only, but the Whole must fall*.

* A menor confusão num ponto, não no todo/ Do sistema, provoca a queda do Todo.

A sua teodicéia é um conceito tão doutrinário e tão consciente quanto o sistema de espaço e tempo de Newton: a "enorme confusão" tem um "plano" —

> ... this frame, the bearings, and the ties,
> The strong connexions, nice dependencies,
> Gradations just* .

Pope não precisou se alimentar em Leibnitz, Bolingbroke, Shafterbury ou em outros deístas porque a ficção da ordem já havia sido aceita no início do século, a idéia de que "Todos são somente partes de um estupendo Todo". O princípio por detrás desta Ordem não é o compromisso, mas o equilíbrio dos extremos. Este sentido dominante de ordem estava de acordo não só com a mente cartesiana mas, também, com a arte do fim do período barroco.

A arte de construção do ensaio de Pope assemelha-se àquela usada na câmara rococó, onde existe um equilíbrio perfeito entre os elementos verticais e diagonais, com uma simetria mediana servindo de estrutura inconspícua para as superfícies planas e neutras, papel, este, desempenhado na poesia pelas "poucas verdades puras" nas quais Pope tem tanta confiança. "A Ordem é a primeira lei do Céu." Nas suas *Anecdotes*, Spence relata que Pope tivesse dito: "todas as regras da arquitetura seriam redutíveis a três ou quatro tópicos. A adequação das aberturas, suportes sobre suportes e a regularidade dos pilares". Esta ficção de equilíbrio deu a Pope a capacidade de traduzir os mitos de Milton para "um nível mais alto de abstração"[8] de maneira que a poesia pudesse tratar conceitualmente de temas religiosos.

A ficção da ordem foi de especial valor em um universo que estava se tornando atomizado. Enquanto os astrônomos, como colocou Fontenelle, estavam descobrindo uma "pluralidade de mundos", os moralistas descobriam que "o dever total do homem" trazia problemas para a consciência particular, uma vez que o individualismo protestante estava sendo estendido para a ética da vida cotidiana. Os críticos literários descobriam, também, que, apesar das regras, cada um tem o seu gosto pessoal, faculdade esta passível de se tornar errante a menos que se tenha a idéia correta do "padrão justo" da Natureza:

> ... which is still the same:
> Unerring Nature, still divinely bright,
> One clear, unchanged, and universal light*.

Era necessário procurar, na ciência, na ética, na sociedade e na arte, algum tipo de unidade no meio de toda essa diversidade. Assim no *Essay on Man* todos os objetos vistos detalhadamente em uma "enorme confusão" — "ervas daninhas, carvalhos, abelhas, aranhas, martins-pescadores, gramados, enchentes, rosas, córregos — tudo adquire o seu lugar pela relação que mantém e pelo significado que tem dentro de um plano divino e universal"[9]. O terceiro Conde de Shaftesbury tinha a mesma preocupação em unificar a "Gloriosa Natureza":

> Agora, nisto que chamamos *Universo*, não importa que exista perfeição nos sistemas particulares ou que as partes simples apresentem entre si proporção, unidade ou forma; se elas não estiverem unidas em geral, em *um único* sistema, mas estiverem em relação umas às outras como estão os grãos de areia, as nuvens ou ondas que se quebram; então, não havendo coerência no todo não se poderá inferir uma ordem, uma proporção e, conseqüentemente, nenhum projeto ou desígnio. Mas se nenhuma dessas partes for independente e todas forem aparentemente unidas, então o *Sistema inteiro* estará completo, de acordo com um *Desígnio simples, consistente e uniforme*.
> (*The Moralists*, Parte II, séc. iv)

---

* ...esta estrutura, o arcabouço e as ligações,/ As conexões fortes, as dependências bonitas, /As gradações justas.

8. Mack, Introdução a *Essay on Man*, Twickenham, ed. lxiii.

* ...o que é ainda o mesmo:/ A Natureza que não erra, divinamente brilhante,/ Uma luz, clara, imutável e universal.

9. Mack, lxxv.

A arte rococó se volta muito para o individual dentro do plano abstrato. Como crítico literário, Pope aprecia o talento individual, "uma licença feliz", aquelas "graças incríveis que nenhum método ensina", e tudo que é gosto pessoal, gosto este que funciona como os relógios: "nenhum funciona como o outro". Mesmo assim, ele é capaz de conciliar os gostos e os talentos pessoais à permanente lei natural:

> Those rules of old, discovered, not devised,
> Are Nature still, but Nature methodized;
> Nature, like Liberty, is but restrained,
> By the same laws which first herself ordained*.

A Natureza, então, vem a ser a literatura clássica que, na crítica de Pope, é uma ficção análoga à ficção do estado natural que antecedeu o pacto social de Locke, uma ficção que pouco tem a ver com o que Horácio e Homero realmente escreveram, como a história de Atenas ou Roma pouco tem a ver com a ficção de uma sociedade civil primitiva. Ambas as ficções asseguram a liberdade do indivíduo dentro de uma ordem pressuposta. Juntamente com Locke, Pope pode caminhar da harmonia do todo para os gostos e para a conduta de cada pessoa:

> True wit is Nature to advantage dressed,
> What oft was thought, bu ne'er so well expressed;
> Something whose truth convinc'd at sight we find,
> *That gives us back the image of our mind***.

As "regras antigas" — descobertas e não inventadas — de Pope não estão baseadas nos textos clássicos mas numa fórmula de correção que o crítico tem quase como um *a priori* em virtude de um consenso, um acordo ou um pacto não escrito. Assim, aqueles que quiserem escalar o Parnaso precisarão, primeiro, "seguir a Natureza". Também como moralista, Pope aceita a ficção da ordem: "O estado natural é o reino de Deus".

Para Pope, até as paixões eram ficções. Um de seus mais notáveis poemas, *Eloisa to Abelard*, traduz as emoções para um nível de abstração provavelmente desconhecido até que os conceitos de Freud começaram a influir na literatura moderna. Já foi dito que Pope não era capaz de lidar com sentimentos fortes e que, portanto, este poema é simplesmente retórico. Seria mais exato dizer que Pope trata os sentimentos fortes tematicamente, pois *Eloisa to Abelard* é um *estudo* sobre sentimentos fortes. O poema é dramático, especialmente nos seus movimentos; mas é uma forma de discurso sobre a paixão em vez de ser a recriação de uma experiência passional. Pope não está tão preocupado com Eloísa em si, quanto está com a ficção de uma paixão dominante, já mencionada em *Essay on Man*, onde diz que as paixões são modos de auto-estima, uma tempestade que nos arrasta através do oceano da vida; e cada um de nós tem ou pode ter um impulso soberano, a doença da mente. Na nota preliminar, Pope explica que as cartas de Eloísa "retratam tão vivamente as lutas da *Graça e da Natureza, da Virtude e da Paixão*". Assim, *Eloisa to Abelard* se transforma em mais um dos Ensaios Morais, em um dos quais Pope descreve as várias "Personalidades das Mulheres", sustentando que a paixão dominante é mais comum nas mulheres que nos homens. Utilizando-se de Eloísa, Pope mostra o que acontece quando uma mulher é dominada pelo amor em vez de o ser pelos dois impulsos soberanos comuns ao temperamento feminino — "O amor pelo prazer e o amor pelo controle". Eloísa *discute* suas emoções, comentando o fato de estar dividida de maneira tal que reduz os seus sentimentos confusos a uma forma inteligível:

> How happy is the blameless vestal's lot!
> The world forgetting, by the world forgot;
> Eternal sunshine of the spotless mind,
> Each prayer accepted and each wish resigned;
> Labour and rest that equal periods keep.

---

* Aquelas antigas regras, descobertas e não inventadas/ São ainda a Natureza, mas a Natureza metodizada;/ A Natureza, como a Liberdade, só é restringida/ Pelas mesmas leis que a princípio ela ordenou.

** A verdadeira inteligência é a Natureza bem arrumada,/ O que já foi muitas vezes pensado mas nunca tão bem expresso;/ Alguma coisa cuja verdade nos convence, à primeira vista, /*Pois reflete a imagem do nosso intelecto.*

>   Obedient slumbers that can wake and weep;
>   Desires compos'd, affections ever ev'n;
>   Tears that delight, and sighs that waft to heav'n...
>   Far other dreams my erring soul employ,
>   Far other raptures of unholy joy...
>   O curst, dear horrors of all-conscious night!
>   How glowing guilt exalts the keen delight!
>   Provoking demons all restraint remove,
>   And stir within me every source of love*.

Mas nós não vivemos com ela os seus sonhos; eles são discutidos, não apresentados. Sabemos que ela se encontra em conflito; não experimentamos, porém, o conflito dentro dela como experimentamos o de Otelo.

Existe uma diferença entre estes estados de espírito alternados e a geometria de paixões que surge nas peças de Racine. A alma de Fedra realmente se desloca de um pólo da emoção para o outro; Eloísa, entretanto, está *meditando* a respeito dos efeitos contrários causados pela sua paixão soberana. Ela está presa entre o *estado* de Graça e o *estado* Natural e Pope não relata o drama dos estados de espírito que se alternam mas, simplesmente, os comentários que ela faz a respeito desses estados de espírito. Pope é preciso ao dizer que o poema é uma luta entre Graça e Natureza, Virtude e Paixão, que não são emoções mas idéias de estados psicológicos ou ficções através das quais Pope trata a experiência de Eloísa. Racine não iniciou a sua peça com a idéia do que o estado de Amor deva ser; iniciou com Fedra sofrendo os impulsos de uma vontade dividida. Em Racine, a paixão é o discurso; em Pope, a paixão é o tópico do discurso de Eloísa.

---

* Quão feliz é a sorte da vestal inculpável,/ Esquecendo o mundo, pelo mundo esquecida;/ Sol eterno da mente não conspurcada,/ Cada prece aceita e cada desejo renunciado;/ Trabalho e descanso em períodos iguais;/ Sonecas obedientes das quais podem acordar e chorar;/ Desejos compostos, afetos sempre iguais;/ Lágrimas que alegram e suspiros lançados aos céus.../ Minh'alma errante tem sonhos bem diferentes/ Encantos diversos e alegrias não santificadas.../ Oh, malditos, horrores queridos da noite consciente!/ Como a culpa brilhante exalta o prazer sutil!/ Demônios provocadores retiram todo freio/ E despertam, dentro de mim, todas as fontes de amor.

Isto quer dizer que Pope intelectualiza a emoção. Seu poema é doutrinário no sentido de que tem sua origem na ficção de uma paixão soberana. Eloísa não é de modo algum um poema romântico ou pré-romântico, cheio de sentimento. Se compararmos Eloísa com Clarissa Harlowe, vemos que Richardson, apesar de seu moralismo, exprime a textura dos sentimentos de sua heroína, o que Pope não faz. Clarissa reflete sobre sua sorte; mas a sua experiência é vista de dentro, e os sentimentos dela são valorizados por si próprios de tal forma que a própria sentimentalidade dela dissolve quaisquer pensamentos que entretenha sobre sua condição. A habilidade que Clarissa tem de imergir suas idéias em sentimentos cria uma atmosfera, de certo modo proustiana, para o seu relato melodramático. Estranhamente, *Eloisa to Abelard* está mais próximo de algumas de nossas estórias que ilustram as teorias freudianas. O complexo de Édipo é, na verdade, uma ficção não muito diferente da ficção de uma paixão soberana de Pope. Realmente, já se tentou interpretar a teoria freudiana como um mito; mas talvez devêssemos admitir que Freud só nos ofereceu ficções: a topografia da personalidade — o Id, o Ego e o Superego — é uma ficção. Quantos dos romances recentes parecem ter sua origem, como *Eloisa to Abelard*, na idéia de um certo estado psicológico? Quantos desses romances concernem estados de alma?

Ninguém, é claro, consideraria estes romances rococó só por essa razão. Entretanto, a idéia de uma paixão é um campo neutro, por assim dizer, sobre o qual Pope dá desenvolvimento à expressividade da linguagem de Eloísa, de maneira que o poema assume uma outra forma de agudeza própria do rococó. Na verdade, a agudeza do rococó, muitas vezes, não é mais do que um tipo de ilusão verbal: "O que freqüentemente foi pensado mas, nunca, tão bem expresso" — um jogo de superfície. "A expressão é a roupagem do pensamento", diz Pope, "Adorna todos os objetos, mas não modifica nenhum". A qualidade verbal da perspicácia de Pope, como o pequeno relevo do arabesco rococó, aparece em muitas parelhas de versos em *Essay on Man*, onde aparece a centelha exterior em partes simétricas:

> Fear to the statesman, rashness to the chief,
> To kings presumption, and to crowds belief*.

As idéias aceitáveis por detrás destes versos formam uma subestrutura meramente adequada para sustentar o verso. Pope é superficial de uma forma bastante técnica, pois sua "textura fonética", o fato de adaptar som a sentido, os equilíbrios ocultos, contrastes, inversões e ecos cruzados dentro da estrofe, são a feição literária da decoração rococó sobre um fundo neutro.

É verdade que Pope não foi impelido pela paixão; mas dizer que é simplesmente um versejador é o mesmo que chamar Lepautre e Pineau de simples decoradores de interiores e não, de arquitetos. O rococó é, legitimamente, um estilo de superfícies orgânicas, com detalhes nitidamente trabalhados cuja técnica esconde a geometria simples subjacente com projetos superficiais. A ficção que o sustenta dá margem a uma liberdade surpreendente e mesmo caprichosa nas "partes individuais". O interior rococó se liberta da sua geometria pela fluidez das linhas. Já foi dito que ninguém se limitou tão rigidamente quanto Pope à métrica severa e, mesmo assim, tão freqüentemente conseguiu o impredizível[10]. Da mesma forma, Oppenord deu liberdade aos elementos dos seus projetos fantásticos sem colocar em perigo o sistema arquitetônico. Neste ponto, o rococó é comparável ao gótico, onde houve uma tensão entre a frágil e idealizada estrutura arquitetônica e os detalhes individuais dentro do sistema: naturalismo, expressividade, e intimidade aparecendo dentro de um esquema abstrato.

A arte de Pope, nervosa mas não forçada, apresenta a complexidade externa e o naturalismo do arabesco rococó, onde a execução cheia de sensibilidade dos detalhes é mais aparente do que a unidade total, do que as coordenações. A beleza da linha sinuosa do rococó se assemelha ao movimento dos versos de Pope que já foram chamados de "evolução ao longo da linha". Pope foi um especialista em transições: "um encanto que o século XVIII cultivou cuidadosamente"[11]. Nos seus ensaios em verso, passa facilmente de uma unidade estrutural para a outra, não através da lógica, mas somente através da ilusão criada pela sua textura verbal. Os resumos em prosa adicionados antes dos seus *Moral Essays*, o *Essay on Criticism* e o *Essay on Man* mostram como os seus tópicos principais se seguem uns aos outros, com uma certa "continuidade horizontal" como as partes de uma sala rococó; e o seu exterior verbal é uma contínua transição semelhante às paredes fluentemente decoradas do Hôtel de Matignon, projetado por Pineau. As divisões arquitetônicas dessas paredes foram suprimidas de maneira que a lógica das unidades maiores é menos evidente do que a qualidade de virtuosidade do ornamento e a vitalidade das passagens individuais. No jardim rococó, a *parterre en broderie* apresenta a mesma continuidade horizontal, a passagem de detalhe para detalhe dentro de um campo, um organismo linear estendido sobre uma superfície tornada neutra. O arabesco inconsistente adquire coerência porque está agarrado ao plano negativo do painel.

Às vezes, a lógica por detrás do exterior verbal de Pope é tão invisível que os versos em si podem ser lidos, como um painel rococó finamente decorado ou um *parterre en broderie* ornamental, tanto de cima para baixo, quanto de baixo para cima, para este lado ou para aquele. Para pegar um exemplo algo extremado, cito em ordem inversa uma passagem de *Epistle to Mrs. Blount:*

> But that for ever in his lines they breathe,
> The smiles and loves had died in Voiture's death.
> Voiture was wept by all the brightest eyes,
> The truest hearts for Voiture heaved with sighs,

---

* Para o político, o medo; para o chefe, a temeridade,/ Para os reis, a presunção, para a multidão, a crença.

10. Geoffrey Tillotson, *On the Poetry of Pope*, 1938, p. 138.

11. Tillotson, p. 49.

And the gay mourned who never mourned before;
Ev'n rival wits did Voiture's death deplore*.

Dr. Johnson disse que Pope "permanece no ouvido". Verso após verso, a sua textura fonética é um jogo orgânico de antíteses e paralelos, um ricochete de termo contra termo, frase contra frase, com um equilíbrio oculto dentro de cada dupla de versos que, entretanto, costumam ter um eixo mediano:

Self-love and reason to one end aspire,
Pain their aversion, pleasure their desire**.

Mesmo em *The Dunciad*, onde Pope faz uso da "arma sagrada" do ridículo de forma mais severa do que nas sátiras mais leves, conserva o seu brilhante exterior rococó, o estonteante jogo de versos lapidares:

We nobly take the high *priori* road,
And reason downward, till we doubt of God:
Make Nature still encroach upon his plan,
And shove him off as far as e'er we can:
Thrust some mechanic cause into his place,
Or bind in matter, or diffuse in space***.

É difícil, em passagens como essa, dizer se o pensamento inspirou a linguagem ou se a linguagem provocou o pensamento. Apesar de tencionar ir mais além, *The Dunciad* é rococó em virtude do seu exterior, da textura fechada das suas alusões, que pertencem à época em que foram criadas e que são mais ligadas ao seu tempo do que as que aparecem nas sátiras de Johnson ou Dryden. Traz-nos à mente o tipo de arte que aparece no primeiro livro de *Gulliver's Travels*, quando Swift apresenta as suas próprias verdades através de alusões precisas a assuntos locais. Esta técnica lilliputiana também é rococó.

O exterior rococó da obra de Pope não consiste, como algumas vezes se acredita, em dicção poética, uma "fraseologia espalhafatosa e vazia". Ao contrário, o rococó desaprova o pedante, o trabalhado, o pretensioso, o culto ou redundante. Pode-se duvidar de que a dicção poética seja um mecanismo rococó pois o rococó é simplificado, reduzido e extremamente preciso. O verso épico de Milton, não o de Pope, carrega o peso de uma linguagem excrescente, de uma língua polissilábica, sonora e latinizada como o alto-relevo volumoso que aparece nos entalhes de Grinling Gibbons, com suas bugigangas, consoles, guirlandas e cártulas barrocas. Se deixarmos de lado certas passagens de suas traduções de Homero, onde Pope estava sendo épico intencionalmente, a linguagem que usa é simples, quase prosaica, a linguagem das gramas, das folhagens, e gavinhas dos painéis rococó, usada com flexibilidade, distinção e atenção:

Thus critics, of less judgment than caprice,
Curious, not knowing, not exact, but nice,
Form short ideas, and offend in arts
(As most in manners) by a love to parts*.

Aqui está a linguagem cotidiana que Wordsworth gostaria de ter usado. A poesia de Pope tem um tipo de tensão exterior diferente da usada pela dicção poética; possui o baixo-relevo, a fibra resistente e o isolamento decorativo do entrelaçamento, do troféu e da espiral de acanto, acompanhada, freqüentemente, da observação empírica incon-

---

* E, no entanto, em suas linhas vivem para sempre/ Os sorrisos e amores que morreram com a morte de Voiture./ Voiture foi pranteado pelos olhos mais brilhantes/ E por ele suspiraram os mais puros corações,/ E lamentaram os felizes que jamais haviam antes lamentado;/ Até os intelectos rivais deploraram a morte de Voiture.

** A razão e o amor-próprio aspiram a um mesmo fim,/ Avessos à dor e sequiosos de prazer.

*** Nobremente, tomamos a estrada do *a priori*/ E raciocinamos por ela, até duvidamos de Deus:/ Fazemos a Natureza invadir seus planos,/ E o afastamos o mais para longe possível:/ Colocamos uma causa mecânica em seu lugar/ Ou a amarramos à matéria ou a espalhamos pelo espaço.

* Assim, críticos mais caprichosos do que racionais,/ Curiosos, inexatos, sem conhecimento, mas simpáticos/ Formam idéias pequenas e são ofensivos às artes/ (Bem como nos modos) em virtude do amor às partes.

sistente. Pope vê um faisão tão claramente quanto Buffon:

>   ...his glossy, varying dyes,
>   His purple crest, and scarlet-circled eyes,
>   The vivid green his shining plumes unfold,
>   His painted wings, and breast that flames with gold*.

Este naturalismo não é romântico. Tem a exatidão, a fragilidade e a graça das flores, das árvores, dos pássaros e das treliças dos *ornements décoratifs* de Watteau, tais como *Le May* [6] ou *Le Berceau* com gavinhas locais e folhagem transparente. Existe também o trecho em *Windsor Forest* em que na amena primavera, trêmula sombra, cotovias são mortas a tiros:

> They fall, and leave their little lives in air**.

A sensibilidade rococó de Pope se revela quando ele confessa a Spence: "Sempre fiquei particularmente chocado com aquela passagem em Homero, onde a dor de Príamo pela perda de Heitor se transforma em raiva contra seus criados e filhos; nunca pude lê-la sem chorar pela infelicidade daquele desgraçado e velho príncipe" — depois do que o poeta, lendo a passagem, foi interrompido por suas próprias lágrimas.

A arte rococó tem a sua sensibilidade, que é como a atmosfera que circunda o arabesco. Mas o projeto rococó não é sentimental porque esta arte, com seu toque amador, conserva sempre a aparência de jogo; e o jogo, sendo consciente, evita a sentimentalidade mas permite os sentimentos. Os arabescos de Watteau como *L'Heureux Moment* — um tipo de *Embarque para Cítera* reduzida — mostra que grande parte da sensibilidade rococó apareceu na pastoral, no gosto urbano pela paisagem, gosto que fazia eco à natureza, sem ser romântico. O jardim e a gruta de Pope em Twickenham devem ter sido semelhantes aos arabescos assimétricos projetados por Lepautre antes que o mais forte *contraste dans les ornemens* entrasse em moda, na década de 1740. *Windsor Forest*, segundo Pope, assemelhava-se a uma das cenas pastorais cuidadosamente arrumadas dos parques de Watteau:

> Here waving groves a chequer'd scene display,
> And part admit and part exclude the day;
> As some coy nymph her lover's warm address
> Nor quite indulges, nor can quite repress.

6. WATTEAU: *Le May*

* ...Suas cores lustrosas e variadas,/ Seu penacho roxo e seus olhos circundados de vermelho,/ Abre suas brilhantes plumas verde vívido,/ Suas asas pintadas e o peito ouro flamejante.

** Caem deixando suas pequenas vidas no ar.

ARABESCO EM VERSO 49

There, interspers'd in lawns and op'ning glades,
Thin trees arise that shun each other's shades*.

As cenas pastorais de Watteau mais gentis são as de *Outono, Primavera, Verão*; amantes em pequenos e ternos painéis, com poses naturais, casuais e animadas mas ligeiramente melancólicas porque sabem que suas alegrias são de curta duração; sua pequena cena dramática, cheia de *pathos*, se encontra envolvida pela fronde de alguma árvore ornamental; ou sentam-se longe de uma *partie de chasse* divertida, cultivando seus sentimentos em um pequeno diálogo. Pope, julgando-se a partir da nota preliminar, nutria os mesmos sentimentos para com as suas *Pastorals*; ele diz, como se estivesse escrevendo um texto para os esboços elegantes de Watteau:

> Uma pastoral é a imitação da ação de uma pastora ou de alguém considerado como tal. A forma desta imitação é dramática, narrativa ou um mistura de ambas: o enredo deve ser simples, os modos, nem muito educados nem muito rústicos; os pensamentos são simples, entretanto dão margem a uma certa paixão e rapidez mental, fugidia e de curta duração; a expressão humilde, porém tão pura quanto o permitir a linguagem; arrumada mas não vistosa; à vontade, porém animada.

Arrumada mas não vistosa, à vontade porém animada: este é o tom autenticamente rococó da arte "educada", que responde aos sentimentos mas consegue controlá-los. Pope mantém o tom rococó. Cuidadosamente arma as suas cenas a uma certa distância dos seus próprios sentimentos, de maneira que haja espaço suficiente entre ele e seu poema, ele e o leitor. Em *The Rape of the Lock*, percorre com facilidade uma ampla escala emocional: esperança, dor, zombaria, *pathos*, dúvida, alegria, mas nenhuma destas emoções significa mais do que as outras. O foco não muda. Tendo estabelecido o seu tom, o seu plano ou equilíbrio moral, Pope pode-se permitir qualquer tipo de resposta: da amargura ("Os sorrisos de meretrizes e as lágrimas de herdeiros") à compaixão ("E coraçõezinhos a palpitar pelo namorado") ao divertimento ("Elas mudam a loja de brinquedos que é seu coração"), à zombaria ("Quando maridos, ou cachorros, dão seu último suspiro"), à seriedade ("A menos que o Bom Senso preserve o que a Beleza ganha"). A atitude de Pope e seu tom é uma outra ficção. A mesma distância polida é conservada no diálogo pessoal que aparece em *Epistle to Dr. Arbuthnot*, ocasião em que Pope parece estar brincando com o seu próprio rancor; isto quer dizer que, diferentemente do poeta romântico, ele conserva o controle da sua raiva, do seu ridículo, do seu desprezo. O poema é pessoal sem ser confessional. O movimento é um *capriccio* — o animado tempo variável das *Satires*, "snipsnap short, and interruption smart" com "major, minor and conclusion quick".

O artista rococó capta a vida nas suas menores tensões, nas suas menores mudanças. Um exemplo disto é o *Enseigne de Gersaint* de Watteau, no qual ele retrata um pequeno incidente do comércio de Paris, com pequenos grupos de homens e mulheres atentamente discutindo alguns quadros à venda. Foi pintado em oito dias. Não existe a grande ação barroca, mas é acentuado o gesto espontâneo, a apreciação íntima da poesia das transações diárias. O palco se apresenta reduzido como nos diálogos de Pope:

P. — Then better sure it charity becomes
To tax directors, who (thank God!) have plums;
Still better Ministers, or if the thing
May pinch ev'n there — why lay it on a King.
F. — Stop! stop!
P. — Must satire the nor rise nor fall?
Speak out, and bid me blame no rogues at all.
F. — Yes, strike that Wild, I'll justify the blow.
P. — Strike? Why the man was hang'd ten years ago*.
(Epilogue to the Satires)

---

* Aqui bosques balouçantes revelam uma cena em xadrez,/ Parte admite e parte exclui o dia;/ Tal qual ninfa tímida que, frente aos avanços do namorado,/ Nem bem os permite, nem bem os reprime./ Lá, misturados a gramados e caminhos/ Erguem-se delgadas árvores que fogem da sombra das outras.

* P. — Então será melhor sem dúvida tornar-se caridade Cobrar de empresas, impostos de diretores que (graças a Deus) têm tutu. Melhor ainda de Ministros de religião, ou, se mesmo eles sonegarem, então cobrar do Rei.

Estas cenas pertencem a uma arte que tira o melhor partido do seu motivo e da sua escala limitada, uma arte que não separa razão da sensibilidade. Quando mais tarde acontece esta separação, vamos ter as anedotas sentimentais de Greuze e a retórica estereotipada dos poetas dos meados do século. O rococó, com sua geometria neutra e suas superfícies ornamentais, é o último estilo que aparece antes das artes se tornarem modos variados de emocionalismo, um pasticho de antiquário, ou descrição literal. A reação contra esta perda de estilo causou, finalmente, a revolução moderna que levou ao simbolismo, às formalidades do desenho neo-rococó, ao Art Nouveau e ao cubismo.

Antes de desaparecer, o rococó passou por uma fase excêntrica que prenuncia o pitoresco e o simbolismo. Os últimos momentos do rococó são de vital importância para a história dos estilos modernos, pois o chamado gênero pitoresco, uma breve e última variação do projeto rococó, é uma primeira fase da nova arte subjetiva que tenta sugerir ao invés de afirmar. Nada poderia provar melhor a descontinuidade da história dos estilos ou que as afinidades entre os artistas são encontradas onde menos se esperam.

F. — Pare! Pare!
P. — Então a sátira não deve subir nem cair? Fale com franqueza, e por favor, não ponha a culpa nos malandros.
F. — Sim, bate com força, eu justificarei o golpe.
P. — Bater? Ora! O homem foi enforcado faz dez anos.

5. O GÊNERO PITORESCO

Se nós os observarmos em momentos informais, os artistas mais "corretos" do século XVIII nos surpreenderão por sua excentricidade. Pope encheu a sua pequena caverna espalhafatosa de Twickenham com estalactites e estalagmites trazidas das cavernas de Somerset. O frio e controlado Addison escreveu uma série de artigos no *Spectator* sobre os prazeres da imaginação que, segundo ele, pode nos entreter com "idéias de objetos visíveis quando os objetos não estão diante de nossos olhos, mas são chamados à nossa memória ou surgem em agradáveis visões de coisas que, ou estão ausentes, ou são fictícias". A imaginação "confere encantos a um monstro"; podem causar "um agradável tipo de horror em nossas mentes" e divertir pela própria estranheza e novidade. Na Itália, o "panorama imaginário" ou a "vista imaginária" apareceram como ornamentos sobre as portas, uma variação do *capriccio* dado a rearranjar os motivos arquiteturais ou as construções reconhecíveis dentro de uma topografia fantástica, freqüentemente com algum tipo de apelo nostálgico para aqueles que conheciam Veneza ou Roma. O formato destas "peças sobre as portas" era muitas vezes irregular e pintores pouco conhecidos como Marieschi, Giuseppe Moretti, Pietro Gaspari e Francesco Battaglioli criaram *vedute di fantasia* quase surrealistas. Outros artistas rococó como Canaletto, Guardi e Bellotto pintavam, às vezes, vistas imaginárias. No teatro, os Bibbienas estavam criando grandes perspectivas extravagantes influenciadas pelo *capriccio*; em meados do século, Piranesi estava fazendo gravuras das suas visões sinistras da arquitetura clássica, suas prisões sombrias e suas ruínas romanas noturnas [7]. Nesse meio tempo, na Inglaterra, Chippendale, outro artista rococó, estava deixando sua imaginação galopar ao fazer projetos estranhos e distorcidos para suportes, escudos, molduras e outros ornemantos. No fim do período, surgiram os "horrores" dos romances "góticos".

Os caprichos do século XVIII são normalmente tratados de forma vaga como aspectos do início do romantismo. Mas, pelo menos na sua primeira fase, são uma faceta bizarra do rococó, o *genre pittoresque*, uma evolução técnica do desenho rococó[12]. A sua história é breve e não deve ser confundida nem com a evolução do romantismo, nem com o pitoresco. O *genre pittoresque*, como fase da decoração rococó, apareceu na França por volta de 1730 nos trabalhos de Nicolas Pineau e, por volta de 1754, chegou ao fim, pelo menos nesse país, depois de ter sido atacado por Cochin.

Estritamente falando, o fantástico do desenho rococó evoluiu nas artes decorativas da França de Luís XV como o "novo gosto" — o *goût nouveau* — pelo contraste irregular nos ornamentos e foi chamado de *le contraste dans les ornemens*. Na realidade, é uma assimetria exagerada; mas também permite as mais loucas invenções da arquitetura imaginária que foram descritas por Fiske Kimball

12. O meu relato sobre o *genre pittoresque* está baseado no livro de Kimball, *Creation of the Rococo*, e nas conferências não publicadas sobre os pintores *vedute*, feitas por W. G. Constable.

como sendo "meio plásticas, meio visionárias". Aparentemente este gosto novo foi, em parte, a volta ao motivo da cártula barroca que um grupo de gravadores e pintores franceses transformaram em estruturas ilusórias conhecidas como *morceaux de caprice* e publicadas como *cahiers* de desenhos ornamentais para baldaquinos, treliças, fontes e paisagens extravagantes que distorcem as colunas, as paredes e as estátuas barrocas de tal forma que quase não podem ser reconhecidas. O *morceau de caprice* parece a ruína da imaginação barroca ou a imaginação barroca subitamente enlouquecida.

O gosto pelas formas irregulares — *rocaille* ou *coquillage* — aparece em alguns dos arabescos de Watteau, nos seus desenhos para *singeries*, grutas, cavernas e elementos. Em 1734, J. A. Meissonnier, desenhista de objetos de prata, publicou o seu *Livre d'Ornements*, uma coleção "des Fontaines, des Cascades, des Ruines, des Rocailles, et Coquillages, des morceaux d'Architecture qui font des effets bizarres, singuliers et pittoresques, par leurs formes piquantes et extraordinaires, *dont souvent aucune partie ne répond à l'autre*". Entre estas formas extraordinárias, nas quais uma característica não corresponde a outra, existia também desenhos para tetos com figuras e animais cujos "limites eram extremamente engenhosos e variados". As cenas meio plásticas, meio visionárias de Meissonnier, embora pequeninas, criavam uma ilusão de estruturas enormes, com pavilhões bulbosos, impetuosas curvas invertidas, volutas quebradas, colunas e balaustradas distorcidas, baldaquins arejados como venezianas, cascatas portentosas, e escadas em espiral ou invertidas, vistas muito de baixo ou obliquamente. Logo depois, apareceu uma outra coleção de obras fantásticas, de Jacques de la Joue: gigantescas fontes assimétricas, terraços e lances de escada em perspectiva forçada, salas de banhos de sultanas meio à oriental, tronos exóticos, improvisações sobre as ordens arquitetônicas, monstruosas cártulas quebradas, e todos os tipos de figuras alegóricas, dramaticamente circundadas pelas ruínas do mundo meio barroco, como se Piranesi tivesse sido traduzido para um dialeto ininteligível.

8. CUVILLIÉS (François de): *Morceau de Caprice*

7. PIRANESI: *Termas de Caracala* (água-forte)

Houve muitos outros *cahiers*: de Boucher (que desenhou uma série de fontes), Peyrotte, Blondel, Mondon, Babel, Girard e de Cuvilliés [8]. Estes desenhistas gostavam do caos arquitetural, como se as grandes fontes romanas estivessem sendo vistas por uma mente enlouquecida: imponentes aquedutos curvados fora de escala, gigantescas balaustradas assemelhando-se de modo sombrio a plataformas, cártulas usadas como arcos, obeliscos em ruína perto de templos grotescos, pastores reunidos embaixo de gêiseres tumultuosos, jorrando como se fossem alagar esse mundo louco. O *Recueil de Fontaines* de Boucher é uma exposição louca de mágicas bacias semelhantes a conchas dentre as quais aparecem faunos, deuses clássicos e *amoretti* — uma cena pastoral amalucada. Tudo isto é característico do *morceau de caprice*: volumes abundantes mas quebrados, estátuas agitadas, um proscênio de elementos arquitetônicos ou ruínas que se abre para grutas assimétricas ou panoramas de fontes, baldaquins ou outras formas picantes, algumas vezes com um toque de *singerie*, algumas vezes com ninfas, cupidos ou personagens alegóricos. Entretanto, na realidade, este tipo de fantasia tem pouco a ver com *singerie* ou *chinesices*; correspondem, ao contrário, aos desenhos assimétricos do rococó aos quais se deu uma dimensão estranha e irresponsável. O equilíbrio oculto da arte rococó foi transformado no extravagante contorno de um sonho.

O *genre pittoresque* inglês não é menos fantasioso que o francês, embora apareça com menor freqüência. A reação de Hogarth contra a simetria, a sua preferência por monstros agradáveis, formas informes "guiando o olho nu na perseguição ousada" estão, provavelmente, relacionadas ao desenvolvimento do *genre pittoresque* dentro do rococó. A sua linha sinuosa reaparece nas girândolas de Chippendale e nos escudos dos frontões — "compartimentos de ornamentos" — que são tão excêntricos quanto o que aparece nos *morceaux de caprice*. Gravadores, como J. Ingram, reproduziram, também, as séries de ornamentos e figuras de Jacques de la Joue como a Arquitetura, a Eloqüência, a Música, a Óptica e outros. Para os inúmeros ingleses que gostavam de gravuras, Mathias Lock preparou em 1752 o seu *New Drawing Book of Ornaments, Shields, Compartments, Masks, etc.* A *Analysis* (1753) de Hogarth, que ilustrava "a linha sinuosa ou linha da beleza, muito variável, pois é composta de duas curvas contrastantes", era uma gramática bastante desordenada das formas espiraladas e sinuosas, explicadas por algumas teorias incoerentes. Os desenhos de George Bickham para canções como "Bright Cynthia" e "The Inamour'd Swain", e *One Hundred And Fifty New Designs* (1761) de Thomas Johnson, especialmente os seus desenhos para molduras e caixas de relógio, mostram as mesmas distorções do rococó que apareceram nas vistas fantásticas pintadas na Itália nessa mesma época. Muitas vezes, o jardim "inglês" com seus artifícios gótico-chineses se aparenta com o *morceau de caprice*, como podemos ver nas coleções de Halfpenny, em *Grotesque Architecture* de William Wrighte, e na longa série de *Jardins Anglais-Chinois* editada por Le Rouge.

Este aspecto romântico do temperamento britânico, o seu gosto pela irregularidade e surpresa "gothick", são bem conhecidos. O que não havia sido suspeitado é que a poesia de William Collins, escrita principalmente entre 1740 e 1750, enquanto o rococó estava criando os *morceaux de caprice*, também seja uma forma do *genre pittoresque*. Se Collins tivesse escrito na França, sem dúvida a influência seria bem mais clara; mas os franceses parecem não ter produzido este tipo de poesia. Assim sendo, não sabemos como julgar esta estranha obra do poeta inglês que, algumas vezes, escreveu um tipo de verso mecânico do século XVIII, mas que tinha, indubitavelmente, um "temperamento poético" bastante fora do comum. A sua imaginação meio plástica, meio visionária, as suas paisagens subjetivas habitadas por violentas criaturas alegóricas deformadas desconcertaram os críticos, que chegaram a se perguntar se as formas clássicas desordenadas não eram um produto de uma mente confusa ou dos hábitos relaxados de compor e corrigir os textos. Dr. Johnson falou da "grandeza da demência" de

Collins que, segundo ele, "deliciava-se em vaguear pelos meandros do encantamento".

Collins povoa as suas "cenas irreais", as "visões repletas" de fantasia, com as "tribos obscuras da mente". Quase como os surrealistas, ele "confronta incongruências" e as suas "formas obscuras" parecem habitar paisagens de sonho. Tomemos, por exemplo, uma passagem da "Ode on the Poetical Character", que parece ser um deslocamento psíquico das cenas de Milton em "Il Penseroso":

> High on some cliff, to Heav'n up-pil'd,
> Of rude access, of prospect wild,
> Where, tangled round the jealous steep,
> Strange shades o'erbrow the valleys deep,
> And holy genii guard the rock,
> Its gloomes embrown, its springs unlock,
> While on its rich ambitious head,
> An Eden like his own lies spread;
> I view that oak, the fancied glades among,
> By which as Milton lay, his evening ear,
> From many a cloud that dropp'd ethereal dew,
> Nigh sper'd in Heav'n its native strains could hear...*

A linguagem, aqui e ali, é somente uma versão da dicção poética da época; mas a atmosfera subjetiva, as alusões oblíquas, a sintaxe incoerente, dão ao poema um certo clima de acaso psíquico que Coleridge, mais tarde, em "Kubla Khan" transformou em "uma visão em um sonho". Além disso, a inspiração é obviamente barroca como era barroca a transformação que os desenhistas franceses fizeram da cártula.

Collins, como se estivesse sob influência, tende a repetir as frases e os ritmos; a invocação "O Thou" recorrente infunde, de repente, ao poema, uma excitação incrível:

> Thou, to whom the world unknown
> With all its shadowy shapes is shown;
> Who see'st appalled th'unreal scene,
> While Fancy lifts the veil between:
> Ah Fear! Ah frantic Fear!
> I see, I see thee near...*

A ode é carregada de um clima de alarme que os estereótipos do verso acadêmico não podem exprimir. O morcego da "Ode to Evening" voa de uma forma tão sombria que já se disse dele[13] que era um sinal de melancolia "à beira da desordem" e que era "profundo demais para surgir somente da paisagem noturna":

> Now air is hush'd, save where the weak-ey'd bat
> With short shrill shriek flits on leathern wing...**

Esta criatura courácea existe no clima de alguns poemas de Baudelaire depois que este foi tocado pelo sopro gélido da loucura. Nas odes das "Passions", são fixadas algumas formas alegóricas desvairadas em poses forçadas dentro de uma estrutura convencional clássica: "just designs of Greece"; entretanto, "madness rul'd the hour" enquanto o Medo, a Esperança, a Vingança e outras figuras escultórias ocupam a paisagem não terrestre da Fantasia onde Collins pode "gaze her visions wild". As convenções do verso pseudoclássico não conseguiram censurar por completo os significados deste poema irracional.

Precisamos, então, concordar com Dr. Jonhson em que Collins cultivava "alguns hábitos peculiares de pensamento" e

---

escuta com o ouvido da noite,/ De muitas nuvens que derramavam o orvalho etéreo,/ Sua raça nativa de perto do Céu...

* Vós, para quem é mostrado o mundo desconhecido/ Com todas suas formas sombrias;/ Que vedes, aterrorizado, a cena irreal/ Enquanto a Fantasia levanta o véu:/ Ah, Medo! Ah, Medo terrível/ Eu vejo, eu vos vejo próximo...

13. De Yvor Winters, em *Primitivism and Decadence*, 1937, 1947.

** Agora o ar está silencioso, exceto onde o morcego que pouco enxerga/ Esvoaça com suas asas de couro, soltando pequenos gritos agudos...

* Lá no alto de algum penhasco, apontado para o céu,/ De difícil acesso e aspecto selvagem,/ Onde, emaranhadas ao redor da subida ciumenta,/ Estranhas sombras escurecem os profundos vales,/ E gênios sagrados guardam a rocha/ As tristezas empardecidas, as nascentes abertas,/ Enquanto na ambiciosa e rica cabeça/ Estende-se um éden semelhante ao seu próprio;/ Vejo o carvalho entre as árvores que bordejam o caminho/ Perto do qual Milton, deitado,

... divertia-se muito com os voos da imaginação que ultrapassavam as fronteiras da natureza... Adorava fadas, gênios, gigantes e monstros; divertia-se em vaguear nos meandros do encantamento, em contemplar a magnificência dos palácios dourados, em repousar nas cascatas dos jardins Elíseos.

Esta era uma característica mais da sua personalidade do que de seu gênio; sempre desejou a grandeza da loucura e a novidade da extravagância mas nem sempre as atingiu... A idéia que tinha de excelência levou-o às ficções orientais e às imagens alegóricas...

(*Life of Collins*)

Ao mencionar as ficções orientais de Collins, Dr. Johnson sem dúvida se refere a *Persian Eclogues*. Estes poemas não são a costumeira *chinesice*. A alguma distância, vagamente percebemos neles as torres de Tefflis, os vales secretos e as longas sombras do obscurecimento da razão. Nem são como as pastorais rococó de Pope ou Watteau. Têm um ar estranho, semelhante às cenas ilusórias inventadas por la Joue, Cuvilliés ou Boucher.

Na verdade, Collins é um mestre do *morceau de fantaisie* literário, com seus elementos clássicos e barrocos misturados em tal desordem que a assimetria decorativa assume as dimensões subjetivas do *genre pittoresque*. Por mais sombrias que as formas de Collins possam ser, sua imaginação é altamente plástica e, entretanto, mais decorativa que arquitetônica. O arranjo dos personagens é escultural, embora estas figuras não apareçam com "regularidade". A estrutura das suas odes sobre "The Passions" e "The Manners" apresenta-se como um cortejo de personagens, numa procissão solta de figuras que fazem gestos melodramáticos ou que estão fixadas em poses fora de moda. Collins gostava de gravuras e era hábil no desenho; fez uma vez um medalhão para decoração com "duas cabeças elegantes, à antiga" —

...na parte inferior do pescoço das quais será jogada uma mantilha, sob a qual aparecerá a *Arte* escrevendo em um pergaminho romano, e um Sátiro ao contrário segurando um outro, ou escrevendo em um pedaço do mesmo. Ou, suponhamos que a mantilha seja segura pela Amizade que pode, ao mesmo tempo, apontar para o relevo do medalhão enquanto descobre os ornamentos da base, pelo fato de estar segurando a mantilha.

Este desenho, por sua plasticidade, sua animação, seu caráter confuso e sua construção assimétrica, é quase um *morceau de caprice*. O esboço em prosa de Joseph Warton, a partir do qual Collins evidentemente tirou a ode "Passions", poderia aparecer em uma obra de Meissonnier como um jogo de artifícios.

A extravagância de Collins é distorção ou confusão visionária das formas clássicas, góticas e orientais. O seu santuário da Liberdade é semelhante a um dos caprichos arquitetônicos inventados por Cuvilliés:

In Gothic pride it seems to rise!
Yet Graecia's graceful orders join,
Majestic thro' the mix'd design*.

A ode "Highland Superstitions" apresenta uma estrutura surpreendentemente misturada, e o "mundo desconhecido" da "Ode to Fear" está cheio de formas disformes dos mestres ornamentistas que haviam explorado alguns das "vagamente descobertas regiões da mente" de Collins, onde a decoração é transformada em romantismo rococó:

For lo what monsters in thy train appear!
Danger, whose limbs of giant mold
What mortal eye can fix'd behold?
Who stalks his round, an hideous form,
Howling amidst the midnight storm,
Or throws him on the ridgy steep
Of some loose hanging rock to sleep;
And with him thousand phantoms join'd,
Who prompt to deeds accurst the mind...**

Não importa o quanto Collins deva a Milton (o monstruoso perigo, por exemplo) mas a "Ode to

* Parece se erguer no orgulho gótico!/ No entanto, as ordens gregas se juntam graciosamente/ Majestosas, por entre o projeto misto.

** Pois, olhe, os monstros que aparecem em seu rastro!/ Perigo, cujos membros gigantescos/ Nenhum olho mortal pode contemplar fixamente./ Que anda por aí, forma horrível, /Uivando na tempestade noturna, /Ou joga-o na escarpa íngreme/ Para dormir em alguma rocha balouçante:/ E com ele, milhares de fantasmas juntos/ Que induzem a ações amaldiçoadas pela razão...

Fear" sugere que Rimbaud estava certo ao dizer: "Os primeiros românticos foram *videntes* sem ter consciência disso". As odes de Thomas Gray apresentam um certo grau desta confusão visionária de gótico e grego, e algumas das suas personificações ("Pale Grief, and Pleasing Pain/With Horror, tyrant of the throbbing breast") são semelhantes às figuras perseguidas de Collins. Entretanto, a perspectiva de Gray não é fantástica.

Com tudo isto, o *genre pittoresque* não é realmente romântico mesmo que tenha se aventurado um pouco dentro do terreno desconhecido dos sonhos. Collins não é um vidente no sentido que Rimbaud confere ao termo, como também não o foram os mestres ornamentistas que, entretanto, forjaram algumas variações estranhas nos motivos decorativos da arte rococó. O *genre pittoresque* é uma técnica de assimetria extravagante, *le contraste dans les ornemens*. As irregularidades mágicas do *morceau de caprice* apareceram dentro de uma estrutura pura de arquitetura rococó, com seus elementos exatamente equilibrados. Assim também a estrutura das odes de Collins — pois a ode foi a forma que mais usou — é regular; tão regular quanto as características externas da arquitetura georgiana. Mas a regularidade das grandes unidades não controla a assimetria negligente dentro do sistema. Collins queria "reviver o desenho preciso da Grécia", fazendo uso da seqüência tradicional de estrofe, antiestrofe e epodo e, também, possivelmente, dos mecanismos clássicos, da apóstrofe convencional, da personificação e dos epítetos. De forma parecida, os compartimentos de ornamentação faziam uso das ordens clássicas, das figuras alegóricas de deuses e ninfas; seu vocabulário era bastante comum mas era usado de forma estranha. Os temas de Collins eram livrescos: medo trágico, pena, simplicidade. Entretanto, todo este academismo não afeta o movimento interno do poema, cujo desenvolvimento é errático, indireto e volúvel.

A "Ode on the Poetical Character" progride através de alusões obscuras e de associação livre; apesar das três divisões pretendidas, o poema como um todo causa perplexo e perturbação. A primeira unidade é um tecido de alusões oblíquas a Spencer sob a forma de uma apóstrofe veemente à Fantasia Jovem. A segunda unidade, presumivelmente também uma apóstrofe, não goza da vantagem da sintaxe coerente e, aparentemente, alude ao momento da criação do mundo em que Deus colocou a Fantasia Jovem no seu trono enquanto as tribos obscuras da mente se rejubilavam. A unidade final — outra vez elítica, com frases de caráter particular — parece ser um tributo a Milton, cujo "ouvido da noite" capta, entre "as clareiras encantadas", alguma melodia não terrena. Da mesma maneira, a "Ode to Fear" faz uso da estrutura regular de estrofe, epodo e antiestrofe e, ainda uma vez, progride através de personificações erráticas para uma improvisação sobre Sófocles e uma exortação final à figura do próprio Medo.

É claro que a ode pindárica em inglês é normalmente irregular; entretanto, Collins usa uma "tectônica do *caprice*" semelhante às do *genre pittoresque*. Não só as referências são ambíguas como são casuais. As imagens — gênios, monstros, cataratas e palácios dourados — são visionárias e plásticas. As personificações são esculturais mas sua apresentação é exclamatória:

> Whilst Vengeance, in the lurid air,
> Lifts her red arm, expos'd and bare:
> On whom tha rav'ning brood of Fate,
> Who lap the blood of Sorrow, wait;
> Who, Fear, this ghastly train can see,
> And not look madly wild, like thee?*

Como os *cahiers d'ornement*, estas odes "font des effets bizarres, singuliers et pittoresques, par leurs formes piquantes et extraordinaires, dont souvent aucune partie ne répond à l'autre". Ambos são uma forma assintática de rococó.

A figura da Vingança aparece "no ar lúrido". Um dos valores pictóricos mais sutis do comparti-

---

* Enquanto a Vingança no ar lúrido/ Levanta seu braço vermelho, nu e exposto:/ Sobre quem espera a voraz ninhada do Destino/ Que lambe o sangue da Tristeza;/ Quem, Medo, pode ver este rastro terrível/ E não parecer completamente louco, como tu?

mento de ornamentos era a perspectiva aérea ou atmosférica, à qual Collins era bastante sensível. Nos seus "Verses to Sir Thomas Hanmer" ele imagina um "quadro expressivo":

Me tinks ev'n now I view some fre design,
Where breathing Nature lives in ev'ry line:
Chast and subdu'd the modest Lights decay,
Steal into Shade, and mildly melt away* .

As aldeias amarronzadas, as espirais escurecidas, o gradual manto da noite em "Ode to Evening" transpõe o rococó para uma visão poética que, obviamente, tem a sua dívida para com a pintura de Claude. Aquelas "roupas do mais suave azul" na "Ode to Pity" são do mesmo tom de azul *nattier* tão apreciado pelos retratistas franceses. No entanto, esta sensibilidade à cor estava presente em todas as poesias da época e Collins pertence ao *genre pittoresque* principalmente em virtude das suas imagens meio plásticas, meio visionárias.

Se se pode dizer que a poesia de Pope corresponde ao primeiro período do rococó — o arabesco ornamental de superfície — Collins, com sua loucura, representa o *genre pittoresque*, um tipo não muito importante e transitório dentro de um estilo transitório. Em 1754, Cochin escreveu o obituário do *genre pittoresque* quando se referiu a ele como *desordem*. Por volta de 1779, Dr. Johnson repetiu o que havia dito antes: que os poemas de Collins eram "um desvio na procura de belezas mal interpretadas". O *genre pittoresque* encontrou um novo dialeto na linguagem polida da arte rococó e, nesse dialeto, começou a fazer alusões que não foram compreendidas pelo século XVIII.

---

* Acho que mesmo agora vejo um padrão livre/ No qual a natureza arfante vive em cada linha:/ Casta e subjugada se decompõe a modesta luz/ Some na Sombra e calmamente desaparece.

SEGUNDA PARTE:

**O PITORESCO, O ROMANTISMO
E O SIMBOLISMO**

1. A PERDA DE UM ESTILO

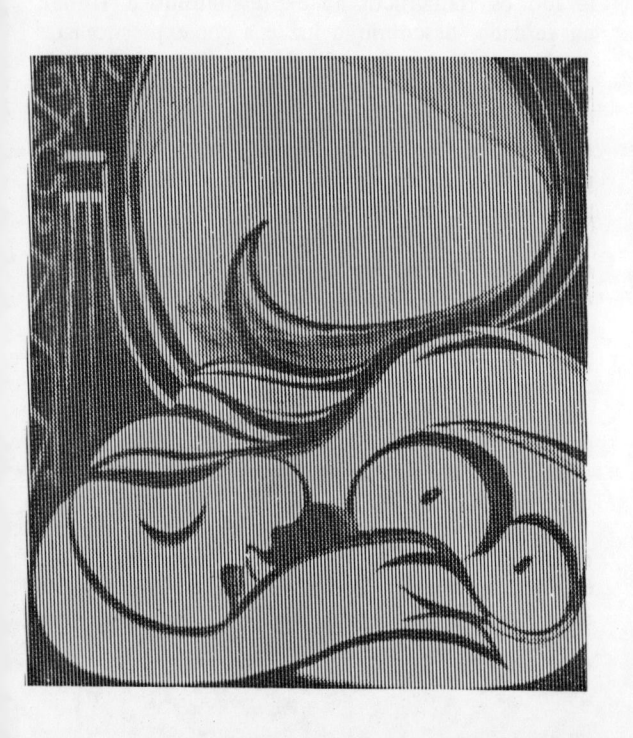

Entre os anos de 1750 e 1900, apareceu aquela tendência envolvente conhecida como romantismo, a partir do qual surgiram o simbolismo e o realismo, que não se tornaram um estilo, se entendermos estilo como sendo um conjunto de técnicas uniformes que expressam adequadamente a consciência de uma época, técnicas estas que são aceitas quase que de comum acordo pelos artistas mais sensíveis ao mundo que os rodeia. O romantismo e o realismo foram sintomas semelhantes da revolta contra as convenções gastas; foram reações artísticas necessárias, que jamais encontraram um cânone artístico, tendo, assim, permanecido de um modo essencialmente negativo. T. E. Hulme não exagerou quando disse, antes da primeira grande guerra, que cem anos de romantismo só tinham trazido desordem e que era necessário encontrar-se uma "nova convenção". Ele procurava uma convenção "clássica". O cubismo era precisamente isso. Todos os estilos são clássicos desde que encontrem uma convenção que pertença verdadeiramente à sua época.

O romantismo é um sentimento urgente e não um estilo. No *Salon de 1846*, Baudelaire afirmou, corretamente, que o romantismo "só pode ser encontrado no nosso interior".

O romantismo não se situa na escolha dos assuntos nem na verdade exata mas, precisamente, no *modo de sentir*... Dizer romantismo é o mesmo que dizer arte moderna — isto é, intimidade, espiritualidade, cor, aspiração ao infinito expressos de todas as maneiras possíveis às artes.

Os românticos descobriram que a realidade é subjetiva. É por isso que anteciparam os existencialistas. O romantismo já foi definido como um tipo de empirismo, uma experiência montada para testar todos os valores através das emoções[1]. Quando se faz este tipo de experiência, o resultado sempre ultrapassa a capacidade de formulação do escritor ou pintor, donde a diversidade de técnicas românticas. No ensaio sobre "Poetry in General", Hazlitt dá uma definição indispensável de romantismo como sendo a intensidade da experiência e não arte; ou, como coloca Wordsworth, uma corrente espontânea de sentimento. Hazlitt diz o seguinte:

> A impressão poética de qualquer objeto é aquela estranha sensação de beleza ou poder que não pode ser contida dentro de si mesma; é impaciente com todos os limites... a imaginação distorcerá ou magnificará o objeto... O terreno da imaginação é principalmente visionário, o desconhecido e o não-definido.

O inexprimível precisa ser transmitido, como diz Baudelaire, "por todas as maneiras possíveis". Hegel, na sua estética, exaltou esta interioridade romântica (*Insichsein*) como um valor artístico absoluto. Delacroix, o pintor romântico arquétipo, diz em seu *Journal* de 26 de março de 1854:

> As boas obras de arte não envelheceriam se não contivessem nada além do verdadeiro sentimento. A linguagem das emoções e os impulsos do coração humano nunca mudam; o que invariavelmente leva ao envelhecimento

---

1. Robert Langbaum acentua a idéia em *The Poetry of Experience*, 1957.

da obra e, algumas vezes, acaba por obliterar as suas reais boas qualidades é o uso de técnicas que estão ao alcance de qualquer artista, na época da execução da obra.

Aqui Delacroix aponta o dilema romântico na arte: o conflito entre consciência e representação, segundo Francastel, que comenta que os pintores românticos, apesar da sua revolta emocional, permaneceram fiéis à forma convencional. Delacroix [9] volta a Rubens para representar as suas cenas de harém e caçadas de leões e, apesar da sua bravata, deixa muitos problemas técnicos dos seus quadros sem solução. Estes problemas, eventualmente, foram solucionados pela "vibração formal" dos métodos de Van Gogh. Do ponto de vista artístico, os românticos freqüentemente nos dão a realidade do temperamento — "o característico" — em vez de novas fórmulas de visão. A promessa é grande mas a realização, incompleta. Significa que tudo que se possa dizer a respeito da arte romântica soaria apenas como uma meia verdade.

A aceitação da emoção como arte deveria ter levado os românticos ao expressionismo e Turner, na verdade, descobriu a luz e a cor expressionistas da mesma forma que Shelley apresenta passagens que lembram as fantasias de Rimbaud. A visão litográfica que Daumier tem de Don Quixote mostra o quão longe ele podia ir em direção a uma nova gramática pictórica, gramática esta que já fora usada por Goya a fim de comentar a guerra e a loucura. Entretanto, apesar do enorme talento e criatividade de Turner, Constable, Géricault, Blake, Goya e, até, Delacroix, a verdadeira revolução técnica só sobreveio mais tarde, com os impressionistas, que, por sua vez, geraram os pós-impressionistas e os cubistas. A pintura romântica, em especial, parece um caos de surpreendentes possibilidades: desaponta quanto ao seu legado formal mas é criativa quanto à qualidade das suas experiências. O mesmo é verdadeiro para a literatura.

O romantismo, muitas vezes, significa exatamente o que Victor Hugo disse que significava quando escreveu, no prefácio ao *Cromwell* (1827), que a arte do novo século não seria julgada de acordo com as velhas normas mas somente pelas "leis especiais dos temperamentos individuais". A extrema diversidade do chamado movimento romântico nas artes torna-se aparente nas diferenças radicais entre as pinturas de Ingres e as de Delacroix: um fazendo uso da linha decorativa enquanto o outro utiliza os impetuosos ritmos livres da cor e da "pincelada". Seria difícil citar dois pintores inerentemente mais diferentes tanto no método quanto no efeito. Na Inglaterra, Constable e Turner são igualmente diferentes. Um propõe uma abertura para suas composições através de pinceladas que fraccionam o espaço e a luz até seus rudimentos estruturais; o outro dissolve tudo numa cor palpitante que queima e desaparece num *crescendo* ou num *diminuendo* musical. Goya está próximo de Géricault e Daumier porque descobriu o grotesco como Hugo entendia o termo e como Browning, um romântico tardio, o explorou. Hugo insistia em que o drama romântico deveria apresentar "o anormal e o horrível, o cômico e o burlesco", a fera ao lado da bela. A diversidade de talentos na pintura romântica apresenta-se de forma diferente daquela extrema diversidade do início do renascimento, época em que pintores tão diferentes quanto Fra Angelico e Piero della Francesca se dedicavam a problemas similares: à tarefa de representar a existência das coisas em um novo tipo de espaço e de luz. Por mais diferentes que fossem as habilidades destes dois artistas, do ponto de vista artístico, tinham um interesse comum. O pintor romântico, entretanto, trabalhava de acordo com o seu temperamento e os seus problemas artísticos surgiam a partir da sua disposição que, freqüentemente, era taciturna. É por isso que a pintura e a poesia do início do século XIX se caracterizam pela ironia romântica, pela repentina mudança de sentimento.

Não podemos esperar que, deste jogo de temperamento, nasça um estilo, já que os vários artistas não estavam preocupados com os mesmos problemas além de se revoltarem contra e rejeitarem tudo que os precedera. Os métodos e o tipo de motim dos pintores e escritores eram muito pessoais. O poema de V. Hugo "Resposta a uma Acusação", por exemplo, mostra que Camus estava certo ao dizer que o século XIX começou com o som da queda dos baluartes, tanto políticos quanto artísticos:

Oui, je suis ce Danton! je suis ce Robespierre!
J'ai contre le mot noble à la longue rapière,
Insurgé le vocable ignoble, son valet...
J'ai pris et démoli la bastille des rimes.
J'ai fait plus: j'ai brisé tous les carcans de fer
Qui liaient le mot peuple, et tiré de l'enfer
Tous les vieux mots damnés, légions sépulcrales...
J'ai fait un jacobin du pronom personnel...
J'ai dit à Vaugelas: Tu n'es qu'une mâchoire!
J'ai dit aux mots: Soyez république...
J'ai jeté le vers noble aux chiens noirs de la prose*.

Transformar o pronome pessoal em "jacobino", jogar o verso nobre aos cães negros da prosa não é, realmente, encontrar uma nova fórmula poética. Teve-se que esperar por Baudelaire, pelo poema prosa e pelo verso livre.

A arte dos românticos é um estranho espetáculo de jacobinismo e conformismo, uma luta pela liberação que só foi completada muito mais tarde. Wordsworth colocou as suas mais profundas sugestões pessoais na forma altamente convencional e exclamatória da ode. Temos, como resultado, o choque entre as passagens realmente escritas em um novo tipo de verso meditativo:

Fallings from us, vanishings;
Blank misgivings of a creature
Moving about in worlds not realized** –

---

* Sim, sou aquele Danton! sou aquele Robespierre!/ Contra a palavra nobre tenho uma longa espada,/ Revoltado contra o vocábulo ignóbil, seu criado.../ Tomei e demoli a bastilha das rimas./Fiz ainda mais: quebrei todas as golilhas de ferro/ Que ligavam a palavra povo e tirei do inferno/ Todas as velhas palavras malditas, legiões sepulcrais.../ Fiz do pronome pessoal um jacobino.../ Disse a Vaugelas: Não passas de uma pessoa desajeitada!/ Disse às palavras: Sede república.../ Atirei o verso nobre aos cães negros da prosa.

** Nossos debris, desaparecidos;/ Pressentimentos vazios de uma criatura/ Que se move em mundos não realizados–

e aquelas em que aparece uma retórica extravagante e inócua, característica do verso mecânico do século XVIII:

> Now, while the birds thus sing a joyous song,
> And while the young lambs bound
> As to the tabor's sound...*

"Fallings from us, vanishings": isto é completamente diferente da linguagem usada nos versos meditativos da época. Wordsworth afirmou que procurava uma nova linguagem — "a linguagem própria do homem" — mas nunca descobriu como ela era. Como conseqüência, *The Prelude* contém passagens de grande simplicidade e poder encantatório ao lado de versos desajeitados como "My drift, I fear/ Is scarcely obvious". Ao se falar assim do seu desempenho errático, parece que se espera que todos os versos da obra de um poeta ou todas as telas de um pintor sejam bem sucedidas. O problema, na verdade, é que existe um desacordo permanente, em grande parte das obras românticas, entre a visão de mundo e o meio de realização, fato este que só acentua o desequilíbrio do desempenho romântico. Durante todo o século, o desempenho é desequilibrado; depois do impressionismo, do verso livre e das constelações de verso simbolista, diminui a discórdia entre visão e veículo. Baudelaire, pelo menos, tinha a seu dispor "pequenos poemas em prosa" para exprimir "as ondulações do sonho". Wordsworth queria mudar a linguagem poética, mas aceitou a "métrica regular e uniforme" porque, disse ele com cuidado, "existe o perigo de que a excitação seja levada para além dos seus limites próprios". Resumindo, como os outros românticos, tinha pouca confiança no veículo e a poesia esperou mais de um século até que Eliot insistisse em que o poeta, por ser poeta, não deveria usar as suas paixões mas confiar no seu veículo e não na sua personalidade. Wordsworth considerava o verso como sendo somente "a testemunha visível" da poesia. Para Eliot, o verso, o veículo, é a subestrutura da poesia e, para o cubista, uma pintura é um conjunto de planos reunidos em uma certa ordem. Em outras palavras, o problema formal não foi de suficiente importância para o artista romântico.

A falta de certeza e de conclusão das experimentações técnicas românticas aparecem também em Shelley, cuja arte intensamente emotiva deveria, pela lógica, tê-lo levado à desvairada música das iluminações de Rimbaud. Em vez disso, Shelley revoluciona a técnica em relativamente poucas passagens. *Prometheus Unbound* é uma ascensão para as incandescentes alturas da liberdade romântica através do enfoque algo tortuoso do "Drama Lírico". Shelley conscientemente altera a lenda de Ésquilo para servir ao seu espírito rebelde e platônico. A forma do drama é quase sinfônico em seus quatro movimentos ou atos. Entretanto, só o quarto ato é sinfônico ou, talvez, coral, quanto à técnica; os outros três não são nem dramas (não há ação nem quando Júpiter, confrontado por Demagorgon, cai) nem inteiramente lírico (a luta dramática inócua enfraquece a força da visão triunfante da mente humana em liberdade). Com o quarto movimento, quando o drama está completo, há um verdadeiro tributo orquestral ao homem deificado e Shelley revela as possibilidades, inerentes ao verso romântico, de realização das encantações do poeta-vidente. Nesses trechos, Shelley ousa usar o veículo que, mais tarde, levou Rimbaud a esplendores invisíveis. Por outro lado, um poema como "The Cloud" purifica o verso de Shelley conferindo-lhe uma notação musical abstrata que libera a fórmula aural da afirmação lógica. Aqui ele antecipa a música decadente de Swinburne e o *fin de siècle*. Mas, na maior parte dos seus versos, Shelley devota-se ferozmente à sua mensagem revolucionária ao invés de criar um novo veículo poético.

O que se diz de Shelley também pode ser dito de Byron, cujo temperamento rebelde e mercurial conseguiu tratar com virtuosismo a estrofe spenseriana e a *ottava rima*. Um dos mais egrégios feitos

---

* Agora, enquanto os pássaros assim entoam uma canção alegre/ E enquanto os carneirinhos são reunidos/ Pelo som do tamboril...

românticos, a melancolia satânica de Byron, parecida com as depressões incontroláveis de V. Hugo, articulavam-se em estrofes spenserianas (não em *verso spenseriano*). É um anacronismo ousado, semelhante à sensualidade de Canova que transparece no modo de apresentar Pauline Bonaparte como Venus Victrix ou na apresentação que Ingres faz das odaliscas usando a linha de Rafael. Especialmente na poesia, os românticos tencionaram se afastar do passado mas ofereceram somente variações das técnicas convencionais. Shelley, por exemplo, tentou fazer um drama jacobino em *The Cenci*, tentativa que não deu certo. A peça mostra o quanto os românticos podiam se aproximar perigosamente dos efeitos históricos emplastados, na sua procura de um estilo. Este drama é um museu de horrores e de linguagem jacobina.

Ocasionalmente, é certo, encontraram uma técnica adequada. Blake descobriu o poema em prosa, um método bárdico, adaptado de Ossian e da Bíblia, que lhe possibilitou transmitir os novos ritmos de Baudelaire. Nas poesias mais curtas, também Blake, e não Wordsworth, obteve êxito ao concentrar o sentimento romântico em formas e imagens que antecipam o verso meio simbolista de Baudelaire. "Kubla Khan" sozinho provaria que Coleridge era capaz de escrever um tipo completamente novo de poesia. Esta "visão em um sonho" é também proto-simbolista por suas imagens, sua sugestão, sua amplitude alucinatória e sua composição. Sua métrica jâmbica tem a qualidade do verso livre. "Christabel", em contraste, supostamente baseada em um "novo princípio" de contagem das tônicas e não das sílabas, parece um artifício; e "The Ancient Mariner", com sua forma de balada, é uma aventura como a *Childe Harold* de Byron: uma tática que pode ser usada uma vez, mas não uma técnica duradoura.

A inconsistência inerente das técnicas românticas aparece de maneira muito marcada em Keats, de vários pontos de vista, o mais completo artista da sua geração porque era, intencionalmente, o mais derivativo. Ancorado na poesia do passado, ansioso por *encontrar* o seu estilo, inteligentemente consciente de seus métodos, Keats, como Baudelaire, é o mais maduro, o menos predizível dos românticos. Como Baudelaire, decidiu-se a transformar sua voluptuosidade em conhecimento: a sensação em reconhecimento. Sempre se pergunta o que Keats teria feito se não tivesse morrido cedo. A gente se sente tentado a arriscar que ele teria se tornado o T. S. Eliot da poesia romântica porque, como Eliot, deliberadamente explorou os recursos do passado, na esperança de encontrar um estilo próprio para sua época. Artisticamente, Keats é o menos temperamental e o mais disciplinado dos românticos; na sua época, era o poeta mais preocupado com a técnica em si, mesmo que não se possa dizer que ele tenha encontrado uma técnica. Ele volta a Spenser, a Shakespeare, ao drama elizabetano, a Milton, a Boccaccio, ao soneto, à balada, às urnas de mármore e a Homero, às escuras regiões não percorridas de seus sonhos onde dores estranhas se aprontam para alçar vôo pelas ladeiras do seu pensamento, a pastorais frias, à ode e à épica ou ao veneno melancólico dos sentidos. Um dos fracassos mais encorajadores na arte romântica é o esforço vão que Keats faz para usar as inversões e o compasso violento de Milton. Do ponto de vista técnico, existe uma grande semelhança entre Keats e Delacroix. Ambos enriqueceram muito as formas convencionais de composição através de uma poesia de elegante excesso. Keats pertence à geração de poetas representada por Lamartine, que comentou querer ser um romântico nos sentimentos mas um clássico na forma.

A verdade é que, do ponto de vista técnico, não existe a arte romântica: existem só artistas românticos. Nenhum poeta, pintor, arquiteto ou escultor poderiam ser menos incompatíveis do que Wordsworth e Byron, Ingres e Turner, Nash e Pugin, Canova e Rude. A explosão chamada romantismo é antes um modo de ser consciente que um estilo com um cânone, um conjunto comum de usos e interesses. O problema romântico de expressar os sentimentos não foi resolvido até que os simbolistas, uma segunda geração de românticos, tentaram uma técnica especial na poesia, na pintura e na música. A diferença entre a primeira e a segunda gerações de artistas românticos é, principalmente, o fato de que os primeiros românticos permaneceram dentro das formas convencionais enquanto os simbolistas encontraram novas formas — a sua "execução", como dizia Baudelaire. A divisão de águas entre as duas gerações pode ser localizada de forma bastante precisa: em Baudelaire, que comparou a arte à matemática. Baudelaire tinha os mesmos sentimentos dos primeiros românticos, mas tinha, também, um contínuo cuidado com a composição que lhe possibilitou transcender as emoções sexuais e outras e atingir um nível impessoal e estético de beleza[2]. Se os primeiros românticos estavam mais preocupados com a emoção do que com o verso, Baudelaire e seus seguidores simbolistas como Mallarmé e, finalmente, Valéry, parecem ter concebido sua poesia primeiramente como "um movimento, um contorno, um ritmo" a ser imposto ao sentimento.

Seria possível localizar a virada na história das artes do século XIX em 1861 quando Baudelaire escreveu a respeito da sua simpatia pela música wagneriana, no seu ensaio sobre *Tannhäuser*. A princípio, ele responde como qualquer outro romântico ao tumulto avassalador da música de Wagner, que nele desperta sonhos "de algo excessivo, imenso e ambicioso", conduzindo-o a visões de horizontes infinitos. Depois, diz: *"Jé résolus de m'informer pourquoi, et de transformer ma volupté en connaissance..."* Esta frase resume a diferença entre a primeira e a segunda geração de românticos. Os românticos da segunda geração eram mais críticos, isto é, mais autoconscientes, se não mais inteligentes. Baudelaire rejeita o entregar-se aos sentimentos dos primeiros românticos de maneira que possa ter inteira consciência de como o sentimento se transforma em arte, pois *connaissance* certamente significa "consciência" tanto quanto "conhecimento". Desde o início, Baudelaire é atraído por Gautier e Poe, que cultivavam um estilo *"pur et fleuri"*, frio, tranqüilo como um diamante. Em uma frase Baudelaire diz o que Matthew Arnold mais tarde explicou em seu ensaio sobre "The Function of Criticism", ou seja, que a atividade criadora do primeiro quartel do século foi prematura porque, apesar da sua energia criadora, "não tinha o conhecimento necessário". Arnold comenta que "isto torna Byron tão vazio de conteúdo, Shelley tão incoerente e até Wordsworth, profundo como é, ainda assim tão destituído de inteireza e variedade". O poeta Baudelaire era também o crítico Baudelaire; o seu senso crítico não pode ser separado do seu talento poético. O mesmo é verdade para Mallarmé e Valéry — T. S. Eliot.

Para Baudelaire, o sentimento não é suficiente. Como Arnold, como Valéry e Eliot, ele precisa de uma estética. É esta a verdadeira revolução na história do romantismo: a mudança de tônica da sensação para a consciência de como a sensação se transforma em arte. Essa consciência pode, é claro, trazer consigo um certo senso de dificuldade, mesmo uma paralisia, junto com as teorias por demais desenvolvidas de arte, esteticismo, efeitos bizantinos e decadência. Mas esteticismo e decadência são o preço a ser pago pelas revisões do romantismo que produziram estilizações e, eventualmente, um estilo. A história do impressionismo e do simbolismo (desde que os dois se misturam), a mais significativa evolução das artes do século, foi determinada pela necessidade de Baudelaire de traduzir a "voluptuosidade" em "conhecimento"... Pater o crítico (e só crítico) completa a tradução, fornecendo a estética sem a poesia. É Valéry, o crítico-poeta, que traz o esteticismo dos simbolistas para fazer parte da atividade mental moderna, o mesmo Valéry que, em *Pièces sur l'Art*, diz que existe uma mística da sensação. Baudelaire cultiva esta mística que muitas vezes paralisou Mallarmé. Os impressionistas, felizmente, sempre confiaram na sua visão, na sua voluptuosidade, sem sacrificar muito à teoria, embora também fossem guiados pela revolta contra as fórmulas acadêmicas até chegarem a um alto nível de autoconsciência.

---

[2]. Jean Prévost, em *Baudelaire*, 1953, estuda "Os Ritmos" na obra do poeta francês para provar que este transcendeu seus sentimentos de uma forma que os românticos não conseguiram.

Os impressionistas foram realistas. O chamado realismo é um outro tipo de empirismo do século XIX, um outro meio de testar pragmaticamente os valores, neste caso, de maneira objetiva e não subjetiva. Foi um esforço que não poderia ter sido feito sem o romantismo que continha em si um alto grau de realismo, como se pode ver nas idéias de Wordsworth sobre a linguagem, na pintura do grupo de Barbizon ou no esforço que Keats faz para estourar a uva da alegria contra o céu da boca. Parte deste realismo é uma forma de revolta contra o acadêmico, o desgastado. A oposição dos realistas contra os acadêmicos era tanto social quanto artística: o Conde de Nieuwerkerke, que controlava o apoio oficial, disse que os pintores de Barbizon eram "democratas que não trocam a roupa"[3]. Géricault mostra o realismo inerente à pintura romântica. Seu estudo sobre a loucura — o rosto assombrado de *La Folle* — se constitui numa intensa observação "independente". Contrasta bastante com o drama romântico revoltado da sua *A Jangada do Medusa* que é, somente, uma vistosa variante de mecanismos acadêmicos: suas figuras são nus "antigos", a luz é de estúdio e as ondas só existem na paleta — especialmente o absurdo vagalhão curvo pronto a quebrar sobre os destroços. A heroicidade romântica, aqui, é somente uma forma de panfletismo, como também o é *A Liberdade Guiando o Povo* de Delacroix.

O realismo inerente a todo período romântico se torna claramente evidente nas pinturas de retratos, um duro núcleo de prosa dentro da poesia de pintores como Delacroix e Géricault. Nos seus retratos, Ingres retorna das mitologias de reboco para um severo naturalismo. As exibições imperiais e o classicismo revolucionário na obra de David são completamente diferentes do retrato que fez de *Madame Chalgrin*, com o fundo em vermelho-tijolo, a figura elementarmente simples em seu vestido cinza com cinto azul. (Nesta obra "realista" David usa o turbilhão de cores e a pincelada de Van Gogh.) Tanto o retrato quanto a paisagem eram uma volta à natureza. Da mesma maneira, talvez pela mesma razão, no romance houve também um retorno de Scott e Hugo para *Une Vie* de Maupassant e *Germinie Lacerteux* dos Goncourts. Wordsworth marcou a sua volta para a "vida comum" num poema como "Goody Blake".

Este realismo, de modo bastante inconsistente, leva, como o romantismo de Baudelaire, de volta à consciência de estilo. O anti-romântico Flaubert escreve a Louise Colet: "Quanto mais a Arte se desenvolver, mais científica ela se tornará, da mesma forma que a ciência se tornará mais artística". Quanto mais científica, menos importará a personalidade do artista; ou, como diz Flaubert acerca de *Bovary*: "Nenhum lirismo, nenhum comentário; a personalidade do autor está ausente". Juntamente com Baudelaire, Flaubert caminha em direção a uma estética da Beleza. É claro que a personalidade do artista jamais esteve ausente, como Flaubert bem o sabia enquanto suportava suas agonias (*les affres de l'Art*): "vinte e cinco páginas em seis semanas...". "Na semana passada passei *cinco dias escrevendo uma página...*" "Cheguei a treze páginas, nenhuma a mais, nenhuma a menos, treze páginas em sete semanas..." Outra vez: "Estou estudando a teoria dos pés tortos..." "Ainda estou lutando com os pés tortos". Flaubert pode protestar que "A paixão não faz poesia e quanto mais pessoal se for, tanto mais fraco se será". Ele sabe, porém, que odeia a realidade que é compulsivamente forçado a analisar. Afirma que "o ódio à burguesia é o início da virtude". Os realistas, muitas vezes, desprezavam a realidade que os fascinava. Muitas vezes, também, se dedicavam mais à arte que os românticos. Por mais intensamente que Flaubert estudasse pés tortos, ele também confessa: "O que me parece bonito, o que eu gostaria de escrever é um livro a respeito de nada, um livro que não dependesse de nada que fosse externo, que se mantivesse uno em virtude da força do seu estilo". Repete que "não é um homem da natureza — as suas 'maravilhas' me movem menos que as da Arte". Baudelaire poderia ter escrito isso. Aqui, o realista Flaubert se encontra com o romântico Delacroix, que comentava no seu *Journal* (22 de fevereiro de 1860): "O realismo

---

3. Kenneth Clark, *Landscape Into Art*, Penguin, 96.

deveria ser descrito como o antípoda da arte". O realismo é só uma teoria e não um estilo, uma atitude e não um método, apesar das muitas definições que apareceram durante o século: "é a imitação exata na natureza como ela se apresenta", "um desprezo por toda a busca de elegância", "o estudo do feio"[4].

O realismo não existe? Existe somente uma sucessão de pintores tão díspares quanto Courbet, Manet, Degas, Meissonier; e de escritores tão dessemelhantes quanto Balzac, Flaubert, Zola, Ibsen, George Eliot e Hardy. Os realistas estavam sempre transcendendo a mera exatidão, criando os seus efeitos estéticos próprios. Veja-se a grande obra de Courbet, *Atelier du Peintre* [10]: a segurança e riqueza de Ticiano, o nu olimpiano, tudo numa tonalidade cinza ressonante. O realismo é uma condição altamente instável que dá margem a que apareçam outros valores, mais pessoais que a reportagem. Paradoxalmente, os mesmos realistas que queriam anular a personalidade do artista são os que nos oferecem as formas mais pessoais e temperamentais da arte no século XIX. Provavelmente existe um maior número de tipos de realismo no romance e na pintura do século XIX do que de qualquer outro estilo. Os realistas desejavam apresentar o esperado, o banal; mas a pintura realmente banal era acadêmica — isto é, na tradição "clássica". O nu de Courbet do *Atelier* ou as feias mulheres de Degas que esfregam as costas sentadas em tinas de estanho não são banais. Entretanto, a Vênus de Cabanel flutuando em um nevoeiro acadêmico no Salão de 1863 é o lugar-comum da arte de calendário. George Moore observou que a Academia era um "simples empreendimento comercial" dirigido por pintores que ofereciam panoramas ao público como se fossem bandejas de chá ou figuras de caixas de bombom.

Tanto o realismo quanto o romantismo foram revoltas contra a arte oficial, contra Montalembert e o Instituto, contra os acadêmicos que sempre admiravam o assunto "grandioso", os estereótipos da antigüidade com significado "literário" que eram exibidos nos salões ano após ano. O centro inerte da arte do século XIX era ocupado pela máquina acadêmica como *Romanos da Decadência* (1847) de Couture [11]. Estas máquinas eram muito apreciadas em parte por serem de fácil "leitura". A crítica, antes de Baudelaire ter escrito os seus *Salons*, ou era literária ou moralizante, reforçando o assunto como Diderot já fizera ao louvar Greuze pela moral de *A Volta do Filho Pródigo* e culpar Boucher por sua sensualidade. Um século mais tarde, Ruskin ainda se perguntava o que tornaria um assunto mais "grandioso" que o outro, o que "tornaria uma verdade mais grandiosa que a outra, ou um pensamento mais grandioso que outro". Por que pintar um pêssego era mais "nobre" que pintar um espinheiro ou uma erva-moura? Por que seria mais nobre a emoção em "Ellen" de Wordsworth do que em "Jessy" de Shenstone? Ou por que os pintores de gênero holandeses eram inferiores a Fra Angelico quanto à "beleza espiritual"? Ruskin laboriosamente chega à decisão de que a "grande arte" precisa procurar na natureza "as coisas que são bonitas e as coisas que são puras".

Tentando debater como definir "uma escala mais alta e mais baixa de beleza", Ruskin não consegue dizer o que é mais necessário: um assunto "grandioso", emoção intensa ou exatidão de representação. Ao discutir a "moral da paisagem" termina por escolher a "verdade" em lugar da "beleza". A profunda confusão entre critérios morais e estéticos pode ser ilustrada através do elogio que Ruskin tece sobre o quadro de Landseer, *The Old Shepherd's Chief Mourner*, que ele decifra exatamente como outros críticos tentaram decifrar *A Jangada do Medusa* de Géricault, *Bonjour M. Courbet* de Courbet e *Olympia* de Manet.

Tomemos, por exemplo, um dos poemas ou das pinturas (uso as palavras como sinônimos) mais perfeitas já vistas nos tempos modernos: o "Old Shepherd's Chief-mourner". Aqui, a execução primorosa do pelo sedoso e encaracolado

---

4. Bernard Weinberg, *French Realism: The Critical Reaction*, 1937, faz a revisão de muitas das interpretações do realismo que aparecem neste século.

9. DELACROIX: *Morte de Sardanapalus*

10. COURBET: *Atelier du Peintre*

do cachorro, o toque brilhante e nítido do galho verde a seu lado, a pintura nítida da madeira do caixão e das dobras do cobertor formam uma linguagem — linguagem clara e expressiva no seu mais alto grau. Mas a pressão do peito do cachorro contra a madeira, as patas se agarrando de forma convulsiva e puxando o cobertor do cavalete, a total impotência da cabeça deitada e imóvel sobre as dobras da coberta, o olho lacrimoso e fixo em sua desesperança, a rigidez do repouso que marca a tristeza do quarto, os óculos marcando o lugar onde a Bíblia foi fechada pela última vez, indicando a solidão da vida — a não presenciada partida daquele que, agora, está deitado no seu sono solitário; todos estes pensamentos separam a pintura, imediatamente, de centenas de outras de igual mérito — do ponto de vista da mera pintura — e colocam-na ao nível de obra de arte.

(*Modern Painters*, 1ª parte, sec. i, cap. 2)

Devemos nos surpreender que Baudelaire tenha reagido contra "idéias vulgares e banais" na crítica e na pintura — este tipo de melodrama, que é romantismo diluído por "pensamentos" de classe média?

A crítica de Ruskin mostra como é difícil distinguir as atitudes românticas das realistas. Os românticos estavam sempre tentando transcender a natureza através dos sentimentos; e, entretanto, não tiveram mais êxito que os realistas em destacar-se da natureza. Esta é uma das razões por que não encontraram um estilo. Os simbolistas, no entanto, tiveram sucesso em separar os sentimentos dos objetos, tratando os primeiros como ritmo "puro", como "constelação", uma cristalização que se apropriava o mínimo possível do que era visto. Reagindo contra o realismo, a fotografia e a reportagem, os simbolistas isolaram o sentimento como um valor artístico que não se confundia com a representação de coisas, de maneira que a consciência pudesse existir na imagem, como um motivo poético ou pictórico. Deste ponto de vista, o simbolismo se aproxima de outras técnicas experimentais que surgiram mais tarde, no próprio século XIX, especialmente a Art Nouveau, e prepara o caminho do novo formalismo da arte moderna autêntica.

A técnica simbolista se originou a partir do mal--compreendido pitoresco que tem uma semelhança com o *genre pittoresque* mas é inerentemente diferente dessa estranha fase do rococó. Depois de ter publicado *Creation of the Rococo*, Fiske Kimball escreveu uma carta para o *Times Literary Supplement* (8 de junho de 1946), comentando que "o simples fato de... o jardim paisagístico inglês ter sido uma criação do tempo de Watteau e Oppenord não o torna rococó, de acordo com o uso justo e estabelecido deste termo, nem torna o rococó romântico". O rococó, continua ele, é um estilo decorativo, basicamente arquitetônico, que "não pode ser absorvido pelo romantismo". Termina colocando a ousada idéia de que os vários movimentos românticos do século XVIII deveriam, na realidade, ser caracterizados pelo termo *pitoresco*.

Na verdade, o pitoresco é uma técnica, não um estilo, subjacente ao movimento romântico que foi resultar no simbolismo na poesia e na pintura e que serviu de mediador entre artes diferentes e períodos diferentes. A técnica desta tradição pitoresco-romântico-simbolista é sugerir em vez de afirmar; o artista dentro desta tradição tem uma psicologia em vez de um estilo e, freqüentemente, recusa o mundo exterior, fazendo uso dele somente para evocar certos sentimentos. Wordsworth acreditava que o próprio processo de escrever a sua poesia evocava um complexo de sentimentos: "a emoção é contemplada até que, por uma espécie de reação, gradualmente desaparece a tranqüilidade e gradualmente se produz uma emoção, semelhante à que existia anteriormente para o sujeito da contemplação, sendo que esta, agora, verdadeiramente existe no intelecto". O poeta, diz ele, é diferente dos outros porque "possui maior rapidez para pensar e sentir sem uma fonte de excitação externa imediata". É uma arte onde a excitação é particular e, dentre os pintores simbolistas do fim do século, Odilon Redon tentou este tipo de evocação através de formas indistintas suscitando *le sens du mystère*. Redon trabalhava a partir do interior, atingindo o espírito através de sugestões:

A sensação de mistério: isto existirá continuamente dentro do equívoco, dos aspectos duplos e triplos, das sugestões de aspectos (imagens dentro de imagens), formas que virão a ser ou formas que existem somente dentro de um certo estado de alma do contemplador. (1902)[5]

Wordsworth estava à beira desta sensação de mistério quando, através de um tipo de auto-excitação, sentiu "pensamentos que freqüentemente permanecem muito profundos para produzir lágrimas".

Um dos que deram origem a esta técnica foi John Milton, aquele prodígio em vários estilos poéticos, pois "L'Allegro" e "Il Penseroso" são tão evocativos a ponto de serem quase proto-simbolistas. Estes versos, certamente, são um exercício acadêmico, mas a retórica é plena de um estado de espírito, que é transitório e dá a cada poema sua entonação.

> Right against the eastern gate,
> Wher the great sun begins his state,
> Rob'd in flames, and amber light,
> The clouds in thousand liveries dight...
> Russet lawns and fallows gray,
> Wher the nibling flocks do stray,
> Mountains on whose barren brest
> The labouring clouds do often rest:
> Meadows trim with daisies pide,
> Shallow brooks and rivers wide.
> Towers and battlements it sees
> Boosom'd high in tufted trees...*

É como um quadro de Claude, cuja luz diáfana banha a pastoral convencional, com um tom mais particular que o ensolarado barroco. Os dois poemas são excitações estudadas ou sugestões: a leitura isolada de romance e tragédia, o grande sino ressoando sobre alguma praia larga, as gotículas caindo na madrugada clara. Lembramos, também,

---

5. Esta passagem, retirada de *À Soi-Même* de Odilon Redon, foi discutida por Roseline Bacou em *Odilon Redon*, Genebra, 1956, cujos comentários utilizei.

* Bem contra o portão oriental/ Onde o grande sol inicia seu caminho,/ Vestido de chamas e luz âmbar/ As nuvens, em mil fardas tingidas.../ Gramados avermelhados e alqueives acinzentados,/ Onde passeiam os rebanhos mordiscantes,/ Montanhas em cujos seios estéreis/ Descansam muitas vezes as nuvens lutadoras;/ Os campos se enfeitam com margaridas,/ Os riachos e os largos rios./ Torres e edifícios ele vê/ Nas moitas de árvores...

da visão subjetiva de Giorgione da paisagem clássica. "L'Allegro" e "Il Penseroso" são poemas de tom, cuja unidade provém dos prazeres íntimos de Milton, as perspectivas se abrindo diante do seu olho interno, sua bênção solitária, como para Wordsworth. Também como Wordsworth, está num estado de espírito vazio, um sonho. A forma, nos dois poemas, é uma corrente emocional ou uma direção bem como uma estrutura retórica. Realmente, estes versos são uma fonte do pitoresco e do poema meditativo do século XVIII. Mas o pitoresco não é somente um episódio pré-romântico nas artes do século XVIII. Tem suas fases do século XIX, inclusive a pintura de calendário, e também esbarra no simbolismo. Se não é um estilo, é uma tendência cujas implicações Ruskin é um dos poucos críticos a notar. É uma transição entre o rococó e os estilos modernos.

Como poderíamos adivinhar a partir dos dois poemas de Milton e das pinturas de Claude, precisamos procurar as origens do pitoresco no século XVII ou mais cedo ainda, nas fases do gótico, do renascimento e do barroco em que se usou a luz e sombra, a cor e os contornos quebrados a fim de conseguir efeitos pictóricos. Existem passagens pitorescas em Altdorfer e os "pequenos mestres" Ruysdael e Hobbema conseguiram captar a passageira iluminação solar e as sombras banhando os Países Baixos; viram valores pictóricos nas cenas da vida humilde. Juntamente com Rembrandt, Salvator Rosa, Magnasco, Piranesi e Hubert Robert, possuem um modo de visão que aparece quase continuamente através da história da arte ao norte e ao sul dos Alpes. Entretanto, foi somente depois que esta maneira pictórica na arte e na literatura usou conscientemente a psicologia associacionista de John Locke que o pitoresco passou a ter uma história coerente que levou em direção à arte simbolista de Mallarmé e de Maurice Denis, no fim do século XIX. Denis escreveu: "O simbolismo é a arte de traduzir os estados de alma em cores e imagens. Estas imagens, sejam inventadas, sejam tiradas da natureza, são sinais e símbolos dos estados da mente". Os poetas simbolistas ultrapassaram a memória mecânica associacionista e chegaram ao sonho criativo.

Em resumo, o pitoresco aparece durante dois séculos sob dois aspectos diferentes: primeiro, é um apelo somente à visão enquanto técnica pictórica; segundo, como uma arte na qual um estado emotivo (para usar a expressão de Denis) é traduzido em imagens visuais que se tornam em um "hieroglifo" do estado de espírito, do sentimento ou "sonho". Tendo, originariamente, sido um modo de expressão inteiramente visual, nascido do e concordante com o sentido da visão, durante o século XVIII, o pitoresco sofreu mudanças sob a influência da psicologia corrente, transformando-se em uma arte na qual as impressões visuais são sinais ou símbolos da consciência ("estados da alma", como diziam os simbolistas). O desenvolvimento deste processo é confuso mas discernível se tivermos em vista a mudança do foco do mundo exterior para o mundo interior. O simbolismo é uma extensão do pitoresco.

11. COUTURE: *Romanos da Decadência*

2. O PITORESCO VISUAL: OS PRAZERES DA IMAGINAÇÃO

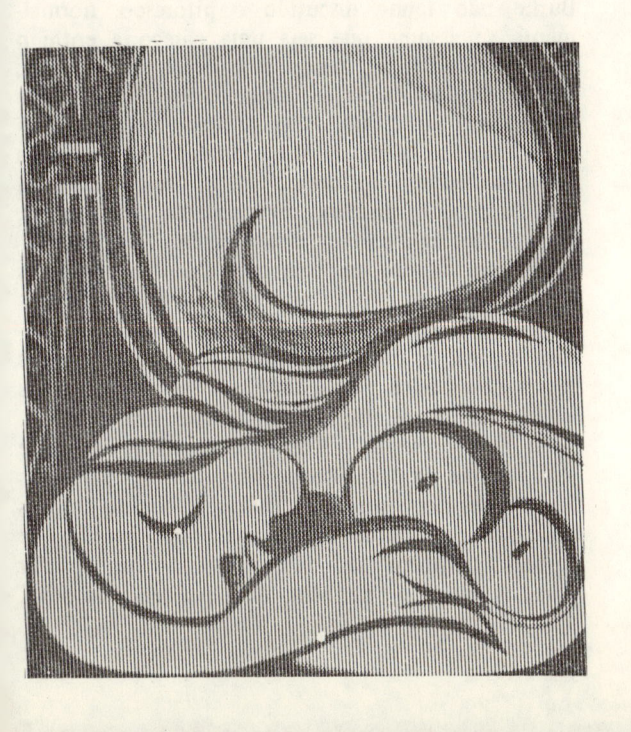

John Locke, em seu *Essay Concerning Human Understanding* (1960), considerou a visão como sendo "o mais abrangente de todos os nossos sentidos, transmitindo ao intelecto as idéias de luz e de cores". O que já vimos pode ser rememorado, pois a memória tem "o poder de reviver, outra vez, no intelecto, aquelas idéias que, depois de gravadas, desapareceram ou foram colocadas de lado, fora do alcance da visão". A lembrança do que já foi visto traz consigo a sensação de reconhecimento: "o intelecto, em muitos casos, tem o poder de reviver percepções tidas anteriormente percebendo este novo dado: as *percepções já foram tidas anteriormente*". Assim, a memória traz uma nova dimensão humana de tempo: a sensação do próprio passado, dimensão esta que empresta um significado pessoal, embora Locke não tenha dito isto tão claramente quanto Proust, às impressões recuperadas. Entretanto, Locke afirma que estas impressões visuais recuperadas se identificam com os nossos sentimentos: "aquelas impressões que, a princípio, naturalmente nos causam a impressão mais profunda e mais duradoura são as que vêm acompanhadas de prazer ou dor". O caminho está aberto para a pesquisa de Proust no campo da "sólida" psicologia do passado, que é o domínio da experiência romântica.

Na verdade, Locke parece mais moderno que Addison, que o popularizou, e que, em 1712, escreveu uma série de trabalhos no *Spectator* sobre os "Pleasures of Imagination", trabalhos que, para todos os objetivos práticos, inauguraram a história do pitoresco como forma de arte. Addison parte da premissa de que "a visão é o mais perfeito e o mais delicioso de todos os nossos sentidos. Fornece ao intelecto a maior variedade de idéias, estabelece contato com seu objeto à maior distância, e permanece em ação pelo maior tempo sem se cansar ou se saciar com os seus divertimentos próprios". A visão "coloca ao nosso alcance algumas das partes mais remotas do universo" e nos fornece idéias porque "temos o poder de reter, alterar e compor essas imagens que recebemos em diversos tipos de quadros e visões que sejam os mais agradáveis à imaginação". O prazer primordial da imaginação, continua ele, é ver os objetos ante os nossos olhos. Os prazeres secundários e mais frutificantes "decorrem das idéias dos objetos visíveis quando os objetos não estão realmente ante nossos olhos mas são chamados à nossa lembrança ou construídos como visões agradáveis de coisas ausentes ou fictícias". Esta imaginação secundária ou criativa pode "aumentar, revisar ou variar" as imagens para nos satisfazer com a "estranheza e novidade" das visões que aparecem no seu "horizonte espaçoso". Entre os prazeres secundários da imaginação do século XVIII estão os *morceaux de caprice*. Entretanto, o *morceau de caprice* e *genre pittoresque* permanecem somente como uma forma de ornamentação, um subdesenvolvimento no campo decorativo do rococó, mesmo que tenham tido resquícios psíquicos, como aconteceu na poesia de Collins.

Por muito tempo, críticos, poetas e pintores consideraram o pitoresco somente como uma arte visual. Como escreveu Richard Payne Knight, o pitoresco é um "modo de ver", uma maneira de olhar a paisagem que relembra certas pinturas que já vimos e gostamos. Uma paisagem pitoresca imita pinturas, especialmente as de Salvator, Claude ou dos mestres holandeses. O jardim "gótico" inglês, neste sentido, era pitoresco. Se, continua Knight, uma paisagem pitoresca provoca lembranças, estas lembranças são de pinturas já vistas por "aqueles que conhecem essa arte". O poema topográfico também era pitoresco porque tinha "aquele tipo de beleza que pertence exclusivamente ao sentido da visão", embora pudesse relembrar paisagens georgianas clássicas ou éclogas. Um poema pitoresco como *Ruins of Rome* de John Dyer estimulava, sem dúvida alguma, a imaginação do leitor a transformar o cenário italiano numa paisagem cheia de figuras antigas e com o peso das lembranças históricas.

Normalmente, o século XVIII distinguia três tipos de estilo: o bonito, o sublime e o pitoresco. O famoso ensaio de Edmund Burke identificava o bonito com o que é pequeno, liso, redondo, de cores suaves e capaz de dar prazer. O sublime, ao contrário, é espalhafatoso, áspero, triste, titânico e capaz de inspirar respeito ou terror. Embora Burke não tenha discutido o pitoresco, normalmente se assume que seja uma categoria entre o belo e o sublime, tendo a aspereza do sublime, um ar de decadência ou antiguidade. Uvedale Price considerava que "Qualidades de aspereza e de repentina variação, além da irregularidade, são as mais eficazes causas do pitoresco". O pitoresco tem uma qualidade que poderia ser chamada de singular, embora a palavra não tenha sido usada.

William Gilpin explica que, "dentre todos os objetos da arte, o olho pitoresco talvez seja o mais curioso a respeito das relíquias elegantes da arquitetura antiga, a torre em ruínas, o arco gótico, os restos de castelos e abadias. Estes são os mais ricos legados artísticos. Foram consagrados pelo tempo". Aqui está presente o "sentimento da idade" que Ruskin mais tarde procurou no gótico. As paisagens luxuriantes das *Seasons* de Thomson, com os matizes dourados de Claude ou os tons mais pesados de Rubens, também são pitorescas: são um prazer para os olhos e, também, uma paisagem emotiva.

Os poemas topográficos de Dyer mostram o quanto os prazeres irregulares das "vistas" excitavam a sensibilidade do século XVIII:

>Temples! and towns! and towers! and woods!
>And hills! and vales! and fields! and floods!
>Crowding before me edg'd around
>With naked wilds, and barren ground*.

Ruskin afirmou que Claude foi o primeiro a colocar o sol pictórico no paraíso pictórico. A radiância que Claude conseguiu dar à luz que brilha sobre sua paisagem artificial induziu o "viajante pitoresco" do século XVIII a carregar consigo um "espelho de Claude" quando ia para Lake Country; com este espelho colorido, permeava-se a paisagem "daquele tom dourado suave que é tão bonito em si e que, quando espalhado sobre toda a paisagem, como acontece num belo entardecer, cria aquela rica união e harmonia tão encantadoras na natureza e em Claude". Por volta de 1756, quando o Dr. John Brown escreveu a Lord Lyttelton, o primeiro considerou Lake Country segundo os padrões de Claude:

>... as principais cores do vale eram o anil, o verde e o dourado, embora variassem sempre pois se originavam da mistura intercambiante do lago, do bosque, da grama e dos campos de milho: contrastavam vivamente com o cinza das rochas e dos penhascos; o todo era enfatizado por raios de luz amarela, por tons violeta e pelo anil enevoado das montanhas.

Cor tão pitoresca é quase uma maneira de sentir; o anil da paisagem é quase uma vibração interior. A visão, dizia Addison, é o instrumento da imaginação.

Mesmo no mais estrito sentido da palavra no século XVIII, pitoresco é realmente mais do que uma maneira de ver. O panorama pitoresco normalmente está saturado de um estado de espírito, especialmente a forma vulgar do pitoresco dos

---

* Templos! e cidades! e torres! e bosques!/ E montes! e vales! e campos! e enchentes!/ Comprimindo-se perante mim, circundados/ Por desertos nus e terra estéril.

séculos XVIII e XIX, a "cottage art" de Oudry e Morland, em que se associavam carvalhos desgrenhados, coberturas de sapé, desordem doméstica e tarefas pastoris das pessoas pobres mas honestas com o sentimento que ainda sobrevive na nossa arte de calendário. Esta versão degenerada do pitoresco merece um momento de consideração, uma vez que é uma das "maneiras de ver" socialmente significativa: o Kitsch da arte pitoresca. Aparece nos quadros *Cottage Door* e *Landscape: Sunset* [12] de Gainsborough com o sentimentalismo sobre

12. GAINSBOROUGH: *Landscape: Sunset*

a vida dos pobres, expresso num pasticho pictórico que provavelmente pode ser buscado nos tons e nas sombras falhas de Salvator, na aspereza de Magnasco, no claro-escuro da mudança do tempo de Giorgione e nas cenas camponesas dos Países-Baixos. *Cottage art* também está relacionada com a fantasia dos pintores *vedute* como Marieschi e com as "paisagens imaginárias" cheias de ruínas e de camponeses, entrevistos sob luz atmosférica. Grande parte da pintura dos meados do século XVIII foi varrida pela luz solar enevoada que brilha e desaparece em Fragonard, Richard Wilson, Gainsborough, Hubert Robert e até nas mitologias de *boudoir* de Boucher. Os olhos do século XVIII eram extremamente sensíveis à luz e sombra, tendo isto se tornado quase que uma assinatura do "instinto de paisagem" na poesia e na pintura.

A *cottage art* de Oudry, Gainsborough e Morland é um tipo de pastoral diluída a nível de sentimento aguado, um sonho sobre os prazeres simples da vida rústica que aparece como um novo paraíso no século XVIII. A "doce Auburn" de Goldsmith com sua choupana abrigada, o riacho, o moinho sempre trabalhando, o rebanho sóbrio, a parede bolorenta e a ruína disforme, é um tipo especial de idílio que transformou o *genre pittoresque* de decoração rococó em fantasia social:

> Sweet was the sound when oft at ev'ning's close,
> Up yonder hill the village murmur rose;
> There, as I past with careless steps and slow,
> The mingling notes came soften'd from below;
> The swain responsive as the milkmaid sung,
> The sober herd that low'd to meet their young,
> The noisy geese that gabbled o'er the pool,
> The playful children just let loose from school;
> The watch-dog's voice that bay'd the whisp'ring wind,
> And the loud laugh that spoke the vacant mind;
> These all in sweet confusion sought the shade,
> And fill'd each pause the nightingale had made*.

Esta paisagem é tão ideal quanto as visões de Milton em "L'Allegro" e em "Il Penseroso", mas é marcada por detalhes realistas. Não é, entretanto, realismo, pois os detalhes são vistos sob um tom geral de sentimento como o que Wordsworth tentou, mais tarde, jogar sobre os incidentes da vida do campo. É uma paisagem emotiva que, finalmente, se transforma na arte de calendário. A cena relaxada de Auburn é uma ilusão da classe média que se origina na simpatia estereotipada pelos "pobres honestos" que se tornam dignos de piedade ou, até, admiração quando aparecem numa paisagem pastoril. Os pobres da cidade não servem para este tipo de nostalgia. Hogarth usou da caricatura e não da *cottage art* para retratar os moleques de rua de Londres. Grande parte do sentimento social romântico encontrou sua válvula de escape na *cottage art* que colocava o camponês contra o "fundo" emotivo da paisagem pitoresca.

Ruskin disse que esta pintura era uma forma degradada de contemplação, como realmente é. Durante os séculos XVIII e XIX, a classe média urbana descobriu que não podia esquecer os prazeres simples dos pobres, tão atraentes à distância — a distância do sonho. Ruskin observa que essa é uma variedade "parasita" do pitoresco que atrai as pessoas não completamente desprovidas de virtudes mas que só são capazes de contemplar a miséria e a ruína a uma certa distância que torna possível o sentir prazer:

> Atravessando todo seu prazer, existe uma corrente subterrânea de paixão trágica, um veio verdadeiro de simpatia humana; ela está na raiz de todas as suas estranhas procuras mórbidas; uma excitação triste como a que outras pessoas sentem diante de tragédias, só que a dele é um pouco menor, suficiente apenas para dar um tom mais profundo ao seu prazer e para fazê-lo escolher, como assunto, as pedras quebradas da parede de uma casinha do campo, em vez do leito da estrada; e, juntamente com o ligeiro sentimento trágico, há também uma simpatia romântica e humilde; um desejo vago, dentro de si mesmo, de viver em casinhas no campo em vez de palácios; uma alegria pelas coisas humildes, um contentamento e encanto pelas improvisações, a certeza secreta (em muitos casos, verdadeira) de que nessas casinhas arruinadas existe, muitas vezes, tanta felicidade quanto nos palácios reais... E, assim, não tendo certeza de que estas coisas possam ser consertadas e muito certo de que não saberia consertá-las, certo também de que o prazer que sente com elas *precisa* ter uma boa razão na natureza das coisas, ele se entrega ao seu destino, aproveita o seu sombrio canal, aberto sem escrúpulos, e lamenta todos os melhoramentos da cidade e toda tentativa feita pelos sanitaristas...

(*Modern Painters*, V parte, cap. 1)

---

* Doce era o som quando às vezes ao fim da tarde/ Se erguia o murmúrio da vila além-monte/ Lá, enquanto passava a passos vagarosos e descuidados,/ A mistura de notas subia suave;/ O mancebo responsivo à canção da ordenhadeira/ O rebanho sério se abaixa para alcançar a cria/ Os gansos barulhentos que grasnam na lagoa/ As crianças brincalhonas mal saídas da escola;/ A voz do cão de guarda que acua o vento sussurrante,/ E a risada alta que saiu da mente vazia;/ Tudo isto, em doce confusão, buscou a sombra,/ E preencheu cada pausa do canto do rouxinol.

Não existe melhor trecho para interpretar o estado de espírito da versão classe-média da pastoral na qual a inércia do sonho esconde a concessão social. A *cottage art* é um ópio da classe média, repleta de desejos de boas ações e de simpatia pelos desafortunados, capaz, entretanto, de desviar estes bons sentimentos para o cultivo da poesia, da pintura e dos romances nos quais os pobres parecem confortável e tranqüilizadoramente pitorescos. Este tipo de arte é uma forma pervertida de realismo. Pervertida, porque banha o amontoado de detalhes de curral com complacência e sonho. O excelente jardineiro do século XVIII, Reverendo William Mason, sugeriu que a pobreza tem um efeito pitoresco se se dá aos filhos do Pobre — "em muitas dobras rasgadas" — chapéus de palha e mochilas de couro para que perambulem pelos vales de alguma grande propriedade. Sir William Chambers, que se devotou à tarefa de formar jardins pitorescos na Inglaterra, sugeriu que onde quer que houvesse minas de carvão e camponeses esfaimados, poder-se-ia adicionar "umas poucas árvores isoladas, algumas ruínas, cavernas, rochas, correntes de água, aldeias abandonadas, parcialmente consumidas pelo fogo, eremitérios solitários e outros objetos similares, introduzidos com arte e misturados a plantações sombrias, completando o aspecto de desolação e servindo para ocupar a mente". Do ponto de vista de Chambers, isto seria muito "chinês". A paisagem da pobreza pitoresca — ou, por outra, a visão artística da miséria — é uma pastoral do século XVIII e XIX freqüentemente encontrada em romances onde, como disse um clérigo, os pobres se aproximam dos seus frugais repastos com um apetite que nem sempre os ricos têm.

Cottage art não é a parte principal do pitoresco. Este é uma manifestação muito mais ampla, abrangendo todas as artes. Infelizmente, entretanto, o pitoresco tem sido tão completamente identificado com este tipo degradado de arte de calendário e de sentimento que não foi considerado por aquilo que é: uma primeira fase de uma técnica subjetiva que gradualmente se transforma durante o desenvolvimento do romantismo para atingir o simbolismo no século XIX. O Kitsch que acabamos de mencionar é uma forma menos importante e particular de liberar os sentimentos pseudo-sociais, pseudo-artísticos da classe média que não tinha um estilo e, portanto, recorria ao pasticho tipificado pela *cottage art*. Quando Courbet despiu a *cottage art* de sua atmosfera pitoresca em quadros como *Quebradores de Pedra* ou *Enterro em Ornans*, apareceu o realismo. Quando o estado de espírito da pastoral desapareceu diante dos olhos corajosos de alguém como Courbet, os valores da vida humilde apareceram em toda sua crueza. Havia uma nota de realismo na *cottage art*; mas os detalhes ao acaso, a aspereza dos carvalhos, a esfiapenta cobertura de sapé, o aparato bucólico dos poemas e pinturas, só eram pitorescos porque eram vistos de maneira auto-indulgente e reminiscente. Segundo Wordsworth: "Naquele doce estado em que pensamentos agradáveis/trazem à nossa mente tristes pensamentos".

Wordsworth vem muito a propósito aqui, pois sua poesia era intencionalmente uma forma de *cottage art* que provia de sentimento os incidentes mais comuns: "o sentimento aí desenvolvido empresta importância à ação e à situação", insiste ele, "e não estas àquele". Por isso ele conta a história de Martha Ray e Michael. Wordsworth foi um grande artista do pitoresco na fase de transição entre os primórdios do movimento no século XVIII e a fase do século XIX que resultou na arte simbolista. Ele está ligado ao idílio, aos pintores topográficos e poetas do século XVIII. Ele prenuncia Proust que também reconheceu, na linguagem dos sentidos, uma sugestão de modos de ser desconhecidos e que, como Wordsworth, mesmo com o corpo sonolento, pela intermitência do coração, podia traduzir uma sensação em um reconhecimento atemporal.

Wordsworth tentou explicar as suas intermitências, os momentos em que se apagava a luz dos sentidos e que sua mente se alimentava do infinito, através da psicologia "associacionista" dominante na época. Precisamos, agora, considerar esta psicologia como um mecanismo pelo qual o pitoresco se transformou de prazer puramente visual em imaginação criadora que podia ler nos objetos e no mundo a revelação do absoluto. Mesmo o pitoresco degenerado que chamamos de *cottage art* precisava ser visto emotivamente, pois era, como notou Ruskin, uma forma degenerada de contemplação. Wordsworth é contemplativo de maneira mais elevada.

3. O PITORESCO PSICOLÓGICO: ASSOCIAÇÃO E DEVANEIO

Voltemos, por um momento, para os trabalhos de Addison sobre a imaginação: já está claro que o pitoresco é uma atividade não só da imaginação primária, mas também da secundária, que Coleridge mais tarde chamaria, usando seu jargão próprio, de "esemplástica" ou imaginação criadora, isto é, a que colore com um estado de espírito uma cena presente ou rememorada. A atividade da imaginação secundária leva Wordsworth a ver o pôr-do-sol de uma nova maneira: até as nuvens "adquirem um colorido sóbrio" do "olho que se conservou atento à mortalidade humana". O pitoresco pode ser um tipo de cenário que dá prazer aos olhos ou parecer uma pintura; pode, também, de forma mais criativa, ser um modo de projetar estados de espírito nos cenários até que a paisagem se torne um símbolo. Byron escreveu que "altas montanhas são um sentimento" e Amiel comentou no seu *Journal* (31 de outubro de 1852) que uma paisagem é um estado d'alma. O romantismo freqüentemente parece ser uma maneira de usar o mundo, como instrumento, para exprimir sentimento.

As concordâncias mais amplas entre o pitoresco e a arte romântica são mostradas num trecho das conferências feitas em Paris, em 1826, por Théodore Simon Jouffroy, que fornece indicações de como o romantismo levou ao proto-simbolismo de Baudelaire:

> Assim cada coisa, cada idéia é, de certa forma, um símbolo... A arte que representa sons, formas, cores, palavras não suscita em nós apenas a idéia do que imita mas, também, outras idéias que se juntam a ela por associação... Tudo é simbólico... É esta diferença que separa o reino das coisas daquele outro reino que não vemos, o visível do invisível... No discurso, no estilo, o que chamamos de imagem é a representação do invisível através de objetos visíveis.
> (*Cours d'Esthétique*, xviii)

Jouffroy está definindo a revolução copernicana nas artes, parecida com a revolução que Kant produziu na filosofia quando mostrou que não se pode conhecer o absoluto nem através dos sentidos nem através da razão, mas que, ambos, precisam ser transcendidos pela imaginação; assim sendo, não se pode compreender a realidade "objetivamente" mas só "subjetivamente". Um objeto não pode ser considerado como coisa-em-si mas somente como um signo numa outra ordem de seres. A transformação operada pelos românticos consistiu em não tornar a mente em um espelho do mundo externo mas numa fonte de analogias, um meio de alcançar o invisível através do visível[6]. Usando os objetos somente como símbolos, o intelecto é criativo e sua ação criativa tem início nos sentimentos que se congregam ao redor dos sons, das formas, das cores e das palavras por associação. A psicologia associacionista teve tanta influência no século XVIII quanto a psicologia freudiana no século XX.

Esta psicologia, nas suas primeiras fases, é mecanicista, quase behaviorista; foi, porém, transformada, por Coleridge e pelos românticos, em uma teoria "orgânica" da imaginação, um poder de pressentir uma outra ordem de realidade mais elevada; ou mesmo de criá-la, como no sonho. A realidade, para Baudelaire, é, muitas vezes, "uma visão num sonho". O seu "paraíso artificial" era uma "arquitetura de sonhos" como as *Confessions of an English Opium Eater* de De Quincey, escrita enquanto os românticos estavam descobrindo os poderes da imaginação. De Quincey nos conta que, em 1817, seus sonhos, resultantes de drogas, eram "um teatro repentinamente aberto e iluminado, que apresentava espetáculos noturnos os mais esplendorosos", estendendo amplamente o espaço e o tempo. Alguns desses espetáculos foram inspirados pelas paisagens fantásticas de Piranesi (De Quincey deve estar se referindo a *Prisons*):

> ... enormes *halls* góticos: no chão havia todo tipo de motores e máquinas, rodas, cabos, roldanas, alavancas, catapultas etc. etc... Subindo ao longo das paredes, percebe-se uma escada... Seguindo-se a escala um pouco além, percebe-se que ela termina de repente, abruptamente, sem qualquer balaustrada, não permitindo que seja dado nenhum passo além: quem tiver chegado na extremidade, só poderá cair nas profundezas abaixo... Levantando-se os olhos, porém, contempla-se o segundo lance de escadas até mais acima... Levantando-se os olhos, outra vez, um outro lance de escadas ainda mais aéreo será contemplado.

Esta arquitetura de sonhos é uma visão romântica do *genre pittoresque*. Conduz De Quincey em direção às longas viagens imaginárias de Baudelaire e à "expansão infinita das coisas". No meio tempo, Coleridge partiu na sua própria viagem imaginária para o reino do grande Khan Kubla. A psicologia associacionista é a chave do *genre pittoresque*, do sonho romântico também e, finalmente, do próprio simbolismo.

Não precisaremos traçar o desenvolvimento desta psicologia através dos muitos seguidores de John Locke, mas resumiremos a teoria algo ingênua que aparece em David Hartley, cujo livro, *Observations on Man* (1749), foi tão popular que Coleridge deu a seu filho o nome de David Hartley Coleridge. Hartley explica que, uma vez que as impressões dos sentidos estejam gravadas no intelecto, elas

---

6. Provavelmente, o melhor estudo sobre esta mudança da imaginação romântica é o de M. H. Abrams, *The Mirror and the Lamp*, 1953, 1958.

"se juntam e se combinam por associação", de tal maneira que as sensações sejam identificadas com paixões ou afetos, que podem ser "causados pelos objetos e pelos incidentes da vida... até que, finalmente, através de inúmeras influências recíprocas de umas sobre as outras, as paixões atingem aquele grau de complexidade que é observado na realidade e que as torna tão difíceis de serem analisadas". Em resumo, os sentimentos se identificam aos objetos ou acontecimentos que, por sua vez, podem estimular esses sentimentos associados. Como disse Wordsworth mais tarde, nossos pensamentos inescrutavelmente representam os sentimentos passados; pois a memória está sempre de forma obscura ressuscitando sentimentos em cachos. Oito anos depois de ter sido publicado o trabalho de Hartley, Mark Akenside escreveu um poema – *The Pleasures of Imagination* – sugerindo como uma cena se torna um símbolo indelével de sentimentos associados:

> For when the different images of things
> By chance combin'd have struck the attentive soul
> With deeper impulse, or, connected long,
> Have drawn her frequent eye; howe'er distinct
> The external scenes, yet oft the ideas gain
> From that conjunction an eternal tie
> And sympathy unbroken*.

A associação simpática entre cenas e sentimentos levou Wordsworth a identificar a visão do vale Wye, perto de Tintern Abbey, com suas experiências quando, cinco anos antes, a sua tristeza tinha sido aliviada ao contemplar a mesma paisagem. O lugar se torna, para ele, um símbolo de emoções tão profundamente embebidas em sua consciência que ele luta por defini-las "com muitos reconhecimentos fracos e pouco claros e um toque de triste perplexidade". A primeira visão que teve de Tintern não teve para o poeta o impacto que uma paisagem tem para um cego; voltou-lhe à mente, entre o barulho da cidade, com uma estranha força restauradora, sentida no sangue e no coração. A lembrança dessas puras e sagradas deslocações dos sentidos – a sensibilidade orgânica que fizera com que a impressão de uma cena na retina permanecesse como um resíduo proustiano de uma experiência – foi como um encantamento, que o perturbou com pensamentos elevados e algumas sugestões de uma deslocação infundida na sua vida e no mundo. O Wye se tornou o símbolo de um estado de consciência passado e fazia reviver "pensamentos de mais profundo isolamento", seu estado de espírito alienado de 1793. A topografia do vale está de acordo com suas paixões, passadas e presentes, à medida que permeia a natureza com seus sentimentos; o ato de ver se torna um ato criativo, tornou-se a imaginação criadora que é excitada pelos sentidos mas que transcende esses mesmos sentidos. Baudelaire afirmou que o mundo é uma floresta de símbolos. Wordsworth fala do

> ...all the mighty world
> Of eye and ear, – both what they half create,
> And what perceive*

A única teoria disponível, que explica os seus estados de exaltação, era o associacionismo de Hartley que também lhe permitia escrever sobre essas experiências mesmo que não pudesse explicá-las satisfatoriamente:

> The scenes which were a witness of that joy
> Remained in their substantial lineaments
> Depicted on the brain
> ....
>   and by force
> Of obscure feelings representative
> Of things forgotten, these same scenes so bright,
> So beautiful, so majestic in themselves,

---

* Pois quando as diferentes imagens das coisas,/ Combinadas ao acaso, atingem a alma atenta/ Com um impulso mais profundo ou atenta chamam sua atenção/ Em virtude da longa ligação; por mais distintas/ Que sejam as cenas externas, muitas vezes as idéias adquirem/ A partir dessa ligação, um laço eterno/ E simpatia infinda.

* ...todo o poderoso mundo/ Dos olhos e dos ouvidos – ambos parcialmente o que criam/ E o que percebem.

> Though yet the day was distant, did become
> Habitually dear, and all their forms
> And changeful colors by invisible links
> Were fastened to the affections...*
>
> (*The Prelude*, I)

Hartley deu a Wordsworth o que Platão não pôde dar; isto é, uma razão por que a experiência sensível podia arrebatar — uma paisagem, uma árvore, uma flor podiam se associar a afetos e sentimentos primevos.

O livro sobre estética associacionista de maior influência foi publicado em 1790, um pouco antes que Wordsworth começasse a escrever. *Essays on the Nature and Principles of Taste*, de Archibald Alison ilustra, para Wordsworth, a psicologia da época que permeava o pitoresco mais sério e que, segundo Rimbaud, fez com que os românticos se tornassem simbolistas "sem o saber". Nos *Essays*, Alison toma a posição de que as artes precisam usar os objetos como "signos ou expressões de qualidades capazes de produzir emoção" e que a arte é capaz de transformar a aparência das coisas ao evocar, em nós, uma emoção que colore o mundo de acordo com nosso estado de espírito: "Nosso intelecto, em vez de ser governado pelas características do objeto externo, se torna capaz de lhes conferir uma característica que não lhes pertence". As coisas podem servir de "signos" dos sentimentos. Num comentário surpreendente, Alison parece deixar implícita a idéia de Baudelaire de que as cores, os odores e os sons possam ter uma "correspondência" em harmonias: "em virtude da ligação ou da semelhança que subsiste entre as qualidades da matéria e as qualidades capazes de produzir emoção, a percepção de uma delas imediatamente e, quase, irresistivelmente, sugere a idéia da outra; estas associações são feitas tão cedo que, depois, é necessário muito esforço para desfazer essa ligação e para fazer com que nós não atribuamos ao signo o efeito que é produzido somente pela qualidade significada".

Segundo Alison, o belo e o sublime, como o pitoresco, são devidos "à variedade de imagens no nosso intelecto, bastante diferentes daquelas que o próprio objeto pode apresentar à visão". As cenas comuns da vida, através dessas evocações, são coloridas pelos sentimentos que provocam:

> Cadeias de pensamentos agradáveis ou solenes aparecem espontaneamente em nossa mente; nosso coração incha de emoção para a qual os objetos à nossa frente não parecem oferecer causa adequada; e jamais ficamos tão encantados como quando, ao prestarmos atenção, não somos nem capazes de retraçar a progressão nem a conexão desses pensamentos, que passaram tão rapidamente pela nossa imaginação.

Dessa forma, o pôr-do-sol, aos olhos de Wordsworth, se transforma no "signo" de uma simpatia primeva, profunda demais para causar lágrimas. Ou, como foi colocado pelo simbolista Ernest Raynaud, em 1883: "um rio corresponde a um destino; um pôr-de-sol, a uma glória sendo destruída"[7].

Antecipando as intermitências de Proust, Alison diz que não existe homem que não tenha associações particulares para ressaltar certas cenas ou livros em particular. A imaginação se encontra em seu estado mais livre durante as épocas de relaxamento dos "desocupados e desempregados", aqueles que aproveitam a "sábia passividade" de Wordsworth —

> Nessas cadeias de imagens não é necessário fazer nenhum esforço de pensamento, nem são necessários hábitos de atenção; elas aparecem espontaneamente na mente... e a carregam quase que insensivelmente, como que em um sonho encantado.

---

* As cenas que testemunharam aquela alegria/ Permaneceram em linhas gerais/ Gravadas no cérebro/ ..../ e devido/ A sentimentos obscuros, tornaram-se representativas/ De coisas esquecidas, estas cenas tão claras,/ Tão belas, tão majestosas em si,/ Embora o dia estivesse distante, tornaram-se/ Habitualmente queridas e todas as suas formas/ E cores cambiantes estavam ligadas/ Aos sentimentos por fios invisíveis...

7. Esta passagem é citada em *Message Poétique du Symbolisme*, 1947, de Guy Michaud. Esta obra com seus *Documents* suplementares foi uma fonte de inestimável valor para o presente capítulo. Consultar *Documents*, 85.

Estas são as palavras que vínhamos esperando, uma vez que o pitoresco é uma reminiscência da imaginação. Na verdade, Alison cita o Abade Delille (Jacques Delille) que escreve sobre jardinagem. Este excerto poderia servir de epígrafe para um romance proustiano sobre os "jeitos" de Guermantes ou Méséglise:

> N'avez-vous pas souvent, aux lieux infréquentés,
> Rencontré tout-à-coup ces aspects enchantés,
> Qui suspendent vos pas, dont l'image chérie
> Vous jette en une douce et longue rêverie?*

Nos romances e nos poemas do século XVIII há muitas passagens de devaneio, mas este encantamento com determinado lugar, que traz uma sensação de harmonias obscuras, é, também, um dos primeiros momentos da história da arte simbolista: uma imagem do mundo exterior nos domina com suas sugestões, com sua nota, talvez, de "correspondência". Então, ocorre uma certa interrupção ou intervalo da percepção comum enquanto a cena que se nos oferece assume o valor de metáfora, reunindo ao seu redor todo um estado de consciência. Sem o perceber, é claro, o Abade se encontra no limiar do que hoje chamaríamos de percepção profunda, constrastando com a percepção superficial, e dá a entender que algumas das nossas experiências mais valiosas não têm forma e são inarticuladas, incapazes de serem estruturadas de acordo com as formas convencionais da arte. Este proto-simbolismo está baseado na psicologia associacionista, como foi explicado por Alexander Gerard e por outros esteticistas da época: "Quando inúmeras percepções distintas estão assim unidas, por coexistência, na imaginação, a lembrança mental de qualquer uma delas sugere as outras". Existe, então, "uma constante vibração de pensamento entre os objetos imediatamente ligados e a paixão". A sensação de afinidade de Delille é mais do que o encantamento como um lugar; é a premonição da sensação de algo profundamente interligado descoberta por Wordsworth.

O Abade merece mais algumas considerações uma vez que seu poema sobre *L'Imagination*, iniciado em 1785 e terminado em 1794, dedica oito livros a *"les effets réciproques de l'imagination sur les lieux, et des lieux sur l'imagination"*. Delille acha que nossos pensamentos, "sempre contagiantes", formam "núcleos secretos", numa caminhada involuntária estimulada pelas sensações guardadas na memória:

> En images sans fin une image est féconde:
> Tel un caillou tombant forme une cercle dans l'onde;
> Un autre lui succède, et tous les flots troublés
> Étendent jusqu'aux bords leurs cercles rédoublés...
> Enfin, par le hasard d'un heureux voisinage,
> Une image souvent éveille une autre image...*

Estes reconhecimentos e correspondências, segundo o Abade, nos libertam do espaço e do tempo:

> Dans un espace étroit, et dans un temps borné,
> Son magique pouvoir ne fut point confiné**.

A imaginação prefere o passado ao presente e os traços indecisos ao contorno preciso. Para o Abade, como para Proust, a imaginação provém da memória, *notre âme en silence amassant ses trésors:*

> Ainsi les souvenirs, les regrets et l'amour,
> Et la mélancholique et douce rêverie,
> Reviennent vers les lieux chers a l'âme attendrie,
> Où nous fûmes enfants, amants, aimés, heureux...***

---

* Não encontraste, muitas vezes, em lugares pouco freqüentados,/ De repente aqueles aspectos encantados/ Que te fazem parar, cuja imagem querida/ Te joga em um doce e longo sonho?

* Dentre imagens sem fim, uma é fecunda:/ Tal como o seixo que cai formando círculos n'água;/ Um sucedendo ao outro e todas as ondas agitadas/ Estendem até a borda seus círculos redobrados.../ Enfim, em virtude de feliz vizinhança casual,/ Uma imagem muitas vezes desperta uma outra imagem...

** Em um espaço plano e no tempo limitado/ Seu poder mágico não mais foi confinado.

*** Assim as lembranças, os remorsos e o amor,/ E o devaneio melancólico e doce,/ Voltam para os lugares queridos de nossa alma/ Onde fomos crianças, amantes, amados, felizes...

Generalizando, podemos dizer que, na primeira fase do século XVIII, a imaginação foi capturada pelo espaço: os espaços descobertos pela astronomia newtoniana e por aqueles que exploraram os mais distantes recantos da terra. Os deístas em especial se embebedaram com a idéia de um universo espaçoso. O rococó é uma arte espacial. Entretanto, a fase sentimental do século XVIII se encantou com o tempo e a essência do romantismo talvez seja a descoberta de que o tempo é o campo da experiência humana[8], especialmente o sentido de passado, que traz um novo significado à fatalidade, e o sentido de futuro, que dá um novo significado ao destino. O tempo relembrado — ou ainda o sonho desesperado do futuro, a primavera que não pode estar muito distante no passado, a maravilha do mundo que ainda virá. A tristeza, a revolta e o êxtase românticos são aspectos desta nova consciência do tempo. E, para o romântico, existe sempre a sensação da inadequação do presente: "Pois na vida, não existe o presente", diz amargamente Manfred. Em *Le Lac*, Lamartine pergunta desesperançadamente: Será que não podemos segurar nem mesmo uma hora? "O temps, suspends ton vol!". É inútil. Depois vem o amor; a hora acaba e morremos. Mas existe, sempre, o consolo da memória. O devaneio do século XVIII é a antecâmara da terrível expansão do tempo do século XIX. Assim, o devaneio, com suas associações sutis e silenciosas, liberta o Abade do presente.

As imagens, no intelecto, se reúnem ao acaso, à sombra verde do devaneio, quando as impressões dos sentidos se misturam numa espécie de sinestesia; o Abade encontra facilidade em associar a experiência da visão com a da audição ou do paladar:

...chaque sehs, par um heureux concours
Prête aux sens alliés un mutuel secours;
Le frais gazon des eaux m'embellit leur murmure;
Leur murmure, à son tour, m'embellit la verdure.

8. Depois de *Études Sur le Temps Humain*, 1949, Georges Poulet publicou um ensaio sobre "Timelessness and Romanticism", *Journal of the History of Ideas*, XV, 1954, 3-22.

L'odorat sert le goût, et l'oeil sert l'odorat...
Ainsi tout se répond, et, doublant leurs plaisirs,
Tous les sens l'un de l'autre éveillent les désirs...*

Ainsi tout se répond: este não é, certamente, o sentido de correspondência de que Baudelaire fala quando *les parfums, les couleurs, et les sons se répondent* com longos ecos em profunda e ensombrada unidade; mas é um primeiro passo em direção às analogias misteriosas e inefáveis descobertas pelos simbolistas. Em 1810, Dugald Stewart usa o termo analogia para explicar como o sublime está baseado na associação: "As idéias assim associadas podem ser concebidas como mantendo uma distante analogia nas suas comunicações mútuas".

Ao lermos estas afirmações, precisamos lembrar que, no século XVIII, uma idéia é o resíduo de uma impressão dos sentidos. Esse era o pressuposto de Keats quando exclamou "Oh, por uma vida de sensações e não de pensamentos". Como Wordsworth, ele queria reduzir a poesia à experiência primária, provada. Wordsworth considerava o poeta como sendo o homem que podia falar aos homens porque podia estudar, com maior sensibilidade que as outras pessoas, como "nossos contínuos fluxos de sentimento" são influenciados pelos pensamentos que, em si, "representam todos os nossos sentimentos passados". Assim, em *The Prelude*, Wordsworth esperava traçar "as leis primárias do nosso ser" descrevendo a sua

...observation of affinities
In objects where no brotherhood exists**.

* ...cada sentido, por feliz coincidência,/ Dá ajuda mútua aos sentidos aliados;/ A relva fresca das águas tornam seu murmúrio mais bonito;/ Seu murmúrio, por sua vez, torna o verdume mais bonito./ O odor serve ao paladar e a visão serve ao odor.../ Assim, um corresponde ao outro e, redobrando seus prazeres,/ Todos os sentidos despertam os desejos...

** ...a observação das afinidades/ Em objetos não semelhantes.

para as pessoas de média inteligência. Estas afinidades são fruto da extrema sensibilidade do poeta, da sua "sensibilidade orgânica":

> Those hallowed and pure motions of the sense
> Which seem, in their simplicity, to own
> An intellectual charm*.

Outra vez, isto não se iguala à aventura de Baudelaire de transformar a voluptuosidade em conhecimento, mas mostra como a psicologia associacionista transformava a sensação em imaginação e como a imaginação se tornou uma força criadora, fazendo uso da atividade associativa que explorava, como disse Wordsworth, "obscuros sentimentos representativos/de coisas esquecidas"; e obtinha através do devaneio revelações ou reconhecimentos das coisas que estão além do tempo e do espaço. O ato poético criativo começa com a passividade sábia, os prazeres orgânicos, as sensibilidades animais; leva, entretanto, à visão quando "a luz dos sentidos se extingue" e o mundo invisível se revela num jato de luz como

> Characters of the great Apocalypse,
> The types and symbols of Eternity,
> Of first, and last, and midst, and without end**.

Assim, partindo do "devaneio encantado" de Alison e das associações mais "gerais e desligadas", chegamos à poesia proto-simbolista em que uma árvore, um recanto campestre visto por Wordsworth, podem sugerir um inexprimível sensação de perda, de crise moral:

> But there's a tree, of many, one,
> A single field which I have looked upon;
> Both of them speak of something that is gone;
> The pansy at my feet
> Doth the same tale repeat***.

* Aqueles movimentos puros e sagrados dos sentidos/ Que, na sua simplicidade, parecem ter/ Um encanto intelectual.
** Personagem do grande Apocalipse,/ Os tipos e símbolos da Eternidade,/ Do início, do fim, do meio, sem fim.
*** Mas há uma árvore, dentre muitas, uma,/ Um único

Nestes momentos, Wordsworth tocou uma das oitavas dentre *l'immense clavier des correspondances* que Baudelaire se propôs compor. Durante as revelações de Wordsworth, o pitoresco se transforma em romantismo; e, logo, o romantismo se transforma em simbolismo.

Enquanto romântico, Wordsworth joga sobre o mundo a luz da sua imaginação, sugerindo uma equação entre o arrebol da tarde e a sua tristeza. A equação é escrita de forma ainda mais obscura em Mallarmé, mais hieroglífica, mas é o mesmo tipo de equação, que trespassa o mundo de "reconhecimentos fracos e pouco claros". Tanto Wordsworth quanto Mallarmé encontraram uma equivalência entre um momento de si próprios e um momento das coisas, transformando a sensação de afinidades quase em uma mística:

> ... there is a dark
> Inscrutable workmanship that reconciles
> Discordant elements, makes them cling together
> In one society*.
>
> (The Prelude, I)

Em resumo, "Tintern Abbey", identificando uma "triste perplexidade" ao vale Wye, está dentro da tradição da arte pitoresca que teve início com "Il Penseroso" de Milton, desenvolveu-se com os poetas de paisagem do século XVIII e alcançou sugestões transcendentais com Wordsworth, sugestões estas que, mais tarde, inspiraram o vôo de Mallarmé pelo azul do Absoluto. A poesia de Wordsworth é a realização mais importante da arte pitoresca na literatura. Segundo Alison, é uma maneira de ver o mundo emotivamente, um meio de associar um estado de espírito a objetos até que o contorno da paisagem se torne a imagem da própria consciência.

campo sobre o qual olhei;/ Ambos falam de coisas passadas;/ O amor perfeito, aos meus pés/ Repetem a mesma estória.
* ...há um trabalho humano escuro/ E inescrutável que reconcilia/ Elementos discordantes, fazendo com que se juntem/ Em uma sociedade.

Poder-se-ia objetar, aqui, que Wordsworth encontrou inspiração no que o século XVIII chamava de "sublime". Entretanto, o sublime e o belo, segundo definição de Burke, pelo menos, e assim considerado por outros críticos, não dependem muito do estado emocional do espectador mas, sim, das características da cena em si: clara ou escura, lisa ou áspera, com curvas suaves ou abruptas. Ao contrário, o pitoresco é uma maneira de ver; a estruturação da cena depende de como vemos o que está diante de nós e não do tipo de cena. É certo que o belo e o sublime suscitam emoções; entretanto, estas são categorias da paisagem e não respostas frente a ela. Certos tipos de paisagens podem dar ensejo a associações que levarão ao pitoresco psicológico que vimos discutindo até agora. Alison afirma, por exemplo, que podemos ver "uma velha torre no meio de um denso bosque, uma ponte estirada sobre um abismo" — uma das paisagens criadas para o jardim "inglês":

> Se não me engano, o efeito de tais objetos sobre a mente de todos é sugerir uma cadeia adicional de idéias, além da que a cena ou descrição, em si, teriam sugerido... Em geral, são circunstâncias que coincidem, mas que não estão necessariamente relacionadas com o caráter da cena ou descrição e que, afetando a mente, a princípio, com a emoção da surpresa, produzem, depois, uma cadeia imagética maior ou adicional.

O objeto em si, explica Alison, é só um "indício para despertar a imaginação e para encaminhá-la para todas as idéias análogas que existem na memória". Ao recobrar o passado, a fantasia pitoresca pode emprestar uma amplitude romântica à cena que se nos oferece. Whately, ao escrever sobre os jardins pitorescos, comentou: "A constituição da mente humana é tal que a emoção, desde que seja suscitada uma vez, se espalha para além da ocasião".

O "fundamento" de uma pintura, de um poema ou de uma paisagem pitoresca é um estado de espírito, um sentimento de unidade de tom ou cor. O termo usado por Alison para designar esta harmonia é "unidade de expressão" ou "unidade de emoção" e, ainda segundo ele, qualquer contraste numa cena somente "fortificará o efeito da emoção geral". A teoria de Coleridge de que um poema reconcilia qualidades opostas ou discordantes é uma extensão da idéia de Alison de que uma obra de arte precisa inspirar "uma emoção no seu estado puro". A essência da teoria de Coleridge sobre a imaginação está em uma de suas cartas para Southey (7 de agosto de 1803): "Estou quase acreditando que as idéias *nunca* lembram idéias, enquanto são somente idéias, como as folhas da floresta não induzem o movimento umas das outras. É a brisa que passa por elas — é a alma, o estado emocional". Coleridge percebeu que a associação de Hartley era uma composição mecânica; a associação mais profunda, criativa, acontece quando a visão artística "difunde um tom e um espírito de unidade que matiza e (por assim dizer) *funde* uma coisa na outra através do poder sintético e mágico ao qual demos, exclusivamente, o nome de imaginação". Coleridge está no caminho da teoria simbolista de Wyzewa que, em 1886, disse que um poema deveria expressar uma "emoção total".

O tipo mais mecânico de associação pitoresca levou ao gótico artificial dos primeiros românticos. Em geral, depois do rococó, as artes do século XVIII adotaram o pasticho. Confira-se com o gótico de *papier maché* de Horace Walpole em Strawberry Hill ou com o espalhafatoso "arqueologismo" da classe média de Beckford em Fonthill ou com os modismos gregos, romanos, palmiros e egípcios do início do século XIX ou, ainda, com o classicismo *ersatz* de Canova, David, Walter Savage Landor e de todo o Império. Há, ainda, Chatterton com seus poemas Rowleyanos e a baladas como "The Ancient Mariner". Desde que o princípio de associacionismo fosse aceito, o artista poderia ilimitadamente se alimentar dos estilos do passado. Isto resultou no historicismo extravagante que dominou a arquitetura com seus "estilos do século" durante o período de 1750 a 1850; em 1851, se não um pouco antes, começaram a surgir indícios de um autêntico estilo moderno com o Palácio de Cristal feito de ferro e vidro.

O historicismo, principalmente os aspectos góticos deste, é uma forma de nostalgia que, por sua vez, implica uma atitude sentimental em relação à arquitetura. Muito do historicismo era pitoresco até o ponto em que o arquiteto tencionava evocar associações através de referências arqueológicas ou do pasticho. Sonhar com a idade média era a maneira mais fácil de escapar de Manchester. É notório que a arquitetura do século XIX não tinha um estilo, principalmente porque as classes médias se recusavam a aceitar a máquina, o ferro, o tijolo e o vidro como materiais básicos do projeto. Conseqüentemente, a arquitetura foi uma contínua adaptação de projetos do passado para usos presentes e, como disse Pevsner, "os valores associativos eram os únicos valores arquitetônicos acessíveis à nova classe dominante"[9]. A alta classe média, em especial, não querendo reconhecer o valor das suas artes industriais, e sem qualquer tradição cultural própria, tomava emprestado os estilos do passado ou de lugares longínquos. Preocupada com a "elegância" da construção, da pintura e da poesia, utilizavam de toda a história ou geografia a seu dispor: o gótico parlamentar ou o grego comercial. Os *parvenus* podiam associar livremente "cultura" com esses projetos, isto é, a arquitetura e decoração se tornaram um tipo de pitoresco. O pasticho permitia a máxima amplitude de associação com os valores desejados. Em 1850, o Royal Panopticon of Science and Art, construído sem outro fim em Leicester Square, era "o melhor exemplo de arquitetura mourisca jamais construído na Inglaterra".

Lado a lado com a procura de um passado utilizável, surgiu o problema cultural da vulgaridade, sobre a qual Ruskin escreveu um excelente capítulo em *Modern Painters*. A noção de vulgaridade não aparece nas sociedades onde a estrutura de classes seja tão fechada que cada um tenha o seu lugar, conheça-o e conserve-o. A sociedade hierárquica da idade média produziu inúmeros arrivistas, os salafrários. Entretanto, o sistema feudal ainda era suficientemente rígido para oferecer um ritual público de sanção que poderia elevá-los: casamento, conquista ou o cerimonial da cavalaria. No renascimento estes rituais ainda estavam à disposição dos Médicis déspotas, que transformaram o comércio em uma atividade principesca; o regime de Luís XIV ainda preservava uma hierarquia social. O século XIX, no entanto, produziu uma horda de arrivistas que foram obrigados a não levar em consideração os velhos rituais e que formaram uma classe culturalmente descontente, como os nossos "trabalhadores" prósperos. A doença cultural presente durante a ascensão desses lojistas, como Macaulay francamente os cognominou, é revelada pela noção de vulgaridade que se tornou uma categoria dos valores da classe média alta. O medo vitoriano de ser vulgar é um sintoma desagradável da inútil ordem aristocrática trespassada que foi por inúmeros membros de uma classe nova e ambiciosa. É a penalidade por ser bem sucedido. O homem bem sucedido precisa ser "refinado". Como comenta Ruskin, o meio mais fácil de alguém provar que não é vulgar é através de uma sensibilidade extravagante: "A primeira característica de um gentil-homem é a delicadeza da estrutura corpórea, que o torna capaz de ter as mais delicadas sensações". Confiar na sensibilidade é uma marca de "boa educação" e, também, ironicamente, é a porta para o almofadinha, o extravagante boêmio que vive no seio da nova classe média. Não vamos parar para considerar as muitas implicações da idéia de vulgaridade; mas Henry James, por exemplo, teria sido impossível sem a idéia de vulgaridade. Quando Strether, com sua profunda impressionabilidade, descobre que deve ser uma das pessoas que tudo percebem, transforma em imperativo moral a "boa educação" dentro de uma ordem já ultrapassada, podendo, assim, ser realmente humano e transcender a distinção de Woollett. Há, também, Gide, o maior dos almofadinhas, que leva a sensibilidade de Ruskin até um "refinamento" decadente.

A perda de um estilo no século XIX está, de maneira geral, ligada a este medo de ser vulgar, não só porque produziu uma arte pela arte decadente,

---

[9]. Nikolaus Pevsner, *An Outline of European Architecture*, 1951, p. 246.

mas também porque as artes aceitam a elegância como um meio de evitar a vulgaridade. O desejo de fazer desenhos "ricos" encorajou os pasticheiros. O pasticho disfarçava, ornamentava e deformava e, da mesma forma, encorajava a associação livre com a arte do passado, com os valores do passado, enfim, com a história. No romance de Disraeli, *Coningsby*, existe uma passagem em que Oswald Millbank, filho de um barão da indústria, pela primeira vez, visita Hellingsley, que havia sido adquirida há pouco por seu pai, e delicia-se ao ver que o lugar oferece "melhores recordações da boa educação inglesa do que aqueles às quais introduziríamos agora os nossos leitores... Havia uma enorme e estranha mistura da arquitetura grega, gótica e italiana, com uma pitada de fantástico. As torres de observação de um castelo baronial foram colocadas justapostas às colunas dóricas usadas para as chaminés, enquanto se podia ver portas italianas e frontões gregos embaixo de janelas ogivais". De maneira mais séria, Richard Payne Knight confessou no início do século XIX, sem qualquer sentimento de vergonha, no seu *Inquiry Into Taste*:

> Já faz mais de trinta anos que o autor desta indagação se aventurou a construir uma casa, decorada por fora com as chamadas torres góticas e muralhas e, por dentro, com tetos, colunas e entablamentos gregos;... que tinham ao mesmo tempo a vantagem do objeto pitoresco e o de ser uma moradia elegante e conveniente.

As oitenta mil pessoas que foram assistir ao Torneio Eglinton, em agosto de 1839, em Eglinton Castle, perto de Glasgow, financiado por Archibald Montgomerie, foram, evidentemente, sem se sentir embaraçados e, tampouco, com a sensação de ridículo[10]. Houve uma Grande Procissão com soldados, cornèteiros, porta-estandartes, arautos, o Rei do Torneio, a Rainha de Beleza, o Cavaleiro Negro, os Cavaleiros de Griffin, Dragon, Black Lion, Red Rose, White Rose e Burning Tower. O torneio se deu sob chuva torrencial. O caso todo foi doloro-

10. A descrição da competição encontra-se em John Steegman, *Consort of Taste*, 1950, pp. 93-99

samente semelhante a uma cena de *Idylls of the King*, um pasticho de Malory e dos pequenos teatros do interior:

> O brother, had you known our mighty hall,
> Which Merlin built for Arthur long ago!
> For all the sacred mount of Camelot,
> And all the dim rich city, roof by roof,
> Tower after tower, spire beyond spire,
> By grove, and garden — lawn, and rushing brook,
> Climbs to the mighty hall that Merlin built.
> And four great zones of sculpture, set betwixt
> With many a mystic symbol, gird the hall;
> And in lowest beasts are slaying men,
> And in the second men are slaying beasts,
> And on the third are warriors, perfect men,
> And on the fourth are men with growing wings...*
> ("*The Holy Grail*")

Foi este tipo de pseudo-medievalismo que fez com que Ruskin se desesperançasse de usar o gótico para resolver os problemas de gosto, tradição e função em arquitetura. A ironia está em que também Ruskin interpretou o gótico de maneira pitoresca. Ao fazer isso, entretanto, introduziu um sentido de história profundamente moderno e enriqueceu a sua visão pitoresca da arquitetura através do sentido moderno de Tempo como medida da experiência humana. Os capítulos de Ruskin sobre o gótico são um prefácio para a admirável passagem de Henry Adams sobre a Virgem e o Dínamo e para a procura de Eliot de um passado capaz de nos dar uma tradição enquanto habitamos o caos de Waste Land. O gosto de Ruskin pelo gótico é uma faceta de seu Instinto de Paisagem, pois ele vê a arquitetura dentro do cenário geográfico, como uma característica da Paisagem.

* Oh, irmão, se soubesse que o seu enorme vestíbulo,/ Construído há tanto tempo por Merlin para Artur!/ Pois tudo que é sagrado em Camelot/ Tudo na rica cidade, cada teto/ Cada torre; cada flecha/ Bosque, gramado e riacho/ Leva ao enorme vestíbulo construído por Merlin./ E quatro grandes áreas esculpidas, no meio,/ Com muitos símbolos místicos, enfeitam o vestíbulo;/ Na área inferior, feras matam homens,/ Na segunda, homens matam feras,/ Na terceira, estão os guerreiros, homens perfeitos,/ e no quarto, estão os homens alados...

No quinto volume de *Modern Painters* e em *Seven Lamps*, Ruskin diz que uma das verdadeiras ordens da pintura é a Contemplativa, que grava "as associações históricas ligadas à paisagem, ilustrativas por ou em contraste com os estados existentes de vida humana". Estas associações históricas são uma forma nobre do pitoresco, cuja forma mais degradada se apresenta como o gosto pela luz não contínua, pelas linhas irregulares e pelas "qualidades acidentais ou externas" da "sublimidade parasítica". O pitoresco espúrio é "ante da degradação (ou, às vezes, um estado não desenvolvido) da ordem Contemplativa". Se uma paisagem estiver "tingida com as cores profundas da resistência humana" e relembrar "a mais preciosa das heranças, os anos do passado", ela pertencerá ao pitoresco mais elevado. Se um dos mais importantes *pathos* da história estiver associado à paisagem, Ruskin a chamará de Contemplativa; mas se as associações forem somente da "visão" e não do "coração", então a pintura pertencerá à ordem mais baixa do pitoresco, ordem esta que já ligamos com a arte de calendário. Ruskin considera o gótico como sendo arquitetura nobre porque é, como a Paisagem Contemplativa, um expoente da História e dos Tempos. Como tal, é o mais precioso símbolo da nossa resistência enquanto raça. De acordo com esta leitura nostálgica, o gótico não deve ser encarado como uma metáfora da concordância do homem e sua história com a paisagem dentro da qual habitou e sofreu. Ruskin empresta ao gótico valores profundamente contemplativos associando a arquitetura ao enorme abismo do Tempo.

Uma das leituras mais pitorescas que fez do gótico está num capítulo de *Seven Lamps*, chamado "Lamp of Memory", onde ele repete que a glória do gótico está na Idade "e naquele profundo sentido de sonoridade, de observação séria, de simpatia misteriosa, não, até de aprovação e condenação, que sentimos nas paredes que há muito vêm sendo banhadas pelas ondas de pessoas humanas". Marx afirmou que as classes médias haviam destruído os valores idílicos com sua constante revolução na produção. Ruskin procura esses valores idílicos no gótico: "Pois, na verdade, a maior glória de uma construção não está nas suas pedras, nem no seu ouro... é na mancha dourada do tempo que devemos procurar a luz verdadeira, a cor e a preciosidade da arquitetura; e, somente depois que uma construção assumiu esta característica, somente depois que foi consagrada pelos feitos dos homens, depois que suas paredes testemunharam o sofrimento e que seus pilares se ergueram das sombras da morte é que sua existência, mais duradoura que a dos objetos naturais do mundo que a rodeia, poderá ser dotada com o que aqueles possuem de linguagem e de vida".

Esta visão do gótico prenuncia as palavras de Henry Adams sobre a Virgem e Chartres, depois da peregrinação que fez para procurar refúgio longe da "grande galeria de máquinas" em que vivera:

Há setecentos anos que Chartres vê peregrinos indo e vindo mais ou menos como nós e os verá, possivelmente, pelos próximos setecentos anos; mas nós não os veremos mais e podemos deixar a Virgem em segurança na sua majestade, com os três grandes profetas de cada lado, tão calmos e confiantes na sua própria força e na providência divina, quanto estavam quando nasceu São Luís, olhando, entretanto, de um paraíso deserto para uma igreja vazia e uma fé morta.

As mesmas palavras também se relacionam com o que Alison escrevera a respeito das associações do gótico serem sublimes "na proporção direta da sua Antigüidade ou na extensão da sua Duração". Alison acreditava que "o castelo gótico era o mais sublime de todos; porque, além da desolação do Tempo, parece ter resistido aos assaltos da Guerra". Ruínas, então, são um símbolo da História; cessa de ser somente um prazer para os olhos como eram para aqueles que procuravam o pitoresco como William Gilpin, que disse:

Não é todo homem que pode construir uma casa, que pode executar uma ruína. Para conferir à pedra sua aparência gasta, para fazer com que a fenda percorra naturalmente todas as juntas, para mutilar os ornamentos, para descascar a superfície da estrutura interna, para mostrar como as partes eram anteriormente unidas, embora, agora, exista um abismo largo entre elas, para espalhar montes de ruínas por aí, com negligência e facilidade; fazer isso é um grande esforço da arte.

Ruskin recusa este pitoresco singular, "encontrado na ruína e, supostamente, consistindo em deterioração". Ao mesmo tempo, não admite a restauração, pois é "impossível ressuscitar os mortos" e o "espírito que só é dado pela mão e pelo olho do trabalhador, não pode jamais ser reencontrado". Só a História pode fornecer valores arquitetônicos autênticos: "Penso que uma construção não pode ser considerada como estando na sua plenitude antes que quatro ou cinco séculos tenham se passado". O verdadeiro pitoresco aparece nas ruínas somente "quando, por semelhança ou associação, nos lembram objetos nos quais existe uma sublimidade verdadeira e essencial, como nas rochas ou nas montanhas, nas nuvens tempestuosas ou nas ondas", uma paisagem na qual o homem possui a sua História.

Tendo chegado a uma teoria quase existencial do gótico, Ruskin reivindica para a arquitetura medieval os mais nobres valores da associação. Seu famoso capítulo sobre "The Nature of Gothic", em *Stones of Venice*, prova que Ruskin considera a arquitetura como sendo um símbolo psicológico. Aí, define o gótico não por suas formas externas mas pelas suas "várias características mentais" e pela "afinidade existente entre esse estilo e o nosso coração nórdico". Já que "Expressão Mental" é mais importante que "Forma Material", o gótico se torna, para Ruskin, um tipo de arte expressionista, uma organização de "elementos característicos ou morais" — selvageria, mudança, naturalismo, grotesco, rigidez, redundância. O gótico exprime a alma dos construtores e é um signo da "fraternidade entre a catedral e os Alpes". Aproxima-se de uma leitura racista. O gótico de Ruskin não é arquitetura, mas "alma". Paisagem psicológica, arquitetura psicológica: estas são algumas das versões finais do pitoresco que se transforma, finalmente, com a ajuda dos valores associacionais da História e do Local, em uma forma de simbolismo ou expressionismo. No fim do século XVIII, William Gilpin, nos *Essays*, pregava uma ética do Tempo:

> Existe, ainda, uma *característica mais elevada* na paisagem do que aquela que deriva da *uniformidade de objetos*: é o poder de oferecer *imagens análogas aos vários sentimentos e sensações da mente*. Se o pintor de paisagens conseguir despertar essas representações,... onde estaria o mal em dizer que a paisagem, como os quadros históricos, tem sua ética!
>
> (*Three Essays*)

Gilpin, como Ruskin, acha que "as manchas do tempo, as incrustações de musgo" são marcas da Memória "animadas por um significado metafórico ou histórico" — uma Memória que recai como uma sombra sobre as ruínas góticas.

4. O LUMINISMO

Ruskin fala da "mancha dourada do tempo" como sendo "a verdadeira luz e cor" do gótico. O pitoresco, inspirado, como foi, nas pinturas de Claude, foi sempre sensível à cor e à luz melodiosas. Repetindo a nota escrita por Richard Payne Knight, na segunda edição de *Landscape*: "O pitoresco é somente aquele tipo de beleza que pertence com exclusividade ao sentido da visão; ou à imaginação, guiada por aquele sentido. Precisamos sempre lembrar que... a visão, sem assistência, não percebe nada além da luz graduada e modificada de diversas maneiras". Poderíamos estar lendo as palavras de um dos impressionistas. Mas Knight falava por todo um grupo de escritores que insistia em que o pitoresco aparecia em função da harmonia da cor e da luz e não da "aspereza e variação repentina" ou da "irregularidade". Uvedale Price explicou a atração que Claude tinha pelo século XVIII:

As pinturas de Claude são brilhantes em alto grau; mas esse brilho está tão difuso sobre todas elas... tão suavizado e abrandado pela atmosfera quase invisível que permeia

13. GUARDI (Francesco): *Caçadores de Tesouro* (ou *Fantasia com Ruínas na Beira-mar*)

14. CONSTABLE: *Wivenhoe Park*

todas as partes, unindo-as todas juntas... o todo é esplendor, o todo é repouso, tudo é iluminado, tudo na mais doce harmonia...

Um dos mais encantadores efeitos da luz solar é o fato de que empresta aos objetos não só uma luminosidade, mas aquele tom dourado suave, tão bonito em si, e que, quando difuso, como num belo entardecer, cria em toda paisagem aquela rica união e harmonia tão encantadoras tanto na natureza quanto em Claude...

(Essays on the Picturesque)

Da mesma forma, em seu ensaio sobre *Prints*, William Gilpin procura aquele "tom mestre que, como a clave de tom na música, prevalece sobre toda a obra". Na paisagem, deveriam aparecer "os matizes peculiares das estações; da manhã e do entardecer; o azul claro do céu de verão; o brilho opressivo do meio-dia; o tom azulado ou arroxeado das montanhas quando se distanciam ou se aproximam; o musgo cinzento sobre a ruína..."

A luz amarelada e azulada de Claude aparece e desaparece nos poemas topográficos do século XVIII, na harmonia atmosférica do jardim inglês com suas paisagens azuis, nas fantasias iluminadas pelo entardecer do *genre pittoresque* e na luz graciosa e fugidia que recai sobre a Veneza de Guardi [13] ou nas sombras ardentes de Fragonard. De maneiras que Addison não poderia prever, a visão se tornou uma linguagem da imaginação. Reagindo contra a convenção da "árvore marrom", Constable [14] pintou "em pleno sol" e descobriu que "a luz e a sombra nunca ficam paradas". Passou, então, a desdobrar prismaticamente a textura, quase como os impressionistas, e as suas paisagens "não terminadas" têm o brilho do orvalho e da chuva de primavera — "a neve de Constable", como foi chamado. Uma vez que os pigmentos foram refratados num idioma semelhante a um espelho prateado, descobriu, também, que "não existem linhas na natureza" mas somente raios de luz e planos de cor, planos estes que, mais tarde, Cézanne vai reorganizar em estruturas cubistas.

Enquanto Constable dava à paisagem um novo tom de esmeralda, Turner e Ruskin intensificavam a luz serena de Claude até chegar a uma forte incandescência ou a uma iluminação interior. A ofuscante luz de Turner tem a textura da paixão, uma extravagância romântica. Quando Ruskin contempla as nuvens de tempestade passando sobre La Riccia, sente, na sua radiância, um compasso emotivo, um símbolo da sua própria compulsão:

Não posso chamar de cor, era uma conflagração. Roxo e carmesim e vermelho, como as cortinas do tabernáculo de Deus, as árvores alegres se afundavam no vale em buquês de luz, cada folha, em separado, tremia de animação e de vida... Ao longe, nos recessos do vale, as paisagens verdes arqueavam como recôncavos de poderosas ondas de algum mar cristalino, com flores de medronheiro espalhadas em seu dorso como espuma e flocos prateados de flor de laranjeira jogados no ar à sua volta, quebrando-se em milhares de estrelas nas paredes cinzentas das rochas.

(Modern Painters, II parte, sec. ii, cap. 2)

Não é uma paisagem; é uma visão que ilumina o mundo com encantamento e devoção. Assim, Turner incendiou os Alpes com sua aquarela até que as ravinas e os picos de neve se transformaram em símbolos, vapores luminosos que triunfam sobre a mera massa geológica. A luz de Turner nunca existiu no mar nem na terra, elevando a paleta romântica a uma arte expressionista que só encontra sua fórmula técnica quando Van Gogh coloca sua assinatura enorme e incandescente sobre a paisagem de Arles. Este colorido romântico, projetado na natureza, tem sua origem no sol dourado de Claude, mas atinge uma sublimidade que os primeiros pintores pitorescos não poderiam alcançar. Ruskin escreveu um trecho sobre a região da nuvem de chuva para perguntar se Claude poderia ter-nos dado a luz meridiana de Turner:

E, então, espere ainda por uma hora, até que o leste se torne roxo e que as montanhas ofegantes, rolando contra ele na escuridão, como ondas em mar bravio, estejam submersas, uma a uma, na glória de sua incandescência: contemple as geleiras brancas incendiando-se pelos caminhos ondulados das montanhas, como serpentes poderosas com escamas de fogo: contemple os picos de neve solitários, iluminando, de cima para baixo, abismo por abismo, cada um, em si, uma nova manhã; suas longas avalanches disparadas em penetrantes correntes, mais brilhantes que um raio, cada uma enviando o seu tributo de neve, qual fumaça de altar, ao céu; a luz rosada das suas cúpulas silenciosas iluminando o paraíso ao seu redor e acima de si, rasgando com luz mais pura as linhas roxas da nuvem suspensa, jogando nova glória sobre cada buquê à sua passagem, até que o céu todo, um pálio avermelhado, esteja entretecido com uma camada de flamas ondulantes, agitando abóbada após abóbada...

(*Modern Painters*, II parte, sec. iii, cap. 4)

Ou, ainda mais cedo, quando a luz da manhã derreteu os morros e o céu, "como um sonho selvagem, brilhante e impossível", joga o seu brilho no azul do lago abaixo, Ruskin pergunta outra vez: "Claude nos deu isto?" Claude viu a névoa dependurada sobre penhascos quebrados, banhada em cortinas onduladas de chuva enquanto o sol cai como uma "bola vermelha e quente", colorindo todo o ar?

Não, não exatamente. Claude deu somente os tons clássicos de um barroco em decadência. Mas Shelley, que usava a cor de modo tão flamejante quanto Delacroix, Ruskin ou Turner, possui um esplendor que transforma o pitoresco do século XVIII em uma linguagem psíquica. As cores em jogo em "*Lines Written Among the Euganean Hills*" de Shelley tem uma dimensão simbólica e a visão se torna um instrumento da imaginação tão imperioso quanto para Van Gogh. Shelley traça o percurso maníaco-depressivo de seus sentimentos à medida em que, deitado acima das ardentes lagoas venezianas, lê, nos seus tons em constante mutação, o ciclo do seu êxtase e desespero:

> Lo! the sun upsprings behind,
> Broad, red, radiant, half-reclined
> On the level quivering line
> Of the waters crystalline;
> And before that chasm of light,
> As within a furnace bright,
> Column, tower, and dome, and spire,
> Shine like obelisks of fire...
> Noon descends around me now:
> 'Tis the noon of autumn's glow,
> When a soft and purple mist
> Like a vaporous amethyst,
> Or an air-dissolved star
> Mingling light and fragrance, far
> From the curved horizon's bound
> To the point of heaven's profound,
> Fills the overflowing sky...*

Tanto para Shelley quanto para Turner, a luz forte do meio-dia e o anoitecer azulado estão ligados ao tumulto e à calma psíquica.

As imagens de Turner ainda não foram explicadas. Entre, aproximadamente, 1805 e 1810, ele trabalha de forma plana, com aquarela, usando os tons brandos da pintura topográfica inglesa, com brancos, cinzas e verdes fracos que bloqueiam cenas como em *Walton Reach* e *Washing Sheep* [15]. Depois, incandesce estas cores neutras, chegando à glória romântica, introduzindo na série Petworth uma luz solar que é mais explosiva do que o espectro impressionista. Nesta fase luminosa, a composição usada por Turner mostra dois padrões recorrentes: um rodamoinho furioso de luz e cor, como em *Sunrise with Sea Monster* [16] ou *Steamer in a Snowstorm* [17]; ou um talho de luz torrencial descendo pelo centro, com formas vagas ao redor, como em *Slave Ship, Yacht Approaching the Coast* ou *Venice: After the Ball*. O abismo de luz em *Tapping the Furnace* é inteiramente ilegível de um ponto de vista literário: uma mulher calmamente sentada diante de enormes e escuras engrenagens enquanto dois trabalhadores, à esquerda, se encontram cobertos por uma efusão de vermelho e amarelo, circundados por um halo flamejante e uma criatura, semelhante a um fênix, sobressaindo do centro do tumulto de cor. As grandes ondas vermelhas que pulsam através de *Petworth: Interior*, a ressaca amarela à esquerda e os ritmos verdes à direita, provam que Turner deu um salto de uma tradição da aquarela para uma arte endemoninhada.

* Veja! o sol se ergue ao fundo/ Largo, vermelho, radiante, meio inclinado,/ Na trêmula linha formada/ Pelas águas cristalinas;/ E ante aquele rasgo de luz/ Qual fornalha brilhante/ Coluna, torre, cúpula e flecha/ Brilham como obeliscos de fogo.../ O dia desce agora ao meu redor:/ O dia com a luz outonal/ Em que uma névoa delicada e roxa/ Qual ametista vaporosa,/ Ou qual estrela dissolvida no ar/ Mistura luz e fragrância, longe/ Da curva do horizonte atada/ Ao ponto mais profundo do céu,/ Enche o céu transbordante...

15. TURNER: *Washing Sheep*

16. TURNER: *Sunrise with Sea Monster*

17. TURNER: *Steamer in a Snowstorm*

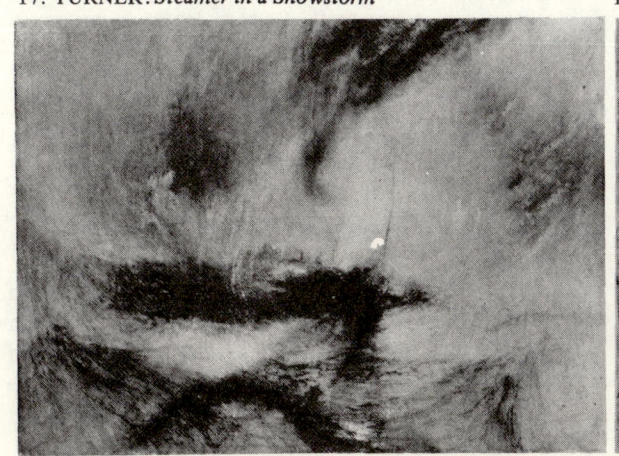

18. TURNER: *Slave Ship*

No momento em que a cor perdeu a carga emotiva, como aconteceu mais tarde nas composições de Whistler em cinza e azul reprimido, ela foi capaz de se tornar uma linguagem mais abstrata, um tema em si mesma, libertando a pintura tanto da natureza quanto do apaixonado envolvimento romântico do pintor com seu próprio trabalho. Passamos a ter a arte pela arte. Baudelaire descobriu que a cor é uma "abstração", tendo suas próprias leis de "harmonia, melodia e contraponto". Apesar de Turner pertencer ao romantismo, a sua obra ilustra a tese que Baudelaire sustentou no *Salon de 1846*, quando decidiu que "forma e cor são uma unidade" e que o pintor precisa conhecer o "contraponto" para ser capaz de "produzir uma harmonia entre vinte vermelhos diferentes". Se houver melodia, dizia Baudelaire, a obra "já tem um significado" diferente do assunto e "Melodia é a unidade dentro da cor ou a cor do conjunto. A melodia precisa de uma cadência". Gauguin descobriu que podia tratar a cor como um projeto decorativo "bizantino". Turner, entretanto, conduz mais diretamente à cor abstrata de Kandinsky do que à de Gauguin, uma vez que Kandinsky trata a cor de forma romântica, como uma notação de ritmos "puros" que se movimentam dentro da consciência do pintor. A cor de Kandinsky é uma diagrama psíquico. Aparecendo entre Turner e Gauguin ou Kandinsky, os impressionistas usaram a cor para registrar os efeitos ópticos, para captar uma certa qualidade da atmosfera, para obter uma precisão da retina quase que científica quanto a dos pesquisadores que causavam a difração da luz em vários tons. Do ponto de vista estrito, o impressionismo não pertence à história que vimos traçando, embora seja, também, como o luminismo de Turner, uma arte voltada para o momento, para o tempo, para o transitório. O impressionismo capta as aparências não duradouras das coisas externas em lugar das emoções passageiras que passam como rajadas pelo temperamento romântico. Shelley tentou fugir do mundo exterior, do tempo e do tormento da mudança dos seus sentimentos através do platonismo, mas fracassou. Suas visões mais brilhantes são como acessos em que o mundo inteiro se ilumina com a luz da razão.

Ruskin também não é um impressionista mas, ao contrário, um dos primeiros expressionistas, como prova ao olhar La Riccia sob um céu violeta. Ruskin está ao lado de Shelley e Turner. Este último era, para ele, um mestre incomparável do pitoresco porque tinha "uma amplitude de sentimento que nenhum outro pintor pode igualar". Turner transmite, segundo Ruskin, "a verdade da impressão", que é "a verdade mais alta e a mais profunda da visão mental", mais preciosa do que qualquer precisão factual ("a verdade da forma"). Ruskin, Turner e Shelley encontraram seus símbolos no mesmo lugar: nas nuvens, nos Alpes, na água. São símbolos que traduzem o pitoresco para a arte romântica através do seu vigor, da luz dividida e de seus sentimentos amenos. Quando Ruskin está ao lado da cachoeira de Schaffhausen (que foi pintada por Turner) sente na queda d'água — que desce da sua cúpula de cristal para os recôncavos onde a espuma se arrebenta em crisópraso explodindo no vento e enchendo o ar de trovoadas — uma "simpatia com a água selvagem". Diz que a tela *Slave Ship* [18] de Turner é a mais nobre marinha jamais pintada. Usando uma frase surpreendente, Ruskin diz que o mar de Turner é "um sonho absolutamente imperativo", roxo e brilhante sob o sol bravio:

... as nuvens rasgadas, despejando chuva, movem-se em linhas avermelhadas, perdendo-se nos recôncavos da noite. Toda a superfície do mar... está dividida em dois espinhaços de enormes proporções..., um grande e baixo ondeamento do oceano inteiro, semelhante ao arquear do peito que respira profundamente depois da tortura da tempestade. Entre os dois espinhaços, recai o fogo do pôr-do-sol sobre o fosso do mar, tingindo-o com uma luz horrível mas gloriosa, um esplendor intenso e lúrido que queima como ouro e banha como sangue. Neste vale e neste caminho flamejante, as ondas se quebram... levantam-se em formas escuras, indefinidas e fantásticas, cada uma das quais projeta, atrás de si, uma fraca sombra espectral na espuma iluminada.

(*Modern Painters*, II parte, sec. v, cap. 3)

É semelhante ao mundo de sonho imperativo ao qual Shelley foi arrastado quando Alastor, o espírito vingativo do poeta, pereceu ante "a fraca e baixa lua crescente", definhando em brejos emaranhados e penhascos gelados, um reino quase surrealista para além do Cáucaso:

> With fierce gusts and precipitating force,
> Through the white ridges of the chafed sea,
> The waves arose. Higher and higher still
> Their fierce necks writhed beneath the tempest's scourge
> Like serpents struggling in a vulture's grasp...
> Stair above stair the eddying waters rose,
> Circling immeasurably fast, and laved
> With alternating dash the gnarled roots
> Of mighty trees that stretched their giant arms
> In darkness over it. I' the midst was left,
> Reflecting yet distorting every cloud,
> A pool of treacherous and tremendous calm*.

Shelley, como Turner, é um vidente. Ele também visita cenas onde existem trovoadas psíquicas.

"Observe, agora comenta Ruskin, que esta impressão no intelecto não é nunca o resultado de um mero pedaço de paisagem que pode ser incluído dentro dos limites de uma pintura. Depende do estado ao qual foi a mente levada pela paisagem ao redor e pelo que ela já viu durante aquele dia." Este "pitoresco Turneriano", uma nova topografia, como diz Ruskin, transforma a psicologia associacionista em um mecanismo quase freudiano. Turner é um pintor de visões, "visões de sonho", segundo Ruskin, "pois no sonho existe, exatamente, este tipo de lembrança confusa das formas das coisas que já vimos há muito tempo, associadas a leis novas e estranhas". Ruskin descreveu o *Slave Ship* de Turner como sendo uma "lembrança involuntária".

As estranhas leis da lembrança do sonho, mais constrangedoras do que os caprichos ornamentais do *genre pittoresque* e do que os prazeres pitorescos do devaneio do século XVIII, entram em ação com um poder freudiano na "Vision of the Sea" de Shelley, um fragmento poético no qual a fantasia do "Ancient Mariner" de Coleridge foi levada a um nível de iluminação tão maníaca quanto o "Bateau Ivre" de Rimbaud ou o "Chants de Maldoror" de Lautréamont. É o análogo do mar enfurecido de Turner em *The Slave Ship*:

> 'Tis the terror of tempest. The rags of the sail
> Are flickering in ribbons within the fierce gale:
> From the stark night of vapors the dim rain is driven...
> While the surf, like a chaos of stars, like a rout
> Of death-flames, like whirlpools of fire-flowing iron,
> With splendor and terror the black ship environ,
> Or like sulphur-flakes hurled from a mine of pale fire
> In fountains spout o'er it. In many a spire
> The pyramid-billows with white points of brine
> In the cope of the lightning inconstantly shine,
> As piercing the sky from the floor of the sea...
> The wrecks of the tempest, like vapours of gold,
> Are consuming in sunrise...
> One tiger is mingled in ghastly affray
> With a sea-snake...
> A blue shark is hanging within the blue ocean,
> The fin-winged tomb of the victor...*

Hazlitt disse que a imaginação romântica "representa os objetos, não como são em si, mas como são moldados por outros pensamentos e sentimentos, numa infinita variedade de formas e de combinações de poder" sob a força da paixão. A fuga para o mar de Shelley, e de Turner, possui a carga total de

---

* Em rajadas fortes de grande força/ Através das beiradas brancas do mar enfurecido/ Erguiam-se as ondas. Mais e mais alto/ Retorcem seus pescoços bravios sob o açoite da tempestade,/ Quais serpentes em luta nas garras dos abutres.../ As águas turbilhonantes ascenderam degrau após degrau/ Circulando com incrível rapidez, lavando/ Com vigor alternado as raízes retorcidas,/ Das árvores poderosas que estendem seus braços gigantescos/ Na escuridão acima. No meio, havia/ Uma lagoa de tremenda e traidora calma/ Que refletia, embora distorcesse, todas as nuvens.

* É o terror da tempestade. Os pedaços da vela/ Agitam-se em tiras na forte ventania:/ A negra noite de vapores despeja a triste chuva.../ Enquanto as vagas, tal caos de estrelas, tal fuga desordenada/ De chamas da morte, tal rodamoinhos de ferro incandescente,/ Esplendorosa e aterrorizantemente envolve o navio,/ Ou tal flocos de enxofre atirados de uma mina de fogo pálido/ Chovem em jatos sobre ele. Em muitas espirais/ As vagas piramidais com pontos brancos de salmoura/ Brilham inconstantemente sob a luz dos raios/ Como se do fundo do mar furassem o céu.../ Os estragos da tempestade, tal vapores de ouro,/ Consomem-se ao nascer do sol.../ Um tigre misturado em horrível desordem/ A uma cobra d'água.../ Um tubarão azul, pendurado no oceano,/ Tumba de asas de barbatana do vitorioso...

sentimento gerado pela psicologia associacionista e liberado na tempestuosa imaginação romântica, rugindo através da poesia, e da música, até atingir o pico insano do mar raivoso de Lautréamont, em ebulição com o prazer carnal dos tubarões. Shelley, Turner, Ducasse — e Wagner — podem conduzir do devaneio à histeria.

Estes tumultos atlânticos encarnados são tempestades espirituais: a tempestade que varreu o *Slave Ship* de Turner onde, como diz Ruskin, os mastros estão inscritos contra um céu de sangue, dentro do tom da cólera. O mar de Turner é uma explosão de cor simbólica. É uma pré-visão do "salto no golfo" de Rimbaud. É um voo em direção a esplendores invisíveis, ao poético absoluto, um presságio de uma arte na qual as associações assumem a forma de alucinação.

5. CORRESPONDÊNCIAS

Rimbaud afirmou que sua poesia exigia uma prodigiosa desorganização de todos os sentidos. Escreveu a Paul Demeny em 1871 que "inventar o desconhecido exigia novas formas". A afirmação nos faz lembrar que o romantismo e o simbolismo dependiam mais de uma psicologia do que de um estilo, uma psicologia que, no caso, chegava a ser uma estética, desenvolvida a partir da associação e do devaneio e levando, no fim do século XIX, a uma arte de sugestão que era, segundo frase sempre citada de Maurice Denis, *la déformation subjective de la nature*. As coisas eram consideradas símbolos do que não podia ser colocado em palavras. Denis, Redon e os pintores simbolistas desejavam, como Mallarmé, entrar no *monde ambigu de l'indéterminé*. De uma forma algo inconsistente, acreditavam, também, que uma pintura é uma superfície plana coberta com cores dispostas em uma certa ordem. Nessa mesma época, Pater e Proust estavam descobrindo que uma obra literária precisa ser julgada pela "qualidade da linguagem". Esta nova consciência de que a pintura e a literatura são, antes de tudo, projetos conduziria de uma estética da sugestão a um sentido formal de estilo sob os auspícios das gravuras japonesas e da Art Nouveau. Os sentimentos não bastavam: é preciso que haja, também, padrão, contorno, um motivo trabalhado.

Esta volta ao estilo será examinada no próximo capítulo. Trataremos, aqui, da tentativa de criar arte a partir de um estado de alma, a última fase de uma atitude pitoresco-romântica que persistiu durante todo o século XIX na pintura e literatura: em Delacroix, Shelley, Baudelaire, Mallarmé e Odilon Redon. Hegel confere autoridade a esta estética quando descreve "O Romântico em Geral":

> O fenômeno externo não é mais capaz de exprimir esta vida interna... e é forçado a apontar, através da sugestão, para o conteúdo espiritual, para a alma e suas emoções, como sendo o agente verdadeiramente essencial. Precisamente pela mesma razão, a arte romântica permite que o que é externo percorra o seu próprio caminho livremente... Um conteúdo como este, entretanto, faz com que, como resultado, não tenha valor, nem validade ou significado, somente como matéria exterior; só adquire seu valor genuíno quando a alma faz dele sua casa e é considerado não somente como expressão de um ideal mas da interioridade espiritual (*das Innerliche, die Innigkeit*).
> (*Philosophy of Fine Art*, Segunda Parte, subseção iii)

Ou, como Carlyle coloca no seu ensaio sobre o Poeta, o artista tem um sentido "do infinito em si; comunica um Unendlichkeit" — "um tipo de linguagem insondável e inarticulada que nos conduz à beira do Infinito e nos permite contemplá-lo por momentos!" O poeta é um *vidente* que "revela a harmonia interna das coisas". Aurier, o simbolista, procura "a emoção transcendente que faz vibrar a alma diante do drama fugidio de abstrações". Assim, a arte romântico-simbolista é um tipo de magia que evoca o que não pode ser dito. Em 1893, Mallarmé escreveu um ensaio sobre Mágica que diz:

> Evocar o objeto não mencionado dentro de uma névoa deliberada, através de palavras alusivas, nunca diretas, que sejam iguais a expressões de silêncio, e tentar algo que se aproxima do ato de criação: este ato de criação atinge a plausibilidade dentro dos limites da idéia de que o mágico da literatura exclusivamente explora até conseguir apresentar uma semelhança com a ilusão. O verso é concebido como encantação.
> (*National Observer*, 28 de janeiro de 1893)

Em falta de um termo melhor, podemos designar esta corrente mística subjacente como proto-expressionismo. *Proto*-expressionismo porque o expressionismo só encontrou sua técnica quando Gauguin e Van Gogh a esboçaram de forma legível. No fauvismo, a subjetividade do romantismo e do simbolismo se articula. Van Gogh leva a paixão de Delacroix e a deformação subjetiva da natureza a uma resolução formal.

Os pintores e poetas simbolistas eram famosos pelas teorias que não conseguiam demonstrar em suas próprias obras. Já se disse que o simbolismo não existe: existem somente poetas e pintores simbolistas. O próprio Valéry testemunhou que "alguma coisa ainda não visível" unia os simbolistas[11]. Conclui que o simbolismo não foi uma escola embora tenha havido longas discussões teóricas entre pintores e poetas inspiradas por uma "negação", uma revolta contra uma "maioria". Eles realizaram um "tipo de resolução no reino dos valores": não na arte, mas no sentimento, que Valéry chama "um tipo de quase místico sentimento estético" que brota da "psicofisiologia", um estudo da sensibilidade, dos sons e dos ritmos. O que quer que se entenda disto, não se pode escrever claramente o registro do movimento simbolista, se é que foi um movimento. O simbolismo precisa, entretanto, ser examinado, na medida em que foi uma reviravolta decisiva na história dos estilos modernos. Da mesma forma que procede a arte simbolista, o desenvolvimento do simbolismo só pode ser sugerido e a influência dos românticos, "os primeiros videntes", inferida e não, diagramada. Baudelaire prenuncia Mallarmé, que foi o último romântico e um decadente, influenciado por Victor Hugo, dentre todas as pessoas possíveis[12].

---

11. "The Existence of Symbolism", *Kenyon Review*, Verão, 1957.

12. A respeito deste relacionamento, consultar Guy Michaud, *Mallarmé*, Paris, 1953.

Baudelaire via Delacroix, instintivamente, como um pintor que "domina o modelo, como o criador domina sua criação". Para Baudelaire, o homem de imaginação, personificado por Delacroix, está sempre se rebelando contra a natureza porque "é inútil e entediante representar o que *existe*, uma vez que nada do que existe satisfaz". (Chega-se a pensar no axioma de Nietzsche de que nenhum artista tolera a realidade.) Baudelaire liderou o ataque contra os realistas — aqueles "parasitas do objeto" — que continuavam a procurar no mundo exterior aquilo que "só poderia ser encontrado no interior". Odiava Daguerre, pois fotografia e arte não são a mesma coisa. Passou a vida tentando provar isso. Se a arte é a inimiga da fotografia, a natureza é só um "excitante", um dicionário para uso da Imaginação, que precisa "digerir e transformar":

No começo do mundo, criou a analogia e a metáfora. Decompõe toda criação e, com a matéria-prima acumulada e disposta segundo leis que não se pode descobrir a não ser na mais remota profundeza da alma, cria um novo mundo...
... Todo o universo visível não é senão um depósito de imagens e signos aos quais a imaginação dará um lugar e um valor relativo; é um tipo de pasto que a imaginação precisa digerir e transformar.

(*Salon*, de 1859)

A obra de arte "habita a sua própria atmosfera", atmosfera esta que os chamados realistas não podem criar pois tentam viver num mundo onde eles não existem verdadeiramente: "em outras palavras, o universo sem o homem". Os românticos, entretanto, dizem: "Eu quero iluminar as coisas com o meu intelecto e projetar o reflexo delas sobre outros intelectos".

Baudelaire, sem dúvida, atribuiu a Delacroix parte do seu próprio satanismo. Existe, no entanto, uma certa afinidade entre a arte de ambos e entre o temperamento de ambos, pois Delacroix escreveu em seu *Journal* (27 de fevereiro de 1824): "As coisas mais reais para mim são as ilusões que crio com a minha pintura. Todo o resto é areia movediça". Sente em si "uma profundidade sombria que precisa ser apaziguada. Fico gelado a menos que esteja me retorcendo como uma serpente nos anéis de uma pitonisa". Delacroix projeta essas contorções na sua pintura: "Minha pintura está começando a desenvolver um ritmo, um poderoso momentum espiral... Aquele poder silencioso que fala primeiro somente aos olhos e, depois, toma conta e cativa todas as faculdades da alma!" Como Baudelaire, despreza o realismo e procura o "mistério":

As figuras e objetos no quadro que parecem, para uma parte da nossa inteligência, serem as próprias coisas em si, são como uma sólida ponte para apoiar a imaginação enquanto ela investiga as emoções profundas e misteriosas das quais estas formas são, por assim dizer, os *hieroglifos*, hieroglifos estes muito mais eloqüentes do que qualquer representação fria, o mero equivalente de um símbolo impresso... O que disse a respeito do *poder da pintura* torna-se claro, agora. Se precisa gravar um único momento, ela é capaz de concentrar o efeito desse momento...

(*Journal*, 20 de outubro de 1853)

Várias maneiras de pintar de Delacroix, que podem absorver o realismo que tanto desprezava, indicam o quanto o romantismo é, antes, uma qualidade da experiência[13] e não um estilo; o mesmo acontece com os poemas de Baudelaire, por exemplo, "Une Charogne". O estudo do nu de Mlle. Rose, feito por Delacroix, demonstra como, depois de ter abandonado o estúdio de Guérin, ele comandava uma precisão rígida que faria com que o realismo mais livre de Courbet parecesse impulsivo. Alguns trechos de *A Execução de Marino Faliero* poderiam ter sido pintados por Delaroche: a figura precisa do executor, a escada de mármore branco e duro, o corpo sem cabeça no primeiro plano; turva-se a vista, então, e algumas das figuras de fundo, as bandeiras vagamente inclinadas, as pessoas vagamente representadas no primeiro plano poderiam aparecer em uma tela de Manet ou, mesmo, de Tintoretto. A mesma incoerência de visão aparece

---

13. Langbaum, *The Poetry of Experience*, especialmente a Introdução.

em *A Morte de Sardanápalo* com o fundo volumoso, mas vazio, e os corpos firmes e macios das mulheres nuas, aquelas imagens radiantes que facilmente conseguem fazer o que Baudelaire desejava fazer com sua poesia: transformar a voluptuosidade em conhecimento. O retrato que fez de George Sand dissolve a carne na obscuridade de Carrière e Henner; a taquigrafia fantasmagórica do *Retrato de Paganini* poderia ter pertencido a Daumier; o *Enterro* se assemelha a um Rubens sombrio, uma noite não--terrestre dentro da qual queima um vermelho revoltoso; e o *Sultão de Marrocos* aparece dentro de um espaço tão plano quanto o encontrado por Manet ao simplificar as cores. A técnica muda; o temperamento do pintor parece estar dividido; os olhos não conseguem se fixar e não apresentam uma visão coerente do mundo. Da mesma forma que aquele outro temperamento romântico esquizóide, Byron, existe o eu irrequieto, o espírito desregrado, o toque impulsivo que adapta todas as técnicas à sua própria expressão voluntariosa, um poder tempestuoso que leva Childe Harold a se sentir em meio aos raios que caem sobre os Alpes. Se nem Byron nem Delacroix tinham um estilo, eles compartilhavam da inquietação de Baudelaire.

Considerá-los como românticos ou realistas é o mesmo que esconder a natureza da revolução de valores que ocorria na ciência nessa mesma época: o desejo de experimentar, de tudo provar através da evidência imediata tanto no laboratório quanto no coração. É por isso que os românticos mudavam continuamente não só de métodos mas também de achados, alternando entre o cinismo e o êxtase, o desespero e a aspiração, as profundezas e as alturas. O significado tanto do romantismo quanto do realismo deve ser procurado no diagrama do temperamento. O romântico, na sua procura de evidência pessoal, usa o seu próprio tipo de realismo, tentando alcançar seu próprio ângulo na experiência, a sua própria visão do absoluto; e como os seus sentimentos não podem ser fixados, tem sempre que fazer novas avaliações à medida em que mudam suas respostas. Não tem nada no que confiar, além da sua instável experiência. No ensaio sobre "The Painter of Modern Life", Baudelaire disse: "Modernidade — é o transitório, o fugitivo, o contingente; metade da arte; a outra metade é o eterno, o imutável". A esperança de alcançar o Eterno no Momentâneo.

A história das artes no século XIX é um caminho de experimentações combinado com uma perda de absolutos, o que Malraux denomina de *la monnaie de l'absolu*, o pequeno troco deixado depois que as finalidades foram abandonadas. O romântico, entretanto, como o realista, foi sempre levado a procurar absolutos: daí o platonismo romântico com suas visões de Beleza eterna, e a crença realista nas leis férreas do universo — leis científicas, econômicas, geográficas, racistas. A imutável lei "natural" de Malthus, Ricardo e Huxley é simplesmente o inverso da cegante visão de Shelley do "eterno, do infinito e do uno" e a Imaginação não consegue escalar o reino gélido da Beleza nas alturas de Mallarmé. Taine e Buckle procuram o absoluto nas leis da matéria, do meio e da história; Baudelaire e Gautier procuram o absoluto na Arte. A diferença entre o empirismo romântico e realista está no fato de que os românticos se voltaram para o mundo interior onde poderiam se demorar mais atentamente no Imutável.

A época foi profundamente empírica; tanto o cientista quanto o artista estavam sempre tentando testar as noções da classe-média. Baudelaire e Flaubert foram processados; Darwin e Huxley conseguiram abrir caminho no seio do mesmo grupo de perseguidores. O romântico, o realista e, muitas vezes, o cientista, todos se revoltavam contra *o oficial*. Em 1891, Mallarmé escreveu: "É possível escrever poesia sem nenhuma referência aos preceitos há muito aceitos? Os poetas responderam afirmativamente a esta questão e acredito que estejam certos... a poesia de hoje, na sua maior parte, é o resultado do fastio do poeta com a poesia oficial"[14]. Zola era tão detestado quanto Baudelaire, na medida

---

14. Ao longo deste capítulo, citei passagens extraídas da edição Bradford Cook de *Selected Prose Poems, Essays, and Letters of Mallarmé*, 1956.

em que representava, tanto quanto os simbolistas, uma revisão de valores. Não é por acaso que o grande romance documentado de Zola, *Germinal*, começa oferecendo um registro das leis férreas da economia em uso na zona negra da França, o Voreux, e termina no subterrâneo, com cenas inteiramente simbólicas no seu tom de pesadelo: o cavalo branco Bataille salta enlouquecido pelas profundezas infernais de um mundo industrial, num melodrama que deveria ter sido ilustrado por Daumier. A arte de Daumier é romântica ou realista, visionária ou atual? A arte fantástica de Gustave Doré e de John Martin não é uma versão do desperdício industrial? A meia-tinta usada por Martin em *Satan Presiding at the Infernal Council* (1825-27) assemelha-se a uma fundição iluminada a gás, a extravagância da idade da máquina traduzida em uma lenda bíblica. O século não ganhou um estilo nem com o romantismo nem com o realismo mas levou os artistas a rejeitarem o oficial, o usual, de todas as maneiras que podiam. O artista era um artista em virtude de seu temperamento e, não, por causa de seu estilo. O romântico, o simbolista e, freqüentemente, o realista, partiram para uma estranha "viagem", como escreveu Baudelaire:

> Mais les vrais voyageurs sont ceux-là seuls qui partent
> Pour partir; coeurs légers, semblables aux ballons,
> De leur fatalité jamais ils ne s'écartent,
> Et, sans savoir pourquoi, disent toujours: Allons!*

"Como balões de gás" — Baudelaire tira sua imagem da tecnologia. Os viajantes são aqueles que, com Mallarmé, ousam dar *un sens plus pur aux mots de la tribu*, encontrando uma nova linguagem, novos ritmos, dirigindo o seu curso para além do horizonte.

O sonho imperativo de Turner e as longas viagens imaginárias de Shelley e Mallarmé são aventuras pelos reinos invisíveis do espírito onde toda realidade é subjetiva e tão passageira que, como reclamou Shelley, o intelecto poético ao criar é como uma brasa em extinção que, soprada, atinge um brilho transitório. Baudelaire escreveu o seguinte a respeito do poeta-vidente:

> Ceux-là dont les désirs ont la forme des nues,
> Et qui rêvent, ainsi qu'un conscrit le canon,
> De vastes voluptés, changeants, inconnues,
> Et dont l'esprit humain n'a jamais su le nom!*
> (*Le Voyage*)

Mallarmé disse a seu amigo Cazalis que precisava "encontrar isolamento nas regiões desconhecidas do Devaneio". A arte romântico-simbolista cria suas formas através de uma lógica subjetiva derivada da psicologia associacionista; e a sua fuga do mundo das coisas é também uma procura das belezas infinitas reveladas somente "nas alturas do êxtase". "O que tento dizer é tão íntimo, tão velado, tão vago", continua ele, "que temo ter sido por demais preciso em certos trechos". Muitas vezes, aparece o sonho desesperado, como na visão que Shelley tem de Prometeu — o espírito do homem — levado ao pináculo sombrio, no imenso vazio, ou como a aterradora "Voyage à Cythère" de Baudelaire. A visão que Zola tinha do submundo da região industrial negra não é menos desesperada. Os românticos conscientemente procuravam o absoluto, a sombra de um esplendor que, segundo Shelley, flutua sem ser vista entre nós, passando como a lembrança da música fugidia, sendo mais querida por seu mistério. O absoluto romântico é o devaneio do século XVIII transformado em iluminação. Mallarmé pensava que a poesia era uma forma de Contemplação, "a imagem que emana dos devaneios provocados pelas coisas". O devaneio é elevado a poder transcendental, muitas vezes inspirado por Swedenborg e pelos filósofos alemães que

---

* Mas os verdadeiros viajantes são só aqueles que partem/ Por partir; corações leves, semelhantes a balões,/ Jamais se separam de seu destino,/ E, sem saber por que, dizem sempre: Vamos!

* Aqueles cujos desejos têm forma de nuvens,/ E que sonham, tal como o recruta ao canhão,/ Com vastas voluptuosidades, cambiantes, desconhecidas,/ Cujos nomes o espírito humano jamais soube!

seguiram Kant para além do mundo da lógica, do tempo e da causalidade.

Shelley exclamou que a poesia "prende as aparições em fuga que perseguem as interluminações da vida"; de muitas maneiras, os altos vôos do idealismo alemão estão de acordo com a arte "do outro mundo" de Shelley e dos simbolistas. Immanuel Kant, na *Crítica do Juízo*, assinalou que o sublime não é encontrado em nenhuma forma sensível mas é uma revelação que aparece quando "o intelecto foi incitado a ir além dos sentidos". A beleza absoluta de Kant não existe no mundo material; nada denota no objeto "mas é um sentimento que o sujeito tem por si e de certo modo é afetado pelas imagens" das coisas. Portanto, comenta Kant, as impressões dos sentidos jamais revelam a verdade das coisas que só podem ser conhecidas "na medida em que nos afetam": "O que são em si, permanece desconhecido". Se quisermos alcançar a beleza na sua forma absoluta, devemos transcender a experiência dos sentidos e as "categorias" comuns do intelecto, deixando de lado o "visto" para conhecer o "não-visto". O romantismo está, já aí, se encaminhando em direção à crença de Maurice Denis e dos pintores sintetistas de que a arte "é uma deformação subjetiva da natureza": "*L'art au lieu d'être la* copie *devenait la* déformation subjective *de la nature*".

A reviravolta da psicologia associacionista para a subjetividade romântico-simbolista sobreveio com Schopenhauer, que considerava a arte como sendo um meio de sufocar o tormento da vontade mas, ao mesmo tempo, deixava implícito que a arte também é uma expressão da vontade, da vontade inconsciente. Schopenhauer, depois de dizer que a arte nos liberta da infindável luta que nos leva de objetivo para objetivo, de dor para dor, escreveu uma nota sobre como associamos as idéias, apontando que os nossos pensamentos conscientes são como a superfície da água e que as correntes mais profundas do nosso ser são movidas pela vontade, "o segredo do nosso ser interior, que coloca em atividade a associação do próprio pensamento". A arte precisa se endereçar a esses impulsos inconscientes mais profundos: "Ficamos perfeitamente satisfeitos com a impressão de uma obra de arte quando ela deixa alguma coisa que, mesmo pensando muito, não podemos converter a um conceito distinto". Ou, como disse Baudelaire, precisamos ter, da arte, uma sensação da "expansão das coisas infinitas", com os ecos de uma obscura unidade, um reconhecimento que só pode ser feito no interior sombrio de nosso ser.

Esta idéia foi retomada por Jouffroy na Lecture XXV da sua coleção popular de discursos conhecida como *Cours d'Esthétique*, onde diz que a beleza da arte é uma beleza invisível, tão inexprimível a ponto de quase não ter forma: "Assim, o invisível pode, certamente, por si só nos emocionar esteticamente; e é precisamente nesse invisível, na profundeza, que reside a única causa verdadeira do sentimento estético. Na Lecture XXXII, ele continua:

> Há a beleza do invisível que nos toca pelo seu poder próprio. Não está em mudança; existe por direito próprio... Uma qualidade fundamental e permanente do objeto do qual emana, a beleza do invisível é sempre inerente a ele e não pode ser dele separada; permanece intrínseca. Assim sendo, esta beleza invisível é a única beleza que se pode, sem ser irresponsável, chamar bela. Conseqüentemente, dentre todas as fontes de prazer desinteressado, só existe uma que é genuína e positivamente bela: o invisível.

Nessa passagem, Jouffroy antecipa a convicção de Mallarmé de que tudo que existe no momento é uma ilusão a partir da qual a arte precisa criar "a pureza de um sonho", enquanto o objeto em si desaparece. A "música" da poesia de Shelley e Baudelaire se torna um som quase inaudível. A "pureza" da pintura não-objetiva é a entrega final do objeto, "desmaterializado", na expressão de Kandinsky, até que "representa nenhum objeto real mas é, em si, um ser abstrato completo", uma "vibração da alma".

Hegel é o pai desta estética romântico-simbolista com sua volta para *Innigkeit* e a "música que compõe o centro das artes românticas". A interioridade do artista hegeliano é o Absoluto: "dissemos que a arte procede da Idéia Absoluta e designamos como seu fim a representação sensível do próprio Absoluto". O "universal concreto" de Hegel foi um ponto do qual o artista não podia retornar; Mallarmé descobriu, na geração simbolista, pintores que declaravam: "Nous renoncions au réel". O devaneio levou finalmente o artista a "recusar a objetividade". Novalis resumiu isto ao escrever: "Tudo o que é visível descansa sobre bases invisíveis".

Paradoxalmente, precisamos notar que Novalis estava dizendo a mesma coisa que Herbert Spencer, um dos mais devotados positivistas do século, falou em seus *First Principles* (1862), sobre o mistério último no qual desembocava a ciência. O que são, perguntava ele, o Espaço e o Tempo que, em si, são impensáveis? "Grandes magnitudes, grandes durações, grandes números, nenhum deles é concebido na realidade mas todos são concebidos de forma mais ou menos simbólica". Ou como podemos entender racionalmente "a ligação entre Força e Matéria"? Spencer conclui que os conceitos científicos mais indispensáveis estão, como a crença religiosa, além da nossa compreensão. "Necessariamente, portanto, a explicação precisa, um dia, nos levar ao inexplicável. A verdade mais profunda a que podemos chegar é inexplicável." Os Absolutos que estão por detrás da ciência "estão além do entendimento" e a "natureza última da Matéria é tão incompreensível quanto o Espaço e o Tempo". Na colocação de John Henry Newman, *Omnia exeunt in mysterium.* Carlyle nos exorta a "penetrar através do elemento Tempo, lançar um olhar no Eterno".

Se Schopenhauer marca a reviravolta no pensamento romântico, a *Defence of Poetry* (1821) de Shelley é a fronteira na qual o devaneio se transforma em simbolismo. Quase todas as idéias de Baudelaire e Mallarmé são encontradas no ensaio de Shelley, que aceita o mundo como Idéia: "Todas as coisas existem como são percebidas: pelo menos em relação ao sujeito que percebe". Poderíamos estar lendo Schopenhauer, que inicia *O Mundo como Vontade e Idéia* (1819) dizendo que o mundo é somente a minha idéia do mundo, só um objeto em relação a um sujeito. Shelley considerava a imaginação poética como um instrumento pelo qual descobrimos o valor final, a "verdade e a beleza" numa "ordem indestrutível" absoluta: "O poeta participa do eterno, do infinito e do uno; em relação aos seus conceitos, o tempo, o lugar e o número não existem". Esta participação se dá através da linguagem, o "hieróglifo dos pensamentos", "pois a linguagem é produzida arbitrariamente pela imaginação e só se relaciona aos pensamentos". Lembramo-nos de como Mallarmé insistia em que a poesia é feita de palavras. Para Shelley, também, as palavras são "vitalmente metafóricas"; e o ritmo das palavras é encantamento:

> Em um sentido mais estrito, a poesia expressa um jogo de linguagens, especialmente a linguagem métrica, criado pela faculdade soberana, cujo torno está escondido dentro da natureza invisível do homem. Esta advém da própria natureza da linguagem, que é uma representação mais direta das ações e paixões do nosso ser interior...

Assim, Shelley é conduzido à idéia de analogia e correspondência, já que as palavras do poeta "revelam, através das imagens, a permanente analogia das coisas... imagens que são o eco da música eterna". A imaginação encontra a "similitude essencial das coisas". A psicologia associacionista tinha procurado as afinidades entre os nossos estados de espírito e o mundo exterior, lançando, para Shelley, os fundamentos da sensação de harmonia entre as coisas e o eu, um tipo de "simbolismo horizontal". Baudelaire descobriu que a natureza é "uma floresta de símbolos" capazes de nos falar em frases confusas, sugerindo uma unidade mais profunda, que também foram pressentidas por Wordsworth sob a superfície comum das coisas. Ele usa a mesma imagem de eco para sugerir como estas semelhanças concordam obscuramente:

> Comme de *longs échos* qui de loin se confondent
> Dans une ténébreuse et profonde unité,
> Vaste comme la nuit et comme la clarté,
> Les parfums, les couleurs et les sons se répondent*.
> (*Correspondances*)

* Tais quais *longos ecos* que de longe se confundem/ Em tenebrosa e profunda unidade,/ Enorme como a noite e

Baudelaire encontrou em Delacroix a idéia de harmonia — "um arranjo de cores, luzes e sombras" — que o levou às correspondências "horizontais" entre as impressões dos sentidos. Esta correspondência horizontal se tornou "vertical" ou "ascensional" quando Baudelaire fez a adaptação da crença de Swedenborg e outros ocultistas e de Poe de que o mundo visível tem uma facsímile no mundo invisível ou celestial[15]. Shelley talvez tenha chegado a esta correspondência ascensional através do platonismo e não do ocultismo; uma das metáforas recorrentes da sua poesia é a do voo que leva o poeta para a "luz do pensamento", para as alturas a partir de onde ele derrama a sua melodia. O deleite de Shelley é, muitas vezes, agudo. Baudelaire concentrou suas harmonias no mundo interior da alma, modelando-as com prudência e autocontrole. Em *Les Paradis Artificiels*, explica que as coisas externas "se transformam e, finalmente, penetram na alma; ou, na realidade, entramos nelas", e sobe para "o azul de céus imensamente expandidos". Existe uma dupla correspondência: entre sons, perfumes e cores e entre o natural e o supernatural. As correspondências ascensionais são um ato da "imaginação construtiva", como Baudelaire a denomina, e alarga a psicologia associacionista até abarcar o simbolismo. Mallarmé refinou as correspondências ascensionais de Baudelaire, chegando às "constelações" que são reflexos desbotados da visão de um poeta que se assemelha a um sonho inexprimível.

As correspondências simbolistas só ganharam apoio filosófico com Henri Bergson, no início do século XX. Bergson propôs que estados de consciência se interpenetram na vida profunda do eu, vida esta que perdura a nível de memória inconsciente. Este eu submerso existe, antes, na "duração" do que no tempo. Para além da vida racional, na qual a razão organiza as coisas em sucessão e em silogismos, existe uma outra vida, que é qualidade e intensidade puras, em que a experiência se funde com as intuições que só podem ser simbolizadas ou sugeridas. Nessas profundezas, como num sonho, o eu passa insensivelmente de um estado para outro e tem consciência, inarticulada, dos ecos entre as experiências que lembram o sentido simbolista de correspondência. Na arte, segundo Bergson, temos esta experiência "virtual", rejeitando a quantidade e os objetos. Ainda segundo ele, "o sentimento de beleza não é um sentimento específico; todo sentimento que experimentamos assumirá um caráter estético desde que ele tenha sido *sugerido* e não *causado*". Bergson descarta a psicologia associacionista como sendo mecanicista e a substitui pelas intuições que nos permitem aproximar-nos da realidade através dos símbolos.

Tanto Shelley quanto Baudelaire são levados a uma sensação transcendente de afinidades que não é acessível à percepção cotidiana; estas afinidades são sombras do absoluto e fazem com que o poeta, diz Shelley, habite "um mundo para o qual o mundo conhecido é um caos". Era, também, o mundo de Baudelaire:

Vers le Ciel, où son oeil voit un trône splendide,
Le Poète serein lève ses bras pieux,
Et les vastes éclairs de son esprit lucide
Lui dérobent l'aspect des peuples furieux...*
("*Bénédiction*")

Nestes momentos de exaltação o poeta sonha com *horizons bleuâtres* e se atira "au fond de l'Inconnu pour trouver du nouveau". Para Shelley, a visão poética é autônoma, colore os pensamentos com sua radiância própria e "compõe com eles, como se fossem elementos, outros pensamentos, sendo que cada um contém dentro de si o princípio de sua própria integridade". A visão poética despe o mundo de sua aparência habitual: "reduz todas

---

como a claridade,/ Os perfumes, as cores e os sons respondem uns aos outros.

15. A minha interpretação de Baudelaire está baseada nos dois livros de Margaret Gilman: *Baudelaire as Critic*, 1943, e *The Idea of Poetry in France*, 1958 e no livro de Joseph Chiari, *Symbolism from Poe to Mallarmé*, 1956.

* Para o Céu, onde vê um trono esplêndido,/ O sereno Poeta ergue seus braços piedosos,/E os enormes clarões de seu espírito lúcido/ Lhe escondem o aspecto de povos furiosos...

as coisas irreconciliáveis à união sob o seu jugo leve", levantando o véu que esconde a verdade e revelando "a mais nua beleza do significado jamais exposto". Redime-nos do "tempo e espaço" através da música, a harmonia das analogias profundas — "não só a melodia, mas a harmonia,... um ajuste interno dos sons ou dos movimentos assim excitados às impressões que os excitaram".

Como Verlaine, Shelley considera a poesia, em primeiro lugar, como música, uma vez que "o resto é literatura".

> Os sons, tanto quanto os pensamentos, se relacionam entre si e com aquilo que eles representam. A percepção da ordem destas relações sempre esteve ligada à percepção da ordem de relações dos pensamentos. Daí a linguagem dos poetas ter sempre produzido uma recorrência sonora uniforme e harmoniosa, sem a qual não seria poesia.
> (*A Defence of Poetry*)

Baudelaire exclama: *"La musique souvent me prend comme une mer"*, e Mallarmé encontra "a liberdade esplêndida" da sua nova poesia, purgada das "palavras tribais", no "sentido de estrutura musical" que sobrevêm quando ele é capaz de escutar "o seu arabesco sonoro particular e interior", extremamente difícil de transcrever. Tudo isto tem uma semelhança com o pensamento de Paul Valéry, que fala da sua poesia como tendo origem em um ritmo puro dentro de si próprio. Em 1891, Mallarmé escreveu a Valéry: "o poema perfeito com que sonhamos pode ser sugerido pela própria Música". A música da poesia revela a Shelley, Baudelaire e Mallarmé uma "Paisagem" misteriosa com *les grands ciels qui font rêver d'éternité*. O paraíso artificial boêmio de Baudelaire não é exatamente igual ao reino platônico de Shelley; mas para ambos os poetas "o homem é um instrumento sobre o qual passam uma série de impressões internas e externas, como as alternâncias do vento em constante mutação sobre a lira eólica, que nele produzem, com seu movimento, uma melodia em constante mutação".

Ambos consideram o poeta como um rouxinol na escuridão, cantando uma música derivada da dor: "Tristeza, terror, angústia, desespero são, muitas vezes, as expressões escolhidas de uma aproximação ao bem mais elevado". Ambos os poetas conhecem "a sombra de prazer que existe na dor". *Les Fleurs du Mal* tem a "melancolia que é inseparável da mais doce melodia". Esta música romântica, com sobretons demoníacos, é a voz dos espíritos destruídos, como Alastor, pelas suas próprias visões.

Baudelaire perguntava: "O que é arte pura, segundo a noção moderna?" Respondia: "Criar uma mágica sugestiva que abranja, no mesmo instante, tanto o objeto quanto o sujeito, o mundo externo e o próprio artista". O simbolismo de Mallarmé, mais precário, iria redimir completamente a poesia do tempo e do espaço, anulando o mundo exterior através da palavra que sugere a noção pura (*la notion pure*). Esta Palavra mágica é um hieroglifo; sua arte é hermética: "Toute chose sacré... s'enveloppe de mystère". Mallarmé sofria de uma *hantise de l'éternel*, encantado com a Palavra que não pode ser proferida, o silêncio do Sonho "no qual desaparecem todos os objetos", a terrível vacuidade do Azul onde não existe imagem. Mallarmé purifica o simbolismo até o ponto em que o único poema absoluto é aquele que não pode ser escrito: só pode ser pensado. Aceita o extremismo do princípio de Shelley de que, "quando começa a composição, a inspiração já está em declínio e a poesia mais gloriosa jamais transmitida ao mundo é, provavelmente, uma frágil sombra das concepções originais do poeta". O poema supremo, então, é o silêncio; só a melodia não-ouvida é perfeita, como bem o sabia Keats.

Baudelaire tentou traduzir a vida para a arte, através da "ascensão" — "Foi a imaginação que primeiro ensinou ao homem o significado moral da cor, do contorno, do som e do odor", e o "sonho" do artista é chegar a uma "composição" que transforme a natureza, que estabeleça um novo horizonte, que transmita uma sensação de novidade por meio de sua atmosfera. As correspondências mais profundas são sentidas no "tom" desta atmosfera e Baudelaire parece partilhar das idéias de Gauguin quando escreve: "Obviamente, um tom especial é destinado a qualquer parte da pintura que deva se tornar a parte-chave e governar as outras". Assim, Baudelaire nos convida a embarcar na sua "Voyage" para um outro mundo:

> Là, tout n'est qu'ordre et beauté,
> Luxe, calme, et volupté*.

Baudelaire desprezava Vernet, "cujos quadros nada tinham a ver com pintura" porque eram manufaturados ("ao som de tiros de pistolas") em vez de serem sonhados. Shelley sonhava. Delacroix também sonhava nas suas pinturas que lembram Rembrandt, como *Roger e Angelique*, na qual o mundo é vaporizado como em *Prometheus Unbound* de Shelley:

> Beneath is a wide plain of billowy mist,
> As a lake paving in the morning sky,
> With azure waves which burst in silver light,
> Some Indian vale. Behold it, rolling on
> Under the curdling winds, and islanding
> The peak whereon we stand, midway, around,
> Encinctured by the dark and blooming forests,
> Dim twilight lawns, and stream-illumined caves,
> And wind-enchanted shapes of wandering mist**.

Baudelaire escreveu que as pinturas de Delacroix eram equivalentes fiéis dos sonhos que as originaram, eram criadas como um outro mundo: "Da mesma forma que um sonho reside numa atmosfera que lhe é própria, uma concepção que tenha se tornado uma composição necessita estar dentro de um cenário colorido que lhe seja próprio". Como Shelley ou Baudelaire, Delacroix usava a natureza apenas como

---

* Lá, tudo é apenas ordem e beleza,/ Luxo, calma e voluptuosidade.

** Abaixo há uma larga planície de névoa encapelada,/ Tal qual azulejo de lago no céu da manhã,/ Com ondas azuis que se arrebentam em luz prateada,/ Algum vale índio. Contemplai-o, rolando/ Sob ventos pavorosos, e ilhando/ o pico onde estamos, bem no meio, ao redor,/ Circundado pelas florestas escuras e florescentes,/ Gramados escuros do anoitecer, e cavernas iluminadas por correntes,/ E formas de névoa itinerante encantadas pelo vento.

"dicionário", *une pure excitation*. Delacroix apontou em seu *Journal*: "As melhores obras de arte são aquelas que expressam a pura fantasia do artista". Tanto Turner quanto Delacroix procuram o ritmo e a cor pura, uma linguagem da "abstração romântica" como "a lembrança da música que fugiu". Baudelaire exigia esta purificação quando escreveu (muito antes de Valéry) que "a arte dos coloristas tem uma afinidade com a matemática e a música". Achava que a maior parte dos pintores de paisagem são mentirosos precisamente porque não mentem. Shelley também considerava a poesia como uma composição abstrata — como "um jogo da linguagem, especialmente da linguagem métrica" criada pela "faculdade soberana cujo trono está escondido dentro da natureza invisível do homem". Cor, palavras, sons, ritmos eram usados como notação do absoluto mesmo antes da arte romântica ter-se transformado em simbolismo.

Depois de Shelley e Turner, de Delacroix e Baudelaire, a música foi menos importante, principalmente em Mallarmé e Verlaine que se devotaram a um tipo de poesia na qual *l'Indécis au Précis se joint*:

> Car nous voulons la Nuance encor,
> Pas la Couleur, rien que la nuance!
> Oh! la nuance seule fiance
> Le rêve au rêve et la flûte au cor*.
>
> ("*Art Poétique*")

A reação contra a arte insensível de Gautier e dos parnasianos era o sonho musical de Verlaine. O ritmo simbolista aparece da forma mais abstrata na constelação de imagens de Mallarmé, uma constelação que é um poema que pode ser disposto na página em contornos tipográficos, uma estilização que se aproxima do Nabi, da pintura sintética e da Art Nouveau. Entretanto, Mallarmé não pertence à Art Nouveau; pertence à última fase de uma arte

---

* Pois ainda queremos a Nuance,/ Não a cor, só a nuance!/ Oh! só a nuance liga/ O sonho ao sonho e a flauta à trompa.

tão subjetiva e interior que nada pode ser dito; só pode ser evocado.

Essa arte é melhor representada pela aquarela *O Pensamento* de Redon [19]. Os traços cansados, as pálpebras passivamente fechadas, o cabelo sem vida, o pescoço e os ombros suavemente virados falam de sonhos que não podem ser recobrados.

19. REDON: *O Pensamento* (aquarela)

A imagem quase se dissolve em uma luz vaga que atravessa as faces pálidas e brilha como um lago vítreo de uma das estórias de Poe. As imagens de Redon são fragmentos — as horríveis cabeças ciclópicas, o único olho, as flores solitárias florescendo em tons pastéis do anoitecer. O objeto é truncado: *l'object coupé*. A arte de Redon é a arte do irreal: centauros fantasmagóricos que saltam através de uma paisagem de sonho. Redon é um estrangeiro, um artista adequado para o clima de *Sylvie* de Gérard de Nerval:

> Estávamos, então, vivendo um período estranho, semelhante aos que normalmente sucedem às revoluções ou ao declínio dos grandes reinos... O único refúgio a nosso dispor era a torre de marfim do poeta, à qual ascendemos, cada vez mais alto, para nos isolar da multidão. Levados pelos nossos senhores até esses elevados lugares, respiramos, por fim, o ar puro da solidão, sorvemos o esquecimento na lendária taça dourada e nos embebedamos de poesia e amor. Amor, entretanto, pelas formas vagas, pelos tons azuis e rosados, pelos fantasmas metafísicos!

Redon explica, nas *Confidences d'Artiste*, que rejeitou Courbet e o naturalismo, em favor da "representação de formas imaginárias que me perseguiam", mistérios de "linhas e sombras mentalmente concebidas". Huysmans dizia que Redon era um Goya fantasmagórico e o próprio artista, que descobriu que carvão e pastel se adaptam melhor do que o óleo ao seu tipo de visão, chamou a sua arte de uma forma excitante de música, mais livre e com lógica própria, a lógica das associações estranhas sentidas *dans le monde ambigu de l'indéterminé*. Os seus diários sempre falam do desejo de comunicar a sensação do *équivoque, images dans images, formes qui vont être*. Remy de Gourmont denominou o trabalho de Redon como um tipo de metáfora. Quase como Valéry, que era íntimo do grupo simbolista, Redon queria que suas imagens tivessem "o prestígio do pensamento". Esta arte, "expressiva, sugestiva, indeterminada", tinha as suas "irradiações": "a luz da espiritualidade" com "enormes perspectivas abertas para a improvisação do sonho". É uma arte que deveria ilustrar o soneto "Dilection" escrito por Albert Samain:

> J'adore l'indécis, les sons, les couleurs frêles,
> Tout ce qui tremble, ondule, et frissonne, et chatoie,
> Les cheveux et les yeux, les feuilles, la soie,
> Et la spiritualité des formes grêles...*

A espiritualidade das formas frágeis: Redon declarou que sua pintura faz alusões ao invés de afirmações.

Arthur Symons cometeu o erro de dizer que Redon foi um Blake francês; mas ele não é como Blake, que tem extrema precisão, flexibilidade e muscularidade, uma revolta bastante diferente da passividade de Redon, um artista que é capaz de perturbar sem estimular. Maurice Denis se aproximou mais da verdade quando chamou Redon de "nosso Mallarmé". Como Mallarmé, este pintor tentou penetrar no mundo da Noite, no qual as formas são evocadas ou transpostas e se aproximam da definição sem serem definidas. A atmosfera dentro da qual existem as criaturas-centauros é a atmosfera do Fauno de Mallarmé, a semiconsciência do sonho. O próprio Redon coloca bem o problema, num comentário sobre seu trabalho:

> A arte sugestiva é como a irradiação das coisas num sonho, no qual sempre existe um tipo de pensamento... A arte sugestiva se realiza de forma mais livre e radiante na provocativa arte musical. Mas também é minha através da estranha combinação de diversos elementos reconciliados, formas transpostas ou transformadas, sem qualquer semelhança com contingências, tendo, entretanto, uma lógica... Estas formas nada especificam. Conduze-nos, como a música, ao mundo do incerto e do indefinido.
>
> (À Soi-Même)

Como a Herodíade de Mallarmé, ele espera por *une chose inconnue*. Como Maeterlinck, ele prefere o indireto. Existem bonecos e não homens no teatro de Maeterlinck, já que a arte sempre usa um desvio e todo realismo é uma falsificação. Toda peça deveria ser simbólica e "o símbolo não tolera a presença do homem". Ao contrário, só dá lugar para formas espectrais cuja missão é sugerir a revelação de uma "beleza secreta".

Mallarmé, que explicou suas intenções melhor que a maior parte de seus críticos, parte da premissa de que "qualquer coisa que seja sagrada deve ser coberta de mistério"[16]. A arte é órfica. Recusa-se a apresentar qualquer coisa diretamente como faziam os parnasianos; ao contrário, só deixa entrever, pois o poema ideal só evoca os objetos, se é que estes estão presentes:

> Renunciamos àquela estética errônea... que gostaria que o poeta enchesse as páginas delicadas de seu livro com a verdadeira e palpável madeira das árvores, em vez do tremor da floresta ou do espalhar silencioso do trovão pelas folhagens. Uns poucos e bem escolhidos sons tocados numa corneta de real majestade e dirigidos ao céu são suficientes para invocar a arquitetura do ideal... Na literatura, a alusão basta: as essências são destiladas e, depois, corporificadas em uma Idéia... Este é o ideal que eu chamaria de Transposição...
>
> (*Crisis in Poetry*)

"Estrutura é outra coisa", acrescenta; é um comentário muito a propósito, pois a arte evocativa de Redon e Mallarmé e dos simbolistas não possui, realmente, uma estrutura formal por depender do devaneio, do sonho e da iluminação particular de cada um. A estrutura de Mallarmé é uma constelação de imagens astronomicamente distantes, quase invisíveis a olho nu. Redon tentou nos dar os efeitos do sonho, sua atmosfera e suas formas indistintas. São, na verdade, apenas notações para uma composição que o leitor ou espectador precisa completar por si mesmo.

---

16. As passagens sobre Mallarmé estão baseadas, em linhas gerais, nos livros de Jacques Gengoux, *Le Symbolisme de Mallarmé*, Paris, 1950, e de Guy Michaud, *Mallarmé*, Paris, 1953. O ensaio sobre Mallarmé que aparece em Georges Poulet, *Interior Distance*, 1952, 1959, explica como o poeta cria o seu sonho de maneira ainda mais ousada do que Shelley através de um ato de destruição: ao retirar a existência das coisas que existem.

---

* Adoro o indeciso, os sons, as cores frágeis,/ Tudo o que tremula, ondula e arrepia e cintila,/ Os cabelos e os olhos, as folhas, a seda,/ E a espiritualidade das formas delicadas...

Mallarmé falou uma linguagem nova; ou, talvez tenha afinado a velha linguagem romântica do sentimento para tocar sua última música: "Estou inventando uma nova linguagem" disse ele a respeito de *Hérodiade*, "que precisa nascer de uma poética completamente nova e que posso definir em linhas gerais da seguinte maneira: não descreva o objeto em si, mas o efeito que produz". Os românticos já tinham tentado fazer isso, tendo nos legado a primeira deformação subjetiva da natureza. Talvez Mallarmé tenha tentado descartar completamente o objeto quando sua arte se aproximou dos valores da Noite, do *Néant* — o Nada, a página em branco que melhor representava o poema com todas as suas purezas impossíveis. Ele foi perseguido por poemas que não podiam ser escritos, ou, talvez, nem mesmo imaginados; como confessou a Cazalis, "Quando poli a minha poesia até nessa profundidade, encontrei dois abismos que me enlouqueceram. O primeiro foi o Nada". Explicou outra vez: "Meu trabalho só foi criado por eliminação". A transcendência foi mais completa quando o mundo dos objetos foi inteiramente cancelado, tendo se conservado somente a "pura" consciência, intensa, como uma configuração no ego. Valéry, mais tarde, parece ter se referido a isso ao falar do ritmo secreto "puro". Neste alto nível de abstração, a poesia se torna uma Palavra que não pode ser nem proferida nem ouvida. Como o Alastor de Shelley, o poeta se encontra, agora, destruído pela própria visão do absoluto, que é a frustração suprema da arte romântico-simbolista. Mallarmé, na solidão, reinterpreta a agonia romântica de Shelley, escrevendo a Cazalis em 1866 e 1867:

> Estes últimos meses foram aterradores. O meu Pensamento pensou a si mesmo e chegou à Pura Idéia... A Eternidade em si é a região menos pura por onde pode vaguear o Intelecto — aquele Intelecto que é a ermida permanente da sua própria pureza e que não é maculado nem pelo reflexo do Tempo...
>
> ... O meu intelecto se move no seio do Eterno e já sentiu as suas ondas, se assim posso falar do Imóvel...
>
> ... Sim, estou viajando, mas através de terras desconhecidas; e se fugi do calor da realidade e tenho tido prazer nas frias imagens, é porque, já faz um mês, que estou nas mais puras geleiras da Estética; porque, depois de ter encontrado o Nada, encontrei a Beleza. Você não imagina a que alturas lúcidas ousei escalar.

Assim, o objeto desaparece e *Le Rien est la Vérité*. Como resultado desta vaporização final da arte, o Nada se torna o símbolo de Tudo, e o Soneto em *yx* — com o valor críptico de *ptyx* — representa o irredutível Desconhecido, *la notion pure, la disparition vibratoire* na qual a música da poesia se desfaz: "évoquer petit à petit un objet pour montrer un état d'âme, ou, inversement, choisir un objet et en dégager un état d'âme, par une série de déchiffrements": é este o fim da poesia. O poema é um Ato de Pensamento pelo qual o mundo é esvaziado e nada acontece exceto uma Constelação, tão mágica quanto o primeiro ato criador. Em Mallarmé, porém, a Palavra não é encarnada — "nada terá acontecido a não ser uma constelação". Ou, se o poema não é um Ato de Pensamento, é uma Aspiração, um último voo romântico para o infinito, cujo significado é dado pela intelectualidade nua que aceita a Ausência, o Inverno e o espelho vazio como uma fuga do Tempo, do Espaço, da Insensibilidade e de todos os perigos da vida contidos no termo Acaso. Ironicamente, o poema perfeito, o puro Ato de Pensamento, a Visão desencarnada jamais podem destruir o Acaso. Só a prosa pode lidar com os fatos. Assim, *Un Coup de Dés Jamais n'Abolira le Hasard*. O supremo poema, portanto, não pode nem ser escrito nem pensado: é a redução ao absurdo da visão que Shelley tem do poeta que atinge a Eternidade e cria uma outra ordem de realidade.

A caminho do encontro do fracasso, Mallarmé foi capaz de sentir sugestões do inefável. Sua música é orientada para o intelecto tanto quanto para a audição e a sua poética é muito mais purificada do que poderia esperar o mais ousado dos românticos. "L'Azur" é uma visão olímpica que Shelley, com seu temperamento histérico, não conseguiu atingir:

De l'éternel azur la sereine ironie
Accable, belle indolemment comme les fleurs,

Le poète impuissant qui maudit son génie
A travers un désert stérile de Douleurs*.

As névoas do outono, um único tom que faz a cena lívida, parecem mostrar que o céu está morto. Mas o desespero termina em crença:

Je suis hanté. L'azur! L'azur! L'azur! L'azur!**

Desta solidão azul e estéril, o poeta pode transcender a terra de desperdício criada pelo século XIX. Há também o desespero que o volúvel e facilmente excitável Shelley nunca sentiu tão amargamente quanto Mallarmé, condenado ao silêncio e à impotência:

. . .la clarté déserte de ma lampe
Sur le vide papier que la blancheur défend. . .***

— uma esterilidade mais aflitiva para o artista do que as rochas ressequidas da paisagem de Eliot. As melodias não-ouvidas de Urn, que incomodavam Keats, tornaram-se insuportáveis para Mallarmé, o poeta maldito. Como Shelley, Rimbaud, pelo menos, tinha uma fuga na alucinação. Para Mallarmé só existia o impossível Silêncio.

Foi em 1895 que Maurice Denis chamou Redon de Mallarmé dos pintores simbolistas. Estes pintores eram conhecidos por muitas denominações, de acordo com as mudanças ocorridas na breve história do movimento que, na realidade, não foi um movimento, assim como não foi simbolista. Foi uma reação contra toda arte subjetiva. Primeiro foram chamados *cloisonnistes* (alveolistas), depois sintetistas ou Nabis, depois neotradicionalistas, depois ideístas, e, finalmente, simbolistas ou deformadores.

* Do eterno azul a serena ironia/ Oprime, indolentemente bela como as flores,/ O poeta impotente que maldiz seu gênio/ Através de um deserto estéril de Dores.
** *Estou possuído*. O azul! o azul! o azul! o azul!
*** . . .a claridade deserta de minha lâmpada/ Sobre o papel vazio que a brancura defende. . .

O grupo encontrou suas teorias em Sérusier e Denis e seu pintor principal foi Gauguin. Um dia, encontraram seus poetas entre os imagistas e neotradicionalistas, mas só mais tarde. O bando de pintores simbolistas-sintetistas era incoerente; reagiram, entretanto, contra o estilo formal. A reviravolta está explicitada na afirmação de Maurice Denis em suas *Theories*: "Precisamos lembrar que uma pintura, antes de ser um cavalo, um nu feminino ou qualquer tipo de anedota, é essencialmente uma superfície plana coberta por cores dispostas segundo um determinado projeto".

"*En un certain ordre assemblées*" — a arte é, antes de tudo, projeto. Este era um axioma do neotradicionalismo que encontrou expressão poética nos pintores "romanistas" que seguiram Denis e T. S. Eliot. O sentido de projeto reaparece em Van Gogh e os pintores *fauves* tanto quanto em Gauguin. Assume forma monumental em Cézanne cuja pintura protocubista é "construída". Tão logo a pintura passou a ser considerada como uma maneira de *dispor* cores ou linhas, ela cessou de ser uma maneira de sentir e, muito menos, de um sentir efêmero que não pode ser imaginado. Os Nabis sabiam que a arte é uma *representação* de sentimento através de uma certa *techné*. Denis retornou à antiga questão crítica de como lidar, ou representar, ou projetar o que o artista deseja sugerir. Curiosamente, ele só estava repetindo com outras palavras o que Ruskin escrevera em *Stones of Venice* — escrevera e esquecera na sua busca do espírito do gótico e das associações que, pitorescamente, se reuniam ao redor dele: "Devemos lembrar que a disposição das cores e das linhas é arte análoga à composição da música e inteiramente independente da representação dos fatos. O bom colorido, necessariamente, não transmite a imagem de nada além de si próprio. Consiste em certas proporções e disposições dos raios de luz. . ." Gauguin, o maior dos pintores simbolistas, fez essa descoberta e, segundo ele próprio, levou Van Gogh a trabalhar com a cor pura: "Ele pintava sóis amarelos sobre superfícies amarelas, etc., aprendeu a orquestração das cores pu-

114

ras através de todos os derivativos desse tom. Então, uma necessidade anterior, toda a confusão usual na paisagem, as naturezas-mortas, foram substituídas por vastas harmonias de cores sólidas que sugeriam a harmonia global da tela, sendo que a parte literária ou explanatória, como quiser chamar, passou, como conseqüência, para o segundo plano". A pintura não é somente devaneio ou sugestão. Não é o tratamento de certo assunto. É uma construção, um projeto. O que Ruskin disse é verdadeiro para a arte bizantina. Seria, ironicamente, verdadeiro também para Whistler, a quem chamava de charlatão. De qualquer forma, estas afirmações de Ruskin e Gauguin foram sinais de que as artes estavam abandonando o sentimento pitoresco, romântico em procura da reformulação do estilo.

TERCEIRA PARTE: O NEOMANEIRISMO

1. ESTILO, ESTILIZAÇÃO E BLOQUEIO

O objetivo de Maurice Denis e dos neotradicionalistas como os Nabis de libertar a arte do século XIX, em especial a arte religiosa, das falsificações e dos estereótipos — da *truquage* e *poncif*. A intenção é compreensível, pois a pintura, a arquitetura e a poesia do século estavam repletas de elegância que, muitas vezes, era um lixo artístico. O lixo já se tinha acumulado quando, em 1847, *Romanos da Decadência* de Couture, pleno de efeitos oficiais, de nus acadêmicos e de estátuas institucionais, recebeu as mais altas honrarias. Já foi, com razão, chamado de um agrupamento de despojos de antigüidades. Os mesmos despojos foram expostos no Palácio de Cristal em 1851, onde os produtos industriais da era da máquina eram incrustados de filigrana e espalhados pelas pernas das cadeiras, arandelas e cabos de tesouras. Os *Idylls* de Tennyson também estavam cheios de ruínas poéticas, principalmente góticas, salvadas do medievalismo pitoresco dos poemas românticos como "Eve de Saint Agnes" de Keats. Tennyson, quando não estava sendo o poeta oficial, sabia muito bem como escrever outro tipo de verso:

>   ... the more he looked at her,
>   The less he liked her; and his ways were harsh;
>   But Dora bore them meckly. Then before
>   The month was out he left his father's house,
>   And hired himself to work within the fields;
>   And half in love, half spite, he woo'd and wed
>   A laborer's daughter, Mary Morrison*.
>
> ("*Dora*")

Esta é a linguagem simples usada por George Crabbe, às vezes por Wordsworth e por Robert Frost depois que Ezra Pound comentou (ou assim se crê) com seu amigo Eliot que a poesia deveria ser tão bem escrita quanto a prosa. É a poesia forte de Corot na sua fase italiana, ou a de Courbet na sua afirmação mais simples. No romance, as ruínas vinham se acumulando desde que Scott e Hugo inventaram os seus tipos próprios de máquinas medievais embaraçosas. Nesse meio tempo, a arquitetura se desenvolvia através de "remendos culturais". Os historiadores da arte geralmente classificam este tipo de *poncif* como historicismo. Os despojos históricos foram impiedosamente tirados do caminho depois da metade do século pelos impressionistas e pós-impressionistas, que, com sua revolta, tornaram o cubismo possível, o mais fértil e autêntico dos estilos modernos. Apesar do lixo acumulado, o século XIX foi uma época de experimentação nas artes; os experimentadores todos tinham um propósito em mente: encontrar um estilo ao invés de tentar continuar com paródias de estilos.

As experimentações dos impressionistas foram incompletas, pois embora tenham trazido uma nova atmosfera para a pintura, muitas vezes sua composição se conservou convencional; deixaram para que os fauvistas e cubistas, estreitamente relacionados, desenvolvessem uma nova formalidade estrutural. Entretanto, os impressionistas aceitaram, diferentemente de outros pintores da época, as implicações da visão científica, da observação exata, da análise do espectro, do ângulo de câmara e das técnicas trazidas para a vida moderna pelo positivismo. Os cubistas foram os principais herdeiros dos impressionistas e a grande importância do cubismo já foi indicada por Francastel, que disse: "O cubismo é um modo autenticamente pictórico de representar o que aconteceu aos artistas numa época em que a soma das atitudes do homem estava orientada para as novas condições de vida que resultaram diretamente da técnica e, indiretamente, de todas as especulações científicas, estéticas e literárias das gerações precedentes"[1]. É por isso que é um estilo e não a paródia de um estilo.

A força dominante desse novo mundo era a ciência, que não só havia alterado a ordem econômica por completo mas tinha também colocado à disposição do homem a tecnologia da máquina. T. S. Eliot compreendeu o problema ao dizer que o motor de combustão interna mudou o nosso modo de viver. Deixou implícito o que Rubashov disse no romance de Koestler: a Europa ainda não digeriu as conseqüências do motor a vapor. O século XIX se recusou a assimilar sua tecnologia às artes. O artista oficial, em especial, esterilizava a arte, alienando-a da sua época. Mesmo um autor moderno como Flaubert reclamava: "Já se voltou à antigüi-

---

* ...Quanto mais ele a olhava,/ Menos dela gostava; e seus modos eram duros./ Mas Dora suportou tudo humildemente. E antes/ Que o mês acabasse, ele abandonou a casa paterna/ Empregou-se para trabalhos no campo;/ E, parte por amor, parte por maldade, cortejou e se casou/ Com a filha de um trabalhador, Mary Morrison.

1. Pierre Francastel, *Art et Technique aux XIXe et XXe Siècles*, Paris, 1956, p. 184. Este livro, juntamente com outras obras do mesmo autor como *Nouveau Dessein, Nouvelle Peinture*, Paris, 1946, e *L'Impressionisme*, 1937, nos forneceu a base para grande parte deste capítulo: aparecem na minha discussão a sua interpretação de bloqueio, da revolução técnica, do conflito entre sensação e representação, do significado do método tachista, da falta de harmonia entre estilo e percepção no século XIX e da revolução e da contribuição impressionista. A "colcha de retalhos culturais" representada pela arquitetura do século XIX é discutida detalhadamente em Henry-Russell Hitchcock, *Architecture: 19th and 20th Centuries*, 1958, livro que me foi indispensável tanto para este capítulo quanto para o anterior e o posterior. Valioso também foi o estudo da influência das técnicas sobre a arte, da autoria de Francis D. Klingender, *Art and the Industrial Revolution*, 1947.

dade. Já se voltou à Idade Média. Só resta o presente. Mas o presente oferece um terreno instável". Em vez de aceitar a máquina e a nova visão científica do mundo como uma base para a representação artística, o artista do século XIX tentou conciliar novas técnicas com formas do passado. Francastel usa o conveniente termo *bloqueio* para indicar o que acontecia quando um pintor ou arquiteto tentava atingir um compromisso entre arte e tecnologia. As estilizações do século XIX, na sua maior parte, são fases da adaptação de novas técnicas à representação; e nem sempre essas adaptações eram bem sucedidas, pelo menos até o final do século, que trouxe, embora dentro do espírito da arte pela arte, uma nova coerência, um funcionalismo que logo foi absorvido pelas forças mais imperiosas que resultaram no fauvismo e no cubismo.

Em outras palavras, as artes do século XIX revelam um conflito entre percepção e representação. A percepção era freqüentemente nova. Mas a representação, muitas vezes, era uma concessão aos estilos do passado. Isto é, o século produziu muitas estilizações mas não um estilo. Pensa-se, logo, em Jacques Louis David, cuja tela *A Morte de Marat* registra o acontecimento de modo severo, de acordo com os olhos neutros do jornalista; *As Sabinas*, entretanto, é um produto artificial cuja intenção era a de "retratar os costumes antigos com tanta exatidão que gregos e romanos, vendo meu trabalho, saberiam que tenho familiaridade com seu modo de vida". O jornalista tenta ver com os olhos de Poussin e da Academia e só consegue uma composição ornamental de estuque [20]. David nunca encontrou o seu estilo. Nem encontraram os arquitetos do século XIX, que desesperadamente tentavam adaptar os pilares de ferro fundido à filigrana gótica; embora seus armazéns, docas e pontes ferroviárias, simplesmente porque eram úteis, afastassem toda trucagem. Apesar dos estudos precisos de Viollet-le-Duc, a enorme catedral de Moulin, com suas duas espirais, é uma estilização fria e espalhafatosa e não um gótico convincente.

A distinção entre estilo e estilização é necessária uma vez que o século XIX alimentou dois tipos de artistas que Focillon chama de o pastichador e o virtuoso[2]: um diluindo as técnicas e os estilos do passado; o outro se abandonando à sua própria originalidade, procurando o efeito pelo efeito. Ambos podem estilizar; mas de nenhum se pode dizer que tivesse um estilo. Ao invés, cada um tinha uma maneira. Focillon estava se referindo aos pintores de menor importância. É verdade, como ele diz, que o pasticho e o virtuosismo tendem a aparecer juntos, seguindo os artistas mais importantes. Entretanto, a noção de pasticho e virtuosidade tem uma maior relevância para os maneirismos que competiam na pintura, na arquitetura e na literatura do século XIX. O pasticho é encontrado quase em todos os lugares e não só em Sargent, Watts e Tennyson, na sua beleza keatsiana composta, mas até nos pseudo-idílios de Corot. O virtuoso é mais importante. Byron, como a maior parte dos românticos de fato, era um virtuoso na sua propensão para o gesto que transforma a vida em arte. Dickens, como Balzac, é um virtuoso no seu enorme interesse por situações surpreendentes; e Forain teria sido um ilustrador adequado para ambos os romancistas. A linguagem germânica ardente de Carlyle é tanto pasticho quanto virtuosismo, um maneirismo titânico. A severa taquigrafia poética de Browning e sua acentuação espasmódica eram virtuosismo. Degas faz um ataque virtuoso ao assunto monótono e Constantin Guys tem algo do almofadinha que Baudelaire afirmou ser o herói típico da época. Ele tem um *ar*, que é o substituto do estilo no século XIX. Poe se enquadra nesse caso. O melodrama inerente a todas as artes é um sinal da maneira e do virtuosismo: a branca mão de Emma de Bovary jogando os pedaços rasgados da carta da janela de um táxi que a leva para o adultério com Léon tem a qualidade de incidente "apropriado e surpreendente" que falsifica em vez de representar a monótona existência da classe-média.

Mas não precisamos fazer um catálogo. Já está claro que um considerável número destes artistas

2. Henri Focillon, *La Peinture au XIXe et XXe Siècles*, Paris, 1928, pp. 113-114.

transcenderam o pasticho e o virtuosismo, fazendo experimentações técnicas que tinham de ser feitas mesmo se essas experiências não fossem levadas até seus estágios finais. Nem é difícil lembrar do nome daqueles que tentaram essas experiências legítimas. Poderíamos começar com Delacroix ou Turner e, desta vez, incluir Ingres e o Corot triste das cenas italianas; ajuntar também Constable com seus pigmentos falhos, e Manet com suas sombras coloridas e composição plana, e Monet com sua luz refracionada, ou Degas que isolou suas figuras num espaço que tem um certo grau do sentido moderno de vazio, o *pathos* que Picasso sentiu de forma tão íntima no seu período azul. Estes pintores estão ao lado de Flaubert, Zola, de Dickens com seus pesadelos que chega quase a ser surrealista, um Daumier do romance; ao lado de Stendhal, também, e do gutural Browing com suas experiências, tendo cada um deles a sua própria visão dramática. Há o subjugante virtuosismo de Wagner. Se faltou *um* estilo ao século, não lhe faltaram talentos extravagantes nem, algumas vezes, gênio.

O *pasticheur* e o virtuoso aparecem em períodos críticos da história das artes. O que seria do renascimento sem eles? Sem Uccello e Leonardo e Michelangelo? Shakespeare foi um *pasticheur* em muitas peças: em *Measure for Measure*, por exemplo, ou *Cymbeline* ou talvez *Hamlet*? Ele também não tinha *um* estilo, mas demonstrou sinais de virtuosismo. *Troilus and Cressida* é uma realização cheia de virtuosismo como também *Lear*, *The Tempest*, para não mencionar *Hamlet* outra vez. Esta incerteza e flutuação em Shakespeare mostrarão que não há mérito particular, pelo fato em si, do artista ter *um* estilo. É somente um problema histórico que certos períodos alcancem um estilo coerente, como, por exemplo, o romântico ou gótico provavelmente e o barroco, com certeza; enquanto em outros períodos, como o renascimento, as mudanças ocorrem tão rapidamente que as novas técnicas mudam a visão dominante da realidade antes mesmo que muitos artistas estejam capacitados a lidar com eles. Esta é uma das razões por que pelo menos a arte ocidental precisa sempre de uma *avant-garde*, principalmente nas sociedades em que estão ocorrendo revoluções tecnológicas e nas quais a classe média considera as artes como sendo mais um produto que deve ser padronizado para a venda à massa. Nessas condições é difícil para um artista ser contemporâneo, já que uma arte genuinamente contemporânea pode não ser vendável em um mercado de massa que procura um produto convencional. No entanto, as revoluções tecnológicas (que são na realidade uma "revolução permanente" sempre levada a efeito pela classe-média) são sempre acompanhadas de uma correspondente "revolução permanente" nas artes levada a efeito pela *avant-garde*. O pasticho e o virtuosismo não causam, necessariamente, prejuízos. Malraux mostrou que todo artista importante principia aceitando e, depois, rejeitando as convenções dominantes nas artes. Assim, não há nada de essencialmente prejudicial no fato do século XIX ter perdido o estilo. As várias maneiras que acabamos de esboçar testemunham a existência de uma *avant-garde* ou de experimentações que precisavam ser feitas.

Na verdade, o estabelecimento de um estilo envolve o perigo do estilo se tornar oficial, institucional, clássico. Da mesma forma pela qual as guildas medievais se tornaram um empreendimento fixo contra o qual reagiram as academias do renascimento, estas também se tornaram um empreendimento fixo contra o qual se rebelaram os românticos. Pevsner resumiu a situação dizendo que a arte do século XIX "só pode ser adequadamente interpretada em termos de uma contínua tensão entre o oficial e o íntimo". O último estilo clássico antes do século XIX foi o barroco de Poussin que, especialmente na França, cristalizou num academismo de tipo tirânico contra o qual reagiram todos os artistas importantes do século, fazendo suas próprias experimentações. Feuerbach mencionou "alguma coisa peculiar, úmida e mofada que gostaria de descrever como ar acadêmico". Whistler disse mais sarcasticamente: "Aqueles a quem os deuses querem ridicularizar, tornam-nos acadêmicos".

A parte significativa da história das artes do século XIX foi escrita no *salão dos recusados* e nas ações legais contra *Flores do Mal* de Baudelaire e *Madame Bovary* de Flaubert. Justamente por isso, podemos perguntar se o aparecimento eventual do cubismo, o estilo moderno arquétipo que resumiu e concluiu muitas das mais importantes experimentações da arte antiacadêmica, não levou, no século XX, a um novo academicismo: o que Lewis Mumford chamou de "funcionalismo acadêmico" que aceita as formas aerodinâmicas como sendo um estilo. Não há, pois, nada necessariamente carismático a respeito de um estilo, particularmente, de um estilo clássico.

20. DAVID: *Morte de Sócrates*

2. A CONDIÇÃO NEOMANEIRISTA

O ponto mais significativo é que grande parte da arte do século XIX, principalmente da arte experimental, é maneirística. O termo maneirismo não pode, talvez, ser adequadamente definido. Entretanto, na evolução dos estilos, o maneirismo é uma fase que aparece constantemente na história da arte e da literatura européias, ocorrendo sempre que a chamada arte clássica se desintegra ou é revista[3]. Houve um momento maneirista na arte helenística que produziu as estatuetas de Tanagra e os romances gregos; houve um momento maneirista até na arte românica antes do gótico ter emergido como um estilo; então, no fim do período gótico, apareceu, outra vez, o maneirismo sob várias formas durante a *détente* ou período ogival. Outra vez, depois do ápice do estilo renascentista em que as proporções e a perspectiva tinham sido cuidadosamente formuladas em um sistema coerente, o

---

3. Esta é a opinião de Ernst Curtius, *European Literature and the Latin Middle Ages*, cap. XV.

maneirismo apareceu no fim do século XVI, parecendo, muitas vezes, um retorno ao último período da arte medieval, com suas distorções e hipersensibilidade. Com uma aparência um pouco diversa, o maneirismo reaparece no século XIX, depois da perda do estilo no século XVIII. É um aspecto do pastiche e do virtuosismo.

Para aplicarmos, entretanto, o termo maneirismo às artes do século XIX, precisamos não usar o termo em sentido muito estrito e precisamos considerá-lo como um sintoma da inquietação e da experimentação e, não, como um estilo autêntico. O maneirismo é sempre experimental e o século XIX é um período de experimentações, como a alta renascença, a época que produziu Parmigianino, Bronzino, Tintoretto e El Greco, todos maneiristas. Estes pintores tinham uma herança artística a rejeitar e cada um deles a rejeitou ou revisou ao seu próprio modo. Deste ponto de vista, o maneirismo é negativo, já que surge a partir da negação. No entanto, existe sempre a negação da negação, pois os maneiristas, ao rejeitarem as convenções artísticas, fazem muitas descobertas. Um dos primeiros sintomas da reação maneirista é uma qualidade perturbadora que apareceu nas figuras atormentadas de Michelangelo e, mais tarde, "escritura em branco" de Tintoretto e nos santos espectrais de El Greco. Os maneiristas florentinos como Pontormo procuravam estranhos efeitos psicológicos através de desenhos arbitrários e perversões das figuras clássicas. Muitas vezes os maneiristas se afastavam do mundo externo e apresentavam uma visão muito subjetiva da realidade, um *disegno interno*. O maneirismo é uma arte altamente pessoal, que testa a realidade através do temperamento.

Freqüentemente é difícil distinguir entre a arte maneirista e a arte que é afetada, isto é, elegante ou preciosa. A verdadeira arte maneirista do século XVI foi um sintoma de uma "época de problemas": a dúvida e a inquietude que cercaram a ascensão do protestantismo, as cruéis guerras religiosas, a Inquisição, a nova ciência, o mal-estar que tomou conta dos intelectos europeus depois que se tinham gasto as recentes energias do renascimento. Nesse momento, alguns dos pintores mais jovens começaram a fazer experiências com os ideais clássicos da arte renascentista, explorando novos tipos de espaço, usando cores aguadas, torcendo as figuras de modo não-natural, usando o realismo para fins chocantes, colocando as coisas sob um forte foco de luz, vendo as figuras retratadas de ângulos esquisitos e, em geral, acrescentando "um quê de estranho à beleza". A frase é de Pater e este se sentiu muito mais atraído pela arte maneirista do que renascentista, como bem o revela a sua análise da *Mona Lisa*.

O maneirista verdadeiro é um super-intelectual (Hamlet é um herói maneirista) e inteligente ou ousado, como bem o demonstra a obra deliberadamente não-ortodoxa de Parmigianino através do desafio à perspectiva e das proporções anormais. Os maneiristas renascentistas tinham um intenso interesse pela teoria estética, pintando, às vezes, certas composições só para ver o quanto poderia ser alterado um cânone aceito. A beleza maneirista é, normalmente, muito sofisticada, um tipo de artificialismo na pintura que lançava mão do não-natural, do forçado, do super-refinado. Algumas obras maneiristas são simplesmente elegantes: os nus produzidos pela escola francesa de Fontainebleau, por exemplo. Beleza como essa é sintética — abstrata, eclética, dolorosamente projetada, como o estilo de Flaubert em *Salambô*. Vasari, um porta-voz dos maneiristas que estavam fascinados pelas teorias da arte, disse que "a maneira elegante" é encontrada copiando-se "os mais belos objetos e, depois, combinando-se os mais belos, seja a mão, a cabeça, o torso ou perna e juntando-os para formar uma figura que possua toda beleza". O maneirismo é derivativo e original, conscientemente desejando manipular formas para chegar à sua própria modulação altamente individual. Alimenta *pasticheurs* e virtuosos que são simplesmente afetados ao lado de artistas que são titãs como Michelangelo. Acima de tudo, existe um clima maneirista propício para artistas perturbados como El Greco. O maneirismo é o resultado de diversas tentativas de estilização e é um sintoma da perda de estilo, uma revolta contra o estilo dominante ou a reformulação de um estilo. Tende a sutilezas técnicas, deformações deliberadas e todos os tipos de ataque emocional inesperado. O poeta que mais usa destas técnicas é John Donne, o grande poeta maneirista.

Quando pensamos no *disegno interno* do maneirismo renascentista, lembramos que no fim do século XVIII os cânones da arte acadêmica que datavam do último período do barroco cederam ante a psicologia nova de David Hume, Burke e Hogarth, que partiam da premissa de que a beleza não vem da proporção mas da impressão subjetiva ou da sensibilidade que pode ser estimulada pelos sentimentos que associamos a um objeto. Hume disse que: "A beleza não é uma qualidade das coisas em si: ela só existe no intelecto que as contempla". Não há um padrão fixo de gosto — na melhor das hipóteses, só existe uma concordância de sentimentos. A velha geometria da beleza foi "virada de cabeça para baixo" por esta revolução estética do século XVIII, como já lhe havia acontecido durante o período maneirista anterior[4]. Há, também, algo em comum entre o *disegno interno* do maneirismo italiano e as idéias particulares da arte e da poesia simbolista.

Recentemente, alguns críticos de arte do continente delinearam como as artes do século XIX repetem um ciclo que já existira anteriormente nas artes e que vai do clássico ao maneirista, ao barroco e ao rococó[5]. Os paralelos entre este ciclo anterior e as fases das artes no século XIX podem ser prontamente estabelecidos e, logo adiante, sugeriremos alguns deles. Em primeiro lugar, entretanto, precisamos realçar que essas repetições não ocorrem sistematicamente. Inúmeras evoluções se dão ao mesmo tempo no século XIX e a idade industrial é diferente da cultura da renascença e alta renascença. Muitas vezes, não conseguimos distinguir o barroco do século XIX do impressionismo ou do início do expressionismo; e se há realmente uma repetição de fases, essa repetição não ocorre na seqüência normal. Sem, portanto, insistir na exatidão com que tal ciclo possa ocorrer, é suficiente afirmar que o século XIX, tendo perdido o estilo, produziu muitas formas ecléticas e experimentais de arte, arte esta que pode, de forma conveniente, ser chamada de afetada ou maneirista ou de estilizações neomaneiristas. As formas de arte neobarrocas e neorococó são sintomas de que o neomaneirismo procura um estilo.

A extraordinária autoconsciência das artes do século XIX é expressa nas teorias estéticas que sempre florescem em períodos maneiristas. São teorias a respeito do realismo, do impressionismo, do simbolismo, do belo e da arte. Provavelmente não houve nenhuma outra época que tenha se dedicado tanto, oralmente e de outras formas, à Natureza, ao mesmo tempo em que insistia muito sobre a visão artística da vida e o cultivo da arte pela arte. Como disse Flaubert: "Precisa-se sempre ter consciência do estilo". A dedicação quase obsessiva ao estilo levou às belezas sintéticas da decadência, engenhosas nas suas estilizações. No entanto, todos estes artifícios tornaram possível o aparecimento de um estilo. O movimento decadente com sua devoção afetada e supercultivada da arte pela arte redimiu, finalmente, o século XIX da sua mania pela Natureza, da sua fascinação com a anedota e, depois da Art Nouveau, conduziu a um novo estilo. A afetação dos decadentes produziu uma consciência do desenho; e a consciência do *motivo* pelo motivo se tornou a base da composição que deixou de lado a natureza e o episódio surpreendente. O realista Flaubert escreveu a Louise Colet: "A arte será algo a meio caminho da álgebra e da música"; a Mademoiselle Leroyer de Chantpie: "Chegou a hora de ter, por um método impiedoso, a precisão das ciências físicas. A principal dificuldade que se me apresenta, porém, ainda é o estilo, a Beleza indefinível que resulta da concepção de fato". Este cuidado com o estilo juntamente com a sensação de mal-estar, a rejeição de cânones oficiais ultrapassados e a neces-

---

4. Rudolf Wittkower, "Principles of Palladio's Architecture", *Journal of the Warburg and Courtauld Institutes*, VIII, 1945, pp. 68-106.

5. Em especial, Karl Scheffler, *Verwandlungen des Barocks*, Viena-Zurique, 1947, e *Das Phaenomen der Kunst*, Munique, 1952; também Gustav René Hocke, "Manier und Manie in der Europaeischen Kunst", *Merkur*, junho, 1956, e Walter Friedlaender, *David to Delacroix*, 1952.

21. INGRES: *Odalisque Couchée*

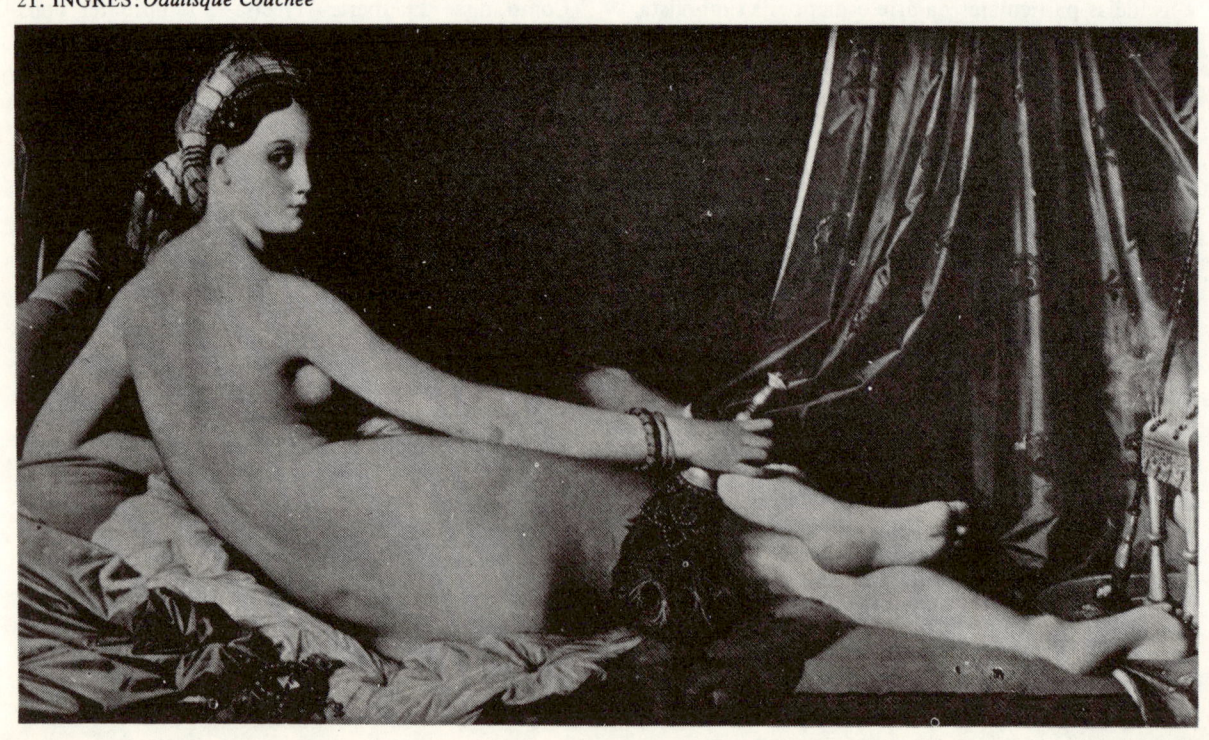

sidade de experimentar e teorizar significa que grande parte da arte do século XIX se apresenta em condição maneirista ou, pelo menos, predominantemente maneirista.

Em um sentido mais estrito, parte da pintura do século XIX se assemelha à pintura dos maneiristas anteriores. Existe claramente uma semelhança entre Ingres com sua linha elegante, suas cores neutras, com o seu realismo macio e sua frigidez não-natural e o maneirismo frio e elegante das madonnas de Parmigianino. Ou, talvez, Ingres seja um novo Cranach? *Madame Rivière* de Ingres é tão artificial e cruel quanto as figuras de Bronzino, que também congelava seus modelos. As odaliscas de Ingres [21] têm a mesma transparência desagradável que vemos nas Virgens exangues de Parmigianino que, entretanto, ainda conservam uma certa voluptuosidade. A sinuosidade das figuras de Ingres é ainda mais pervertida nos desenhos e pinturas de Fuseli, uma reencarnação de Spranger, pintor de nus da corte de Praga por volta do ano de 1600. Blake parece ter extraído das figuras musculares de Michelangelo a distorção em espiral, tornando suas figuras ainda mais afetadas do que os nus desenhados por Pollaiuolo.

Poderíamos ter, do ponto de vista técnico, algo mais maneirista do que o *Tourador Morto* de Manet com sua luz opalescente projetada em escorço e seu cunho fortemente psicológico? Estes truques já haviam sido usados por Tintoretto e Rembrandt na sua fase maneirista. Um dos tipos de figura maneirista era o Sprecher, de pé, de costas para nós, gesticulando em direção aos acontecimentos que aconteciam dentro de um espaço angular, caracteristicamente maneirista. El Greco usou do Sprecher no *Enterro do Conde de Orgaz* e Degas usou dessa figura de forma moderna. Manet nos dá a versão moderna da figura refletida e ao contrário, deixando a ação implícita e não explícita. O truque próprio de câmaras de pegar os músicos do poço da orquestra contra a luz brilhante do palco, um pouco fora de centro, usado por Degas, é uma variante da perspectiva inversa ou psicológica usada por Rembrandt em *Os Síndicos de Guilda dos Tecidos*. O tipo de rabisco usado por Daumier para apresentar Don Quixote atravessando a cavalo uma paisagem fantasmagórica é, outra vez, uma variação de *São Jorge Matando o Dragão* de Tintoretto ou das suas pinturas de San Rocco, nas quais *Santa Maria do Egito* é esboçada em uma "escritura em banco", descarnando a figura e transformando a paisagem em um ritmo fracamente iluminado de palmeiras e rochas. Van Gogh repete muito a linha flamejanete de El Greco. E a nervosa linha decorativa de Beardsley se assemelha muito à linha estética de Botticelli.

Pode-se traçar uma série de paralelos sobre a maneira de tratar o espaço e a cor. O espaço vazio de Degas, assimétrico, e o seu enfoque angular, a linha do horizonte mais alta que dá um fantástico declive às suas cenas, o agrupamento casual das figuras e as fortes tensões diagonais repetem o tipo de composição usado por Tintoretto, que quebrou com o espaço harmonioso da pintura renascentista deixando suas figuras, extremamente móveis, como que suspensas em um vácuo. Diz-se que a pose teatral dos *posters* de Toulouse-Lautrec foi inspirada pelas gravuras japonesas; mas os maneiristas já haviam usado muitas das técnicas de distorção e projeção das figuras contra a moldura também utilizadas por Lautrec. Parmigianino pintou seu auto-retrato como se estivesse sendo visto em um espelho redondo, mas sua mão, ampliada, está jogada no espaço onde estamos; Lautrec, da mesma forma, deformou a imagem de La Goulue, fazendo com que ela caminhasse para fora do espaço do *poster* para dentro do Moulin Rouge. Os maneiristas freqüentemente "sangravam" suas cenas enchendo o primeiro plano e rasgando a perspectiva de forma oblíqua, como Degas o fazia com sua fila de bailarinas paradas além das luzes da frente do palco. Bem no seio do impressionismo encontramos o quadro *Dama no Parque* de Bazille com o espaço luminoso e o desequilíbrio que lembra a radiante assimetria dos pequenos mestres flamengos. *A Família do Artista no Terraço* de Bazille apresenta a cor fria e cheia que encontramos em Vermeer ou em Terborch. Seurat calcula seus intervalos com o tato psicológico que Rembrandt demonstrou em

Syndics. O estranho naturalismo de Degas em *Visconde Lepic e suas Filhas*, captados enquanto passeavam por uma rua de Paris, faz uso do mesmo artifício maneirista usado por Tintoretto para espalhar de forma íntima os personagens no fundo do palco ou para fazê-los subir em escadas espiraladas. A naturalidade planejada dos impressionistas, a nota de improvisação nas cenas de estúdio, constituem um ataque maneirista.

Mesmo as mitologias clássicas de Prud'hon com *A Vingança e a Justiça Perseguindo o Crime* estão envoltas numa escuridão melodramática: são a continuação dos pintores tenebrosos do século XVII como Caravaggio, que imergiu a figura de Cristo na mesma escuridão exceto pela assustadora mão que aparece como um fragmento anatômico. O expressionismo de Prud'hon e Goya é uma recolocação do expressionismo maneirista que aparece como uma revolta na primeira fase de Caravaggio. O realismo de Courbet em *Return from the Conference* repete a brutalidade das pinturas religiosas de Caravaggio. Tanto uma quanto as outras chocaram a Igreja.

Seria fácil continuar traçando paralelos, estendendo-os ao barroco, fim do barroco e rococó. É possível que as grandes "máquinas" pintadas por David sejam uma forma da arte clássica, uma herança do fim do barroco, e que a reação contra elas tenha levado estes artistas e outros que não nomeamos como Puvis de Chavannes e Canova ao maneirismo. Haveria, também, um neobarroco do século XIX que incluiria Delacroix, que tem um grande débito para com Rubens, e Rude e Rodin que modernizam ou romantizam a estatuária titânica de Michelangelo; e, talvez, até Renoir, com sua plenitude monumental e impensada, que, mais uma vez, se assemelha a Rubens. Haveria uma fase rococó que poderíamos encontrar sem dificuldade em Constantin Guys, Beardsley e, talvez, nas estátuas de Degas ou em alguns dos impressionistas ou proto-impressionistas como Bonington (que é bastante congenial ao espírito e à técnica dos pintores venezianos do século XVI como Guardi), Boudin ou até Monet, Sisley e Bonnard. Mas é uma brincadeira que não vale a pena. As repetições não são tão exatas, pelo menos até se chegar a Art Nouveau, que realmente parece ser uma ressurreição da teoria e do desenho rococós.

O trabalho imediato que se apresenta é o de ver que as artes do século XIX são muitas vezes maneiristas ou afetadas de acordo com o sentido previamente explicado: há inúmeras estilizações e há uma consciência intensa e penetrante de estilo, uma forma de autoconsciência que traz consigo o que foi denominado de "sabor do artificial". É uma autoconsciência que se revela não só no esteticismo mas também no constante reflorescimento de estilos do passado, no historicismo e na ânsia de se alimentar à vontade do "museu sem paredes". O gosto pela antigüidade era inerente ao movimento romântico, que de certo ponto de vista foi uma tentativa de recuperar algum estilo do passado de forma utilizável: especialmente o gótico ou grego que inspirou a arte pseudomedieval e a arte clássica de estuque como a balada e as pinturas de Jacques Louis David. T. S. Eliot e Malraux notam corretamente que temos muito mais *conhecimento* do que os pintores e escritores do passado; o século XIX desenvolveu o método histórico, de maneira que o pintor e o escultor sempre encontravam o seu caminho iluminado pela "luz da memória" e o seu "estilo" se tornou um tipo de arqueologia.

O gosto pelo antigo do "gótico" do século XVIII foi traduzido, na estética do século XIX, para o medievalismo de Chateaubriand, que escreveu de forma sentimental a respeito dos rituais e dos *mystères chrétiens: des cloches, du vêtement des prêtres, des chants et des prières, de la messe, des solennités de l'église*. Este goticismo era pitoresco e representava a nostalgia e revolta contra os valores industriais de Manchester. Era também maneirista pois se assemelhava ao ecletismo culto recomendado por Vasari para obter "uma maneira fina" "copiando-se os mais belos objetos", de pintores anteriores e atingindo-se um estilo através da síntese. O medievalismo vitoriano era estudado e extremamente consciente e a "beleza poética" sintetizada por Keats nas suas passagens "medievais" foi adotada por Tennyson, como um maneirismo, resultando nos *Idylls* que são uma recolocação estética de Malory:

> Then saw they how there hove a dusky barge
> Dark as a funeral scarf from stem to stern,
> Beneath them; and descending they were ware
> That all the decks were dense with stately forms
> Black-stoled, black-hooded, like a dream — by these
> Three queens with crowns of gold — and from them rose
> A cry that shivered to the tingling stars...*

A Camden Society de 1839 e toda a irmandade de Ecclesiologistas com seus dogmas afetados e a sua preocupação em construir o "verdadeiro gótico" do século XIV (!) formavam um grupo de neomaneiristas que levou Gautier a exclamar desesperado: "Outra vez a idade média, sempre a idade média! Quem me libertará da idade média, a idade média que não é medieval? A idade média de papelão e terracota — medieval em nada além do nome". Estes maneiristas forçaram Pugin e Viollet-le-Duc a rejeitar o gótico de ferro fundido e massa de vidraceiro e a favorecer uma arqueologia mais autêntica e melhor fundamentada.

Este medievalismo consciente culminou na Irmandade Pré-Rafaelita com seus grupos colaterais no Continente como os Nazarenos, os Nabis e os neotradicionalistas em Beuron. Na França, o medievalismo sentimental de Chateaubriand produziu finalmente os maneirismos de Huysmans, que foi a Chartres para encontrar a beleza e que investigou em *Là-Bas* todas as profanidades da Missa Negra. Des Esseintes, o seu herói, segue a mais alta linha estética ao se retirar completamente do seu século e viver no seu castelo "medieval", cultivando o gosto pela arte bizantina de Gustave Moreau. Os rituais de *A Donzela* de Rosseti e seus sonetos dantescos em *A Casa da Vida* são maneirismos que

---

* Então viram como arfava a barcaça escura/ Escura de proa a popa como um pano funéreo/ Debaixo deles; e, descendo, perceberam/ Que todos os conveses estavam cheios de formas pomposas/ Com estolas negras, capuses negros, como um sonho — perto delas/ Três rainhas com coroas de ouro — e destas ergueu-se/ Um grito que arrepiou até as estrelas latejantes...

se revestem de forma ainda mais espalhafatosa nas pinturas de Boecklin; em meados do século, Puvis de Chavannes faz uso de arcaísmos semelhantes a afrescos, dando início a uma arte pálida que anuncia os Nabis. Ruskin viu a Europa toda como um museu gótico.

Não há necessidade de se traçar a história do neomedievalismo e outros maneirismos arqueológicos para provar que são um aspecto do movimento estético que alimentou nos museus o seu requintado sentido de artificial, trazendo para a arte do século XIX uma noção do estilo maneirista num momento em que não havia nenhum estilo legítimo. Arnold se preocupou bastante com estilo — "uma remodelação e uma intensificação" da linguagem. Devia ser buscado, esperava ele, em Homero ou na frase mágica celta. O artista ou o poeta não poderiam trabalhar sem ter um sentido estético da história da arte como o que Vasari tinha. Ingres procurou, conscientemente, em Rafael o seu estilo frígido. Manet, ao pintar *Olympia*, estava usando como referência a *Vênus Adormecida* de Giorgione ou a *Vênus de Urbino* de Ticiano; quando pintou *Almoço sobre a Relva* citava o *Concerto Campestre* de Giorgione ou gravura de um Rafael perdido feita por Marcantonio. Este é o modo maneirista de demonstrar inteligência. Diz-se que Gauguin aconselhou um amigo a evitar os gregos mas ter sempre como modelo "os persas, os cambodianos e um pouco dos egípcios". Os primeiros maneiristas foram igualmente sábios e não originais. Não pararemos para perguntar qual o uso que Whistler e Van Gogh deram às gravuras japonesas. T. S. Eliot comentou que "discorremos longamente com satisfação sobre as diferenças entre o poeta e seus predecessores". Realmente, entretanto, a perspectiva de museu proposta pela visão histórica do século XIX envolveu um ecletismo do qual não poderia escapar e o sentido maneirista de que a beleza é um produto artificial.

Uma das características do esforço do maneirismo para encontrar um estilo é o considerar a Beleza como um valor em si. Aparece acentuadamente nos Parnasianos e é expressa nos versos de Gautier a respeito da Arte:

Oui, l'oeuvre sort plus belle
D'un forme au travail
    Rebelle,
Vers, marbre, onyx, émail...

Lutte avec le carrare,
Avec le paros dur
    Et rare,
Gardiens du contour pur;

Emprunte à Syracuse
Son bronze où fermement
    S'accuse
Le trait fier et charmant...

Sculpte, lime, cisèle;
Que son rêve flottant
    Se scelle
Dans le bloc résistant!*
       ("*L'Art*")

Em *Mademoiselle de Maupin* (1835), Gautier provou ser um dos guardiães da Beleza sintética —

> Beleza, a única coisa que não pode ser adquirida, que está sempre para além do alcance dos que a não possuíram desde o princípio; flor frágil e efêmera que cresce sem ser semeada, puro presente dos Céus, oh. Beleza!... Embora eu nada peça além da beleza, preciso tê-la em tal grau de perfeição que, provavelmente, não a encontrarei jamais. Já vi, aqui e ali, em poucas mulheres, algumas partes que eram maravilhosas... o resto, deixei fora do relato.

Poderíamos estar lendo uma página escrita por Vasari ou qualquer outro dos primeiros maneiristas que tentaram abstrair da natureza uma idéia de Beleza que existisse independentemente de qualquer objeto: "uma idéia e forma no intelecto" como a denominou Federigo Zuccaro em 1607. Gautier afirmava que esse sentido obsessivo do belo o havia entorpecido para a moral burguesa e o havia feito

---

* Sim a obra sai mais bonita/ Da forma que se rebela/ Ao trabalho,/ Verso, mármore, ônix, esmalte.../ Luta com o carrara,/ Com o duro paros/ E raro/ Guardiães do contorno puro;// Empresta de Siracusa/ Seu bronze no qual firmemente/ Se revela/ O traço ousado e encantador...// Esculpe, lima, cinzela;/ Que seu sonho flutuante/ Seja selado/ No bloco resistente!

simpatizar com Calígula, que assassinou o feio. Prepara o caminho para Oscar Wilde, George Moore e para aquele esteta tardio, André Gide, cujo imoralismo é uma forma de maneirismo. O herói do romance de Gautier tem a sensibilidade afetada de Florian Deleal de Pater e de todos os jovens românticos que cultivavam as atitudes que aparecem nos vitrais e os prazeres neopagãos.

O herói de Gautier é um tipo de almofadinha, figura central da tradição estética maneirista, que transforma a arte em um substituto da vida. Como bem o sabe Baudelaire, o almofadismo é um esforço em busca da distinção, e o almofadinha é um indivíduo que "não tem profissão alguma além da elegância". Tem uma "séria devoção ao que é frívolo" e é o herdeiro de Sheridan, Brummell e Byron, ao mesmo tempo que é o personagem ficcional de Lovelace e do janota do século XVIII. "O almofadismo é o último rasgo de heroísmo em épocas de decadência." O almofadinha aspira à indiferença mas não é indiferente para criar um tipo. Em um ensaio sobre "The Heroism of Modern Life" Baudelaire comenta que uma grande tradição foi perdida e não foi encontrada uma nova; no meio dessa crise, o almofadinha surge, saindo diretamente de um estúdio, poderíamos dizer, para representar o seu insolente papel no desfile da sociedade que se situa um pouco acima "do submundo de uma grande cidade". O almofadinha é um boêmio elegante. Disraeli é o almofadinha da política inglesa e trata de tudo com um certo "ar".

Essa necessidade do artificial no seio da experiência do século XIX é simbolizada pelos heróis de Stendhal: *poseurs* que têm muitos maneirismos psicológicos. Embora sejam mais do que almofadinhas, estas figuras têm muitas características do janota. Precisam viver com certo talento; isto faz parte do seu sentido de drama, de ilusão. Julien Sorel e outros aventureiros de Stendhal se comportam de forma planejada, super-responsável. Talvez devam alguma coisa aos heróis voláteis de Laurence Sterne. Julien fica a meio caminho entre Hamlet e J. Alfred Prufrock, que também demonstra um certo almofadismo psicológico. A chave para o comportamento de Julien é "a contínua atenção com que observava suas menores ações", o que torna sua existência inteira em um estratagema.

O realismo de Stendhal é tão artificial quanto o realismo dos esboços, então em moda, de Constantin Guys. No excelente capítulo a respeito de "An Evening in the Country", Julien consegue "forçar o momento de crise" ao segurar a mão de Mme de Rênal; e como que para testar sua habilidade em cumprir um dever para consigo mesmo, concentra todo seu ser em um gesto janota — "No momento preciso em que soarem as dez horas, executarei o que tenho prometido, o dia inteiro, a mim mesmo executar esta noite ou subirei ao meu quarto e estourarei os miolos." (Pensa-se no desempenho afetado de Lafcadio de Gide, que só leva a sério o seu dever para consigo próprio, como Julien. Lafcadio e Michel são personagens maneiristas que foram transplantados por Gide do século XIX para XX, rebentos que são do movimento estético voltado para a Beleza.) Este ápice de estilização é atingido porque Julien bem percebe que as classes médias desorganizaram tudo, misturaram todos os valores e obscureceram a lógica e o sentimento através de sua burrice. "Esta época está destinada a fazer uma confusão de tudo." Assim, Julien precisa "abandonar toda prudência" e, de alguma forma, agir decididamente, com *estilo*. Não é verdade que a ficção de Stendhal seja um "espelho levado por um comprido caminho" refletindo tudo com precisão. Se é que é um espelho, é um espelho destorcedor, estilizando agudamente a imagem captada. A vida de Julien é uma afetação, uma *formalidade*. Pode ser que Stendhal seja o mais importante maneirista do século.

Baudelaire tem um profundo senso de estilo. "De um ponto de vista estrito, não existe nem linha nem cor na natureza", escreve ele. "É o homem que cria a linha e a cor. Estas são abstrações gêmeas." Baudelaire foi atraído por Poe, provavelmente, em virtude do senso de estilo e do artificial. Poe define a poesia como sendo "a criação rítmica da Beleza" e abstrai as emoções até chegar a um *motif*. Aceitando o poema "escrito exclusivamente pelo poema", Poe pede que "sejamos simples, precisos e concisos" e devotemos a poesia à "contemplação da Beleza". É música abstrata, de contornos puros. Jamais apareceu documento mais absurdo do que "Philosophy of Composition" de Poe, que argumenta que a criação de um poema deve proceder "passo a passo até o final com a precisão e a lógica rígida de um problema matemático". Os maneiristas italianos mantinham a noção de que a Beleza era uma Idéia ou Desenho no intelecto. Poe declara que uma poesia precisa ser intensa e breve para ter unidade de efeito. O relato que faz de como escreveu "O Corvo", mesmo que não seja verdadeiro, demonstra a necessidade maneirista de *inventar*. "Sempre me pareceu que a circunscrição severa de um espaço é absolutamente necessária para o vigor de um incidente isolado: tem a força da moldura para uma pintura." Poemas como "City in the Sea" isolam suas imagens daquilo que é natural. Estórias como "Masque of the Red Death" constituem um padrão visual cuidadosamente construído, separado da realidade. A cor é abstrata, no sentido dado por Baudelaire à palavra. Os projetos isolados de Poe estão relacionados, através de Baudelaire, à arte dos simbolistas e decadentes cuja música é uma outra estilização em um século que não tem um estilo.

3. A EXPERIMENTAÇÃO IMPRESSIONISTA

Os simbolistas são, muitas vezes, relacionados com os impressionistas. O impressionismo, entretanto, nas suas primeiras intenções, constitui um tipo diferente de estilização, embora também lance as bases do fauvismo e do cubismo. Se o simbolismo é o eixo da poesia do século XIX, o impressionismo é o movimento mais importante e mais inconsistente da pintura desse mesmo século — se é que chega a constituir um movimento. Quanto mais o estudamos mais parece que foi somente por uma circunstância histórica que alguns pintores se encontraram e trocaram idéias em determinados lugares de Paris ou Argenteuil durante as décadas de 1870 e 1880. Monet encontrou Boudin em Havre, em 1858 (o mar deixou a sua marca no impressionismo), mas Corot, Rousseau, Daubigny e Diaz já tinham adquirido "a impressão virgem da natureza" na floresta de Barbizon. Na década de 1850, as gravuras japonesas com suas margens "cortadas" introduziram, também, algumas noções não convencionais de espaço. Em 1863, Manet exibiu o *Almoço sobre a Relva* e três anos mais tarde, Monet pintou

Femmes au Jardin ao ar livre. A primeira exposição impressionista foi feita, de forma significativa, na loja de Nadar, o fotógrafo, em 1874. Os grandes anos da aventura foram os da década de 1870, o período de Argenteuil. A última exposição foi feita em 1886. É verdade que muitos dos chamados pintores impressionistas usavam, muitas vezes, o mesmo tipo de pincelada, de cor e de assunto; mesmo assim, diferiam uns dos outros sob quase todos os outros aspectos.

Se Manet é um impressionista, como chamaremos Renoir? Se Renoir é um impressionista, onde localizaremos Degas? O que devemos pensar de Cézanne que deve — e não deve — ser identificado ao grupo? Bazille pertence ao movimento? Deveríamos incluir pintores como Paul Guigou que tem uma estranha semelhança com Van Gogh e Renoir? Para tornar as coisas ainda piores, o impressionismo se transforma, de modo quase imperceptível, em pontilhismo e pós-impressionismo que, por sua vez, se transforma em cubismo e está relacionado ao fauvismo do ponto de vista da cor e da forma. Além disso, as fronteiras entre o impressionismo e o simbolismo são, muitas vezes, difíceis de serem distinguidas, especialmente em Monet. Às vezes, vemos Manet adotar a técnica de Degas ou Renoir adotar a de Monet; ou Renoir e Monet pintarem a mesma lagoa de patos em 1873 ou, ainda, Renoir executando proezas vulcânicas à moda de Van Gogh. A partir dos métodos de Monet, Bonnard desenvolve uma técnica que se aproxima da de Matisse. Monet, que viveu até 1926, foi receptivo a métodos diferentes. Em 1866, pinta o seu *Almoço sobre a Relva*. Em 1882, faz uma atmosfera morta com pratos, tortas e uma garrafa de água com a mesma distorção de Van Gogh; e a sua cesta de maçãs vermelhas e verdes tem a mesma solidez de Cézanne. Pode apresentar um barco-moradia no rio com a pesada mão de Renoir ou espalhar sobre uma cena de jardim o lilás de Whistler. Em 1888, aparece com um vaso de flores que é quase tachista nas pinceladas. Anteriormente, algumas das suas paisagens de parque tinham a candura de Bazille; há uma triste *Igreja em Vermeuil* que poderia passar por um Utrillo; *Caminho para Chailly* poderia ter sido pintado por um dos pintores de Barbizon; as suas marinhas se assemelham aos estudos de Manet.

Estas interações necessariamente solapam a nossa confiança em uma única definição de impressionismo, que é, corretamente, considerado múltiplo. Não importa o que se diga dos impressionistas, nenhuma asserção será completamente confiável. Eles não têm um método — somente métodos. Como os simbolistas, eles são, em primeiro lugar, independentes que se revoltam contra os salões. E, ainda como o simbolismo, o impressionismo conduz a interpretações subjetivas.

O impressionismo abrange uma grande amplitude de experimentações, embora poucas delas tenham sido levadas à conclusão no século XIX. Acima de tudo o impressionismo é uma área de conflito entre visão e projeto, entre percepção e representação, já que a experiência visual era nova e a composição não o era. Roger Fry notou que houve, de fato, apenas dois modos de impressionismo — o impressionismo que explorava um ângulo de visão oblíquo, como em Degas; e o impressionismo que era o estudo dos efeitos atmosféricos, como em Monet. Os impressionistas estabeleceram vários compromissos entre esses dois modos de ver o mundo, conciliações que foram tão úteis, apesar das inconsistências, que, do ângulo inesperado de Degas, resultaram, finalmente, a arte de Lautrec e a técnica expressionista da deformação abstrata de Van Gogh. Da atmosfera de Monet advieram, por fim, o pontilhismo e o divisionismo que serviram de ponte para o tachismo e a pintura neoplástica. O impressionismo também compartilha com o pré-Rafaelitismo da intenção de voltar à natureza e liga o naturalismo inicial de Courbet à clássica volta à natureza de Cézanne. Na medida em que também era um tipo de naturalismo, foi um aspecto da ciência que atomizava o mundo em uma substância imponderável, pulverizando as coisas em moléculas que lembram a vibrante *foule des touches* de Seurat.

Como poderemos reconciliar estas técnicas em competição com um movimento? Sem negar as contradições inerentes ao impressionismo ou a forma tentativa das suas experimentações, podemos dizer que os impressionistas, diferentes como foram, trouxeram, para a evolução do estilo moderno, um novo sentido de atmosfera e, conseqüentemente, um novo sentido de espaço, um novo sentido de tempo, um novo sentido de motivo alheio à mera anedota ou ilustração[6]. Concedamos que o impressionismo seja um certo número de estilizações e não um estilo; continua, entretanto, sendo verdadeiro o fato de que estes pintores, juntamente com Baudelaire, se esforçaram por transformar a voluptuosidade em conhecimento. Passar da sensação à percepção, traduzir a notação óptica para a pintura — essa foi a vitória dos impressionistas que se revoltaram contra os decretos acadêmicos, cada um se desenvolvendo da sua própria maneira, tendo uma nova *consciência* da técnica sem a qual não se pode recobrar um estilo.

Bazille, em 1866, dá a nota autêntica do início do impressionismo quando diz a seus pais: "Estou tentando pintar tão bem quanto posso um tema o mais simples possível. O tema não importará se eu estiver conseguindo algo interessante do ponto de vista da pintura". Albert Aurier, escrevendo retrospectivamente em 1891, faz um comentário que diz quase tudo:

> O impressionismo é e precisa ser só um tipo de realismo, um realismo refinado, espiritualizado e amadorístico, mas sempre realismo. Admitindo-se este objetivo, é uma outra imitação da matéria, não mais da sua forma costumeira mas como uma forma vista, uma cor vista, uma tradução da sensação com toda a improvisação da notação imediata, com todas as distorções de uma síntese subjetiva rápida.
> (*Mercure de France*)

Exatamente. As notações impressionistas escorregam do naturalista e do científico para a poesia subjetiva, causando uma ambigüidade inerente em pintores como Monet. Por volta de 1880, Charles Ephrussi comentava que os impressionistas haviam tirado a pintura de dentro do estúdio, tinham-na despido das convenções (não de *todas*, como bem o nota Ephrussi), haviam-na colocado frente a frente com a natureza tentado captar a sensação honesta, por mais estranho que isso possa parecer, banhada em uma atmosfera e luz em constante mudança; eles encontraram a harmonia dentro de tons transitórios; trataram com desprezo tudo o que era legalmente aceito. Os impressionistas tentaram ver a natureza como um meio ambiente e não somente como um fundo; daí se seguiram a maior parte dos efeitos revolucionários. O mais revolucionário destes foi o libertar a pintura da tirania, uma vez que não estavam interessados no assunto, como disse Bazille, mas na maneira de o tratar. George Rivière, em 1877, insistiu em que: "O que distingue os impressionistas de outros pintores é o fato de lidarem com um assunto em virtude de seus tons, e não por si mesmo".

No caminho da fragmentação da atmosfera através da luz, da cor e da pincelada, cada pintor encontrou seu próprio *facture* ou *factures* cambiantes. As cenas de restaurantes ou florestas de Renoir muitas vezes apresentam a refração da luz como manchas; mas quando pinta a paisagem rochosa e seca da Provença, com seus pinheiros e ravinas atormentados, ele pode eupcionar em ritmos van-goghianos. Nessas cenas, dilui suas cores lânguidas até conseguir um cinza claro e penetrante que brilha esterilmente sob o calor do céu sulino. Em virtude da sua pincelada, os impressionistas pertencem à história da pintura, contrastando com a história da ilustração do século XIX. A diferença, *a grosso modo*, entre os ilustradores e os pintores do século XIX é a mesma que existe entre aqueles que desenhavam para depois

---

6. No meu enfoque do impressionismo, utilizei não só as obras de Francastel já mencionadas em notas precedentes mas também o seu artigo "Destruction d'un Espace Plastique", que aparece em *Formes de l'Art, Formes de l'Esprit*, Paris, 1951; além disso, devo muito à obra de Ruth Moser, *L'Impressionisme Français*, Genebra-Lille, 1952; a Lincoln F. Johnson Jr, *Toulouse-Lautrec, the Symbolists and Symbolism* (Harvard, tese), 1956; a François Daulte, *Frédéric Bazille et Son Temps*, Genebra, 1952. Também, usamos, a toda hora, John Rewald, *History of Impressionism*, 1946. As citações de críticos do impressionismo, como Albert Aurier, podem ser encontradas em Jacques Lethève, *Impressionistes et Symbolistes Devant la Presse*, Paris, 1959, um livro absolutamente indispensável que apresenta os assuntos da época.

colorir e os que coloriam diretamente. Os ilustradores não pintaram; transformaram a pintura em desenhos coloridos. Nenhum dos grandes pintores, com exceção de Ingres, considerou o desenho como sendo primário. Contrastando com ilustradores como Meissonier, Rossetti e os pré-Rafaelitas, os pintores autênticos trabalhavam somente com pincel e pigmento: Constable, Turner, Delacroix, Monet, Degas, Cézanne e, com exceção de Bazille, quase todos os impressionistas e pós-impressionistas.

Obviamente os impressionistas — menos Degas — têm em comum o estudo da cor e da luz ao ar livre. Entretanto, se formos julgar pelo *Almoço sobre a Relva*, vamos questionar o fato de Manet ter saído ao ar livre. É uma composição altamente convencional com um nu renascentista "citado" *fora de contexto*. A luz e as poses são de estúdio e não há atmosfera envolvente. A folhagem é acadêmica, as sombras são sujas e o riacho e a grama são emplastrados. Com exceção do nu, da fruta caída e do vestido azul, no primeiro plano, à esquerda, o caráter e a visão são incertos; e o nu, a fruta e o vestido foram pintados no estúdio. A nota mais condenatória é o pequeno pisco-de-peito-ruivo voando ao alto: um ultrajante detalhe de estúdio. A cor simples e o tratamento aberto em poucos planos largos podem ser reflexo das gravuras japonesas; mas não existe uma qualidade penetrante da luz. Chega-se quase a suspeitar que esta pintura teve simplesmente o sucesso do escândalo, que o "impressionismo" dela consiste principalmente no seu desafiante naturalismo: o nu anacrônico de Manet. A *Olympia*, uma versão impudente da Vênus renascentista, sofre do mesmo anacronismo rude. O lençol é tratado de forma sólida e lúrida e a figura nua é quase *desenhada* pela luz crua sobre a carnadura; outra vez, entretanto, esta luz parece ser a luz fria de um estúdio. A simplificação decorativa, quase japonesa, se deve ao costumeiro artifício de Manet, de apresentar a figura contrastando com um fundo inconsistente, artifício também usado em pinturas como *O Cantor de Rua* e *O Menino da Flauta*. A atmosfera verdadeiramente impressionista aparece em obras como *O Bar do Folies Bergère* ou nos instantâneos casuais da vida comum que nos oferece em *A Estrada de Ferro*. As variações do impressionismo são sublinhadas em Manet, principalmente em virtude da sua proximidade com o realismo que pretendia desvalorizar o "grande" assunto. As naturezas mortas de Manet e seus retratos, por exemplo, seu cuidadoso estudo de Zola, inspiram a mesma confiança que os mestres holandeses. Apesar do seu naturalismo, poucos pintores foram mais derivantes que Manet, que está sempre copiando alguém: Goya (em *O Balcão*), Velázquez (em *Toureador Morto*), Hals (em *Bon Bock*) ou Giorgione ou Ticiano ou seus companheiros impressionistas. Entretanto, surge o novo com *Loura com Busto Nu* que prenuncia Matisse.

Por mais inconsistente que possa ser, Manet tinha um cuidado com a composição que faltava a Monet. Um dos pontos fracos do impressionismo ao ar livre era a fragilidade do senso de projeto. Se Monet estava inegavelmente ao ar livre para pintar *Basin em Argenteuil*, sua cor intensa fê-lo esquecer de todo o resto; e as horizontais e verticais extremamente soltas, se não desleixadas, precisam ser perdoadas se se quiser ter o prazer com telas como essa. Algumas vezes, Monet é tão descuidado com o espaço que ele entremeia um pequeno retângulo vermelho de papoulas na concavidade verde de uma ribanceira sem criar a sensação de que as papoulas estão sendo envolvidas pela curva do morro.

Dentre os impressionistas, é Degas quem tem o mais profundo sentido de projeto, a menos que se queira incluir Cézanne no grupo. Influenciado ou pela gravura japonesa ou pela fotografia de Nadar, ou por ambas, Degas conduziu o impressionismo de volta ao estúdio: "Você sabe o que penso a respeito de pintores que trabalham ao ar livre", disse ele; "Se eu fosse do governo, poria um batalhão policial procurando homens que pintam paisagens a partir da natureza". Degas contou a Mallarmé: "A arte é fraude. Um artista só é artista em certos momentos através de um esforço de vontade; os objetos têm a mesma aparência para todos; o estudo da natureza é uma convenção". Descartava a natureza e o realismo como vulgaridades: "comuns, sem caráter, sem expressão; falta-lhes a beleza e a vida do feio na natureza e na arte: estilo". Temos aqui, em meio a pintores que estavam saindo dos estúdios, um almofadinha. Quase como Oscar Wilde, considerava a natureza como uma imitadora da arte; para ele, a pintura nunca foi uma cópia nem a expressão direta. Estava sempre tentando liberar os seus projetos "da tirania da natureza". "Se, então, dois ou três toques naturais puderem ser ajuntados, não há, obviamente, nenhum prejuízo. O ar que vemos nas pinturas dos velhos mestres não é, jamais, o ar que respiramos." Seu instinto de "organização" lhe barrava os motivos externos de Monet e seu predecessor Courbet. "Nenhuma arte jamais foi menos espontânea que a minha", disse Degas. "Sou um colorista com a linha." Seu espaço não é menos atmosférico pois saturava os vácuos de luz e relacionava as figuras difundindo, ao redor delas, tons pastéis que as tornavam poéticas. É o impressionista mais conscientemente artificial, tendo criado o comentário de que só gostava de *poseurs*: "Como se pode esperar que eu dê a um homem uma certa presença se ele mesmo não a sabe se dar?" A maneira extremamente sensível de Degas empresta finura a tudo que toca, e o cuidado que tem com a pose certa torna fácil a transição dos impressionistas para Toulouse-Lautrec.

Bazille e Pissarro devem ser os únicos outros impressionistas que trouxeram este forte sentido de projeto para suas sensações. Talvez Pissarro tenha uma técnica mais variada que os outros, usando, às vezes, as cores borradas de Monet, outras, o pontilhismo de Seurat ou ainda os planos gráficos de Cézanne. Em *Côte du Jallais* (1867) Pissarro mostra como os "toques" impressionistas podem solidificar a luz e a cor em volumes semelhantes aos construídos por Cézanne nos seus estudos de Gardanne. Renoir também constrói volumes, a partir, no entanto, de princípios diferentes, modelando profusamente as massas dóceis que nos lembram a carnadura barroca de Rubens. O impressionismo de Renoir vem da mão e não dos olhos; traduz a experiência ocupar para uma cor tátil. Quando sua pincelada perde o vigor, como acontece em *La Balançoire*, onde tenta (como Monet) ver só a luz e sombra, a superfície se torna manchada ou mosqueada, tendo uma textura que lembra penas arrancadas. Quando Renoir, entretanto, confia no seu toque grosseiro, fortalece as transparências líricas de Monet até conseguir um resultado robusto e expressivo e complementa o realismo impensado e direto de Courbet. As estruturas de Renoir são orgânicas quase no mesmo sentido em que os versos suculentos de Whitman são orgânicos; Renoir possui o dialeto denso e forte que o purista Degas detestava. Entretanto, sabemos o quanto Degas admirava Renoir: "ele pode fazer o que quiser". Se Degas, com seus olhos fastidiosos, é o almofadinha do impressionismo, Renoir é o anti-almofadinha. Segundo a mesma ilogicidade, Baudelaire admirava Whitman.

No geral, é verdadeiro que os impressionistas "eram um olho". Afinal das contas, Monet está bem no centro do grupo com o seu talento para ver os bulevares ao anoitecer ou os trens partindo de Saint Lazare, harmonias de vapor e aço. Monet elevou o esboço — *pochade* ou *ébauche* — ao nível da arte. Este aspecto do impressionismo é quase ilustração. Mas o impressionismo é muito mais que ilustração; é o centro de tempestades de pressões experimentais que perturbavam o clima da arte dos meados do século. A extrema diversidade de método e temperamento daqueles que pertenciam ao grupo de Batignolles serve para provar que o impressionismo não foi um estilo mas uma nova maneira de ver, uma revolução que viria a mudar todo o curso da pintura. Se a impressão que Monet tinha de locomotivas respirando era em parte ilustração, era também uma nova forma de perceber uma época de vapor e velocidade, um sentido da poesia inerente à ordem da classe média baseada na máquina, no comércio e nos subúrbios. Monet estava caminhando às cegas em direção a um meio de relacionar a visão a um estilo. Essas máquinas soltando vapor libertaram a pintura da carga do assunto literário e, semelhantemente à visão que Degas tinha das dançarinas, encontraram uma nova significação para o lugar-comum. As locomotivas de Monet não são registros jornalísticos nem fotográficos; são modulações afinadas com sensibilidade.

Francastel afirmou que essas rápidas impressões das coisas envolvem concepções de espaço que os românticos jamais descobriram porque usavam o velho esquema cenográfico de composição[7]. Os impressionistas descobriram que o espaço adquire qualidades através da luz e, também, sob influência da gravura japonesa, que diferentes fragmentos de espaço podem ser combinados na medida em que muda o ângulo de visão. Monet trata o espaço como sendo função da cor e Degas fixa a nossa atenção em um novo foco móvel. Ambos aprenderam que a estrutura do mundo é relativa, que conforme muda o ângulo de visão os detalhes também mudam de posição, que a cor não está confinada dentro de um contorno e que o espaço tridimensional não é um valor absoluto mas, ao contrário, "polisensorial". Os impressionistas não desenvolveram uma teoria consistente do espaço mas encontraram novas maneiras de entendê-lo. O espaço na pintura impressionista não é geométrico: é "apreensível" porque achavam que o objeto no qual fixavam sua atenção criava o seu próprio espaço e existia em sua própria atmosfera. Depois dos impressionistas, Van Gogh aprendeu que a cor pura cria seu próprio espaço com dimensões que não podem ser confinadas na velha perspectiva cenográfica. Nesse meio tempo, Gauguin estava aplainando o espaço em campos decorativos aplicando a linha (*cloison*) à tela e não ao objeto. Cézanne descobriu que um objeto visto atentamente se torna autônomo: daí o contorno imperioso da sua Montagne Sainte Victoire que se torna para ele, repetidas vezes, o pólo das novas distorções magnéticas do espaço. Resumindo, as figurações impressionistas do espaço convergem para a experiência cubista do espaço que é congenial à teoria científica da relatividade bem como ao espaço apreensivo. O século XIX precisava de novas sanções de espaço na arte; e o impressionismo, por mais incoerente que tenha sido, ofereceu algumas destas noções.

As composições de Monet também são musicais e demonstram como o impressionismo chegou perto do simbolismo e do cubismo. As profundas inconsistências e os efeitos duradouros do impressionismo aparecem da melhor maneira na versatilidade profética de Monet. A primeira grande obra de Monet, *Femmes au Jardin* (1866-67), prova que o impressionismo começou como uma forma de naturalismo. Já dissemos que Monet tirou seu tema de uma fotografia; entretanto, a pintura é um estudo surpreendentemente preciso do campo visual humano, apresentando o foco foveal da visão normal em vez dos detalhes indiscriminados das lentes de uma câmara fotográfica. O foco está no guarda-sol, na saia branca e nas flores que a mulher sentada no centro segura; as folhas e a grama do primeiro plano estão fora de foco como estariam para alguém que fixasse a vista num objeto a média distância; a folhagem do fundo é indistinta. Monet já está distorcendo o espaço de acordo com a visão apreensiva. Este foco seletivo é diferente do resultado literal final dos pintores pré-rafaelitas, que tentaram reproduzir o realismo da câmara. Monet, como sempre, é mais sensível à luz do que à cor e o tom é dado pelo vestido branco e pelas flores, pelos simples verdes ao sol e na sombra. A obra é um *croquis* ou *pochade* ampliado, deliberadamente não terminado, como as vinhetas dos Goncourts.

Esse realismo ocular culminou tardiamente na série *Nymphéas*, iniciada em 1890 e adquirindo sua forma final nas duas enormes obras-primas exibidas em 1909 e colocadas, hoje, nas paredes ovais da Orangerie: o final do impressionismo em seu mais provocativo empreendimento. Cada sala tem quatro extensões de tela, duas compridas e duas curtas, com aberturas entre as secções; e as duas seqüências, compostas de telas separadas e costuradas juntas, dão o itinerário da mudança da luz e do reflexo das nuvens na água desde o alvorecer até o anoitecer. De certa forma *Nymphéas*

---

7. A análise das inovações dos impressionistas feita por Francastel em "Destruction d'un Espace Plastique", em *Formes de l'Art, Formes de l'Esprit*, é indispensável neste capítulo.

é um mau emprego da pintura de cavalete: um passo que hesita em abandonar o cavalete e retornar à parede e que pede o afresco e não o óleo, embora também o afresco fosse inadequado para as fusões de cor. As costuras causaram algum problema para Monet; é evidente que ele pintou, aqui e ali, falsas costuras para esconder as verdadeiras que unem as telas individuais. A seqüência toda, apesar de apresentar repetidamente troncos de chorões, tem um nível estrutural muito baixo; certas passagens retiradas de qualquer uma das séries poderiam ser tomadas como abstrações independentes ou composições tachistas. A cor em si é quase uma abstração e há um certo quê de Art Nouveau na tonalidade cinza-azulado suavizada, quase Whistleresca e uma textura francamente decorativa. As flores e os galhos rastejantes dão o toque nipônico. Não há um espaço profundo convincente, pois todas as relações foram transpostas para a luz superficial. A unidade da composição é atmosférica e temporal e a ilusão, por implicação, é cinemática, sendo que uma passagem nasce da outra com a continuidade de um filme. Monet antecipa a técnica do cinema não-objetivo. O tempo, sob a aparência da mudança gradual da cor, se torna uma fórmula para o espaço, já que este, aqui, aparece somente como uma passagem entre um tom que tende a desaparecer e outro ao longo da superfície oval que não difere muito da tela curva do cinerama ou do espaço curvo das galáxias. Na verdade, o *continuum* atmosférico impressionista adquire, aqui, implicações galáticas. Aparentemente, Monet tentou voltar à enquadração mais convencional através do uso de intervalos escuros; mas a composição permanece sendo incorrigivelmente moderna e os troncos repetidos traem o modo essencialmente cinemático dessa visão e do espaço que o pintor tentava alcançar. Os pintores abstratos simplesmente levam os métodos utilizados por Monet nas *Nymphéas* às suas conclusões lógicas.

Este feito foi precedido por muitas "harmonias" [22] *fin de siècle* de Monet que convertem nenúfares, as lagoas do jardim do pintor, e a fachada da catedral de Rouen em sugestões musicais. À arte, que começou com notações ópticas, juntam-se ressonâncias psicológicas transformando-a em um simbolismo matizado: são *études* que dissolvem completamente a matéria em luz e sussurros ao transcender a sensação. A fachada de Rouen é uma pura metáfora dos valores que Monet tentou sugerir nos próprios títulos da série de pinturas de 1894: *Harmonie blanche – effet du matin; Harmonie bleu; Harmonie bleu et or; Harmonie grise; Harmonie brune – effet du soir*. Ele não está mais preocupado com a fachada, somente com o efeito. Como Mallarmé, ele não apresenta "a coisa mas o efeito que ela produz". As brilhantes lagoas em seu jardim são uma forma equivalente de representar "algo impossível, água com flores que ondulam sob os raios do sol", volatilizados pelo devaneio como se aparecessem no poema-prosa de Mallarmé "Le Nénuphar Blanc", uma das *Divagations* que sugere a presença de uma mulher através da "brancura" de um sonho a seu respeito enquanto o poeta flutua em seu barco numa lagoa cristalina.

Os quadros que Monet pintou em Bordighera ou Veneza, sob a forte luz mediterrânea, perdem os significados sussurrados e mostram que houve uma tensão em sua arte enquanto se encontrava no Midi, o mesmo que aconteceu com a cor fundida de Van Gogh. O impressionismo era um tipo de pintura que pertencia autenticamente ao norte, nascido no meio ambiente de Barbizon, filho da enevoada costa da Normandia e dos cinzas brandos de Boudin e Jongkind ou do tempo incerto de Argenteuil. O expressionismo foi acalentado sob o forte e constante sol do Mediterrâneo. A amplitude natural de Monet se situa dentro da escala flamenga ou holandesa, na neutralidade dos Países-Baixos. Em 1894, Signac reclamou que o sul só oferecia uma luz branca que devorava toda a cor local. "Só porque estão no Midi, as pessoas esperam ver vermelhos, azuis, verdes, amarelos... Ao contrário, é o norte, a Holanda, por exemplo, que é *colorida* (cores locais); o sul só é *luminoso*"[8]. O período de Argenteuil

---

8. Citado em John Rewald, *Post-Impressionism*, s/d, p. 244.

22. MONET: *Neblina Matinal*

23. DEGAS: *Bailarina e Dama com Leque*

é o cerne do impressionismo. O sol brilhante e contínuo conduz Monet a um tipo diferente de pintura que lembra o luxo e a agitação sulinas de Renoir. É Renoir o protofauvista e não Monet. Monet precisa da neblina da Gare Saint Lazare, dos dias enevoados perto do Sena, que dão a atmosfera de que necessita e o conservam perfeitamente afinado. A arte expressionista não é ar-livrismo mas uma exasperação do que é visto.

O simbolismo de Monet nasce da necessidade da *distância*: afasta a cena ou a separa dos seus próprios sentimentos, através da pincelada fragmentada, de maneira que a atmosfera só aparece de longe e gradualmente. E por isso que o seu simbolismo "sussurra". Os pintores fauvistas e expressionistas não precisam dessa distância; para eles, tudo está, quase dolorosamente, presente como, por exemplo, as árvores vermelhas de Vlaminck ou a visão das planícies perto de Arles de Van Gogh. Van Gogh não apresenta o *continuum* atmosférico neutro de Monet, cuja atenção está dirigida em primeiro lugar para a natureza, para o que está lá fora e não para a projeção de seus sentimentos. Apesar do simbolismo que lhe é próprio, a obra de Monet possui um realismo climático inerente, bem dentro da tradição dos pintores do norte. A necessidade da distância significa que Monet não pode se declarar com ênfase ou com grandes detalhes. Ele extrai o valor desejado através da modulação da luz e da cor, evitando a superdefinição da fotografia e o realismo como simples especificação. Da mesma forma que os poetas simbolistas, ele cria uma atmosfera dentro da qual existem as coisas. Os Goncourts percorreram o caminho errado do realismo; Baudelaire, o certo, como o prova Monet através da sua distância poética. Assim, o realismo impressionista de Monet, está sempre escorregando em direção ao simbolismo, com harmonias cada vez mais refinadas. Monet sentia as aparências irem e virem em um invólucro de luz dentro do qual as formas frágeis podem ser evocadas, por um instante. Depois, desaparecem outra vez, deixando só a tonalidade que é o seu ser: quase uma lembrança. A música de Monet, portanto, se assemelha à de Debussy, que declarou querer escrever uma partitura *"assez souple, assez heurtée pour s'adapter aux mouvements lyriques de l'âme, aux caprices de la rêverie"*. A música para *Pelléas et Mélisande* tinha a intenção de sugerir *"correspondences mysterieuses"*. A extrema mobilidade da arte de Monet requer, como a música, a dimensão temporal e confere um caráter transitório e acidental às suas representações que é melhor transmitido pela técnica do incompleto, do *métier inachevé*.

Porque o impressionismo subseqüente de Monet se mistura com o simbolismo, ele é relevante, também, para a filosofia de Henri Bergson, que estava convencido da inadequação do intelecto para lidar com a "fímbria da intuição, vaga e evanescente" que cerca toda idéia clara. Bergson acreditava que "mudamos sem cessar" na correnteza infinda da vida psíquica, que é uma zona de experiência inacessível à razão, faculdade esta capaz de lidar com os sentidos e com as coisas externas mas não com o que Wordsworth chamou de "nossos resquícios, que desaparecem". Segundo Bergson, o nosso eu profundo está imerso num tipo de tempo que ele denomina de duração e que não pode ser medido em horas ou dias mas deve ser sentido como lembrança. As nossas intuições têm mobilidade porque elas se interpenetram na duração, envolvendo as nossas experiências profundas como uma atmosfera, uma qualidade que satura o nível de consciência no qual as percepções fundem-se umas nas outras como acontece no sonho. A nossa vida verdadeira é vivida e não pensada; pois pensamos segundo as categorias do relógio e do calendário mas existimos na duração que é a passagem contínua de um estado de alma para outro. Monet coloca nas *Nymphéas* essa mobilidade e interpenetração, transformando os intervalos de tempo em passagens que se fundem umas nas outras como uma qualidade da experiência. Bergson descobre uma "correspondência" secreta e duradoura por detrás nas nossas percepções e ações, que são fixadas pela lógica em uma imobilidade que nega as incessantes transformações do eu oculto. A intuição, não a razão, é o instrumento capaz de nos revelar a "natureza interna da vida" que pode ser "ampliada" indefinidamente pelas sugestões que se estendem para além e ao redor do espaço e do tempo. Assim Bergson, juntamente com Mallarmé e Monet, procura o conhecimento além da voluptuosidade, estabelecendo a ligação entre a arte de *Nymphéas*, a busca de Proust e Thomas Mann, que explora a enorme ampliação moderna do tempo, "o meio vital", que se manifesta na música ou, de forma mais "oceânica", como a "elevação" da experiência ao encantamento. Quase como um eco de Shelley, certas páginas de *Creative Evolution* procuram um idealismo que transforme toda experiência verdadeira em experiência poética: "Consciência é o nome do foguete cujos fragmentos extintos caem de volta como matéria". As coisas perante nós podem sempre recobrar sua idealidade e são sempre impedidas pela própria matéria.

"A Física não é senão a lógica danificada", diz Bergson. Como Monet, nega a densidade e o peso — o automatismo da matéria — para encontrar a realidade em um *continuum* atmosférico que é, ao mesmo tempo, imobilidade e eternidade. Se suprimirmos o tempo e o espaço, continua Bergson, as coisas voltam a se interpenetrar: "O que se encontrava estendido no espaço é contraído na Forma pura. E o passado, o presente e o futuro comprimem-se em um único momento, que é a eternidade". Do transitório emerge o eterno; do mutável aparece o imutável; da vibração da luz, que muda a cada hora, abstrai-se um desenho ou uma tonalidade. Monet, ao se retirar para o seu jardim, parece ter saído do tempo e entrado na duração e ter alcançado uma serenidade panteísta semelhante àquela conhecida por Wordsworth. Parece ter sentido as transparências de Bergson, encontradas no seio da experiência humana, como "dados imediatos da consciência". Sua cor, tranqüila nos azuis, cinzas e brancos desencarnados, é uma mística. Os poetas simbolistas, também, descobriram que ao redor de cada idéia clara existe uma fímbria de reconhecimento que termina no desconhecido; e só a música da correspondência pode sugerir o que não pode ser nomeado. A música de *Nymphéas* tem os sobretons simbolistas de "claridade melodiosa" de Mallarmé e ressoa como a sonata rememorada no romance de Proust.

Théodore Duret disse que a pintura impressionista era executada com o objetivo de criar diretamente a partir da natureza, levando o artista para o ar livre a fim de registrar os efeitos fugidios da luz e do tempo em mutação. Assim, Monet descuidou da composição em favor das aparências superficiais que transformaram a sua pintura em uma ilusão que muda a cada hora. A ilogicidade está em que, depois de ter pintado a frisa de nenúfares como uma contínua passagem de tons em mutação, ele só obteve a "qualidade uniforme da textura"[9]. Dessa forma, a textura se tornou uma abstração. Duret comenta a repetição da mesma cena feita por Monet em diferentes atmosferas:

Captar, de passagem, as variações dos aspectos que uma cena assume em diferentes momentos e fixá-los na tela com precisão é uma tarefa extremamente delicada... Este tipo de pintura precisa perseguir as abstrações verdadeiras. É necessário ser capaz de extrair o motivo fugidio da base imutável e fazê-lo rapidamente, pois os diferentes efeitos que devem ser captados se sobrepõem e se os olhos não conseguirem prendê-los enquanto passam, eles se escoarão uns nos outros.

(*Manet and the French Impressionists*)

Os impressionistas se aventuraram a captar a sensação óptica como valor fixo; assim sendo, a atmosfera é mais importante que a cena, e os objetos no tempo e no espaço precisam ser transportados para alguma outra dimensão, a essência da sensação que só pode ser simbolizada por uma certa tonalidade que harmoniza a experiência.

Um novo sentido de tempo e um novo sentido de espaço são, portanto, inerentes à atmosfera impressionista; ilogicamente, ao cuidar de registrar o fugidio, o impressionismo se defronta com a arte abstrata, a notação do sentimento que escapa à tirania dos sentidos e representa uma *qualidade* da experiência.

9. Roger Fry, *Characteristics of French Art*, 1932, p. 128. Lincoln F. Johnson Jr., em *Toulouse-Lautrec*, discute o "continuum atmosférico" do impressionismo.

O objeto impressionista existe em um novo ambiente, uma condição especial de luz e ar que penetra e envolve as figuras que aparecem no tempo, com uma presença que também é eterna, extraída a partir da hora e da luz em mudança. Esta é uma das maneiras de recusar o objeto, como dizem os pintores não-objetivos. O *continuum* atmosférico de Monet muda o valor do tempo e do objeto; mas traz, também, para a pintura uma dimensão existencial, um sentido de imersão no fugidio, no transitório, que é o real. O instrumento desta pintura proto-existencial era o pequeno toque, a *tache*, o módulo que, um dia, prova ser a unidade com a qual se pode construir estruturas de grande complexidade. Este princípio modular, subjacente a todo o movimento cubista e o estudo da mudança de relações no espaço, se origina na "divisão" impressionista e traz para a arte, além do tempo atmosférico, uma nova geometria, um novo método de organizar as estruturas a partir de partes idênticas e intercambiáveis, técnica esta que permite à arquitetura moderna lidar de modo funcional com as unidades pré-fabricadas. O impressionismo, portanto, prepara o caminho para as abstrações construtivas do século XX. Cézanne acabou com o impressionismo através da sua lógica dos planos coloridos.

Seus planos eram móveis e sua pintura, cinemática. O impressionismo, nas suas múltiplas formas, foi cinemático: não só na série *Nymphéas* de Monet mas, de uma forma mais geral, pintores como Bazille e Degas tinham um débito para com a câmara fotográfica ou competiam com a fotografia. Na década de 1830, Daguerre substituiu o "retrato heliográfico" pelo diorama e, depois, pelo daguerreótipo. Daí surgiu a câmara fotográfica e, mais tarde, o cinema, a técnica principal do século XX. O cinema emprega artisticamente a câmara, conferindo *conhecimento* à fotografia. Talvez a mudança mais simbólica nas artes no último século tenha sido a passagem da câmara para o cinema. O que havia sido somente um instrumento de reportagem tornou-se um meio de expressar o sentido do tempo e o sentido do espaço em direção aos quais se encaminhou o século XIX. O cinema apresenta uma quarta dimensão: o espaço não pode ser representado separadamente do tempo e do movimento. Traz para a arte o campo temporal existencial, o campo da experiência humana, libertando-nos do mecanismo da psicologia associacionista, que tratava o tempo e o espaço como entidades separáveis. É a arte que se aproxima da noção bergsoniana de consciência como uma contínua transformação da experiência. Sendo inteiramente visual, o cinema cria ilusões de massa, de movimento, de luz e distância sobre uma superfície plana, utilizando-se do ângulo de filmagem, do desvanecimento (*fade-out*) da dupla imagem (montagem), da perspectiva móvel, distorcida ou de várias perspectivas e da repetição de quadros.

Embora seja difícil determinar como os impressionistas foram afetados pela câmara, sabemos que Nadar foi um dos amigos mais chegados dos pintores e que Bazille parece ter composto a sua *Réunion de Famille* (1867) como um "poema do daguerreótipo". As figuras cuidadosamente captadas no terraço, evidentemente surpreendidas por alguma visita, têm a qualidade estática das primeiras fotografias, no tempo em que o retratado precisava se conservar na mesma pose por algum tempo. Como outros pintores da sua época, Bazille documentou a sua composição com a câmara. Sabemos, também, que *Femmes au Jardin* de Monet foi inspirado em uma fotografia das primas de Bazille. Parece que Courbet usou uma das fotografias de Nadar para o nu que aparece em *Atelier du Peintre*. Esta visão daguerreotípica ingênua se torna cinemática em Degas, cujo sentido do "visual" é diferente do de Monet. Degas se especializa na retratação de certos ângulos. Em *O Absinto* (1876), ele puxa suas duas figuras para o lado direito, captando-as de um ângulo improvisado no momento em que elas olham para fora da composição, em direções opostas. Este é um outro tipo de documentação. Dois anos mais tarde, explora, em *A Cantora de Café-concerto*, o *close-up*, um instantâneo de um braço e um rosto sob o brilho dos holofotes, pois Degas usa o mesmo tipo de iluminação de um estúdio cinematográfico. Depois, numa longa série de bailarinas ensaiando, abre o espaço central, esvaziando o centro das cenas com grandes brechas que diminui as dançarinas que gesticulam a uma distância teatral. Ou faz uso da *découpage* no cinema em *Bailarina e Dama de Leque* (1885) [23], em que as bailarinas são cortadas ou pela moldura ou pelo perfil da mulher que segura o leque, embaixo, à direita, no primeiro plano. (Eis aqui um exemplo em que a técnica da câmara se cruza com a técnica da gravura japonesa.) Há também a torção angular dos corpos das mulheres que se enxugam depois do banho, que entram na banheira ou penteiam os cabelos, sendo que a maior parte destas figuras são vistas de um ângulo alto, que lhes distorce as formas e até o espaço em que se movem. A impressão instantânea que Degas captou do Visconde Lepic e suas filhas em uma rua de Paris talvez seja a evidência mais clara de que a pintura impressionista conhecia os métodos cinemáticos muito antes do cinema.

Cada um desses truques cinemáticos pode ser levado até os maneiristas italianos dos séculos XVI e XVII. Eles também usavam de um primeiro plano fortemente enquadrado para projetar suas figuras e gostavam da perspectiva diagonal ou móvel, do *close-up*, do espaço assimétrico ou vazio e da figura espiralada com a sua instabilidade freqüentemente feia. Os primeiros maneiristas também fizeram experiências com a perspectiva invertida como os reflexos do *Bar do Folies Bergère* de Manet. Tintoretto e El Greco fizeram muitas vezes uso de uma luz fantasmagórica sobre as figuras que as fazia sumirem em transparências que nos recordam as ilusões criadas pela luz de gás pastel dos teatros de Degas. As dimensões bruxuleantes do cinema não eram novas para a pintura; entretanto, os impressionistas estabeleceram os fundamentos para os métodos revolucionários do cubismo "polivisor". As tendências cinemáticas da pintura impressionista são meras transformações do realismo.

Finalmente, se do ponto de vista técnico o impressionismo é um precursor do cinema, ele se origina, ainda do mesmo ponto de vista, dos métodos de aquarela que usavam a cor como um valor em si, separado do desenho, e que aceitava, deliberadamente, o inacabado, o esboço, o *inachevé*. Em virtude deste parentesco com a aquarela e o guache, o impressionismo é uma reação contra o realismo fotográfico que é completamente acabado. Os impressionistas também adaptaram para o óleo o "toque" já usado pelos aquarelistas topográficos ingleses dos fins do século XVIII. Três dos mais importantes pintores pré-impressionistas — Constable, Corot e Turner — usam o toque da aquarela e aceitam o inacabado.

O Corot mais "forte" trata a paisagem de Volterra como se fosse Cézanne, com as largas pinceladas da aquarela: a arquitetura cinza, esverdeada sobre a montanha cinza-esverdeada, reduzida a poucos planos. Na versão inacabada da *Ponte em Narni* a pincelada é ainda mais solta, lembrando as aquarelas de Claude Lorrain e produzindo os efeitos de Claude, isto é, um jogo de luz entra na superfície ligeiramente pintada, dando apoio ao espaço clássico que é construído a partir das mais simples manchas de cores fracas. A mesma luz arquitetural firme banha a paisagem de Saint-Lô de Corot. É a luz do norte que tem uma qualidade confortante, sentida nas naturezas mortas de Chardin, temperadas pelo ar da França, da Inglaterra e dos Países-Baixos. Chardin, também, lembra Cézanne.

É a luz cinza poética que permeia *Weymouth Bay* e *Wivenhoe Park* de Constable ou qualquer um dos seus quadros aquarelísticos não terminados. A primeira e mais forte versão de *Salisbury Cathedral* é um pequeno estudo em verde opaco e com a pincelada fragmentada, completamente diferente da obra acabada que se aproxima muito da arte de calendário. O toque de aquarela dado por Constable em *Cornfield With Figures*, utilizado de forma tão leve e rápida que deixa transparecer a tela através do pigmento, confere uma luz vibrante que os impressionistas não conseguiram melhorar. Os tons suaves de Crome, David Cox e outros aquarelistas britânicos nunca força o veículo utilizado e conserva a composição toda num mesmo tom; Constable consegue este feito em uma das suas visões mais semelhantes às de Cézanne: em *River Stour Near Flatford Mill: Afternoon* (1827) [24]. O próprio nome mostra como ele compete com a pintura impressionista não só na pincelada fragmentada

24. CONSTABLE: *River Stour Near Flatford Mill -Afternoon*

25. CONSTABLE: *Dale in Helmingham Park*

e na lógica do tom, mas também na sensibilidade impressionista quanto à hora e quanto à luz que é o que marca a hora. Corot chega ao problema do momento na obra (semelhante às de Constable) *Palácio dos Papas, Avignon*, uma obra que não apresenta o brilho do sul mas, ao contrário, o tom marrom e verde da aquarela que serve como estrutura subjacente e prova que ele tem o olho moderado do impressionismo. A obra de Constable que causa maior impressão é *Dale in Helmingham Park* [25]: um único tronco de árvore, diagonal, pintado com uma camada tão grossa e livre que o pigmento parece estar cheio de bolhas. Este tronco é uma imagem ambígua: é uma notação completamente honesta e ingenuamente impressionista ou uma aparição monstruosa, cuja presença faz parte de um sonho se não for surrealista. Estas são evidências de que o impressionismo tem origens naturalísticas e de que Constable e Corot podem depender somente de seus olhos, não necessitando de nenhuma associação pitoresca.

O luminismo de Turner era essencialmente diferente da luz e da cor impressionista de Constable e Corot; diferia também na pincelada, uma vez que Turner não trabalhava o pigmento em planos. Mesmo assim, o seu luminismo deriva da aquarela, uma leve camada que ele acende em harmonias plangentes. Só a aquarela pode explicar por que Turner, como Constable e Corot, aparece de forma tão repentina e formidável no início do século. Nas suas inacabadas paisagens de rios, como *Walton Reach*, Turner se aproxima bastante de Constable e Corot, fazendo uso de cinzas, verdes e brancos fantasmagóricos que são quase monocromáticos e "chineses". E continuam as orquestrações estrepitosas: guaches alpinos resplandescentes, a música escarlate de Petworth, as paisagens marinhas cor de bronze. Comparado com *Gare Saint Lazare* de Monet, o quadro *Rain, Steam, and Speed* de Turner demonstra como o pintor inglês ultrapassou o impressionismo no seu vôo em direção a sonhos simbolistas. O impressionismo finalmente absorveu o luminismo de Turner, juntamente com as últimas harmonias de Monet, à medida que caminhou em direção ao simbolismo e ao expressionismo.

Na literatura, o impressionismo assumiu formas que foram convenientemente chamadas de pan-impressionismo, uma vez que as distinções entre impressionismo, simbolismo e decadência — difíceis de serem feitas na pintura — são, às vezes, invisíveis na poesia e no romance. O impressionismo apareceu nos lugares mais disparatados e o sentido de atmosfera envolvente afetou romancistas como Zola, bastante familiarizado com a pintura de sua época. Chamou *Une Page d'Amour* (1877) de *une oeuvre demi-teinte*; Mallarmé admirava a ficção quase mecânica de Zola como um "poema ininterrupto". Certamente não é ininterruptamente poético mas é inegável que Zola usava uma dupla textura: a psicologia insensível do amor entre Hélène e Henri e as paisagens da cidade espalhadas em trechos que se assemelham a uma enevoada tela impressionista — Paris, vista ao por-do-sol lúrido, à luz trêmula do amanhecer, ou debaixo de tristes tempestades depois das quais o sol reaparece com sua luz errática. Hélène, com suas diferentes disposições de espírito, contempla o enorme e vago espetáculo de sua janela, meditando enquanto os telhados azul-aço são tocados pelo ouro intenso do "sol vitorioso", ou enquanto a luz pálida do anoitecer de primavera recobre de sombra a cúpula do Pantheon e os bulevares que desaparecem na cerração violeta. A paisagem sempre se harmoniza com o devaneio dela enquanto "se entrega à fatalidade da paixão". Monet viu Paris como uma composição, da mesma forma que Hélène o faz:

Mas o céu tinha se alterado. O sol, baixando em direção às rampas de Meudon, escapara das últimas nuvens e brilhava resplandecentemente. Os céus estavam em chamas gloriosas. No horizonte longínquo, o desabamento de seixos calcários para o lado de Charenton e Choisy-le-Roi, tinha se tornado uma massa de blocos carmim, circundada por laca brilhante; a flotilha de pequenas nuvens flutuando vagarosamente no azul, sobre Paris, ergueram velas vermelhas; enquanto houvesse a película de seda branca ao alto, Montmartre parecia repentinamente ser uma teia dourada, pronta para pegar as estrelas que aparecessem. A cidade, sob esta cúpula em chamas, espraiava-se amarela, sulcada por longas sombras. Embaixo, na enorme praça, táxis e ônibus se misturavam numa névoa de poeira cor de laranja, enquanto a escura multidão de transeuntes adquiria um brilho mais pálido, pontilhado de luz... Mais adiante, veículos e pedestres sumiam de vista; só podiam ser discernidos os holofotes cintilantes da fila de carruagens que atravessava alguma ponte distante. À esquerda, as altas chaminés da Manutenção, erectas e rosadas, soltavam grandes espirais de fumaça delicada, cor de carne; do outro lado do rio, os bonitos elmos do Quai d'Orsay formavam uma massa escura, atravessada por feixes de luz...

Zola, como os impressionistas, pinta em extensão, dissolvendo toda a cidade numa fusão de tons que absorvem as características mecânicas da sua composição.

Estes efeitos impressionistas estão, talvez, mais próximos do simbolismo em autores como Pater ou Proust. Se a atmosfera da série *Nymphéas* de Monet é uma abstração, poderíamos dizer que Pater apresenta o mesmo valor meio simbolista em muitos trechos em que as sensações de tempo e espaço são traduzidas para uma dimensão estética, um padrão formal, uma tonalidade com modulações próprias de Monet:

> Então, ele se entregou a estas coisas para ser tocado por elas como um instrumento musical... as fases das estações e dos dias mais longos e mais curtos, indo até as mudanças das sombras nas paredes nuas ou nos tetos — a luminosidade da neve fazendo surgir seus ângulos mais escuros; a luz marrom da nuvem que significa chuva; aquela claridade quase austera demais, à luz prolongada do dia que se alonga, antes de começar o tempo de calor, como se ela fosse ficando para tornar mais severo o dia de trabalho, com os livros escolares abertos mais cedo e mais tarde; o raio de sol junino, por fim, enquanto ele permanecia deitado antes da hora, um caminho de poeira de ouro cortando a escuridão; todo o zunido e a frescura, o perfume do jardim cobrindo a tudo — e vindo em uma tarde de setembro, pelo caminho de pedregulho avermelhado, para procurar uma cesta de maçãs amarelas deixada na velha sala fresca, ele se lembrava sobretudo disso, e de como as cores o atingiam...
>
> (*Child in the House*)

Como Monet, Pater lida com as suas sensações a uma certa distância atmosférica e dá início à destilação da arte impressionista que foi finalmente completada pelo tipo mais refinado de memória de Proust. Nesse meio tempo, na pintura, as cores pesadas de Delacroix estavam sendo refinadas e transformadas nas frescas melodias do anoitecer de Whistler.

O sentido de *continuum* atmosférico influencia a poesia da época, também, que, em certos casos, tenta permanecer dentro de um certo registro, como o poema tonal da música. Em "London Voluntaries" de Henley a atmosfera tem o caráter de harmonia abstrata extraída de uma luz e uma cor momentâneas e fixadas em uma clave ou padrão dominante. Fazendo uso do movimento "scherzando", Henley vê Londres banhada em um "encanto aéreo insubstancial" que lembra as composições de Monet baseadas na qualidade da luz e do ar de Veneza:

> For earth and sky and air
> Are golden everywhere,
> And golden with a gold so suave and fine
> The looking on it lifts the heart like wine.
> Trafalgar Square
> (The fountains volleying golden glaze)
> Shines like an angel market. High aloft
> Over his couchant Lions, in a haze
> Shimmering and bland and soft,
> A dust of chrysoprase,
> Our Sailor takes the golden gaze
> Of the saluting sun, and flames superb...
> Golden, all golden! In a golden glory,
> Long-lapsing down a golden coasted sky,
> The day not dies, but seems
> Dispersed in wafts and drifts of gold...*

"Tremeluzindo branda e suavemente" — indubitavelmente o tratamento é solto, embora o tom dourado se desprenda da hora e do lugar, transcrevendo as sensações ópticas para uma monocromia temática.

---

* Pois a terra, o céu e o ar/ São dourados em todo lugar/ E dourado de ouro tão suave e bom/ Que o simples olhar para ele eleva o nosso coração como vinho./ A Praça Trafalgar/ (As fontes atirando esmalte dourado)/ Brilha como um mercado de anjos. Bem ao alto/ Deitado sobre a constelação de Leão, na névoa/ Tremeluzindo branda e suavemente/ A poeira de crisópraso,/ Nosso Marinheiro recebe o olhar dourado/ Do sol que o saúda e se incendeia, soberbo..../ Dourado, tudo dourado! Numa glorificação dourada;/ Deslizando pelo céu bordejado de ouro,/ O dia não morre mas parece/ Disperso em rajadas e correntes de ouro....

Os noturnos de Whistler, da mesma maneira, estilizam as cores românticas de Shelley em poemas tonais e o sentido do *continuum* atmosférico passa dos impressionistas para o esteticismo da música difusa de Swinburne.

É no romance, entretanto, que o sentido da atmosfera adquire significado artístico mais amplo, pois Proust e Henry James aprenderam a envolver suas cenas, suas figuras e sua ação em um certo clima (James o chamava de "tempo" — *weather* — uma qualidade da luz) que tanto é psicológico quanto uma ambiência narrativa que penetra a própria linguagem. Às vezes, quase chega a ser uma abstração. Há o fresco momento branco em *Beast in the Jungle* de James quando Marcher vê May Bartram no suave anoitecer primaveril e sente uma tristeza "mais aguda que as horas mais cinzentas do outono". A lareira está vazia e imaculada, como se nunca mais fosse se aquecer, e o rosto magro e sereno de May parece um lírio artificial na brancura do lugar; seu vestido branco e lenço verde desbotado lhe dão a aparência prateada e virginal de uma figura vista sob uma campânula de vidro. Para Proust, as maneiras de Méséglise e de Guermantes se volatilizam numa impressão dos estados de consciência, lembranças tão perturbadoras quanto um sonho.

O sentido de luz e cor atmosféricas, a tendência para volatilizar as impressões sob forma de música são fortes em Tennyson, extremamente sensível ao jogo de luz e sombra. Especializou-se em paisagens escuras que lembram as cenas pastorais de Corot e não os impressionistas. Como Corot, ele é mais impressionante do que impressionista, no sentido correto deste. A sua sensualidade é encoberta, como os idílios no bosque de Corot, a respeito dos quais disse Wilde: "É sempre anoitecer para as ninfas bailarinas que Corot soltou em meio aos álamos prateados da França. Elas se movem num eterno anoitecer, aquelas frágeis figuras diáfanas cujos brancos pés trêmulos não parecem tocar a grama molhada de orvalho sobre a qual pisam". A visão nublada de Tennyson em "Oenone" e em "Lotos-Eaters" nos trazem Corot e não Monet à lembrança:

A land of streams! Some, like a downward smoke,
Slow-dropping veils of thinnest lawn, did go;
And some thro' wavering lights and shadows broke,
Rolling a slumbrous sheet of foam below.
They saw the gleaming river seaward flow
From the inner land; far off, three mountain-tops,
Three silent pinnacles of aged snow,
Stood sunset-flushed; and, dewed with showery drops,
Up-clomb the shadowy pine above the woven copse*.

Não só Corot: também as paisagens brilhantes e orvalhadas de Barbizon feitas por Daubigny e Rousseau; e a nebulosidade de pintores meio simbolistas como Carrière e Henner; ou as artificialidades um pouco evaporadas dos pintores Nabi como Sérusier e Puvis. De qualquer jeito, o ambiente de Tennyson é o anoitecer — o noturno — e usa, muitas vezes, a paleta crepuscular dos impressionistas. Há um pouco da cor fragmentada e da linha indistinta na poesia de Swinburne, que se assemelha às melodias mais soltas de Monet. Swinburne orquestrou sua métrica na música que freqüentemente esvazia o seu verso de tudo exceto o motivo aural:

The full streams feed on flower of rushes,
Ripe grasses trammel a travelling foot,
The faint fresh flame of the new year flushes
From leaf to flower and flower to fruit;
The fruit and the leaf are as gold and fire,
And the oat is heard above the lyre,
And the hoofed heel of a satyr crushes
The chestnut husk at the chestnut root**.

---

* Uma terra de correntes! Algumas se foram, como a fumaça que desce,/ Véus do mais fino tecido que se demoram a cair,/ E algumas se quebraram entre luzes e sombras trêmulas/ Fazendo rolar mais para baixo um lençol sonolento de espuma./ Viram o rio brilhante correr em direção ao mar/ Partindo do interior; à distância, três topos de montanhas,/ Três pináculos silenciosos de neve antiga,/ Estão iluminados pelo por-do-sol; e orvalhados,/ Elevam-se mais alto que o pinheiro sombrio, acima do denso matagal.

** As correntezas cheias se alimentam da melhor parte dos caniços,/ Gramas desenvolvidas causam embaraço para o pé ligeiro,/ A fraca e fresca chama do ano novo arde/ De folha em flor e de flor ao fruto;/ A fruta e a folha são como o ouro e o fogo,/ E o bode se faz ouvir mais alto que a lira,/ E o casco de um sátiro mói/ A casca da castanheira na raiz da castanheira.

Tanto Swinburne quanto Tennyson repetem palavras, sílabas e frases ao ponto de se poder dizer que usam uma técnica "modular", arrumando e rearrumando as vogais e consoantes como se estas fossem unidades que pudessem ser tratadas como as cores primárias no divisionismo.

Estranhamente, a experiência que mais se aproximou do impressionismo pode ter sido levada a cabo por Walt Whitman, o poeta relaxado, extremamente tagarela, que parece se assemelhar a Courbet na sua vulgaridade monumental e indiscriminada, nos entusiasmos comuns que ele elevava a heróicas superfluidades. Whitman fez exatamente o que os franceses pensaram que fez: encontrou uma nova linguagem, simplificada, e adaptou o veículo poético ao seu grito bárbaro. Da mesma forma que os impressionistas, aceitava a realidade e contemplava o mundo "lá de fora" com um olhar ingênuo como se o visse pela primeira vez. É o poeta das "Continuidades", como ele mesmo as chama, capaz de lidar com os fatos como os encontra por todo lado, sentindo-os a todos, como Renoir os sentia, entregando-se aos prazeres da carne e tentando assimilá-los à poesia. Em "Blackward Glance", Whitman confessa ter abandonado os temas poéticos convencionais, os mitos e a poesia do passado, para aceitar o desafio da "ciência moderna", usando-a poeticamente, semelhante ao que os últimos impressionistas tentaram fazer com a teoria de Chevreul, assimilando-a à sua paleta e à sua pincelada:

> Arthur vanish'd with all his knights, Merlin and Lancelot
> And Galahad all gone, dissolv'd utterly like an exhalation...*
>
> ("*Song of the Exposition*")

Whitman nutre a mesma indiferença impressionista em relação ao "literário", mesmo sendo, às vezes, desajeitadamente literário.

Whitman, como alguns dos impressionistas, tem técnica nova mas um fraco senso de projeto. "Completo e termino pouca coisa, se é que termino alguma." Como Monet, tenta fazer o *pochade* na arte; só que Monet tem mais êxito. Descobre que o comum é "miraculoso" — "Cada polegada quadrada de espaço é um milagre". Sofre com a sua expansibilidade, como os impressionistas, cujos temas eram freqüentemente banais, em especial as paisagens. Whitman tem o jeito não-disciplinado dos impressionistas, a atração pelas áreas grandes como piqueniques e espetáculos cósmicos ao ar livre (como os que Monet tentou pintar), eminentemente para provar que nem todos os "grandes" temas se originam no estúdio. Whitman não criou um estilo; mas reduziu a poesia a um vocabulário primário e purgou-a das qualidades acadêmicas, aventura esta que é congenial ao impressionismo.

Gauguin explicou o que aconteceu entre o impressionismo e os modernos quando disse que os impressionistas estudaram a cor "conservando, porém, as cadeias da representação". Foi por isso que Gauguin se separou dos impressionistas: "Obtenho, através de arranjos de linhas e cores, e usando como pretexto qualquer assunto tirado da vida humana ou da natureza, sinfonias, harmonias que não representam nada de *real* no sentido vulgar da palavra; são criadas, como acontece com a música, sem a ajuda de idéias ou de imagens, simplesmente através das relações misteriosas que existem entre o nosso cérebro e esses arranjos de linhas e cores". Esta afirmação marca a transição das várias experimentações impressionistas para o pós-impressionismo, o fauvismo, a Art Nouveau e, assim, para a arte moderna. Gauguin foi capaz de ir além do impressionismo porque desvirtuou a natureza com o alveolismo (*cloisonnismo*) e, ao fazê-lo, se tornou um líder entre os pintores Nabis que acusavam os impressionistas de não terem um estilo.

Os Nabis deram as costas para a idade média e, enquanto o impressionismo, na França, caminhava em direção a Gauguin, Cézanne e um novo estilo, na Inglaterra estava ocorrendo o movimento pré-Rafaelista que também faz parte de uma corrente internacional mais ampla que se dirigia para o Art Nouveau e para os modernos.

---

* Artur desapareceu com todos seus cavaleiros, Merlin e Lancelot/ E Galahad, todos se foram, inteiramente dissolvidos como um suspiro...

4. NAZARENOS, LIONESES E PRÉ-RAFAELITAS

Não temos maior certeza a respeito do movimento internacional pré-rafaelita do que a respeito do impressionismo, uma vez que ele apareceu sob diferentes formas, embora tivesse traços e conseqüências semelhantes, na Alemanha, na França e na Inglaterra, durante o início e meados do século XIX, ou até mesmo mais tarde, ocasião em que se funde imperceptivelmente com a evolução Nabi-sintetista-simbolista da arte e com o Art Nouveau. É discutível se o devemos encarar como mais um aspecto do naturalismo fotográfico do século XIX, como uma fase especial do historicismo, como um maneirismo arqueológico, como um tipo de esteticismo ou como um precursor do Art Nouveau pois se assemelha com todos eles. Em todos os lugares, é ajudado por revivescências religiosas neomedievais, sendo, ao mesmo tempo, um outro sintoma de revolta contra a arte oficial em nome de uma volta à natureza. Estas características dão uma idéia de quão facilmente o pré-rafaelitismo pode ser considerado como um dos primeiros tipos de neotradicionalismo ou "romanismo" que apareceram na França entre os pintores Nabis. Exibe uma paixão pela documentação, o cuidado escrupuloso pela exatidão, características que também o relacionam ao daguerreótipo e à câmara fotográfica. Assim, é ilustrada a verdade da afirmação de Delacroix: "O realismo é o grande expediente usado pelos inovadores para reacender o interesse de um público indiferente... Repentinamente, a volta à natureza é proclamada pelo homem que se diz inspirado".

O pré-rafaelitismo foi sempre uma arte de intelectuais, uma variante um tanto formal e esotérica da pintura e da poesia da *avant-garde*. Porque suas raízes eram superficiais, nunca atingiu um simbolismo coerente embora a maior parte dos pintores e poetas pré-rafaelitas tivessem um ar de consagração e se dedicassem aos efeitos e sugestões simbólicas, conferindo ao seu trabalho um halo de significados ocultos, mesmo quando não se podia dizer quais fossem esses significados. Suas afetações tinham um tom quase ritualista. Tudo era *posado*; os seus detalhes mais fotográficos pareciam não-naturais. O ar artificial e construído — uma das marcas indeléveis do maneirismo — está sempre presente nas suas obras; gostam da linha "pura" e da cor "pura", embora sua linha seja, o mais das vezes, dura e metálica e sua cor, insípida e líquida ou, até, azeda. Resumindo, a execução é fria ou, em certos momentos, incerta ou tímida como se tivessem medo de que a realidade violasse as suas precauções.

São exatamente essas precauções que tornam os pré-rafaelitas significativos para nós: pois embora usassem a anedota, tratavam-na de forma altamente estilizada. Ao fazer isso, gradualmente mudaram a ênfase da anedota em si para o desenho artificial que, mais tarde, foi purificado no Art Nouveau. A pintura e a poesia pré-rafaelita começaram sendo narrativas ou ilustrativas e terminaram sendo franca e conscientemente ornamental. As anedotas — mesmo as anedotas religiosas "simbólicas" — se tornaram veículos de um padrão livre. Como o impressionismo, o pré-rafaelitismo freqüentemente transcende o episódio, a narrativa literária e tende a liberar a pose, o motivo, o detalhe cuidadosamente montado, como uma superfície decorativa independente. Era necessário que se perdesse o espírito anedótico para que as artes do século pudessem se reformalizar em um estilo moderno. Por mais negligenciável que o pré-rafaelitismo possa ser em si, por mais confusos que possam ter sido o seu objetivo e método, é uma prova a mais de que a decadência foi uma fase na evolução da arte moderna. A *Blessed Damozel* de Rossetti debruçando-se da barra de ouro do paraíso com seus três lírios, suas rosas brancas, seu cabelo louro, seus olhos profundos e suas donzelas dantescas como Cecily, Magdalen e Rosalys, sentadas com guirlandas na testa e vestidos chamejantes são exemplo do esteticismo pseudomedieval que é mais uma estilização em um século que não tem estilo.

Não podemos, tampouco, afirmar dogmaticamente quem é pré-rafaelita, lionês ou nazareno. Na França, pelo menos, os pré-rafaelitas podem ser levados até o estilo Império com seu rigor e claridade, a mania pelas estátuas que tornou tão frio o "clássico" trabalho de David e Guérin. A arte linear de Flaxman deve algo, também, ao maneirismo pré-rafaelita de Perugino e às suas afetações pietistas. Entretanto, Ingres está mais obviamente em débito para com Perugino do que Flaxman. A linha extremamente pura de Ingres, seu detalhismo gráfico, suas fórmulas esmaltadas foram uma influência contínua e poderosa em todo o decurso da estilização do século XIX. Podemos encontrar em Ingres todos os tipos de arcaísmos: a silhueta do vaso grego, o modelado brando do mármore romano, as figuras suaves dos afrescos de Pompéia, os detalhes cuidadosos da pintura florentina do Quattrocento. Além disso, há uma forte nota de maneirismo, de Sodoma, de Bronzino, de Velázquez. O realismo de Ingres se apresenta sob forma de desenhos sinuosos. Ou existe no clima estranho e já decadente dos haréns e grupos de odaliscas, na sua visão de *Ruggiero Libertando Angélica* ou de *A Fonte* com seu simbolismo extremado. Na pintura de *O Martírio de São Simplício*, executada para a catedral de Autun em 1834, Ingres se mostra como um pintor pré-rafaelita plenamente desenvolvido (mesmo que esta obra tenha a marca de Rafael e não da média renascença). O gesto ritualístico do santo, os detalhes arqueológicos, o perfil puvisiano de Symphorien e sua roupagem entalhada, a composição literária lembram os métodos usados por Holman Hunt.

Esta estilização de Ingres influenciou um grupo conhecido como os Lioneses, uma confraternidade de pintores neomedievais com base em Lyons[10]. Parece que também foram inspirados por Maurice Quay, um dos pupilos de David, que por volta de 1800 adotou a maneira "frígia" de pintura religiosa que estava de acordo com suas teorias místicas sobre a arte. Em 1842, Hyppolyte Flandrin, um dos lioneses, pintou, para o coro de Saint-Germain-des-Prés, *A Entrada de Cristo em Jerusalém* que se assemelha a um camafeu em virtude do seu artificialismo pálido, do seu realismo cinzelado, do seu movimento congelado. Estas estilizações neocatólicas influenciaram Puvis de Chavannes e, mais tarde, tornou-se um dogma para Maurice Denis e seus discípulos. Lado a lado com os lioneses, um grupo de pintores alemães, por volta de 1810, percorreram o mesmo caminho que levava a Roma, para encontrar a arte "primitiva" do Quattrocento. Conduzidos por Overbeck, devoto das madonas florentinas, mudaram-se para Pincio, juntaram-se à Igreja, viviam asceticamente e se dedicaram assiduamente à arte. Overbeck admirava Rafael, embora recusasse o paganismo do renascimento, e estudou Perugino. Os Nazarenos queiram trazer de volta o afresco. Mas representavam as coisas com tanta minúcia que ficaram sendo conhecidos como "atomistas". Cornelius, um dos Nazarenos, foi professor do Padre Desiderius Lenz que fundou uma escola de pintura neocatólica em Beuron, na Floresta Negra, por volta de 1860; esta instituição monástica tinha contacto com o neotradicionalismo francês através de Dom Verkade, frade beneditino e um dos Nabis.

---

10. O esboço que traço do movimento Lionês advém, principalmente, das obras de Agnès Humbert, *Les Nabis et Leur Époque*, Genebra, 1954, e de Henri Focillon, *La Peinture au XIXe Siècle*, Paris, 1927. Consultar, também, Friedlaender, *David to Delacroix*, cap. II.

Há uma continuidade não interrompida entre Ingres e Puvis que passa pelos pré-rafaelitas, Denis e os Nabis. Os sintomas continentais da arte pré-rafaelita foram tão amplos que são encontrados até em Degas, que tentou uma estilização medieval em *Desventuras da Cidade de Orléans*: parece uma péssima imitação de Burne-Jones embora as figuras desajeitadas revelem o interesse de Degas pelo movimento.

Os Lioneses e Nazarenos foram apenas seitas dentro da grande comunhão neomedieval que persistiu durante todo o século e inspirou não só as teorias neogóticas de Ruskin mas também os estudos de foro mais arqueológico de Welby Pugin e Viollet-le-Duc. Em 1836, Pugin sugeriu que "o estado degradado das artes se deve, unicamente, à ausência do sentimento católico" e à calamidade do protestantismo depois do século XV. Desesperançadamente pergunta: "onde estava a unidade interna da alma — onde estava a fé que há muito ligava os homens" e construiu as catedrais onde se pode "sentir a sublimidade da adoração cristã"? O lugar de encontro e o conventículo eram feitos pelos homens "que ponderam entre uma hipoteca, uma estrada de ferro ou uma capela para saber qual o melhor investimento para o seu dinheiro". A reclamação de Pugin contra o "vil gosto moderno" tinha razão de ser, mas ele pertence aos singulares arquivos da Eclesiologia e não à história do pré-rafaelitismo. O mesmo acontece com Viollet-le-Duc, que foi suficientemente inteligente para perceber que o neocatolicismo não era suficiente: "Não posso admitir como sendo próprio impor à nossa época a reprodução das formas de arte antiga e medieval". Foi suficientemente inteligente para entender que "Uma locomotiva é bonita" como "expressão de energia brutal". Admitia, entretanto, que "nossa arte está doente". Em tudo isso, ele concorda com Henry Adams.

Ruskin pertence ao movimento pré-rafaelita porque fez campanha pela "Irmandade" britânica que se uniu, por breve espaço de tempo, como uma escola formal, de aproximadamente 1849 a 1857. Seus membros e o seu programa logo se dispersaram em muitas direções. A versão britânica do pré-rafaelitismo é melhor conhecida do que as versões continentais, em virtude, em grande parte, do tratado de Ruskin de 1851 que, entretanto, interpreta mal a intenção e o trabalho do grupo, confundindo a pintura pré-rafaelita com a pintura de Turner. No entanto, Ruskin sublinha "a presteza da observação e a facilidade de imitação", ou, resumindo, o olho fotográfico dos pré-rafaelitas. Embora Ruskin tenha gasto bastante dinheiro e tempo patrocinando Rossetti, que não era uma das figuras centrais da Irmandade, ele deixa implícito em uma passagem de *Modern Painters* que a obra de Holman Hunt é mais típica do movimento. De forma característica, Ruskin escolhe, de Hunt, a pintura religiosa anedótica *The Light of the World* — a figura de Cristo coroada de espinhos de pé no escuro com uma lanterna acesa, batendo em uma porta fechada — como sendo a suprema tela pré-rafaelita. Vale a pena reproduzir a passagem porque revela como o naturalismo arcaizante dos pré-rafaelitas foi colocado a serviço da moralidade e da religião:

> A perfeita unidade de expressão, como objetivo principal de um pintor, no esforço pleno e natural do seu poder pictórico nos detalhes da obra, só é encontrado nos velhos períodos pré-rafaelitas e na moderna escola pré-rafaelita. Nas obras de Giotto, Angelico, Orcagna, John Belini e mais um ou dois, encontramos plenamente realizadas essas duas condições da boa arte...; e na moderna escola pré-rafaelita também são quase completamente realizadas. *Light of the World* de Hunt é, acredito eu, o mais perfeito exemplo de propósito expressivo e de poder técnico que o mundo jamais produziu.

Ruskin estava certo em considerar Hunt como a figura central dentre os pré-rafaelitas britânicos. Nós, também, precisamos ir até Hunt para descobrir o autêntico programa pré-rafaelita, com suas confusões e apostasias. Os dois volumes escritos por Hunt sobre o *Pré-Raphaelitism and the Pre-Raphaelite Brotherhood* provam que, por detrás dos manifestos do grupo original, havia uma triste indecisão a respeito de objetivos e técnicas. O primeiro objetivo, comum a tantos outros movimentos do século, era a volta à natureza documentando as cenas quase que fotograficamente. Como os impressionistas, os pré-rafaelitas parecem ser conduzidos para o método científico. Mas ao lado desta objetividade existe uma inconsistente tendência para a moralização, para a escolha de episódios dramáticos como *The Awakened Conscience*, pintura de Hunt na qual uma manteúda, ouvindo repentinamente a voz do remorso, dá as costas, de forma simbólica e inábil, aos braços do amante mal-afamado, e, dedilhando o piano, se volta para uma nova vida.

Juntamente com esta preferência pelo "assunto nobre" há o tema religioso pré-rafaelita, normalmente um incidente da Bíblia semelhante a *Cristo na Casa dos Pais*, de John Everett Millais, um episódio vagamente simbólico no qual a Criança cortou a palma da mão num prego, na carpintaria do pai e, de pé, assumindo a pose de crucificado, estende a mão esquerda para a Virgem que, como o marido, é uma inglesa da classe baixa. Por outro lado, o tema pode, como sugere a passagem de Ruskin, ser francamente alegórico, preferivelmente colocado sob disfarce pseudomedieval ou de acordo com a iconografia do rei Artur. Rossetti, em especial, favorecia os temas de cavalaria que Tennyson também usou nos seus *Idylls*, com efeitos pré-rafaelitas. O lendário, o anedótico, a nota simbólico-moral-religiosa, tudo isto representado com uma precisão fotográfica e arduamente construído ou "terminado": era essa a essência do programa pré-rafaelita. A atmosfera sexual um tanto mórbida de Rossetti não era, necessariamente, pré-rafaelita. Hunt declarou que o grupo tinha se dedicado, principalmente, "ao interminável estudo da Natureza".

O esforço pré-rafaelita de "olhar para o mundo sem pálpebras" inspirou um tipo de pintura que era, o mais das vezes, meramente ilustrativa, como o incidente registrado meticulosamente por William Dyce em *George Herbert em Bemerton*, no qual as árvores, os apetrechos de pesca e a parede de pedra foram tão cuidadosamente terminados quanto a flora em *Ophelia* de Millais, que morre na água, debaixo das folhas fotográficas de um chorão e que é sustentada por um momento pelo vestido rodado. Hunt envidou heróicos esforços para documentar suas pinturas tão precisamente quanto os primeiros planos de cenas de Tennyson são documentados pela visão míope do poeta. Este cuidado em documentar liga toda a Irmandade pré-rafaelita na Inglaterra com o romance documentado, o cuidadoso realismo de Flaubert, os casos autênticos das estórias dos Goncourts ou o registro surpreendentemente autêntico de *Une Vie* de Maupassant. A revolução de estilo, no século XIX, ocorre precisamente nos pontos em que esta dolorosa documentação, esta precisão fotográfica, assume um novo valor artístico, o valor decorativo, produzindo, assim, um alto nível de estilização. A ilustração mais literal é transformada em detalhe ornamental.

Podemos observar esta evolução acontecendo com Hunt, que estava entre os pré-rafaelitas mais labutantes e mais ansiosamente literais. Afirma que a Irmandade pretendia se revoltar contra o academismo com seus tons de marrom, seu convencionalismo e seus efeitos de estúdio. Os membros originais — Hunt, Millais e os irmãos Rossetti, Woolner e Collinson — também rejeitaram o arqueologismo e historicismo dos Nazarenos e queriam ver as coisas com os olhos bem abertos:

> Nós desafiamos toda a profissão com uma inovação ousada... Pretendíamos ter êxito ou cair através da determinação de deixar de lado toda convenção não endossada pelo apelo à natureza não-sofisticada. O arqueologismo alemão, a última forma de submissão prestada por Brown ao dogma continental, foi um dos principais inimigos que, originalmente, nos comprometemos a destruir.

Quando Hunt pintou *The Eve of Saint Agnes*, em 1847, ele pendurou um galho de visco e testou seus efeitos à luz artificial. Ele reconta como trabalhou a partir de uma realidade:

> ... vendo que havia uma figueira no jardim do pai de Mr. Stephens em Lambeth, aceitei o convite para levar a tela até lá e pintar a árvore diretamente sobre ela, com as folhas e os galhos em pleno sol, e com uma exatidão até então não alcançada. No primeiro plano, pintei, também, um pedaço de grama com flores e botões de flores de dente-de-leão; sobre uma das flores revoava uma abelhão... em vez do insignificante marrom esbranquiçado que normalmente aparece no chão do primeiro plano, representei variações de pedregulhos e seixos, de cores e formas diversas, como são encontrados na natureza.

Hunt procurou de todas as formas representar apropriadamente uma lanterna dourada para Cristo carregar em *Light of the World*, que foi pintado ao ar livre, trabalhando entre 21 horas e 5 horas, de pé em uma pequena cabina que o protegia contra o frio:

> Experimentei, em primeiro lugar, uma lâmpada que provou ser forte e cegante demais, não me permitindo distinguir as sutilezas dos tons da cena ao luar; tive que me satisfazer com a iluminação de uma vela comum.

Quando seu amigo Millais lhe propôs pintar um quadro mostrando a porta aberta e o pecador se arrependendo na frente de Cristo, Hunt opôs grande resistência pois Millais trabalhava mais depressa do que ele e a cena do arrependimento seria completada primeiro, causando dano ao significado do Cristo de Hunt, de pé ante a porta fechada: o resultado do apelo de Cristo seria apresentado antes do próprio apelo. Assim, os pré-rafaelitas foram conduzidos da arte para a vida em virtude do seu realismo extremado.

O resultado da redução ao absurdo desse método foi o quadro *Rienzi* de Hunt, cujo "fundo não foi executado nem a partir da fantasia convencional, nem da própria memória, mas a partir da própria natureza". Não fez sequer esboços passando "diretamente da cena para a tela da pintura final". Mesmo assim, encontrou dificuldades com a representação da espada da pintura que ilustra *The Two Gentlemen of Verona*. Apesar dos seus protestos contra o arqueologismo alemão, Hunt se viu envolvido numa exaustiva controvérsia com os seus críticos a respeito das espadas que Valentine e Proteus carregavam: aparentemente pertenceriam ao período de Carlos I; e, pior ainda, o vestido de Silvia apresentava um bordado dentro dos padrões Luís XIV! Hunt teve dificuldade em tornar claro que, ao pintar o quadro em 1850, consultara fontes reconhecidamente conhecedoras de espadas: "algumas vezes o alargamento horizontal do punho se tornava a característica dominante... com a cruzeta ainda representada por um bastão nodoso ou por uma argola, mais acima no cabo". Desta forma ele se sai bem a respeito das espadas. Encontra-se em maiores dificuldades a respeito do vestido de Julia: é realmente feito de tecido moderno; ele garante, entretanto, aos seus críticos que ele próprio bordou as mangas e, finalmente, que ele "mesmo fez o chapéu". Há também o reconto infindável das dificuldades enfrentadas por Hunt para pintar *The Scapegoat* (1854-56) enquanto estava na praia do Mar Morto, tentando apreender a condição de Cristo. Teve que esperar pelo dia da Reconciliação para obter o fundo correto; conduziu a cabra pelos brejos salgados para "conservar sua maneira de andar pela crosta não resistente". Lutou para encontrar três cabras adequadas para servirem de modelo uma vez que as pobres morriam; amarrou-as sob o sol forte enquanto as pintava, pelo por pelo, do mesmo modo que Rossetti pintou o bezerro em *Found*.

Por mais absurda que fosse toda esta documentação, Hunt tinha consciência de que o século XIX almejava este tipo de precisão que estava de acordo com a ciência, com a natureza prática e com o pragmatismo. Explica: "Meu argumento é que o conhecimento adicional e as expectativas da mente moderna exigem a verdade mais exata". Tinha, também, consciência de que a precisão era análoga ao método científico: "Ao concordar em usar a maior elaboração na pintura dos nossos primeiros quadros, não pretendíamos mais do que insistir em que a prática fosse essencial para o treinamento do olho e da mão do jovem artista". Neste sentido, a sua obra foi um método de laboratório.

Estranhamente, não tinha a menor simpatia pelas experimentações levadas a efeito do outro lado do Canal, demonstrando a mais completa falta de compreensão da pintura francesa que ele põe de lado como sendo o "injurioso" gosto continental tingido pela depravação moral: "A arte de nossos dias revela uma revolta selvagem sob a forma de Impressionismo". As "telas horríveis" dos impressionistas, para Hunt, eram meras provas da "evolução monstruosa" que ocorria entre os estudantes parisienses cuja "brincadeira rude" só poderia produzir "formas caóticas" que exerciam uma "influência venenosa" sobre os que exibiam "o pigmento sujo ofensivamente empastelado" — "um constante perigo para a arte". Hunt nunca percebeu que as últimas obras de Millais, que se distanciara da Irmandade e se tornara um rico e popular pintor, eram um perigo muito maior para a arte. No fim da vida, Millais disse a Hunt, depois de ter pintado *Bubbles* (usado como propaganda do sabonete Pears):

Quero provas de que as pessoas gostam do meu trabalho; qual a melhor maneira de consegui-las do que ter pessoas desejosas de me pagar pelas minhas produções?... A moda atual pede meninas com toucas. Bem, eu a satisfaço enquanto durar; mas, tão logo a procura comece a declinar, estarei pronto para acompanhar a próxima moda... ou farei retratos ou pintarei paisagens... Siga o meu caminho, meu velho, e aceite o mundo como ele é e não torne obrigação sua irritar as pessoas erradamente.

Podemos, entretanto, acreditar em Hunt: a fidelidade à natureza parecia ser revolucionária entre os primeiros pré-rafaelitas. Pelo menos, essa fidelidade aparece constantemente na sua poesia. O primeiro plano do soneto de Rossetti "Silent Noon" é tão cuidadosamente acabado quanto uma pintura documentada:

Your hands lie open in the long fresh grass —
The finger points look through like rosy blooms:
Your eyes smile peace. The pasture gleams and blooms
'Neath billowing skies that scatter and amass.
All round our nest, as far as the eye can pass,
Are golden kingcup fields with silver edge
Where the cow-parsley skirts the hawthorne-hedge.
'Tis visible silence, still as hour-glass,
Deep in the sun-searched growths the dragon fly
Hangs like a blue thread loosened from the sky...*

* Suas mãos ficam abertas sobre a longa grama fresca —/ As pontas dos dedos parecem botões rosados:/ Seus olhos sorriem paz. O pasto brilha e se ensombrece/ Debaixo dos céus encapelados que espalham e acumulam./ Ao redor do nosso ninho, até onde os olhos alcançam,/ Existem campos de botões-de-ouro orlados de prata/ Onde a cicutária ladeia

A libélula na brilhante paisagem apresenta o realismo pré-rafaelita. Não é o mesmo realismo de Flaubert ou dos Goncourts que também estavam descobrindo a realidade, à sua própria maneira, que é bem explicada nos diários dos irmãos:

> Pouco nos resta na vida a não ser um intenso interesse — *a paixão pelo estudo da realidade*... Somos como homens para quem, depois de anos desenhando a partir de modelos de cera, foi, repentinamente, revelada a academia dos vivos, ou, antes, a vida em si, com suas entranhas ainda quentes e as tripas ainda palpitantes.
>
> (22 de maio de 1865)

Esta observação tem intenção científica e propiciou o "estudo clínico do amor" em *Germinie Lacerteux*. Os Goncourts têm a neutralidade de Maupassant. Insistem em que "podemos dizer acerca de toda pintura que der ensejo a uma impressão moral que, como verdade geral, é uma má pintura".

Os pré-rafaelitas britânicos estavam sempre moralizando ou simbolizando alguma coisa, tentando amarrar significados evangelistas à sua observação acurada. Gostavam dos assuntos lendários ou ritualistas. Desejavam colocar sua arte a serviço da "justiça e da verdade" e, talvez, também da fé. Tinham em mente os "interesses sublimes da humanidade" e sentiam "indignação em relação ao vício arrogante" juntamente com "piedade honesta pelas vítimas". Na realidade, eles faziam pregações, algumas vezes melodramaticamente, rejeitando a "escola materialista" e, no processo, se apresentando com ares de santarrões. Hunt confessou: "Nunca fomos realistas". Acima de tudo eles se sentiam atraídos por temas religiosos, mais precisamente pelos temas que davam margem a um tratamento alegórico ou ritualista. Hunt conta como pintou *Christ in the Carpenter Shop*, que teve como título principal *The Shadow of Death*: o jovem Cristo, de pé, com os braços esticados em cruz, com a sombra projetada na parede, simbolizando a sua pose no Gólgota. A sombra da cruz só é vista por Maria. Hunt foi bem claro quanto ao simbolismo usado; o seu problema consistiu em arranjar os elementos de maneira que a sombra só fosse vista por Maria mas de maneira a permitir que arrumasse todos os detalhes da carpintaria com precisão. "Eu não conseguia decidir como resolver as dificuldades derivadas do arranjo dos detalhes em minha pintura até que visitei muitos carpinteiros do local trabalhando e fui a Belém e procurei as ferramentas tradicionais." Apesar do seu cuidado e planejamento, a pintura não parece natural. A cuidadosa documentação na pintura pré-rafaelita não evitou o aparecimento da artificialidade que é inerente a obras como *Christ in the House of His Parents* e *The Scapegoat*. A preocupação com a alegoria e com o pseudo-simbolismo significava que o sintético estava sobreposto ao naturalista.

A fase inicial da poesia de Tennyson era freqüentemente sintética embora os detalhes ilustrativos e as configurações feudais a tornassem num "Palácio da Arte" pré-rafaelita:

> Full of great rooms and small the palace stood,
> All various, each a perfect whole
> From living Nature, fit for every mood
> And change of my still soul*.

(Chega-se a pensar no decadente palácio pseudogótico construído mais tarde pelo herói estético de Joris-Karl Huysman, Des Esseintes.)

> For some were hung with arras green and blue,
> Showing a gaudy summer-morn,
> Where with puffed cheek the belted hunter blew
> His wreathed bugle horn.
>
> One seemed all dark and red — a tract of sand,
> And someone pacing there alone,
> Who paced forever in a glimmering land,
> Lit with a low large moon**.
>
> (1832-42)

* Cheio de salas grandes e pequenas, lá está o palácio,/ Variadas, cada uma um todo perfeito/ Da natureza viva, adequado para todos os estados de espírito/ E para todas as mudanças da minha alma quieta.

** Pois alguns estavam pendurados com tapeçaria azul e verde/ Apresentando uma vistosa manhã de verão/ Em que

a cerca de espinhos./ O silêncio é visível, parado como uma ampulheta/ No fundo, nas excrescências buscadas pelo sol, a libélula,/ Pende como um fio azul desprendido do céu...

(Chega-se, também, a pensar nos cenários altamente estilizados usados por Poe em "Masque of the Red Death", que é um simbolismo ornamental.) Estes padrões decorativos reaparecem nos *Idylls* e nos desenhos e poemas cavalheirescos dos Rossetti. Aparecem de forma surpreendente nos papéis de parede de William Morris, tapeçarias, iluminuras de manuscritos, e baladas como "Winter Weather" uma composição neogótica em que o perfil das figuras é fortemente traçado bem como as paisagens e os detalhes brilhantes: a torre se ergue negra contra a aurora; os cavaleiros vermelho e azul são pareados em perfeita simetria; as bandeiras, azul e vermelho profundos, caem perfeitamente retas sobre as lanças nos tempos solenes. "Lady of Shalott" de Tennyson é um brocado em amarelo e branco (pois já estamos prenunciando as abstrações em amarelo e branco da década de 90 e de Beardsley).

A artificialidade pré-rafaelita é levada até o maneirismo em poemas como "Card Dealer" de Rossetti que poderia ter sido elaborado por Poe:

> Her fingers let them softly through,
> Smooth polished silent things;
> And each one as it falls reflects
> In swift light-shadowings,
> Blood-red and purple, green and blue,
> The great eyes of her rings*.
> (1849)

Aqui, outra vez, a cor e o som são quase inteiramente ornamentais. Rossetti, que não é totalmente típico do pré-rafaelitismo britânico, joga uma estranha luz sobre estas figuras bem acabadas, uma atmosfera encantada que confere à composição a irrealidade e a distância do sonho:

> In painting her I shrined her face
> 'Mid mystic trees, where light falls in
> Hardly at all; a covert place
> Where you might think to find a din
> Of doubful talk, and a live flame
> Wandering, and many a shape whose name
> Not itself knoweth, and old dew
> And your own footsteps meeting you,
> And all things going as they came.
>
> A deep dim wood: and there she stands
> As in that wood that day: for so
> Was the still movement of her hands
> And such the pure line's gracious flow.
> And passing fair the type must seem,
> Unknown the presence and the dream.
> 'Tis she: though of herself, alas!
> Less than her shadow on the grass
> Or than her image in the stream*.
> ("*The Portrait*", 1847)

O ar artificial é bastante marcado em Rossetti, que estilizou a cabeça da mulher tanto em desenho quanto na poesia até chegar a feições exóticas, silenciosas, semelhantes à de medusa, sinuosas e machucadas; a beleza juntou a nota de estranheza que também envolve a visão que Pater tem de Mona Lisa, sorrindo em meio às suas misteriosas rochas azuis, com a face sombreada por velhos pecados da carne. Estas criaturas de charme maculado se multiplicam rapidamente entre os decadentes.

---

com as bochechas infladas o caçador soprava/ Sua trompa de caça enfeitada.// Parecia vermelho e preto — um pedaço de areia/ Alguém por lá andando sozinho/ Alguém que sempre andou numa terra brilhante/ Iluminada por uma imensa luz baixa.

* Os dedos dela deixam passar/ Coisas lisas, polidas e silenciosas,/ E cada um, ao cair, reflete/ Em rápidas luzes--e-sombras,/ Vermelho-sangue, e roxo, verde e azul,/ Os grandes olhos de seus anéis.

* Ao pintá-la santifiquei o seu rosto/ Em meio a árvores místicas, sobre as quais/ Dificilmente recai a luz; um lugar escondido/ Onde se poderia pensar encontrar um rumor/ De conversa duvidosa, e uma chama viva/ Movendo-se e muitas formas cujos nomes/ Não conhecidos em si, e o orvalho antigo/ E as suas próprias passadas vindo ao seu encontro/ E tudo indo como veio.// Um bosque sombrio e profundo: e lá está ela/ Como naquele bosque, naquele dia: pois tal/ Fora o movimento tranqüilo de suas mãos/ E tal fora o fluir gracioso da linha pura./ E ao passar, o tipo deve parecer bonito/ Desconhecendo a presença e o sonho./ É ela: embora dela, ai! Menos que sua sombra na grama/ Ou sua imagem na correnteza.

Rossetti, não importa se estivesse desenhando Lizzie Siddal, Fanny Cornforth ou Jane Burden, esticava a precisão fotográfica de Hunt até chegar à defraudada máscara da Mulher Fatal, cujo olhar é luz de jacinto, cuja palidez é negada pela boca apaixonada, sua graça enjoada. O desenho é claro e resistente; os detalhes são elaborados.

Estas mulheres de Rossetti são paradas. Já se disse que Rossetti faz parar o tempo. E ele o faz intencionalmente. Sua arte revela a competição que existe no pré-rafaelitismo entre visão e plano, pois a visão apresenta detalhes naturalistas enquanto o todo da visão é artificial. Burne-Jones fixa as suas figuras numa pose, como Rossetti ou Degas. Hunt reconheceu o problema, mas de forma obscura, ao reclamar que: "Nossos métodos de trabalho, entretanto, causaram sérios resultados na nossa produção", pois no momento em que cada detalhe da composição estivesse sendo elaborado "era de vital importância ter-se em vista todas as partes circundantes do projeto". Assim sendo, certos estudos das partes, feitos separadamente, "provavam não estar de acordo com o resto ao ser transferido para a tela", de maneira que todas as partes precisam ser elaboradas concomitantemente. Este foi um problema enfrentado pela pintura do Quattrocento que causou muitos debates durante o renascimento e que resultou no "isolamento decorativo". A tarefa proposta é a de colocar todos os detalhes no mesmo plano de interesse. Como os pré-rafaelitas não confiavam nos olhos como Monet, trabalhavam as superfícies em demasia, chegando a um resultado que só podia se conservar coeso em virtude do projeto sobreposto aos detalhes. Deve-se a frigidez do quadro de emigrantes, executado com intensidade por Ford Madox Brown, chamado *The Last of England*, em que marido e mulher olham a costa distante, à competição ou ao conflito entre visão e projeto. O naturalismo existe nas partes, não no todo que parece um produto artificial. A inconsistência também era inerente ao daguerreótipo: dava uma nota de realidade às suas poses cuidadosamente estabelecidas. Foi uma dificuldade encontrada por Bazille e que reapareceu na pintura pré-rafaelita de Henry Alexander Bowler, *The Doubt* (1856), um instantâneo quase fotográfico de uma mulher captada à luz do sol brilhante em um cemitério; ela se apóia em uma lápide meditando sobre a inscrição ("Podem estes ossos secos viver?") enquanto uma borboleta dança ao seu redor. Suas obras sofrem uma pressão exercida por esta supervisibilidade.

O projeto, frequentemente, controla a visão nos poemas pré-rafaelitas escritos para ilustrar as pinturas e nas pinturas feitas para ilustrar os poemas. A narração nas baladas de Morris, como "Winter Weather", é congelada numa fixidez que enfatiza o que Stevenson denominou, em sua maneira neo-romântica, de gesto apropriado e surpreendente. O incidente brutal de Morris é estilizado num movimento de ballet. Ou, tomemos, como exemplo, a estrofe de "The Blessed Damozel" de Rossetti, um daguerreótipo celestial:

> Circlewise sit they, with bound locks
> And foreheads garlandèd;
> Into the fine cloth white like flame
> Weaving the golden thread...*

Os *Idylls* de Tennyson estão repletos dos adornos e contornos pré-rafaelitas que ele encontrou nos poemas pseudomedievais de Keats, uma fonte constante de ornamentação para aquele movimento. Em "Blue Closet" e "The Chapel in Lyoness" de Morris, o projeto é formalizado em uma abstração.

> Gold or gems she did not wear,
> But her yellow rippled hair,
> Like a veil hid Guendolen!
>
> 'Twixt the sunlight and the shade,
> My rough hands so strangely made,
> Folded golden Guendolen;
>
> Hands used to grip the sword-hilt hard,
> Framed her face, while on the sward
> Tears fell down from Guendolen**.
> (1858)

* Sentam-se em círculo, com os cachos presos/ E a fronte enfeitada com guirlandas;/ Trançando o fio dourado,/ No fino tecido branco quanto uma chama...

** Não usava ouro nem pedras preciosas,/ Mas seu dourado cabelo revolto/ Como um véu escondia Guendolen!//

26. ROSSETTI: *Ecce Ancilla Domini*

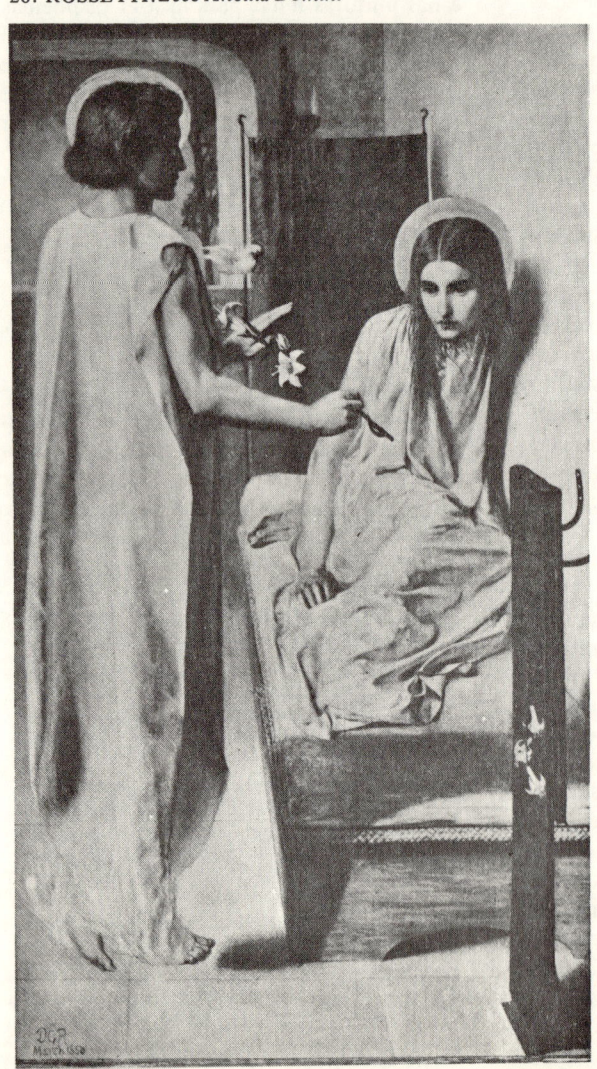

27. BURNE-JONES: *The Golden Stair*

Esta passagem de "Rapunzel" apresenta o tipo de verso de Puvis e a sua coloração amarela decorativa. Morris e Rossetti descobriram o que Maurice Denis também descobriu: que "as cores, os sons, as palavras têm um valor miraculosamente expressivo separado da representação e do seu significado literal". Assim, o campo ornamental foi extraído dos incidentes narrativos.

George Moore declarou que durante mais de um século a pintura foi somente uma criada da literatura e os pintores foram um tipo de libretistas. Seria possível colocar em uma escala os passos com os quais os pré-rafaelitas se libertaram do libreto. A *Ordem de Libertação* de Millais, que mostra um soldado que retornou abraçando sua esposa, é pura literatura. O vira-lata adulando o soldado apresenta, provavelmente, o mais convincente pelo jamais pintado em tela; tem-se o irresistível impulso de acariciá-lo. Depois viria *Empty Purse* de Collinson, seguramente uma das mais feias pinturas pré-rafaelitas com seu fundo verde amargo e suas fitas cor-de-rosa. A criada vitoriana gastou tudo em caridade e agora está de pé ao lado de uma mesa com a conta escrita como que numa colagem: "Saint Bride's Church, Bazaar, Useful and Fancy Articles — Patroness Lady Dorcas". Isto também é literatura com uma nota de melhoria social. Depois viria *The Proposal* de F. G. Stephens — um jovem medievalesco, parecido com John Ruskin em um mau momento e vestido com um tipo de malha vermelha, seriamente corteja uma moça vestida de marrom que parece ser da classe baixa; é o medievalismo traduzido para as características deprimentes da classe média baixa. O simbolismo ansioso do pré-rafaelitismo viria a aparecer em *Ecce Ancilla Domini* (de março de 1850) [26], uma composição pobre em branco e azul, com um paravento vermelho bordado com lírios para denotar pureza e frigidez. A Virgem, obviamente um tipo londrino, se encolhe na pálida luz da manhã; seus olhos, como fez notar George Moore, são "poços profundos de luz" e seu cabelo vermelho, "um símbolo da alma". Para Moore, isto é um "drama espiritual". Rossetti inventou uma figura gótica estético-sintética de "estranha graça híbrida". Esta moda foi adotada por Burne-Jones em 1880 na execução de *The Golden Stair* [26] com sua espiral maneirista e tristes figuras paradas: um pré-rafaelitismo decadente. A cor utilizada por Rossetti em *Ecce Ancilla* e o seu desenho de silhuetas tem uma certa niponicidade (*japonaiserie*) que reaparece nos arranjos não-literários de Whistler: "passagem mágicas do cinza ao verde e deste, outra vez, para o sempre mutante e evanescente cinza".

Os impressionistas pretenderam observar a natureza mas descobriram que a luz e a cor se separavam da cena como um tipo de sintaxe independente; da mesma forma, os pré-rafaelitas descobriram que seus detalhes fotográficos e pseudomedievais formavam uma gramática do ornamento independente. O pré-rafaelitismo, como o impressionismo de Monet a Seurat e ao pós-impressionismo, repudiava os modelos de cera e a mecânica do estúdio. Voltou-se para a observação direta, para a precisão e honestidade; uma visão nua que também inspirou o pequeno poema escrito como um credo na revista pré-rafaelita de curta duração chamada *The Germ*:

> When whoso merely hath a little thought
> Will plainly think the thought which is in him,
> Not imaging another's bright or dim,
> Not mangling with new words what others taught...*

é, então, pré-rafaelita. Na sua severidade moral, a Irmandade passou a confiar nos incidentes e nas situações da vida ordinária, episódios como o das "mulheres decaídas" pintadas por Rossetti em

---

Entre a luz do sol e a sombra/ Minhas mãos ásperas, tão estranhamente feitas,/ Envolveram a dourada Guendolen;// Mãos acostumadas a segurar fortemente o cabo da espada,/ Circundaram seu rosto, enquanto sobre a relva/ Caíam lágrimas de Guendolen.

* Quando quem somente tiver um pensamentozinho/ Pensar claramente o pensamento que tem/ Sem imaginar um outro, brilhante ou tolo/ Sem mutilar com palavras novas o que outros ensinaram...

Found ou como seu poema lúrido "Jenny". Depois que os detalhes ilustrativos foram cuidadosamente elaborados em cada passagem, as partes se tornaram maiores do que o todo ou, pelo menos, incompatíveis com o todo; cristalizaram, então, na superfície como coloração e contorno decorativo.

Apesar de seus objetivos e métodos diferentes, os pré-rafaelitas e os impressionistas foram levados em direção a ilusões bidimensionais. Artisticamente, os pré-rafaelitas se redimiram em virtude de suas próprias artificialidades. A perda do anedótico foi uma crise nas artes do século XIX; os impressionistas e os pré-rafaelitas passaram por essa perda mais ou menos na mesma época, quando renunciaram à natureza em prol das harmonias de cores e dos desenhos de superfície. Nem os pré-rafaelitas nem os impressionistas tinham *um* estilo. Ambos estilizavam e, muitas vezes, de modo afetado. Mas ambos foram precursores do Art Nouveau.

5. OS NABIS E A ART NOUVEAU

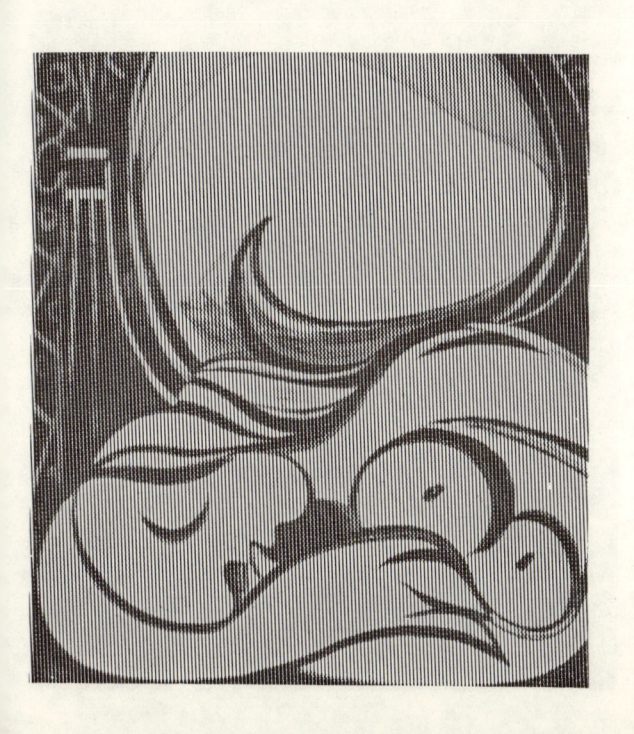

De certo ponto de vista, a aceitação do truque na literatura e na pintura é sinal de decadência; de outro ponto de vista, é o novo formalismo em cuja direção corriam as principais correntes da época: os pré-rafaelitas, os impressionistas, os simbolistas, os realistas como Gautier, e aquele grupo amorfo conhecido como Nabis, sintetistas ou neotradicionalistas. Os simbolistas admiravam o bizantino porque era uma arte hierática, ritualista que submetia a natureza ao estilo. O próprio termo bizantino tem uma dupla referência: a arte altamente estilizada do oriente cristão e o esteticismo do fim do século dos decadentes e dos neopagãos. Por detrás de ambos os significados, descobrimos uma obediência ao estilo. E, se estilo quer dizer alguma coisa no fim do século XIX, significa a descoberta de um *motivo* em si e por si como sendo a essência da arte. Esta ênfase no desenho abstrato liga a arte Nabi à Art Nouveau que precisam ser considerados conjuntamente como indicações comparáveis de um novo formalismo: um formalismo que conquistou

28. GAUGUIN: *Fatata Te Miti*

29. DENIS (Maurice): *As Musas*

a simpatia dos estetas bem como a devoção algo pomposa dos neotradicionalistas que se intitulavam "romanistas" e esperavam fazer a literatura e a arte francesa voltarem ao seu "princípio greco-romano" original. Só as mais arbitrárias decisões podem separar os Nabis da Art Nouveau e ambos, da arte bizantina.

Os chamados pintores Nabis se encontram na encruzilhada onde se interseccionam grande número de maneirismos da arte do século XIX para seguirem em direção a um novo senso de estilo. O grupo é mais importante pelos seus interesses e teorias do que por suas pinturas, que eram um paliativo para o simbolismo, Gauguin, para a estilização japonesa, para as várias formas de medievalismo e para o neotradicionalismo que encontrou seu porta-voz em Maurice Denis[11]. A natureza complexa da especulação e da técnica Nabi é evidenciada pelas suas relações com Gauguin, que encontrou Émile Bernard na Bretanha em 1886 e que, através dele, se tornou íntimo do grupo Nabi não só em Pont-Aven em 1888 e em Pouldu mas também no Café Voltaire em Paris, depois de novembro de 1890. Nesse local, Gauguin disse ao poeta Charles Morice: "A arte primitiva procede da mente e usa a natureza. A chamada belas-artes procede dos sentidos e serve a natureza. A natureza é a criada da primeira e a dona da segunda". A pintura de Gauguin [28] conferiu ao primitivismo uma nota hierática porque ele dava um tratamento à cor dentro de linhas fechadas ou *cloisons* que se assemelhavam ao chumbo dos vitrais medievais. Daí surgiu a técnica do *cloisonnisme* (alveolismo) ou a pintura com cores lisas dentro de áreas bem definidas que permitiu a Gauguin evitar "copiar por demais a natureza". Como declarou: "sacrifiquei tudo em benefício do estilo". Gauguin ensinou Sérusier a tratar a cor como uma abstração, a pintar "tão azul quanto possível"; em 1888, escreveu este conselho a seu amigo Schuffenecker: "Não copie por demais a natureza. A arte é uma abstração; extraia essa abstração da natureza enquanto sonha perante ela mas pense mais na criação do que no resultado real". Depois aparecerá "a *síntese* da forma e da cor derivada da observação do elemento dominante somente".

Este foi um princípio que exerceu grande atração sobre um grupo de pintores que incluía Bernard, Sérusier, Denis [29], Seguin e Filiger, patrocinados pelo sr. e sra. Ranson em Paris. Em casa dos Ranson, estudaram as gravuras japonesas e os vitrais medievais enquanto admiravam Cézanne, Puvis de Chavannes e Odilon Redon. Sérusier, o primeiro teórico, foi inspirado não só por Gauguin mas também pelos egípcios, gregos, cambodianos, chineses e góticos. Cazalis trouxe para o grupo sua mística "hebraizante" — donde surgiu o nome Nabi, que significa "profeta". Maurice Denis, católico devoto, parece ter causado a conversão de Verkade, que se juntou aos artistas neocatólicos ou neonazarenos em Beuron, ligando, assim, os Nabis aos lioneses da geração antecedente com a arte católica de Desvallières e Rouault no século atual. Se os Nabis não chegaram a formar uma escola, uniram-se em função da admiração que nutriam pelo simbolismo, pela tradição, por Cézanne, Puvis e Gauguin e através da sua revolta contra o naturalismo e o impressionismo. Denis comenta em seu *Journal* de 1898 que os impressionistas cometeram o erro de pintar a partir de um modelo ou da natureza; ao contrário, a pintura deveria ser simbolista e subjetiva (*toute émotion peut devenir un sujet de tableau*). O grupo repudiava, também, o academismo, embora, obviamente, não tenha conseguido se libertar da nostalgia da arte medieval. A pintura Nabi era cerebral; Sérusier propôs um estilo que era um produto do intelecto.

Na melhor das hipóteses, o programa proposto pelo grupo era incoerente. Albert Aurier fez uma tentativa algo desesperada de descrevê-lo em 1891,

---

11. Este relato a respeito dos Nabis foi composto a partir da informação encontrada em Charles Chassé, *Le Mouvement Symboliste*, Paris, 1947; Anne Armstrong Wallis, "Symbolist Painters of 1890", *Marsyas*, 1941, pp. 117-152; Agnès Humbert, *Les Nabis et Leur Époque*; e Bernard Dorival, *Les Peintures du XXe Siècle*, Paris, 1957, I, e *Les Étapes de la Peinture Française Contemporaine*, Paris, 1943-46. Os dados a respeito de Gauguin foram tirados de John Rewald, *Post-Impressionism*, embora este livro também seja relevante para a Art Nouveau.

em um artigo a respeito de Gauguin, declarando que o programa era Ideológico (seu único objetivo é expressar a Idéia), Simbolista (expressa a Idéia através de Formas), Sintético (estas Formas são Signos), Subjetivo (o objeto não é considerado como um simples objeto mas como Signo de uma Idéia), e Decorativo (como a arte "primitiva" dos egípcios e dos gregos). Em *Théories* e *Nouvelles Théories*, Maurice Denis sublinha o fato dos Nabis estarem à procura de um estilo. Uma das intenções desses pintores era a de "pintar nus com quem não se pudesse dormir". Nesse ponto os Nabis estão de acordo com simbolistas como Mallarmé, que disse o ato poético ser ver um certo número de motivos agrupados em um padrão. Denis, complacentemente, ajuntou que "a natureza, para o artista, só pode ser um estado d'alma". Estendeu para a pintura as teorias simbolistas da poesia ao considerar aquela como sendo "uma síntese expressiva, o símbolo de uma sensação que se torna a transcrição eloqüente" ou o equivalente pictórico de uma emoção. (Há algo em comum entre a busca de signos pictóricos ou equivalentes dos Nabis e a procura, empreendida mais tarde, por T. S. Eliot, dos correlativos objetivos.) Rejeitando toda a atmosfera do ar livre, os Nabis proclamaram a *rupture du moi connaissant avec l'object, c'est à dire avec la nature*.

Não obstante o primitivismo de Gauguin, a pintura Nabi voltou para o estúdio. A própria palavra sintetismo significava a fusão da natureza com as idéias abstratas. O alveolismo de Gauguin parecia uma maneira de se chegar a essa fusão e um modo de se afastar dos burgueses também, pois a arte sintetista Nabi desdenhava a coletividade. Aurier afirmou que a pintura é uma *stylisation raisonnée*. Nos fins do século, os Nabis revivificam a noção de Poe e Baudelaire de que a arte é uma criação rítmica de Beleza. Gauguin falava como simbolista ou Nabi quando afirmou: "A idéia é a forma das coisas, fora das coisas". A cor não-naturalista de Gauguin e dos Nabis se deve ao fato de tratarem a pintura como pintura, uma vez que "é permitido todo lirismo, devendo-se fazer uso da metáfora como um poeta". O equivalente ou signo Nabi é uma metáfora pictórica. Em tudo isto existe uma nota bizantina, uma obsessão com estilo própria do fim do século. Na verdade, Denis está totalmente de acordo com os contornos decorativos da Art Nouveau, um estilo de atelier – quando escreveu em 1900, no seu *Journal*, que o pintor deveria depender da "predominância da silhueta, do arabesco, da caligrafia, da interpretação linear do modelo e da roupagem", chegando a um "compromisso entre o ornamento vegetal e geométrico" e procurando "a beleza do perfil". Denis admirava a pintura em vasos, que não era escultural.

De um modo geral, a pintura Nabi se subdividia em duas correntes principais: uma que remetia Sérusier, Denis, Verkade, Roussel e Ranson para a idade média e para Gauguin; a outra remetia Bonnard, Vuillard, Vallotton e outros pintores intimistas ou protofauvistas para os japoneses e para Degas[12]. Ambos os grupos aceitavam o arabesco, a silhueta, a superfície decorativa: em poucas palavras, a parede. Em 1890, Jean Verkade queria, como Purvis, decorar paredes: *"Des murs, des murs à décorer... Il n'y a pas de tableau, il n'y a que décorations"*. Os Nabis tentaram substituir os sólidos pelos planos de maneira que, em vez da natureza, encontraríamos um padrão sintético com "a linha precisa definindo a forma". O ideal Nabi se encontrava na pintura descorada e extremamente educada de Puvis. Havia, também, uma forte influência de Gauguin na composição parcialmente mural de Denis – *Les Muses* (1893) – que apresenta, além disso, as curvas da Art Nouveau.

Em *A B C de la Peinture*, Sérusier mostra como o problema, do século XIX, do registro da sensação se transformou no problema sintetista Nabi da representação ou conhecimento: "Decorar uma superfície é sublinhar as proporções corretas. Se estas não forem corretas, a figura é uma mera simulação, um disfarce, uma fraude, uma mentira". A teoria Nabi afirma que uma pintura é "um objeto que tem suas próprias leis" e que é um grande erro

---

12. Os Nabis são assim classificados por Dorival em *Les Peintres du XXe Siècle*, I, pp. 17-23.

opor-se a idéia de natureza à idéia de estilo. A arte bizantina prendeu a imaginação Nabi exatamente porque, como comentou Denis, nela, a decoração corresponde a um conceito espiritual; existe uma relação entre a pintura e o intelecto e não entre este e a natureza. A rejeição da objetividade levou a pintura sintetista ao esoterismo e Denis confessou que o misticismo Nabi era, em grande parte, "uma mistura singular de Plotino, Edgar Poe, Baudelaire e Schopenhauer juntamente com Mme. Blavatsky, Péladan e as exibições dos Rosacruzes". Freqüentemente a obra Nabi era débil e sem vida, apresentando os artifícios sem efeito do teatro de Maeterlinck. Entretanto, a ênfase dada pelos Nabi à forma abstrata conduziu do simbolismo ao fauvismo, através de Gauguin. Podemos ver os resultados na cor arbitrária de Van Gogh.

Denis poderia ter dito que todo o grupo estava a procura de um cânone. Simpatizavam com o "romanismo" de Jean Moréas que propunha a volta à tradição "greco-romana" — uma *chaîne gallique* — que fora quebrada pelo romantismo e pelo naturalismo. Moréas achava que, em especial, a literatura havia sido ameaçada "por muito nevoeiro". A necessidade pela tradição levou os Nabis a um medievalismo ainda mais hermético do que o dos pré-rafaelitas. Sob a orientação de Denis, dirigiram-se para um dogma que, finalmente, se tornou uma forma de neocatolicismo: o princípio de que "a pintura é uma arte essencialmente religiosa" e que um século ímpio precisa retornar à estética de Fra Angelico — *qui seule est vraiment catholique*, segundo afirmações de Denis em seu *Journal*. Isto é mais ortodoxo que a confusa Eclesiologia da Inglaterra. Denis solicitava com insistência: "A arte precisa retornar aos conventos". Vê, nos vitrais de S. Pedro, em Chartres, a esperança para a arte moderna. Em 1903, Denis visitou Beuron onde os monges negros, na neve e na umidade, passavam pelos corredores cheios de pinturas derivadas das obras de Giotto. Na sua cela simples e aconchegante, Verkade conversou com Denis a respeito de pintura, salientando a técnica Nabi que parecia tão cristã: "*une bonne couleur, un bon dessein, de bonnes proportions... La couleur est surtout utile pour la décoration, peu pour l'éxpression*". O estilo neomedieval de Beuron vem de Ingres: "linhas, linhas, sempre linhas" — e rejeita Delacroix; e se adapta ao mural. Só a Igreja Católica pode resguardar esta tradição. Para os monjes de Beuron o "protestantismo é uma laicização", como o diz Denis. Os efeitos sobre Rouault são bem conhecidos. Também existem ecos do programa Nabi nas neo--ortodoxias de T. S. Eliot, que pode ter vindo a aceitar algumas dessas idéias através de T. E. Hulme.

Em resumo, Denis disse que os Nabis "nasceram do simbolismo, também chamado sintetismo, e hesitavam entre a expressão mística e a decoração". Precisamente em virtude desse sincretismo, os Nabis foram os intermediários das novas concepções de arte, concepções estas que tiveram origem em Baudelaire e que chegaram até Cézanne, Yeats, Hulme, Eliot e os modernos que transcenderam o romantismo, o realismo e a personalidade, trazendo para o primeiro plano o grande problema da representação. Denis mostra como os Nabis se encaminharam para esse problema ao escrever:

O pintor, segundo frase de Cézanne, não deveria tentar reproduzir a natureza mas representá-la através de equivalentes: equivalentes plásticos... "Uma vez que o propósito da arte não é mais a reprodução imediata e direta do objeto, todos os elementos de uma linguagem pictórica — linhas, planos, sombra, luz, cores — se transformam em elementos abstratos que podem ser combinados, rarefeitos, exagerados, distorcidos de acordo com o seu poder expressivo para obter o fim principal da obra: a projeção da idéia, do sonho, do intelecto".

(*Nouvelles Théories*)

A admiração que nutriam pela qualidade decorativa coloca os Nabis tanto no compasso do simbolismo como da manifestação muito mais ampla conhecida sob o nome de decadência ou esteticismo, as atitudes extravagantes de um Oscar Wilde, que declarou: "O primeiro dever da vida é ser tão artificial quanto possível. Ninguém ainda descobriu qual possa ser o segundo dever". Para mostrar como estava no ar o sentido de "estilo", citamos mais uma frase de Wilde: "Toda arte é ao mesmo tempo superfície e símbolo". Wilde aceitava a idéia sintetista de que "a pintura é, primariamente, uma superfície lindamente coberta. É, primariamente, uma coisa puramente decorativa", disse aos estudantes de arte em uma das suas exposições.

Wilde, que, do ponto de vista de temperamento, pouco tinha em comum com os Nabis, em *Intentions* amplia a tese de que, "quanto mais estudamos arte, menos nos interessamos pela natureza. O que a arte realmente nos revela é a ausência de um projeto na natureza". Foi precisamente por isto que Denis e os Nabis rejeitaram os impressionistas. Wilde também escreveu o axioma usado pelo jovem André Gide, artista bizantino, para dar início à sua obra parcialmente simbolista: "É através da arte, e só através da arte que podemos realizar a nossa perfeição". Antecipando o personagem Lafcadio de Gide, Wilde propõe a opinião de que "A vida imita muito mais a arte do que esta àquela".

> A vida é um espelho da arte que ou reproduz algum tipo estranho representado pelo pintor ou escultor, ou realiza de verdade o que foi sonhado ficticiamente... De onde tiramos, se não dos impressionistas, aquelas maravilhosas neblinas marrons que vêm descendo pelas ruas, desfocando os lampiões de gás e transformando as casas em sombras monstruosas?... Natureza... é criação nossa. É no nosso cérebro que ela desperta para a vida.
>
> (*Intentions*)

(Nesse meio tempo, Albert Aurier, em Paris, escrevia que "Acima de tudo o artista tem o dever de cuidadosamente evitar a antinomia de toda arte: verdade concreta, *trompe l'oeil*, de forma a não emprestar à pintura a impressão falaciosa da natureza que agiria sobre o espectador como a própria natureza".) Para Wilde, todo artista é um mentiroso de sucesso e "enquanto método, o realismo é um completo fracasso". (Mais tarde, Gide fez eco: "As melhores passagens do meu romance são aquelas totalmente inventadas".)

Wilde representa uma última fase do neomaneirismo com sua consciência aguda de estilo. Se considerarmos Gide como exceção, Wilde é o último dos almofadinhas. Ambos se dedicaram ao artificial e foram sintomáticos da visão artística da vida que emergiu, finalmente, com o romantismo dos primeiros anos do século. Pater, também, como almofadinha acadêmico, tentou impor a disciplina da arte ao sentimento, trazendo para a literatura uma exagerada consciência do veículo utilizado. Exigia que o escritor desse atenção aos mínimos detalhes a fim de "lidar escrupulosamente com o seu instrumento"; precisava prestar atenção à "visão interna" e "dar à frase, à sentença, ao elemento estrutural, à composição inteira, canção ou poesia, uma mesma unidade quer fosse com o objeto ou consigo própria: um estilo está no caminho certo quando leva a isso". A partir do cuidado com a língua, Pater foi levado à noção de estilo como abstração; a pureza dessa noção fez com que Flaubert pensasse que "a idéia só existe em virtude de sua forma". Tais convicções abriram o caminho para Croce. No fim do século, sob a capa de decadência, esteticismo ou arte bizantina, apareceu uma devoção ao estilo como se este fosse um absoluto, um exercício na exploração formal de um veículo. O neomaneirismo se cristalizou em padrões cuidadosamente discriminados.

A cristalização não foi inteiramente pura nem na pintura nem na teoria Nabi porque os Nabis não aceitavam a lógica do decorativo sem restrições: a mística lhes chamava a atenção. Houve, contudo, uma outra cristalização, breve, é claro, na forma da arte decorativa internacionalmente conhecida por nomes diferentes: na França, foi chamada de Art Nouveau; na Alemanha, Jugendstil ou Sezession; não recebeu nome na Bélgica mas produziu nesse país a moderna arte e arquitetura funcional de Victor Horta e Henry van de Velde; na Inglaterra e Escócia assumiu a forma de apêndice dos movimentos das artes e ofícios e do método japonês de Whistler[13]. Como o rococó, é um movimento

---

13. A minha abordagem da Art Nouveau e de suas características está baseada, principalmente, em Stephan Tschudi Madsen, *Sources of Art Nouveau*, 1955; utilizei, também, Alf Bøe, *From Gothic Revival to Functional Form*, Oslo, 1957; Henry F. Lenning, *The Art Nouveau*, 1951; Henry R. Hope, *Sources of Art Nouveau*, tese defendida em Harvard e não publicada, 1943; Fritz Schmalenbach, *Jugendstil*, Wuertzburg, 1934; Friedrich Ahlers-Hestermann, *Stilwende*:

que pertence essencialmente às artes decorativas. Na verdade, pode ser considerado como uma manifestação neo-rococó. Como sabemos, o rococó não foi tanto um tipo de arquitetura mas um sistema de decoração usado por arquitetos. É verdade que a Art Nouveau produziu alguns edifícios modernos, de paredes nuas e materiais funcionalmente usados, como, por exemplo, a Casa Branca em Chelsea (1877) projetada para Whistler por E. W. Godwin, mas, na essência, essa arte se desenvolveu associada à arquitetura e não como um estilo independente. O "feminino" trabalho em ferro das estações do metrô de Paris sobrevivem como uma relíquia da Art Nouveau.

Por ter assumido, internacionalmente, tantas formas, a Art Nouveau não pode ser facilmente descrita. A dificuldade se torna ainda maior dado o seu relacionamento próximo com o impressionismo, o esteticismo, o sintetismo, os movimentos pré-rafaelitas de artes e ofícios, a moda japonesa e o fauvismo. Ela também prenuncia a Bauhaus. Suas origens estão enraizadas no século. Os irmãos Goncourts sempre reivindicaram a prioridade na moda japonesa: "Fomos os primeiros a introduzir o gosto pelos objetos chineses e japoneses", disseram eles por volta de 1868. O mais importante foi que viram a semelhança entre o gosto japonês e o reflorescimento do rococó. Jules de Goncourt afirmou: "A busca da *realidade* na literatura, a ressurreição da arte do século XVIII, o triunfo do nipônico — não são estes os três grandes movimentos literários e artísticos da segunda metade do século XIX?"

Também em 1868, apareceu a *Grammar of Ornament*, de Owen Jones, apresentando a idéia de que as artes decorativas deveriam todas nascer da arquitetura e que "a beleza da forma é produzida por linhas que saem umas das outras em ondulações graduais". Jones nos dá, possivelmente, a chave:

Aufbruch der Jugend, Berlim, 1956; e o clássico esboço que aparece em *Pioneers of the Modern Movement*, 1936, de Nikolaus Pevsner, que sublinha a existência da "longa e sensível curva" subjacente à Art Nouveau.

Art Nouveau é um "retorno ao motivo significativo", uma liberação do desenho sedutor baseado na decoração curvilínea, uma linha floral "orgânica" chamada cabelo-de-vênus. Esta linha melodiosa e rítmica era uma revolta contra o naturalismo desordenado próprio da decoração do século XIX e contra Biedermeier, sendo, também, uma rejeição dos detalhes pitorescos que floresceram no pseudogótico e no método das abadias. A Art Nouveau fez uma limpeza na decoração, tanto floral quanto geométrica, retornando à linha altamente estilizada. Assim, os novos motivos ornamentais foram, como no rococó, facilmente assimilados à arquitetura.

A Art Nouveau se inspirou na natureza; mas esta foi formalizada em contornos rítmicos e repetidos que apareceram tanto nas artes gráficas quanto na arquitetura. A moda japonesa se prestava a este ornato lienar, como bem o mostrou Aubrey Beardsley. A linha quatrocentista de Botticelli também teve influência sobre esta distorção altamente decorativa e complexa que apontava em direção ao fauvismo. Em 1877, já se podia ver, dependurada nas paredes verde e dourado da Galeria Grosvenor, de Sir Coutts Lindsay, em Londres, vários "arranjos" ornamentais pintados por jovens ajaponesados como Whistler [30], Burne-Jones ou G. F. Watts, arranjos esses que lembravam vagamente o pré-rafaelitismo tardio, Hiroshige e o impressionismo. Por volta de 1895, os novos motivos alcançaram o primeiro plano quando Sigfried Bing inaugurou a Maison de l'Art Nouveau em Paris; e a exibição de 1900, em Paris, marcou o momento em que a Art Nouveau, tendo atingido seu ponto mais alto, estava para ser absorvida por um estilo genuinamente moderno. A Art Nouveau foi um tipo de decoração refinado e de curta duração, muito superficial, talvez, para conseguir sobreviver ao lado da arte de Cézanne ou dos primeiros arranha-céus.

Entretanto, a importância da Art Nouveau extrapola a brevidade de sua história, não só porque liberou o motivo mas, principalmente, porque trouxe de volta a relação funcional entre decoração e arquitetura. Pois a arquitetura é a arte básica no seguinte sentido; quando as outras belas artes dela se separam,

30. WHISTLER: *Nocturne – Blue and Silver: Cremorne Lights*

31-32. WHISTLER: *The Peacock Room* (óleo e ouro sobre couro e madeira)

tendem a perder seu valor funcional, por mais brilhante que possa ser a sua realização. A arquitetura é uma arte primária simplesmente em virtude da condição humana[14]. É a arte que mais se faz presente, já que um edifício nos circunda por todos os lados e proporciona uma ambiência não conhecida pela escultura ou pintura. Existe um incremento "existencial" nas edificações pois, na verdade, nós nos movemos dentro de espaços fechados por paredes: penetrar num templo ou num palácio é conhecer o significado do *Dasein*. Desde os tempos pré-históricos a parede tem sido o suporte natural da pintura quer seja numa caverna, num templo, palácio ou tumba. Será que isso explica por que o afresco, por sua própria técnica, tem uma certa monumentalidade e por que o ícone bizantino tem estatura hierática, não importando o quão pequeno seja, só porque é um fragmento destacado da parede? Será que isso explica por que é mais difícil criar uma pintura mítica no cavalete do que na parede que foi o lugar da pintura até fase bastante adiantada do renascimento? A escultura e a pintura atingiram os estilos mais importantes nos períodos grego, bizantino, românico e medieval, enquanto complementavam a arquitetura, fazendo parte integrante da parede ou do tecido. O vitral não é senão a pintura adaptada para usos arquiteturais. Com a invenção do óleo, mudou a natureza da pintura; já foi notado que Van Eyck tratava suas obras mais importantes como se fossem miniaturas ou ilustrações ampliadas. O óleo permite uma intimidade e uma precisão de pincelada impossível de ser alcançada no afresco e em outras formas de pintura mural. Assim sendo, a personalidade do artista se tornou importante durante o renascimento, época em que o óleo deu origem à pintura de cavalete que possibilitou uma série de experimentações: podia ser retocado; era destacável, móvel, transferível de lugar para lugar; não tinha o contexto da pintura destinada à parede. Com a pintura a óleo, apareceu o estúdio, a privacidade de concepção e criação, a privacidade da posse. Uma pintura era um objeto que podia ser comerciado no mercado ou reunido em coleções ou museus, perdendo parte da sua mais potente relação com a vida. Depois que foi excluída do espaço arquitetônico, a natureza da pintura se alterou; passou a precisar desenvolver a sua própria ilusão de espaço profundo sob a forma da perspectiva com ponto de fuga, criando um mundo à parte, com três dimensões ilusórias não exigidas pela estrutura arquitetônica. A pintura de cavalete proporcionava ao artista uma liberdade que, dificilmente, deixava de ser abusada. A perspectiva óptica do renascimento pode ter pervertido os métodos e os objetivos inerentes à pintura e introduzido o *trompe l'oeil*, a anedota literária e a crença errônea de que a pintura pudesse ser uma arte autônoma com sua mística de beleza própria.

A pintura mural exigia um *métier*; e *métier* — um ofício publicamente praticado — já foi considerado o elo de ligação entre o artista e a sociedade. A pintura do início do século XIX tinha, notoriamente, perdido esse sentido de *métier* não só porque o treinamento nas academias oficiais consistia na mera imitação superficial dos antigos como, também, porque o pintor encontrava à sua disposição pigmentos sintéticos cuja natureza e uso lhe eram desconhecidos. Nas gerações anteriores, o pintor tinha que moer, como que ritualmente, as cores que usava, cores essas derivadas de substâncias naturais. Sua arte era, primariamente, ofício. Notoriamente, também, o pintor moderno sente uma "nostalgia pelo *métier*", como disse Jean Cassou. Ele não tem *métier* mas, somente, uma sensibilidade individual que ocasionou a fragmentação da pintura. "O pintor matou a pintura." (Eliot fez a mesma reclamação da poesia e passou a procurar um veículo "impessoal".) Renoir e Cézanne ansiavam por um *métier*, lamentando os segredos perdidos do ofício. A arquitetura, ao contrário, jamais perdeu o *métier*, ou, pelo menos, não tão completamente quanto a pintura. Isto, também, talvez possa explicar por

---

14. Os próximos parágrafos a respeito do papel primordial da arquitetura e a importância do *métier* foram baseados em Henri Van Lier, *Les Arts de l'Espace*, Tournai, 1959, e Jean Cassou, "La Nostalgie du Métier", em *Formes de l'Esprit*, Paris, 1951.

que a arquitetura moderna tenha estado em posição mais forte do que a pintura moderna e, ainda, por que a moderna "crise da pintura de cavalete" tenha levado os pintores modernos e, mais uma vez, aceitar a parede. O pintor precisava voltar à parede para revitalizar sua técnica através do contacto com uma arte que perdeu seu *métier*. Muitos mestres modernos como Gromaire, Lurçat, Saint-Saens, Matisse e Picasso voltaram-se para a tapeçaria, uma das artes menores, em que existe um *métier*, como o que havia para o vitral ou o afresco, e para a qual há a necessidade de uma parede. Rouault tentou adotar o *métier* do vitral.

A perda do *métier* foi mais um resultado do cavalete. A pintura da baixa renascença, como a pintura medieval, complementava a parede; ela assim permaneceu, em grande parte, durante o período barroco, época em que os tetos e os altares elaborados determinaram a forma de uma arte que ainda era pública e que requeria determinados métodos, projetos e assuntos. Durante o renascimento, entretanto, freqüentemente saiu da parede mesmo quando aparecia na parede. Tanto Botticelli quanto Luini fizeram afrescos de figuras de cavalete e Michelangelo tratou o teto da Capela Sixtina como se fosse um agregado de telas de cavalete; a própria estrutura arquitetônica criada no teto é uma ilusão. Ele violou até esse ponto as premissas da pintura mural a fim de criar uma ilusão de figuras esculturais vagando nas alturas. Na verdade, o teto mitológico barroco e da alta renascença é antiarquitetural na medida em que é concebido dentro do espaço e volume da pintura de cavalete. Devemos notar que a grande e triste *Batalha* decorativa de Uccello no Louvre é, apesar da perspectiva renascentista, um passo para trás: embora bastante escorçada, ela nega o espaço do cavalete e pede uma parede. A queda das lanças como madeira pesada, a atividade da composição, a perspectiva absurda, estranhamente, não prejudicam a qualidade mural da pintura, monumentalmente espalhada. Possui uma gravidade arquitetural que falta à *Rendição de Breda* de Velázquez que foi pintada e concebida a partir do ponto de vista do cavalete. Uccello não modela as figuras como Velázquez o faz; e não há perspectiva atmosférica unificadora. Uccello trata cada figura truculenta independentemente, como se estivesse fazendo um mosaico, arte cujo *mélus* é rígido. Conserva a nota bizantina. Como resultado temos um dominante sentido de espaço sem ambiência atmosférica. Inopinadamente, também, poder-se-ia dizer que o rococó foi a última arte com *métier* apesar da sua fragilidade: não só por causa do forte sentido de ofício usado publicamente por um poeta como Pope, mas também porque a pintura da bandeira da porta ou de um painel se adaptavam à arquitetura. Depois do declínio do rococó, só restou a pintura de cavalete que produziu máquinas acadêmicas ou uma revolta particular dos independentes. De qualquer modo, pareceria que, na medida em que a pintura abstrata hoje volta às paredes, isto é, se torna decorativa, ela recobrará o *métier* que a tapeçaria e as artes menores jamais perderam. O Rococó foi uma arte menor. Enquanto estilo, é digno de menção, principalmente porque existiu como um aspecto da arquitetura e porque foi francamente decorativo. Depois do rococó, a arquitetura passou a se disfarçar com o pasticho ocasionando resultados danosos para as outras artes com as quais existia simbioticamente.

O que é verdadeiro para a pintura também o é para a escultura que atingira o pináculo, pelo menos no Ocidente, enquanto se manteve intimamente ligada à estrutura arquitetônica. A separação entre escultura e construção ou paisagem ocasionou alguns dos mesmos problemas surgidos quando a pintura se dissociou da parede; a solução moderna é a de colocar a ambas em relação orgânica com sua matriz primeva.

Em 1904, Maurice Denis comenta no seu *Journal* que a nova pintura precisa ser uma renúncia, uma simplificação que aceite a ordem arquitetônica "porque a arquitetura é a primeira e a mais antiga das artes" à qual precisa retornar o estilo. Por mais sintética que possa ser a teoria Nabi, Denis compreendeu a contribuição feita por Puvis de Chavannes, cujas duas séries de pinturas sobre a vida de Santa Genoveva no Pantheon revelam que ele pretendia que essas obras fossem uma decoração mural. As cores — principalmente azul e branco, bem diferentes dos tons espalhafatosos das outras pinturas do Pantheon feitas por Laurens e Detaille — foram adaptadas para a parede clara. Puvis confiou nos ritmos simples do afresco próprios para um plano neutro e não cometeu o erro de preencher a cena em demasia. Conseqüentemente, as seqüências de Genoveva, terminadas em 1877 e 1898, são diretas e fáceis de serem lidas. As figuras são tratadas de maneira plana, estendendo-se no espaço horizontal de forma semelhante à empregada por Perugino. O desenho sem profundidade é pré-rafaelita e a linha pura vem de Ingres. Por mais aparente que possa ser o artifício, as figuras melancólicas e isoladas de Puvis têm uma quietude mural.

Puvis, todavia, não é tão importante para a tradição da Art Nouveau quanto a obra teórica de Seurat que surge exatamente na junção do pós-impressionismo ou divisionismo com a pintura decorativa que, mais uma vez, buscava a parede. Sob a pretensa capa de teoria científica das cores complementares, Seurat diligentemente criou composições que são inerentemente murais, próprias para o afresco e não para o óleo. A *Grande Jatte* (1884-86) é uma das mais honestas tentativas do século no sentido de disciplinar a pintura através de um *métier*; o intelectualismo algo oco do projeto de Seurat não nos deve ocultar o significado da arte semelhante ao mosaico que o levou a ter tanto orgulho da dificultosa execução dessa superfície. É irônico que a cena formal e totalmente doutrinária, que exigiu um planejamento igual ao de um afresco, tivesse sido executada em óleo. A imobilidade desta composição e sua maneira pseudo-estatuesca não devem evitar ser ela encarada como uma variação da Art Nouveau, pois Seurat trouxe para o pós-impressionismo um forte sentido de superfície ornamental. De fato, ele aprovou o princípio de Signac, aquela alma irmã, que escreveu: "Parece que a primeira preocupação de um pintor que se depara com uma tela em branco deveria se decidir que curvas e arabescos devem cortar a superfície..." Essas curvas e arabescos aparecem claramente no primeiro plano de *Le Cirque* (1890-91), na beirada da cortina que o palhaço segura, na flexível figura do dono do circo, no arabesco do chicote, na delicada curva do chicote que o cavaleiro ergue e na curva feita pelo acrobata, no fundo. Os gestos teatrais de Degas se prestaram prontamente ao novo estilo, como bem o evidencia *Le Chahut* (1889-1890) de Seurat com seus elásticos ritmos curvilíneos, o redemoinho das saias, a graça nipônica do celo e das labaredas de gás. O divisionismo apropriou-se da firme linha orgânica da Art Nouveau e se propôs projetos que pediam urgentemente uma parede.

Art Nouveau, então, não é um estilo mas uma maneira de decorar que torna possível a volta para o seio da arquitetura. É uma forma neo-rococó de ornamentação que se relaciona com a *Peacock Room* de Whistler [31-32]. Se a Art Nouveau está "totalmente baseada em um motivo, uma longa curva sensual", ela apresenta, também, um padrão plano, como a espiral rococó que aparece contra o fundo vazio de um painel. Na Alemanha e na Áustria, em particular, a Art Nouveau se caracterizou por ser *Flaechenkunst* e *Flaechenraum*, um projeto essencialmente bidimensional que se desenvolve em um espaço tridimensional graças ao seu contexto arquitetural. Muitas das engenhosidades da Art Nouveau encontraram um modo de expressão nas artes gráficas e nas gravuras, ou nos tapetes, cortinas ou outros tecidos, revelando traços que são aparentes em Beardsley [33] e Eckmann — "um padrão plano outra vez, com longas curvas, graciosamente interligadas e, ainda, outra vez, cheia da alegria derivada do traçado de muitas linhas harmoniosas".

Tanto Blake quanto Rossetti haviam sublinhado o "fluir gracioso da linha pura", um contorno que floresce no desenho pseudo-botticellesco de Beardsley. A Art Nouveau freqüentemente chegou à simplificação das sinuosas linhas branco-e-pretas produzindo um efeito conhecido entre os Nabis como alveolismo (*cloisonnisme*). Gauguin aplainou a cor e o volume enclausurando-os em *cernes*, contornos que se assemelhavam aos medalhões dos vitrais. Sendo um intermediário entre o simbolismo,

33. BEARDSLEY: *The Peacock Skirt* (desenho para *Salomé*)

34. GUIMARD (Hector): *Painel Decorativo para Sala de Jantar — Le Castel Béranger, 16 rue de la Fontaine*, Paris, 1894-98

a Art Nouveau e a abstração fauvista, Gauguin favoreceu a estilização "plana" e se distanciou da natureza. "Tudo deve ser sacrificado em favor da cor pura", declarou ele. A superfície de sonho das pinturas taitianas unem a Art Nouveau ao simbolismo de Baudelaire e aos Nabis: "Tenho tentado interpretar a minha visão dentro do cenário apropriado e com toda a simplicidade que o veículo permite". As xilogravuras de Gauguin são ornatos Art Nouveau estilizados, um *Flaechenkunst* muito expressivo. Ilustram a tese de Oscar Wilde de que "a arte começa com a decoração abstrata, com obras puramente decorativas e agradáveis que tratam do que não é real e do que não existe". Wilde supõe que um toque de natureza possa fazer com que o mundo inteiro seja aparentado, mas que "dois toques de natureza são capazes de destruir qualquer obra de arte". Olhar para as coisas não é o mesmo que vê-las: "Não se vê nada até que se lhe note a beleza". E a beleza é um padrão abstrato: "Quanto mais abstrata, quanto mais ideal for uma arte, mais revelar-nos-á o temperamento de sua época". Quando a Art Nouveau usava motivos da natureza, como foi o caso dos motivos de flores e gavinhas utilizados por Guimard [34] nas entradas do Metrô, estes temas eram estilizados em ritmos de "espirais e gotas".

A linha pura é básica para a Art Nouveau, a linha com todo o seu valor ornamental, como é vista nos enfeites com fitas medievais celtas (pois o crepúsculo celta forneceu um sentido de estilo para a Art Nouveau) ou nas gravuras e desenhos japoneses de Hokusai e Hiroshige que pertencem à história da Art Nouveau tanto quanto à do impressionismo. Em 1888, Van Gogh apresenta um momento japonês, sendo que as suas curvas violentas são um tipo de paródia da Art Nouveau; Monet, Degas, Mary Cassatt e a maior parte dos impressionistas tomaram emprestado desenhos das gravuras. As distinções entre "jovens japoneses", impressionistas e estetas são tão incertas que se pode, hoje, adotar a frase "pan-impressionismo" para denominar a relação entre Whistler, Lautrec e Lafcadio Hearn e a Art Nouveau[15]. O impressionismo se mistura com o simbolismo em Gauguin e outros e tanto a linha quanto a cor se transformam num esquema ornamental quase abstrato com sobretons vagamente emocionais. Os poemas de Wilde são pan-impressionistas:

> The Thames nocturne of blue and gold
> Changed to a harmony in gray;
> A barge with ochre-coloured hay
> Dropt from the wharf: and chill and cold
>
> The yellow fog came creeping down
> The bridges, till the houses' walls
> Seemed changed to shadows...*
> ("*Impression de Matin*")

Este poema apresenta as cores suavizadas da Art Nouveau: o pastel estava na moda e a década de 1890 trouxe uma mania pelo amarelo e branco enquanto Whistler executava os seus noturnos em cinza azulado. Tivesse a cor a riqueza de Gauguin ou a melodia desbotada de Whistler, era usada de forma abstrata e decorativa mesmo nas vinhetas singulares de Kate Greenaway.

Já em 1850, os decoradores britânicos como Dyce, Hay e Redgrave utilizavam-se dos padrões planos em papel de parede e tapetes, concordando com a opinião de Christopher Dresser de que as rosas não deveriam ser tratadas plasticamente em tapetes sobre os quais pessoas andariam:

> ... o material do qual é feito um objeto deveria ser usado de modo consistente com sua própria natureza e da forma especial com que pode ser mais facilmente "trabalhado"... Descobrir-se-á a beleza das curvas na medida em que tiverem um caráter sutil...
> (Dresser: *Principles of Decorative Design*, 1873)

---

15. A respeito da influência japonesa na literatura e decadência, consultar Earl Miner, *The Japanese Tradition in British and American Literature*, 1958. Adotei o útil termo "pan-impressionismo" de Miner.

* O noturno azul e dourado do Tâmisa/ Transformou-se em harmonia cinzenta;/ Uma barcaça carregada de feno ocre/ Saiu do cais: e gelado// Veio o nevoeiro descendo// Pelas pontes, até que as paredes das casas/ Pareceram transformar-se em sombras...

35. GRASSET (Eugène): Ilustração de *Méthode de Composition*, 1905

36. MACKINTOSH (Charles Rennie): *The Hall, Hill House, Helensburgh*, 1902-3

Owen Jones argumentava que "Todo ornamento deveria ter por base uma construção geométrica" e usava a cor geometricamente de acordo com a lei da perspectiva da cor: o azul recede, o amarelo projeta, o vermelho está em posição intermediária. Jones usava somente as cores primárias em pequenas áreas. Os desenhistas alemães, também, gostavam dos temas geométricos. Assim, tanto no pan-impressionismo quanto no geometrismo, a linha e a cor se tornaram abstratas na Art Nouveau.

A grande originalidade da Art Nouveau foi tornar a decoração funcional. Por volta de 1897, Eugène Grasset [35] fez umas conferências em Paris a respeito do curvilíneo como forma de decoração pura própria para fins práticos, dizendo:

> ... a forma de um objeto precisa ser adaptada ao uso do objeto, e não alterada pela ornamentação; e, em segundo lugar,... as matérias impõem um limite sobre a forma de um objeto, sendo que esse limite não pode ser excedido por nenhum *tour de force*.

Embora os efeitos de "pavão e aletria" nas obras de Horta e Whistler sejam, algumas vezes, por demais elaborados até chegar a um tipo de "almofadismo decorativo", a Art Nouveau é um curioso amálgama de esteticismo e funcionalismo, fazendo com que o bonito seja também orgânico.

A "linha melodiosa" da Art Nouveau tem a "graça abstrata" da prosa de Pater e o cuidado com a "textura figurativa latente" e o "projeto arquitetônico" que exige ascetismo a fim de evitar a superabundância de maneira que o estilo adquira sua eufonia. Diz-se que Pater corrigia as provas atentando para o fluxo de sentenças e parágrafos em uma página; e sabemos com que ansiedade Mallarmé organizou a tipografia de *Un Coup de Dés* como uma "constelação". Artifícios tão cândidos quanto estes levaram também ao uso de muitas formas poéticas frágeis como o rondó, o vilancete, e outras que para a poesia inglesa pareciam bastante exóticos.

A Art Nouveau, como o rococó, viceja em artes menores e parece trazer de novo o floreado da decoração rococó. A Arte Nouveau faz uso de delicadas assimetrias que se assemelham ao equilíbrio oculto do primeiro estilo rococó com as gavinhas, espirais e folhas de acanto. Os desenhos decorativos de Gauguin, Beardsley e Toorop rejeitam a terceira dimensão juntamente com as sombras e os modelados. Em vez de tentar conseguir uma profundidade plástica, que prejudicava o nivelamento do motivo, o desenhista Art Nouveau usava um artifício *Wasserspiegel: water-image* que oferece um duplo contorno, normalmente em preto e branco, repetindo ou enfatizando os contornos através da "técnica do risco". A primeira fase do rococó também rejeitara a plasticidade em favor dos contornos superficiais; a curva em C do rococó reapareceu na Art Nouveau juntamente com os espaços em branco que se assemelham ao fundo do plano neutro do rococó. Beardsley e outros artistas gráficos usavam freqüentemente a silhueta porque queriam simplificar sua linha e se livrar dos detalhes históricos exuberantes e do realismo.

Em resumo, a Art Nouveau é um estilo de atelier que depende abertamente de artifícios. Os desenhos pesados e algo rudes de William Morris e outros medievalistas das artes e ofícios foram cuidadosamente purificados pelos próprios pré-rafaelitas posteriores; Burne-Jones com seu estilo de atelier reagiu contra Morris e abriu o caminho para Beardsley e Whistler, da mesma maneira que o escocês Mackmurdo simplificou as mobílias feitas por Morris e Companhia. O uso que Mackmurdo deu à curva nas tapeçarias e tecidos demonstra como os padrões lineares na Art Nouveau foram derivados, em alguns casos, de motivos neomedievais não só de Morris mas também de Viollet-le-Duc e outros que imitavam a decoração floral gótica. O naturalismo foi rejeitado, deixando uma sinuosa curva gótica, especialmente nas obras de ferro da década de 1870, que transforma as flores e hastes de metal realistas em arandelas, grades, capitéis vazados, balaustradas e placas funcionais. O naturalismo medieval das baladas de Rossetti foi, igualmente, purificado tornando-se um desenho quase abstrato em seus sonetos; pois o soneto, de acordo com Rossetti, precisa ser esculpido em marfim ou ébano com o ápice ornado de pérolas e resplandecente.

A arte de Rossetti tem parte do poder evocativo do simbolismo e os desenhos fluidos da Art Nouveau, ocasionalmente, foram uma deformação subjetiva da natureza. A sinuosidade refinada da linha da Art Nouveau poderia ser, algumas vezes, erroneamente considerada como sendo uma fase da arte simbolista-sintetista ou do rococó. Os frágeis desenhos visionários de Toorop são tão musicalmente cadenciados quanto um poema simbolista; e Beardsley retoma muitos dos expressivos padrões planos de Gauguin, especialmente da escultura de Gauguin que se assemelha à arte subjetiva de Munch. A cerâmica desenhada por Gallé é *décor symbolique*: os vasos apresentam curvas tão sutis que parecem fixar no cristal diáfano os significados da poesia de Baudelaire: *"le fuyant, l'insaisissable, la vapeur des nuages... la langue des fleurs et des choses muettes"* era o que Gallé desejava sugerir. É um artista que se aproxima de Maeterlinck, que apresenta as mesmas implicações vaporosas e que desenha a roupagem das marionetes como se fossem figuras fugidas da Art Nouveau para o drama simbolista — "pesados mantos em brocado vermelho e amarelo, enormes adornos, calças justas cor de café ou chocolate dando a impressão de serem joões-teimosos desadornados". Maeterlinck usava os seus interlúdios altamente estilizados no teatro como uma arte que pode abrir *le temple du Rêve*.

Os vasos de Gallé apresentam o mesmo movimento flamejante da linha de Beardsley que é tanto sinal do neo-rococó quanto do maneirismo. A Art Nouveau se assemelha ao rococó porque a curva floral é elaborada até alcançar uma claridade ornamental dentro de um *campo*. As frágeis gavinhas e espirais são colocadas como motivos significativos dentro de um padrão geral, um arabesco moderno. Tanto a Art Nouveau quanto o rococó apresentam, também, uma *perda de peso*[16]. O ferro trabalhado tornou possível para a Art Nouveau emancipar o espaço da massa, como pode ser observado nas Galerias Lafayette em Paris. A grande cúpula de vidro, azulada, que se ergue sobre os três frágeis e elaborados terraços com suas lindas balaustradas de ferro batido e escadarias abertas, dá uma sensação de espaço e liberdade, propicia um caprichoso jogo de luz típico do rococó. O Palácio de Cristal já fizera uso dessa mesma estrutura delicada, uma arquitetura funcional sem dúvida alguma. Mas as Galerias Lafayette apresentam, também, a graça sinuosa do maneirismo renascentista, um tom de esterilidade, inquietude e refinamento em demasia que é um aspecto da decadência das épocas maneiristas.

É difícil considerar a Art Nouveau separadamente do clima decadente dentro do qual floresceu. Os maneirismos da Art Nouveau, por exemplo, tornam-se aparentes da pintura complicada, claustral e intencional de Gustave Moreau, o pintor que mais se aproxima de Joris-Karl Huysmans e de Walter Pater. Quando Pater descreveu a Mona Lisa de Leonardo com sua beleza plácida, ele poderia estar falando de quase todas as telas prateadas, freqüentemente inacabadas, que Moreau executava secretamente. As visões de Moreau são vagos sonhos sensuais de nus repetidamente executados com sua linha tortuosa em cenários decorativos que se assemelham à *mise en scène* de teatros mal iluminados. A carnadura sedutora foi obviamente influenciada por Ingres mas apresenta-se de maneira tão afetada que lembra Luini ou os nus não-saudáveis da escola de Fontainebleau. Moreau se encantou com adornadas figuras anêmicas e sem peso entuchadas em palácios ou templos fantásticos ou andando calmamente através de florestas enevoadas. *La Promenade des Muses* apresenta a atmosfera do "bosque mal iluminado onde mal penetra a luz" de Rossetti e *Les Rois Mages*, a melancolia pseudoarturiana dos *Idylls* de Tennyson. Algumas vezes, o medievalismo de Moreau apresenta o desenho decorativo de "The Lady of Shalott" com passagens gráficas atentamente inscritas. Ele é dado a assuntos míticos e os borra a fim de dotá-los de um tom simbólico. *La Fleur*

---

16. Este aspecto da Art Nouveau é tratado por Lincoln F. Johnson, Jr, em *Toulouse-Lautrec*.

Mystique poderia ser tomada por alguma imagem estranha sonhada por Redon e *Les Licornes* aparecem em uma praia estranha e melancólica onde a luminosidade da tarde recai sobre donzelas servidas por animais com chifres. Moreau foi professor da escola Beaux-Arts, tendo tido Rouault por aluno. A pintura sintética dos Nabis pode ter sido bastante influenciada por obras como *La Mort de Promethée*, que é tão tradicional nas suas referências. Há, também, um toque da cruel linha Art Nouveau na *Messaline* de Moreau; sua atração por figuras como Leda e Salomé deixa implícito que, por detrás da ornamentação hierática, existe uma sensualidade, um sadismo comuns a todos os decadentes. Nota-se que, na década de 1870, George Moore trabalhava a um quarteirão da rue de la Tour des Dames, onde George Moore vivia em pecado com seu amigo Marshall. Moore contou que tinha como animal de estimação uma piton e que a alimentava com cobaias vivas enquanto Marshall, que não gostava de animais, tocava cantos gregorianos ao órgão, no *hall*. A fantástica cena de Moreau, *Les Prétendants*, com suas colunas barrocas azuis e mobiliário real pode ter inspirado Moore e Marshall a decorar a sala-de-estar com um material vermelho cardeal pendurado no meio do teto para dar a impressão de uma tenda e a tornar os cômodos não "conventuais" com faunos de terracota, sofás turcos, um altar, um busto de Shelley, turíbulos, palmeiras e uma gardênia em floração.

Apesar desses excessos, os decadentes tinham um gosto pelo projeto que levou Gautier, em 1852, a denominar seus poemas de *Émaux et Camées*, e a explicar que o título implicava no objetivo de "tratar os pequenos assuntos dentro dos restritos limites da forma como se fossem uma superfície de ouro e cobre com as brilhantes tonalidades do esmalte". A Art Nouveau, qualquer que seja o seu débito para com os decadentes, purificou-se dos excessos de Moreau, Tennyson e Huysmans. A linha domina a cor e a massa e os seus arabescos aparecem com toda clareza. O naturalismo desajeitado dos realistas e os afetados detalhes anedóticos dos pré-rafaelitas desaparecem juntamente com o sensualismo dos decadentes. A Art Nouveau conseguiu até acabar com o arqueologismo, a visão de museu e a preocupação com a natureza dos movimentos de artes e ofícios. William Morris tinha muitas idéias funcionais a respeito de decoração mas trabalhava sempre com métodos pseudonaturalistas, um tanto pitorescos e antiquados. Além disso, não confiava na máquina. Conseqüentemente, seus projetos, na maior parte das vezes, são singulares. A Art Nouveau nos levou da Red House de Morris, em Kent, com seu funcionalismo quase gótico, para as fachadas nuas de Horta e da tapeçaria e da escultura em maneira profusamente florida do mesmo Morris para os elegantes trabalhos em ferro batido de Guimard para as estações do metrô de Paris.

Se Morris e Viollet-le-Duc levam a Guimard, os *Idylls* de Tennyson e os sonetos dantescos de Rossetti conduzem inevitavelmente para a poesia vitoriana e edwardiana que apresentam um tipo próprio de arabesco e de neo-rococó. É uma poesia prestes a se tornar funcional, que purifica a linguagem e trata o poema como sendo uma série de estrofes cuidadosamente elaboradas como campo decorativo. Nesse tipo de poesia, o motivo é cuidadosamente escolhido e libertado de todas as dificuldades causadas pela elegância de Tennyson: basta a impressão. E a impressão conduz ao imagismo, a Hulme e à nova poesia de Pound e Eliot. Tomemos "Les Silhouettes" de Oscar Wilde como exemplo de artifício liberado sob a forma de puro desenho que é bastante nipônico, sem dúvida, mas que também é proto-imagista:

The sea is flecked with bars of gray,
The dull dead wind is out of tune,
And like a withered leaf the moon
Is blown across the stormy bar.

Etched clear upon the pallid sand
Lies the black boat...

And overhead the curlews cry,
Where through the dusky upland grass

> The young brown-throated reapers pass,
> Like silhouettes against the sky*.

Esta é uma poesia no sentido que grande parte da poesia rococó é de menor importância. O padrão domina os detalhes, entretanto, como acontecia até em "Meeting at Night" de Browing, que é, nos contornos, nipônica e imagística. Impressionista, nipônica, simbolista, imagista, Art Nouveau — não importa a caracterização; a poesia do fim do século XIX foi estilizada de várias formas e por muitas razões. Até a poesia nebulosa de Swinburne acomoda esses ordenados projetos sintéticos, assemelhando-se, algumas vezes, às invenções celtas da primeira fase de Yeats:

> There were three men with her, each garmented
> With gold and shod with gold upon the feet;
>   And with plucked ears of wheat
> The first man's hair was wound upon his head.
> His face was red, and his mouth curled and sad...**
>   ("*Ballad of Life*", 1866)

Em toda esta poesia existe um tipo de alveolismo — um esboço de estrofe inscrito sobre uns poucos detalhes caligráficos, escritos muitas vezes com a tranqüilidade nipônica e a máxima visibilidade. O alveolismo de Housman assume forma "clássica", embora esteja ligado aos sofisticados motivos do *The Yellow Book* ou à reserva severa do mobiliário e das paredes de Mackintosh [36]. A poesia de Housman tem contornos bem definidos, afirmação lapidar e seca que parece ser funcional. Apresenta a economia do projeto Art Nouveau. O seu estoicismo imaculado, que se aproxima do cinismo estudado dos personagens de Oscar Wilde, tem um ar de fim de século e está perigosamente próximo da artificialidade e do clichê.

> Loveliest of trees, the cherry now
> Is hung with bloom along the bought,
> And stands about the woodland ride
> Wearing white for Eastertide...
>
> And since to look at things in bloom
> Fifty springs are little room,
> About the woodlands I will go
> To see the cherry hung with snow*
>   (1887)

De maneira muito semelhante, Pope fez uso de temas convencionais; os refinados desenhos repuxados feitos por Margaret e Francis Macdonald, em 1890, em placas de latão apresentam os mesmos motivos claros, o mesmo tacto na afirmação.

A poesia de Housman é um artifício colocado contra o campo neutro de uma idéia convencional. A sua famosa ironia é devida ao tom negativo e aparentemente indiferente, à pretensa impessoalidade compartilhada com Hardy e com os cientistas da época. A disposição da sua poesia é claramente Art Nouveau porque ao lado da afirmação limpa há uma certa esterilização; por detrás da simplicidade da Art Nouveau existe uma dureza ou incapacidade de sentir. Housman é forçado a trabalhar com déficits — desconfiança, medos, talvez, de maneira que a redução da sensibilidade, nele, é mais completa do que na primeira fase do rococó. Sua desilusão e *pathos* são valores negativos; ele os deixa somente nas entrelinhas uma vez que estava reagindo contra a poesia exclamatória dos românticos. As imagens do primeiro plano adquirem sentido a partir do que Housman *não* diz. De modo semelhante, a silhueta branco-e-preta da Art Nouveau tem um contorno eficiente porque o fundo é negativo, um contraste para a decoração super-sofisticada

---

* O mar está salpicado de barras cinzas,/ O vento fraco está desafinado,/ E a lua, tal folha envelhecida,/ É soprada pela baía tempestuosa.// Claramente gravado na areia clara/ Está o barco negro...// E sobre as cabeças, gritam os maçaricos,/ Onde através da grama parda do planalto/ Passam os ceifeitos de pescoço bronzeado,/ Tais silhuetas contra o céu.

** Havia três homens com ela, cada um vestido/ De ouro e com calçados de ouro nos pés;/ E com recém-colhidas espigas de trigo/ Os cabelos do primeiro estavam enrolados sobre a sua cabeça./ Seu rosto era vermelho, e sua boca retorcida e triste....

* A mais bela das árvores, a cerejeira/ Está cheia de flores nos galhos,/ E se ergue no bosque/ Vestida de branco para a Páscoa...// E, já que para ver as árvores floridas/ Não bastam 50 primaveras,/ Seguirei pelos bosques/ Para ver a cerejeira coberta de neve.

com seu naturalismo falso. A técnica de Housman é neo-rococó porque todas as partes do projeto decorativo estão à vista, no mesmo plano; seus versos alcançam o mesmo efeito bizantino dos mosaicos, em virtude da presença de um padrão claro sobre fundo fugidio. Em sentido figurativo, ele aplaina a superfície, apresentando suas inscrições ordenadas sobre um tema que é quase um estereótipo, como o tema da *Elegy* de Gray, embora a melancolia deste último não o leve a tomar precauções constantes como acontece com Housman. Estas precauções conferem à poesia de Housman uma peculiar esterilidade que é mais um aspecto da sua extrema engenhosidade, o esteticismo que explica a "perda de peso" na Art Nouveau. A ironia de Housman não é mordaz como a de Byron mas é uma resignação frente a diversidades amargamente aceitas. A fragilidade do projeto Art Nouveau é, algumas vezes, a expressão da perda de confiança disfarçada sob a capa do humor. A mesma perda de peso ocorre no acessível romance *Retrato de Dorian Gray*, com sua moral cursória, e em *Marius the Epicurean* de Pater com sua espiritualidade cuidadosamente evasiva.

O niponismo da Art Nouveau aparece em Oscar Wilde que, sem dúvida, tinha em mente as graças de porcelana de Whistler quando Dorian Gray "se devotou inteiramente à música e, na longa sala guarnecida de gelosias, com o teto de laca vermelha e dourada e as paredes de laca verde-oliva, costumava dar curiosos concertos". Florian Deleal, o herói estético de Pater, existe numa irrespirável atmosfera sintética, procurando "impressões agudas e únicas" que lhe vêm vagando, no seu "recanto fechado", através de uma janela deixada aberta ou por entre os muros do jardim, emoldurando com beleza a visão tida:

... e, assim, aconteceu que, enquanto andava, certa noite, um portão do jardim que, normalmente, ficava fechado, estava aberto; e, oh, havia lá dentro um enorme espinheiro vermelho, em plena floração, decorando o retorcido e descorado tronco e os galhos, tão velhos que quase não tinham folhas verdes — com uma plumagem de fogo, suave e vermelho, que surgia do coração da madeira seca...

(Child in the House)

Pater reduziu a prosa arroxeada de Ruskin, sua luz e cor dispersas, às imagens gráficas da gravura japonesa.

As assimetrias cuidadosamente arrumadas da pintura neo-rococó de Whistler e sua quietude de sonho se fazem presentes nos poemas de William Sharp como "The White Peacock" que mostra como o simbolismo adotou os motivos Art Nouveau e, gradualmente, caiu no primeiro imagismo:

Here where the heat lies
Pale blue in the hollows,
Where blue are the shadows
On the fronds of the cactus,
Where pale blue the gleaming
Of fir and cypress,
With the cones upon them
Amber or glowing
With virgin gold...
White as the snow-drift in mountain valleys
When softly upon it the gold light lingers,
White as the foam o' the sea that is driven
O'er billows of azure agleam with sun-yellow,
Cream-white and soft as the breasts of a girl,
Moves the White Peacock, as though throught the noontide
A dream of the moonlight were real for a moment...*

(1891)

Nestes trechos de frágeis versos livres, os detalhes da natureza são isolados, precisamente emoldurados, e reduzidos a ornamentos; os noturnos de porcelana azul de Sharp são uma transição do simbolismo e da Art Nouveau para o imagismo e os serenos crepúsculos de Yeats:

---

* Aqui onde o calor/ É azul claro nos vales/ Onde azuis são as sombras/ Na copa dos cáctus,/ Onde é azul claro o brilho/ Do pinheiro e dos ciprestes/ Cujos cones são/ Âmbar ou brilham/ Como ouro virgem.../ Branco como a neve dos vales/ Sobre a qual se demora a luz dourada,/ Branco como a espuma do mar que é carregada/ No topo dos vagalhões azuis, iluminadas pelo sol amarelo/ Branco creme e macio como os seios de uma menina/ Anda o Pavão Branco, como se no meio do dia/ Por um momento se transformasse em verdade o sonho do luar...

OS NABIS E A ART NOUVEAU

> In a hidden valley a pale blue flower grows,
> It is so pale that in the moonshine it is dimmer than dim gold,
> And in the starshine paler than the palest rose* .
> ("*The Valley of Pale Blue Flowers*", 1901)

O motivo do fim de século, tão cuidadosamente extirpado da natureza, coloca Oscar Wilde em relação com a estética de T. E. Hulme, cujas *Speculations* anunciaram, em 1924, a volta da poesia que nos daria "a curva exata que desejamos". Hulme é considerado como um arauto do neotradicionalismo, neoclassicismo ou imagismo. Tendo rejeitado o "sentimento romântico" em favor do verso controlado "pelas curvas arquitetônicas — pedaços de madeira plana com todos os diferentes tipos de curvatura", Hulme procura "a descrição exata, precisa e definitiva". A Art Nouveau não ofereceu esta imagem não-sentimental; mas desenvolveu, a partir da "curva exata", o que Oscar Wilde chamou "aquelas condições decorativas necessárias para a perfeição de cada arte". A ansiedade de Hulme em conseguir a "curva exata" tem sua origem no mesmo sentimento anti-romântico que levou Wilde a dizer: "a arte francamente decorativa é a arte com a qual se convive" — "pois o verdadeiro artista é aquele que vai não do sentimento à forma mas da forma para o pensamento e a paixão". Wilde, que serve de intermediário para todos os tipos de idéias estéticas, serve, aqui, de ponte entre as idéias de Baudelaire e as de Hulme. Wilde tem um sentido de forma mais abstrato que o de Hulme, pois este último esperava precipitar para fora da impressão uma imagem granular que fosse um microcosmo para os sentimentos reunidos ao redor dela. Wilde, ao contrário, entende o mesmo que Gauguin entendia quando se referia à forma artística como estando "fora das coisas". Assim, Wilde está próximo do simbolismo quando afirma: "A simples cor, não estragada pelo significado e desassociada da forma definida, pode falar à alma de mil maneiras diferentes. A harmonia que existe nas delicadas proporções das linhas e massas reflete no intelecto. A repetição do padrão é repousante. As maravilhas do projeto excitam a imaginação".

Entretanto, Wilde se aproxima da Art Nouveau quando diz: "A forma é absolutamente essencial para a arte" pois considera a forma como sendo o desenho de superfície. A característica de superfície da Art Nouveau foi ilustrada por Austin Dobson que quase chega a parodiar a idéia de Wilde de que um poema precisa proceder da forma para o sentimento, do padrão poético para qualquer efeito emocional possível. O resultado do esforço de Dobson é um *vers de société*, um feito realizado no vácuo poético:

> You bid me try, BLUE-EYES, to write
> A rondeau. What! — forthwith? — tonight?
> Reflect. Some skill I have, 'tis true;
> But thirteen lines! — and rimed on two!
> "Refrain" as well. Ah! Hapless plight!
>
> Still, there are five lines — ranged aright.
> These gallic bonds, I feared, would fright
> My easy Muse. They did, till you —
> *You* bid me try!
>
> That makes them eight. The port's in sight —
> 'Tis all because your eyes are bright!
>
> Now just a pair to end in "oo" —
> When maids command, what can we do?
> Behold! — the Rondeau, tasteful, light,
> You bid me tray!*
>
> (1876)

---

* Num vale escondido cresce a flor azul claro/ É tão clara que à luz do luar fica mais embaçada do que ouro embaçado/ E à luz das estrelas, mais pálida que a mais pálida rosa.

* Olhos Azuis, tu me pedes para tentar escrever/ Um rondó. O Quê? — imediatamente? esta noite?/ Reflita. É verdade que tenho certa habilidade;/ Mas treze versos! rimados dois a dois!/ Também um "refrão". Ah, tarefa infeliz!// Ora, já temos cinco versos, bem arrumados./ Temia que estes limites gauleses assustassem/ A minha Musa. Na verdade, assustaram até que tu –/ Tu me pediste para tentar!// Já temos oito versos. O porto está à vista –/ Tudo isto pelo brilho de teus olhos!// Agora só falta um par terminado em "o"/ Quando donzelas mandam, o que podemos fazer?/ Ve! — o rondó saboroso e leve/ Que tu me pediste para tentar!

Isto tem o tom da poesia do início do século XVIII, a engenhosidade das peças de Gay e Pope; traz-nos à mente, também, que os ditos espirituosos de Oscar Wilde são um tipo de habilidade verbal neo-rococó. A habilidade de "tocar" um assunto é uma evidência do gosto rococó que se nega a ser pedante ou pesado; esse gosto reaparece na poesia e no desenho Art Nouveau. *The Yellow Book* é neo-rococó em virtude do seu tom amadorístico, que torna a vida uma arte através de estratagemas. Os românticos tentaram traduzir a vida para a arte sem brincadeiras. Wilde faz reviver o tom de brincadeira do rococó na sua linha extremamente estética. Ele consegue existir com muito estilo nas geleiras da Beleza onde Mallarmé perdeu o fôlego e Pater vacilou.

Tanto Walter Pater quanto Paul Valéry escreveram ensaios sobre Leonardo da Vinci, propondo que a genialidade do mestre residia na sua habilidade em transmutar as impressões para beleza abstrata. Pater acha que "essa beleza curiosa é, acima de tudo, descoberta nos seus desenhos e, nestes, principalmente na graça abstrata das linhas de contorno... Ninguém jamais imperou tão completamente sobre o *assunto* ou dobrou-o com tamanha destreza a fins puramente artísticos quanto Leonardo". Não é preciso dizer que esta é uma impressão algo bizantina de Leonardo. Valéry leva mais longe o tema da "misteriosa claridade" de Da Vinci até descobrir que a arte é uma forma de consciência que quase se assemelha ao conceito matemático e que os contornos do ornamento se tornam "as estruturas do pensamento". "A característica do homem é a consciência" diz Valéry em *Variété, I*, "e a característica da consciência é o esvaziamento perpétuo, um processo incessante de separação". A consciência esvaziada de Valéry é uma última fase do simbolismo; mas a idéia que apresenta da forma já é uma fase da Art Nouveau porque diz o seguinte: "A concepção do ornamento mantém a mesma relação com todas as artes que a matemática mantém com todas as ciências". O ornamento, através da "imaginação arquitetônica" (ritmos sentidos pela consciência), torna-se numa abstração que reconcilia arte e ciência.

Até 1938, Valéry proferia conferências sobre "Poesia e Pensamento Abstrato", afirmando que o verso é, essencialmente, música pura que nos liberta do mundo dos objetos. A poesia é como a dança: uma configuração do espírito. Se a poesia não é idêntica às idéias abstratas, o poeta, todavia, "tem pensamento abstrato" quando quer que adentre o reino da consciência purificada. *Cimetière Marin*, do próprio Valéry, segundo afirmação dele mesmo, surgiu como um ritmo na consciência, um ritmo que, finalmente, encontrou suas imagens. O poema, juntamente com a arquitetura e a música, existe "como um monumento de outro mundo".

No seu diálogo *Eupalinos*, sobre arquitetos, Valéry diz que a poesia, a música e a arquitetura todas "invocam construções da mente", as formas inteligíveis que "tiram um mínimo dos objetos naturais" e "os imita o menos possível". Será que Valéry se lembrou do que disse Delacroix, aquele romântico apaixonado, em seu *Journal* de 1852 a respeito da arquitetura, a arte "ideal"? "A arquitetura, diferentemente da escultura e da pintura, nada retira diretamente da natureza e, nesse ponto, assemelha-se à arte musical." Será que Valéry tinha conhecimento da arquitetura projetada por Mackintosh, com sua recusa de todo naturalismo e o uso do plano funcional e matemático, como, por exemplo, em Hill House (1902-3), construção que poderia ser confundida com uma obra da Bauhaus? Valéry diz que o poeta "fabrica através de abstrações" e, como o geômetra, pressente a beleza rigorosamente purificada, o "drama de consciência" que Mallarmé e os simbolistas tentaram escrever. Valéry considera a sua consciência como auditório invisível no teatro escuro que nunca se vê, mas assiste ao espetáculo no palco, um cenário de coisas inteligíveis e possíveis. A mente do poeta intensifica a vida e a arte até chegar a uma consciência de formas; e, no seu "universo de palavras", ele tem *une conception si abstraite et si proche des spéculations les plus élevées de certains sciences*". Nos seus momentos mais elevados, Valéry relata que "tudo parece claro, realizado e não há problemas". Nesse momento nada o atrai a não ser a "clareza". A

Art Nouveau, sob pressão dessas idéias, se torna um "sistema cristalino", a última purificação do decorativo em arte abstrata.

O esteticismo do século XIX assumiu outra forma cristalina na epifania de James Joyce. Como Valéry, Joyce descobre que os contornos decorativos da Art Nouveau podem ser facetas da consciência. Para o jovem Stephen, a Beleza se revela como essência, como "silenciosa estase luminosa", um reconhecimento da forma que o artista precisa representar: uma "captação" quando a imagem aparece com sua "inteireza, harmonia e radiância". Stephen Dedalus é um imoralista estético que transpõe todos os seus valores para o valor artístico do Belo que "é a primeira relação estética formal de parte para parte em qualquer todo estético", o meio de se conhecer a *quidditas* das coisas, um encantamento que purifica a vida em uma imagem artística. "No ventre virgem da imaginação a *palavra* foi feita carne" para Stephen que abandona Dublin, o lar, a igreja e a mulher para se tornar artista, permitindo que "o movimento rítmico vilancico" se inscreva em sua consciência:

Are you not weary of ardent ways,
Lure of the fallen seraphim?
Tell no more of enchanted days*.

Stephen "tinha menos prazer com o reflexo do brilhante mundo sensível através do prisma de uma linguagem multicolorida e com amplas provisões do que com a contemplação do mundo interior de emoções individuais, perfeitamente refletidas na lúcida e flexível prosa periódica". Ele era embalado por uma "suave alegria transparente" quando "as vogais longas estalavam sem som e desapareciam, marulhando e fluindo de volta, sempre sacudindo os sinos brancos das ondas num repique silencioso e num suave grito". Joyce concordaria com Proust que só através da linguagem podemos "julgar o nível intelectual e moral atingido por uma obra". Nenhum escritor foi mais afetado pela estilização sobrevinda com a Art Nouveau que, com seus ritmos sofisticados, purificou as artes do bricabraque e definiu os contornos que conferiram à beleza de Joyce sua "inteireza, harmonia e radiância". Joyce acreditava que o relógio da cidade era capaz de uma epifania, de se iluminar, repentinamente, e se revelar como imagem estética.

Mesmo assim, a epifania de Joyce, provavelmente, não teve tanta influência sobre o estilo moderno quanto à técnica transmitida pela Art Nouveau aos imagistas: a Hulme, Pound e Eliot. O imagismo se origina no detalhe ou na passagem limpa, precisa e isolada, vista como "impressão" nos versos cuidadosamente elaborados pelos escritores menores como Arthur Symons que tinha uma predileção pela característica emblemática, pelo motivo significativo ou pelo paradigma visual:

Cool little quiet shadows wander out
Across the fields, and dapple with dark trails
The snake-gray road coiled stealthily about
The green hill climbing from the vales*.

("*Arques – Afternoon*", 1896)

Esta é uma das impressões que a Art Nouveau tomou emprestada da poesia simbolista, a notação pan-impressionista capaz de ser traduzida por Pound em um "ideograma", um "hieroglifo" moderno. Whistler e os impressionistas e pós-impressionistas de menor importância, como Sisley e Utrillo, gostavam dessas vinhetas. T. E. Hulme reagiu contra a expansividade úmida e ramelenta da arte romântica através da busca de imagens duras de precisão clássica finita. Estas imagens pan-impressionistas não eram, muitas vezes, duras; ofereciam, entretanto, uma fórmula visual para os sentimentos nebulosos e freqüentemente tinham um tom enfático. "As imagens nos versos não são mera decoração", dizia Hulme que encontrou a nova beleza em "pequenas

---

* Já não te cansaste dos modos ardentes/ Da sedução do serafim perdido?/ Não digas mais nada sobre os dias encantados.

* Pequenas e frescas sombras passeiam/ Pelos campos e salpicam com pegadas escuras/ A estrada acinzentada que furtivamente/ Sobe o verde morro, vindo do vale.

coisas secas": "Para dar um exemplo concreto, se você for andando atrás de uma mulher na rua, notará o curioso modo como a saia bate nos calcanhares. Se esse tipo particular de movimento o interessar muito, a ponto de o pesquisar até encontrar o epíteto exato que o exprima, você terá uma emoção propriamente estética". Hulme não favorecia o retorno ao realismo e, nem mesmo, à natureza, mas à exatidão da apresentação da imagem. Aceitou completamente o princípio no qual se baseia a Art Nouveau: o objeto precisa encontrar o seu contorno, seu motivo estilizado, a fim de poder ser um projeto artístico de sucesso.

Hulme estabeleceu as fronteiras onde o impressionismo e simbolismo vagos do século XIX, tendo sido clarificados pela Art Nouveau (e a influência por esta sofrida da arte japonesa), deram origem ao novo imagismo de Pound e Eliot. A grande ênfase sobre a imagem na poesia moderna — a noite se espraiou no céu "como um paciente anestesiado" — surgiu em virtude da fusão do simbolismo e imagismo, fusão traduzida nos ideogramas dos *Cantos* cinemáticos de Pound e em *Waste Land* de Eliot. O pedido de Hulme para "reproduzir os detalhes com exatidão", para concentrar, para conseguir captar o ritmo puro do *haiku* japonês, marca o imagismo como tendo derivado da Art Nouveau que produziu "impressões" como "Vallery of White Poppies":

A white bird floats there like a drifting leaf;
It feeds upon faint sweet hopes and perishing dreams
And the still breath of unremembering grief.

And as a silent leaf the white bird passes,
Winnowing the dusk by dim forgetful streams.
I am alone now among the silent grasses*.
(1901)

Os detalhes tinham, há muito, aparecido nos poemas de Rossetti; a tonalidade e o projeto são japoneses; os sobretons emocionais são evocações simbolistas; o motivo isolado é uma técnica Art Nouveau. Existe uma semelhança com a "Blue Symphony" de John Gould Fletcher, um dos primeiros imagistas, que revela a cor "musical dos Nabis:

Blue and cool:
Blue, tremulously,
Blow faint puffs of smoke
Across somber pools.
The damp green smell of rotted wood;
And a heron that crises from out the water*.
(1913)

Os projetos imagistas, algumas vezes, são escrupulosamente nipônicos:

O golden-red and tall chrysanthemums,
you are the graceful soul of the china vase
wherein you stand
amid your leaves**.
(F. S. Flint: "*Chrysanthemums*")

Os próprios poemas de Hulme, — todos os cinco — apresentam este tipo de imagismo Art Nouveau.

Pound sustentava que o imagismo não usava as imagens como ornamentos. Em certo sentido, isso é verdade; entretanto, os imagistas aceitavam o motivo, com o qual brincavam menos volúvelmente do que Pound em *Cantos*. Pound, na verdade, complicou e endureceu seu imagismo através da "superposição; isto é, uma idéia é colocada por cima da outra". O ideograma é um meio de abstrair a imagem cada vez mais, em nível cada vez mais crítico, conferindo-lhe energia disruptiva. Pound definiu seu ideograma como sendo "um complexo intelectual e emocional num dado momento". Torna-se cinemático através de um tipo de montagem. Conseqüen-

---

* O pássaro branco flutua como uma folha que cai;/ Alimentando-se de doces esperanças e sonhos perecíveis/ E do hálito parado de dores não lembradas.// Como a folha silenciosa, passa o pássaro branco,/ Joeirando o crepúsculo em correntes esquecidas./ Estou, agora, sozinho entre a grama silenciosa.

* Azul e fresco:/ Azul, trêmulo/ Sopram leves espirais de fumaça/ Por sobre as sombrias lagoas./ O verde úmido cheira madeira podre;/ E uma garça grita lá da água.

** Oh. crisântemos altos e vermelho-dourados,/ sois a alma graciosa do vaso de louça/ no qual estão/ entre suas próprias folhas.

temente, Pound dotou o início do imagismo derivado da Art Nouveau com uma nova concentração de significado, novas dimensões de referência e conduziu a poesia imagista em direção aos recursos expressionistas que T. S. Eliot foi capaz de explorar em *Prufrock*. Aí, a cerração amarela enlaça a vidraça e adormece, numa tarde londrina, faltando à sua obrigação.

Este expressionismo pode também ser levado, por outros caminhos, até a Art Nouveau: através da fase clássica de Toulouse-Lautrec, cujos *posters* são um ponto de intersecção para a maior parte das estilizações do século XIX [37]. Lautrec deve aos realistas os assuntos e aos impressionistas, sua paleta. Usa o ângulo de Degas mas compartilha do sentido de desenho de Gauguin, dos pintores alveolistas e da Art Nouveau. Distorce o espaço e abstrai formas, aplainando as figuras, abolindo sombras, tornando a linha pictórica, simplificando a cor até chegar a um mosaico decorativo. O ritmo tirou das gravuras japonesas, mas a dramaticidade é expressionista. Lautrec é a mais bizarra manifestação da Art Nouveau. Lembra Monet e prenuncia Matisse, outro herdeiro da Art Nouveau. Lautrec é um Nabi transfigurado e o primeiro dos fauvistas. Suas cenas documentadas tremeluzem à nossa frente com mobilidade cinemática.

Pelo menos em Paris, todos os maneirismos do século estavam se orientando em direção à arte de uma nova era que viria a encontrar um estilo importante: o cubismo, pintura que é mais que estilização porque está profundamente enraizada na visão de mundo moderna e equipada para utilizar as técnicas que foram recusadas pelo século XIX até o último minuto.

37. TOULOUSE-LAUTREC: *Circo Fernando — O Mestre de Picadeiro*

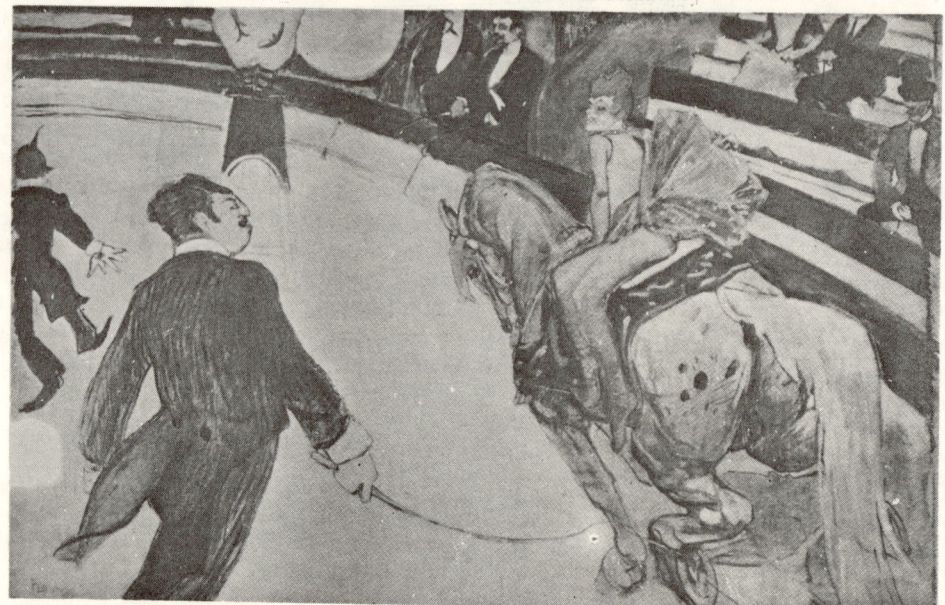

QUARTA PARTE: A PERSPECTIVA CUBISTA

1. O NOVO MUNDO DE RELAÇÕES: A FOTOGRAFIA E O CINEMA

"No museu, o pintor aprende a pensar", comentou Cézanne. Em 1890, quando estava pintando *A Cesta de Maçãs* [38], Cézanne pensava muito, derramando aquelas maçãs muito bem realizadas sobre o tampo de uma mesa especulativamente fragmentado para cima, do lado direito, inclinando a superfície de tal modo que as frutas, se fossem reais, estariam caindo, tratando o guardanapo como se fosse um único plano branco apesar dele pender da beirada da mesa. O prato e os outros objetos foram deformados dentro de novos campos gravitacionais de visão como os que aparecem nas cenas de Lautrec, nos quais as figuras são balizadas por uma abrupta perspectiva gráfica.

Esta pintura nos lembra que um século antes, no fim do iluminismo, Immanuel Kant escrevera que a experiência humana só é possível quando se tem "um conceito de um mundo inteligível". Ouse pensar, urgia Kant: *sapere aude*. Por mais ligeiro que tenha sido o pensamento de Pope, ele tinha um conceito de mundo inteligível e podia fazer uso, na sua poesia, da ordem newtoniana do mundo. O poeta do século XIX, como Tennyson, muitas vezes temia seguir o cientista, talvez porque os cientistas que afetavam o homem mais de perto, "como seres que se divertem e que sofrem", fossem os biólogos e não os matemáticos. Durante o século XIX, arte e ciência se alienaram, fato este que não aconteceu durante o iluminismo. Assim sendo, foram cortadas as raízes intelectuais da arte. Experimentos como o impressionismo e o romance naturalista adaptaram certos métodos próprios da ciência; no geral, entretanto, arte e ciência pareciam ser dois tipos incompatíveis de experiência ou conhecimento e a teoria científica parecia contrária à teoria estética. Matthew Arnold, desesperadamente, perguntou em seu ensaio sobre "Literature and Science" como poderia a poesia "exercitar o poder de relacionar os resultados modernos da ciência natural ao instinto humano de conduta, ao instinto de beleza"? Foi forçado a admitir: "Eu não sei como". De qualquer modo, ele estava certo de que a ciência sem a poesia não era suficiente. Em capítulo anterior já comentamos os efeitos dessa alienação sobre a poesia e, no ensaio escrito em 1926, I. A. Richards perguntava se se poderia esperar que o poeta moderno tratasse de um Deus que está sujeito à teoria da relatividade. Significativamente, T. S. Eliot, considerado por Richards como exemplo da sina do poeta moderno, impotente perante a ciência que destruiu suas crenças, fez uma das afirmações poéticas mais maduras ao escrever uma poesia que é tanto um "ato de pensamento" quanto uma confissão de fé:

> Time present and time past
> Are both perhaps present in time future,
> And time future contained in time past...
> What might have been is an abstraction
> Remaining a perpetual possibility
> Only in a world of speculation.
> What might have been and what has been
> Point to one end, which is always present*.
> ("*Burnt Norton*")

* Tempo presente e tempo passado/ Ambos talvez sejam presente no tempo futuro,/ E o tempo futuro contido no

Eliot foi mais inteligente do que Pope e fez, talvez inconscientemente, a mais conceitual das teorias científicas — uma teoria da relatividade — aposta à poesia no momento em que essa teoria se tornou "manifesta e palpavelmente materializada para nós enquanto seres que se divertem e que sofrem".

Wallace Stevens foi outro a insistir na idéia de que o grande feito da imaginação poética "residia na abstração. A conquista do romântico, ao contrário, na não importante realização dos desejos e é incapaz de chegar à abstração". É claro que Stevens não se refere ao racionalismo; propõe, no entanto, que "vivamos no intelecto". Acabamos de comentar, também, que Paul Valéry argumenta que "as operações claras e distintas do intelecto" não se opõem à poesia; ao contrário, a poesia exige a passagem "da vontade a inteligência e que exerça por completo os nossos poderes de compreensão". O herói de Valéry, M. Teste, defende, como Stevens, que "a obra de arte é construída através de um tipo de abstração". O poema, como obra do pensamento abstrato, requer o que Stevens chama de "liberdade do intelecto". Stevens prossegue: "A verdade parece ser que vivemos nos conceitos da imaginação antes da razão os ter estabelecido". Immanuel Kant teria entendido esta afirmação. Pois Kant, no ápice do iluminismo, teria partido da premissa que a atividade imaginativa algumas vezes coincide com a atividade conceitual. Como fomos enganados pela crença romântica do século XIX de que a imaginação ou é o poder emocional ou a imagem concreta, a metáfora isolada. Não pudemos supor que existisse uma poesia de idéias.

O cubismo é, acima de tudo, a "arte da concepção" e nasceu da meditação de Cézanne e de Nabis como Sérusier que declarou: "Um pintor precisa ser inteligente". Gleizes e Metzinger repetem: "Sem negar a sensação e a emoção, o cubista elevou

tempo passado.../ O que poderia ter sido é uma abstração/ Que só permanece como possibilidade permanente/ No mundo da especulação./ O que poderia ter sido e o que foi/ Apontam para um fim, que está sempre presente.

a pintura ao nível do intelecto" — *La peinture exigeait donc les connaissances solides*. Isto resolve o problema de Baudelaire de transpor a voluptuosidade para o conhecimento. T. S. Eliot, falando em nome dos modernos, disse: "O único método é ser muito inteligente"[1]. Sabemos o que Eliot deve aos simbolistas e aos artistas dos fins do século XIX que libertaram o motivo da anedota, da ilustração do peso do objeto com sua aparência comum. Gleizes e Metzinger ressaltam a importância desta herança da abstração, para a qual Gauguin e os Nabis tanto contribuíram, ao dizer que "o mundo visível se transforma no mundo real somente através da operação do pensamento". Acrescentam: "Não é suficiente que um pintor veja uma coisa; é preciso que a *pense*".

Os pintores fauvistas foram também capazes de abstrair a linha e a cor e é difícil dizer se as *Demoiselles d'Avignon* de Picasso (1907) é fauvista ou cubista; todavia, é verdade que os cubistas fizeram o que os fauvistas não conseguiram: desenvolveram uma teoria, teoria esta que está no mais profundo acordo com as teorias da nossa ciência. O fauvismo e o cubismo são buscas semelhantes de um estilo mas, no cubismo, a análise do mundo foi levada mais à frente e o movimento se propôs a representar o objeto na sua "existência total"[2]. André Lhote, na sua *Theory of Figure Painting*, sublinha o principal requisito da arte cubista intelectualizada: "Quanto mais entrar a inteligência na criação de uma obra de arte, mais se poderá dizer que essa pintura atingiu o máximo de existência". I. Rice Pereira, um dos pintores neoplásticos, declarou: "Todo espaço tem as suas próprias dimensões e estrutura geométrica e pertence a diferentes níveis de experiência". Isto soa como uma frase de Alberti ou de outro teórico renascentista; pois, na renascença, a ciência era um aspecto da arte e o pintor, como o pintor cubista ou pós-cubista, tinha conhecimento da matemática de sua época. Em parte, o renascimento foi criativo porque, como o iluminismo, estava ansioso para assimilar a ciência à arte.

Dentre os bloqueios da arte, no século XIX, apontamos a inabilidade ou falta de vontade do artista em utilizar a ciência inteligentemente, a fim de tornar a arte um fato genuinamente contemporâneo. Ou, pior ainda, a ciência que mais prontamente encontrava eco era a biologia darwiniana que parecia sancionar o forte impulso e o sentimento romântico em vez da inteligência.

Os fracassos de Rodin como artista são bastante informativos. Do ponto de vista do temperamento, ele se aproxima de Delacroix e tinha uma necessidade wagneriana de expressar a energia, o dinamismo do século XIX que perturbou Henry Adams e o obrigou a refugiar-se em Chartres. A fim de encontrar um idioma para o titânico, Rodin fez uma experiência com o movimento das ondas em sua escultura, o movimento romântico que conduzia a enorme vaga na *Jangada do Medusa* de Géricault. Os grupos de figuras de Rodin se curvam para dentro e depois se atiram para fora na horizontal, num salto para fora do bloco semelhante à cabeça de *La Tempête* que grita em ataque emotivo. Rodin também se especializou no fragmento anatômico — a mão, a cabeça, o corpo musculoso emergindo do mármore não terminado. Este é um tipo de simbolismo pois só alguns detalhes são afirmados. *A Última Visão* provém dos gigantes não terminados de Michelangelo bem como das técnicas simbolistas: só uma cabeça, a sugestão de mãos cruzadas, a tradução de volumes esculturais para termos pictóricos obscuros. É significativo que no Museu Rodin estejam penduradas as enevoadas pinturas cinzentas de Carrière pois este borra tudo o que toca. Rodin troca o vago pela realização escultural, exceto em umas poucas obras como *La Femme Accroupie*, uma simplificação massiva, quase egípcia. Esta técnica poética evasiva está em agudo contraste com o valor escultural dos planos protocubistas de Cézanne. Na verdade, Rodin nunca encontrou seu estilo e existe um terrível conflito entre suas implicações nebulosas e a sensualidade que lhe é inerente, conflito que Wagner também experimentou.

---

1. Alfred Alvarez, *The Shaping Spirit*, 1958, p. 21.
2. André Salmon, *La Jeune Peinture Française*, Paris, 1912, p. 50.

A falta de precisão nos lembra Maeterlinck; a massa nos faz recordar Michelangelo e o barroco. Rodin não conseguiu chegar à conciliação da abundância escultural atingida por Renoir; em certos momentos, ele se torna uma espécie de John Singer Sargent da pedra. A busca do mito, em Rodin, esclarece parte do wagnerismo que o levou a assuntos como *Eva*, *Orfeu*, *As Metamorfoses de Ovídio*, o enorme arquétipo do *Homem Andando* e o pomposo clichê de *O Pensador*. Grande parte deste titanismo é luxo emocional, como *The Gates of Hell*. Parte, como *O Beijo*, é simplesmente vulgar.

O mecanismo técnico de Rodin consta do entrelaçamento das figuras, tática que empresta mobilidade à pedra e que abre os volumes em um espaço escultural que, mais tarde, veio a ser explorado por Henry Moore. Rodin, no entanto, jamais descobriu o espaço simultâneo de um moderno autêntico como Cézanne ou Calder que usa a mobilidade como solução para o problema da atividade na escultura. Rodin, ao invés, só complica o velho espaço cenográfico tridimensional: precisamos andar *ao redor* de suas figuras apesar do entrelaçamento e dos movimentos de ondas; não as vemos na perspectiva cinemática de uma pintura cubista ou de uma escultura abstrata, um espaço polidimensional em que o tempo é "nivelado" como acontece na montagem-visão *Desenvolvimento de uma Garrafa no Espaço*, de Boccioni, ou nas figuras abertas de Archipenko. Já que os espisódios de Rodin se desenvolvem dentro do sistema euclidiano de espaço e tempo, as formas românticas de *Chute d'un Ange*, *Oceanides* ou *Fugit Amor* se movimentam dentro de um espaço que é volumétrico mas não simultâneo. Rodin pode executar um perfil, episodicamente, em um dado instante e suas superfícies aparecem, explodem e mudam numa sucessão de instantes, não importa quão entrelaçados estejam. Sua obra apresenta um sentido de força próprio do século XIX; há um toque de Bernini na explosão das massas. Falta-lhe, porém, o contexto arquitetural da escultura barroca e suas figuras existem num infinito romântico informe e não na estrutura do teatro barroco *Os Portões do Inferno* viola a noção arquitetônica de portal; sua extrema mobilidade deveria ter sido expressa por uma porta *giratória* e o estilo da obra não é barroco mas pitoresco. Rodin se rebelou contra os limites do espaço euclidiano sem conceber nenhuma outra estrutura. Precisava da teoria da relatividade para transformar o tempo em uma outra dimensão do espaço que pudesse ser tratada simultaneamente como um campo dentro do qual a escultura se movesse. Não necessitava da poesia mítica dos românticos e de Wagner, mas das construções geométricas de Antoine Pevsner ou de Naum Gabo que consideram o movimento no espaço como sendo um aspecto do contorno no tempo.

Com o cubismo, desaparecem estes bloqueios. Desaparecem com Cézanne, cuja inteligência faltava a Rodin. Não é recomendável que confiemos muito na afirmação sempre citada de Cézanne: "Representa a natureza através do cilindro, da esfera, do cone..." Há poucos cilindros, esferas ou cones na sua pintura. Há, todavia, um novo tipo de ocupação de espaço pois Cézanne foi instintivamente coetâneo e soube, de alguma maneira, lidar com os problemas mais profundos que estavam por detrás da pincelada de Courbet e do início do tachismo dos impressionistas que fragmentaram o tempo fazendo uso da luz e o espaço, através das construções modulares. Assim, em Cézanne, o problema da sensação cedeu lugar ao problema da representação que é o problema da concepção de mundo do artista. É um problema que ele ataca diretamente, sem evasões. Não costumava ler nada sobre filosofia ou ciência; como muitos dos grandes pintores, parece ter sido quase analfabeto, e bastante desarticulado. Foi, no entanto, contemporâneo, no sentido de Gertrude Stein, porque sentiu, profundamente, o novo mundo de relações no espaço que estava sendo descoberto pela filosofia de F. H. Bradley e pelos predecessores de Einstein: Riemann, Clifford e Gauss.

Em 1875, Clifford escrevia que as leis comuns da geometria não podiam ser aplicadas a pequenas partes do espaço, que estas partes eram comparáveis a pequenas montanhas sobre uma superfície plana e que a distorção passava como ondas de uma parte

38. CÉZANNE: *A Cesta de Maçãs*

39. CÉZANNE: *La Montagne Sainte-Victoire*

do espaço para outra. Van Gogh deve ter *sentido* este movimento ao pintar os tremendamente poderosos espaços locais curvos nas ravinas e na água; de maneira muito semelhante pela qual Cézanne *sentiu* as deslocações do espaço ao representar as massas da *Montagne Sainte-Victoire* [39] que parecem modelar as dimensões ao seu redor. Van Gogh, nas suas paisagens, força o desenho sintetista inventado por Gauguin a se avolumar nos contornos de uma nova topografia que tem uma direção quase magnética.

Retrospectivamente, podemos perceber por completo o significado do movimento cubista que tomou a arte contemporânea e fundou um estilo. O cubismo é uma fruição do pensamento moderno; estava baseado, segundo Francastel, em todo um fundo de especulação científica e filosófica. I. Rice Pereira disse que a pintura moderna é uma imagem da nossa cognição e que o espaço é uma extensão simbólica do ser do homem. Foi o que aconteceu com os cubistas e seus seguidores, uma vez que o cubismo é uma arte que expressa a condição do homem moderno forçado a viver num mundo onde não mais existem locações simples, no dizer de Whitehead, onde todas as relações são múltiplas.

Do ponto de vista técnico, o cubismo é uma fragmentação do espaço tridimensional construído a partir de um ponto de vista fixo; as coisas existem mantendo relações múltiplas, umas com as outras e mudam de aparência de acordo com o ponto de vista escolhido para olhá-las. Agora temos consciência de que as podemos ver de inúmeros pontos de vista que, por sua vez, serão complicados pelo tempo e pela luz, influenciando todos os sistemas espaciais. O cubismo é uma tentativa de *conceber* o mundo de novas maneiras, da mesma forma que a arte renascentista também o foi. Assim sendo, os tipos de abstração que se desenvolveram a partir do cubismo envolveram a inteligência. Naum Gabo, em uma passagem sobre "Art and Science", indica a interdependência das duas:

> O que quer que exista na natureza, existe em nós sob a forma de consciência de sua existência. Todas as atividades criativas da humanidade consistem na procura de uma expressão para essa consciência... Os artistas de hoje não podem, de maneira alguma, escapar do impacto da ciência sobre toda a mentalidade da raça humana... A tarefa do artista não é tão pragmática nem tão direta quanto a do cientista; no entanto, tanto o artista quanto o cientista são movidos pelo mesmo impulso criativo de encontrar uma imagem perceptível das forças ocultas da natureza, natureza esta da qual ambos estão conscientes... Não conheço nenhuma idéia nova na história da cultura humana que tenha se desenvolvido em um compartimento independente do intelecto... A meu ver, é uma falsidade presumir que os aspectos da vida e da natureza que vêm sendo revelados pela ciência contemporânea só possam ser comunicados através da própria ciência...[3]

Pode ser que o cubismo vá além da modernidade da ciência; pois, como Braque o percebeu: "A arte perturba; a ciência reassegura". O artista verdadeiramente contemporâneo está sempre ligeiramente adiante da ciência porque tem consciência da atmosfera ao seu redor de uma maneira que nem o crítico nem o cientista tem. Picasso pintou *Guernica* muito antes de Hiroshima ter sido destruída. Dostoievsky remexeu o inconsciente muito antes de Freud. Bracque e os primeiros cubistas aceitaram ansiosamente o desafio de lidar com o objeto com todas suas novas ambigüidades: para perturbar a nossa visão das coisas porque, como Braque comenta: "É sempre desejável que se tenha duas idéias — uma para destruir a outra".

Todas as artes modernas refletem as idéias que estão por detrás da pintura cubista. Ao escrever sobre a música da poesia, Eliot percebeu que um verso pode sugerir novas "correspondências" na época da relatividade: "A música da palavra está num ponto de intersecção: se origina, em primeiro lugar, da relação que mantém com as palavras que imediatamente a precedem ou a seguem, e, indefinidamente, com o resto do contexto; e de outra relação entre seu significado imediato nesse contexto para com todos os outros significados que tenha

---

3. Citado por Gyorgy Kepes, em *The New Landscape*, 1956; este livro de inestimável valor para todo o capítulo, especialmente o estudo do espaço "laminado".

tido em outros contextos, para com sua maior ou menor riqueza de associação". Daí a arte de Joyce em *Finnegans Wake*, onde cada frase é uma intersecção no significado multidimensional. Adrian Leverkuehn, o herói faustiano do romance de Thomas Mann, faz experiências com modulações entre claves distantes, "usando a chamada relação do terceiro, do sexto napolitano", e descobrindo que "o relacionamento é tudo. E, se quiser dar-lhe um nome mais preciso, chame-o de ambigüidade".

O cultismo explorou a rica ambigüidade do objeto moderno no exato momento em que a ciência e o cinema estavam, também, descobrindo as ambigüidades da visão moderna das coisas. A teoria da relatividade que vem de F. H. Bradley, Whitehead, Einstein até os modernos matemáticos é somente a expressão científica da "nova paisagem" do século XX, paisagem revelada, pela primeira vez, pela pintura cubista e pelo cinema. Para descrever esta paisagem, Charles Morris disse: "O homem contemporâneo precisa ser capaz de se movimentar entre as diversas perspectivas, perspectivas culturais na terra e perspectivas espaciais e temporais no cosmo". Ortega y Gasset nos ofereceu uma filosofia do "perspectivismo", que representa a complexidade e a ambigüidade de nossa existência.

As mutáveis perspectivas sobre as quais construímos nossa existência aparecem no cinema, a forma moderna de ilusão que relaciona movimento, tempo e espaço em um novo tipo de composição. Pode até ser que, de acordo com a lei da primazia técnica — a teoria de que, em cada época, todas as artes estão sob a influência de uma delas — o cinema tenha tido essa primazia desde o início do cubismo até o presente. Por cinema, não queremos, é claro, dizer Hollywood, que normalmente só faz uso da câmara para registrar uma trama do século XIX, mas uma técnica artística de apresentação das coisas como elas existem no tempo, através da perspectiva composta. O daguerreótipo captava as coisas no espaço e no tempo usando a velha perspectiva renascentista, a cena fechada com figuras posadas, vistas de um ângulo fixo. Esta técnica de documentação influenciou o romance realista, o *trompe l'oeil* e o ângulo de visão de Degas. A técnica da câmara, todavia, não produziu nenhum estilo enquanto a fotografia não se libertou das velhas leis de composição renascentistas e passou a lidar com os problemas da mutação das aparências no tempo e no espaço. A partir daí, a câmara, usada com consciência artística, se transformou em cinema e revisou as estilizações do daguerreótipo, transformando-se em arte multidimensional bastante congenial com a pintura cubista. Quando quer que uma técnica produza uma teoria, isto é, quando uma técnica, como a fotografia, se torna consciente, temos a base para a criação de um estilo. Por volta de 1912, Delaunay parece que tinha consciência das técnicas basicamente cinemáticas ao fazer o estudo do *rythme tourbillant* de seus discos coloridos. Gertrude Stein, considerando que a arte precisa "viver no presente verdadeiro", descreveu todas as artes modernas como sendo cinemáticas, embora duvidasse de jamais ter "visto um cinema", ao escrever *The Making of Americans* e proclamava que "o nosso período é, sem dúvida alguma, o período do cinema e das produções em série". Continua: "Eu fiz o que o cinema estava fazendo: fiz uma sucessão contínua da afirmação do que aquela pessoa era até que eu não tivesse mais muitas coisas mas apenas uma". Suas primeiras estórias "eram compostas pela sucessão e cada momento tinha sua própria ênfase que era sua própria diferença e assim havia o movimento e a existência..."

O cubismo, em virtude da revolução de pensamento que apresentava e do método de representar o mundo, criou um estilo cinemático. Os cubistas começaram por rejeitar as ilusões do espaço tridimensional do renascimento e a perspectiva ortogonal fechada. Renunciaram à ilusão do claro-escuro juntamente com o subterfúgio de arranjo dos volumes sólidos a uma distância falsa. André Lhote, corajosamente, declarou rejeitar "todas as precauções tomadas pelos velhos Mestres a fim de disfarçar a arbitrariedade dos métodos por eles escolhidos". Ortega y Gasset também perguntou se haveria algo de mais artificial do que a geometria euclidiana sobre a qual, até então, se baseara a pintura. Os cubistas criaram uma nova perspectiva plana; fragmentaram os volumes das coisas espalhando objetos sobre planos interrelacionados cambiáveis que não violavam a superfície da tela que é o espaço à disposição do pintor enquanto pintor. Esta perspectiva plana possibilitou que a pintura se reintegrasse à parede que podia ser tratada como uma tela cinematográfica. O cubismo, através da representação simultânea de várias facetas das coisas, tratou o velho problema do tempo e do movimento de maneira inovadora; os objetos "se movimentavam" ao mesmo tempo que estavam imobilizados dentro de um projeto complexo e eram oferecidos a nós na tranqüilidade de seu ser, com seus múltiplos aspectos concebidos conjuntamente. Se os cubistas "assassinaram" os objetos, "tanto pior para os objetos", declarou Picasso a Zervos. Essa destruição, na realidade, foi a reorganização do mundo pelo intelecto. Quando Gleizes e Metzinger sustentaram que o mundo visível só se torna real através do pensamento, estavam simplesmente seguindo o princípio de Gauguin de que "a arte é uma abstração da natureza"[4]. O objeto cubista não tem mais identidade simples nem única.

Entretanto, esse assassínio do objeto não se igualou à distorção das coisas efetuada pelos simbolistas e expressionistas pois os cubistas foram quase científicos na sua destruição, amando o objeto e procurando estudá-lo no seu poder silencioso e dinâmico. Nas suas conversas com Zervos, Picasso disse: "Não existe uma coisa chamada arte abstrata. Precisa-se sempre começar com alguma coisa. Depois, pode-se remover todos os vestígios de realidade. De qualquer modo, não haverá perigo algum, então, pois a idéia do objeto terá deixado sua marca indelével". O objeto cubista permanece mesmo depois que "não é mais discernível". O cubista encontrava sua realidade no meio das aparências cambiantes das coisas. Gleizes e Metzinger viram num objeto uma realidade múltipla que só pode ser definida por múltiplas imagens: "Um objeto não tem nenhuma forma absoluta. Tem muitas: tantas quantos são

4. André Lhote, *La Peinture Liberée*, Paris, 1956.

os planos no domínio do significado... *Autant d'yeux à contempler un objet, autant d'images essentielles*". Do mesmo modo, Picasso achava que a tarefa do pintor era registrar *une impression multidimensionelle*. Daniel-Henry Kahnweiler afirma que o principal interesse dos cubistas estava em colocar em duas dimensões as coisas que parecem ter três — uma forma de visão polifônica que contrapõe as muitas facetas dos objetos dentro de um todo. É por isso, Kahnweiler insiste, que a pintura cubista está tão próxima da nova música de Satie e Schoenberg, que é horizontal quanto à melodia e vertical quanto à harmonia.

A pintura cubista resolve o velho conflito, perturbador para Descartes, John Locke e os acadêmicos, entre as qualidades "primárias" de um objeto (as características que podem ser apreendidas pelo pensamento abstrato — as propriedades matemáticas) e as qualidades "secundárias" (as que são percebidas pelos sentidos — as propriedades materiais). Para o cubista, ambas são aspectos do objeto e nenhuma delas é a base da sua realidade. O objeto cubista é um ponto no qual o pensamento do objeto (nossa concepção dele) penetra e reordena as impressões dos sentidos e os sentimentos. Na sua pureza, a pintura cubista se recusa a exercer atração cativando os olhos ou as emoções. Faz uso de tons neutros e linhas controladas; fragmenta o ritmo potente da linha romântica e se limita às cores neutras: cinzas, verdes, beges, azuis, preto e branco. O pintor cubista não ataca violentamente o objeto ou a nossa pessoa; reduz a brilhante cor fauvista e a sua linha impulsiva a um idioma de transparências e de profundidade pictórica, em vez de especial ou emotiva. Precisa-se notar que a influência de Cézanne, finalmente, matou o fauvismo.

O cubismo, nas suas expressões mais puras, como a pintura de Braque, por exemplo, é um estudo das próprias técnicas de representação, uma pintura sobre os métodos de pintura, um relatório sobre a realidade da arte. Com a visão inteligente e lírica de Braque, o cubismo se voltou para o que os franceses chamam de *tableau-tableau* — a pintura do pintor — que investiga tanto o objeto quanto os meios de pintar o objeto. Enquanto *tableau-tableau*, o cubismo atinge a introspecção mais refinada, a mais aguda autoconsciência. De início, no entanto, o cubismo não foi doutrinário; sua relação com o mundo era por demais genuína. A pintura de Braque mostra um mundo formal mas não abstrato, uma vez que ele nunca perde o contato com a textura dos objetos que estuda e destrói, as garrafas, os violinos, as frutas e as partituras musicais que ele afixa na "muda estase luminosa" que, para James Joyce, era o triunfo artístico. Braque tem ligação profunda e duradoura com a natureza morta [40] que se torna, para ele, uma "criação poética": "O pintor não tenta reconstruir uma anedota e sim estabelecer um fato pictórico"[5]. O fato pictórico (*fait pictural*), o quadro-objeto, tem modos de existência complexos e ambíguos, que pertencem a diferentes ordens de realidade, diferentes níveis de ser, entre os mundos da arte e da vida. Algumas vezes, a fim de mostrar como sua pintura se ajustava a qualquer nível de realidade, o cubista assimilava, ao seu mundo pictórico, os próprios elementos da realidade, estranhos à pintura: fragmentos de corda, tecidos, jornais, madeira. Na verdade, para mostrar as relações equívocas em que sua obra poderia entrar e também para afirmar a existência de um mundo da arte, o cubista tinha necessidade da colagem, da textura dos próprios objetos, para ressaltar os pontos de intersecção. O mecanismo da colagem é uma das garantias da integridade da arte cubista, sua recusa em aceitar o subterfúgio, a negação da identidade única das coisas.

Para provar que a vida e a arte se interseccionam, que o pensamento penetra as coisas, que a aparência e a realidade colidem ou coincidem nos pontos que chamamos de objetos, os cubistas contam com certos dispositivos técnicos: a fragmentação dos contornos, a *passage*, de tal modo que a forma se funde ao espaço ao seu redor ou com outras formas; planos e tons que permeiam outros planos e tons; esboços que coincidem com outros esboços e, de repente, reaparecem em novas relações; superfícies que simultaneamente se afastam e se projetam em relação a outras superfícies; partes de objetos que são afastadas, deslocadas ou mudadas de tom até que as formas desapareçam por trás de si mesmas[6]. Esta "oscilação de aparências" voluntária confere à arte cubista sua alta "iridescência". Não importa como a descrevamos, a pintura cubista é uma pesquisa sobre a natureza emergente da realidade, que está constantemente se transformando sob múltiplas aparências, sendo, ao mesmo tempo, fato e ficção. O cubismo é o momento de crise nas artes no qual "a descrição e a estrutura entram em conflito" num mundo de visão múltipla e forma clássica. Acima de tudo, o cubismo recusou toda e qualquer tensão melodramática, o assunto literário e a "grande" anedota; não estava interessado no episódio isolado nem no clímax. Ao contrário, o cubismo foi um inventivo exame da realidade nas suas múltiplas contingências, uma pintura experimental com a audácia da ciência e do pensamento modernos.

Assim, os cubistas gradualmente separaram o objeto do espaço tridimensional, do ponto de vista fixo e limitado e o "desmantelaram" em planos que dão a ilusão de fechamento e profundidade mas que estão sempre em movimento, reajustando-se uns aos outros. O mundo cubista conhece tanto a mudança quanto a permanência; é uma zona de processo, de prisão, de transição na qual as coisas emergem e são reconhecidas para depois revisar suas feições; aqui opera, como na nova ciência, o Princípio de Incerteza.

Enquanto os cubistas viviam no Bateau Lavoir, na encosta de Montmartre, seu amigo Princet, um matemático amador, costumava conversar com alguns deles a respeito da ciência que concebera o nosso mundo como uma estrutura de relacionamentos emergentes, determinados pelo ponto de vista escolhido por alguém. O mundo cubista

---

5. "Pensées sur l'Art", *Confluences*, maio, 1945.

6. O resumo que faço das técnicas cubistas foi baseado no artigo de Winthrop Judkins, "Toward a Reinterpretation of Cubism", *Art Bulletin*, XXX, dezembro de 1948, pp. 270-78, e no livro de Daniel-Henry Kahnweiler, *The Rise of Cubism*, 1949. Consultar, também John Golding, *Cubism*, 1959, que apareceu enquanto este livro estava no prelo.

40. BRAQUE: *Natureza-morta* (c. 1917-18)

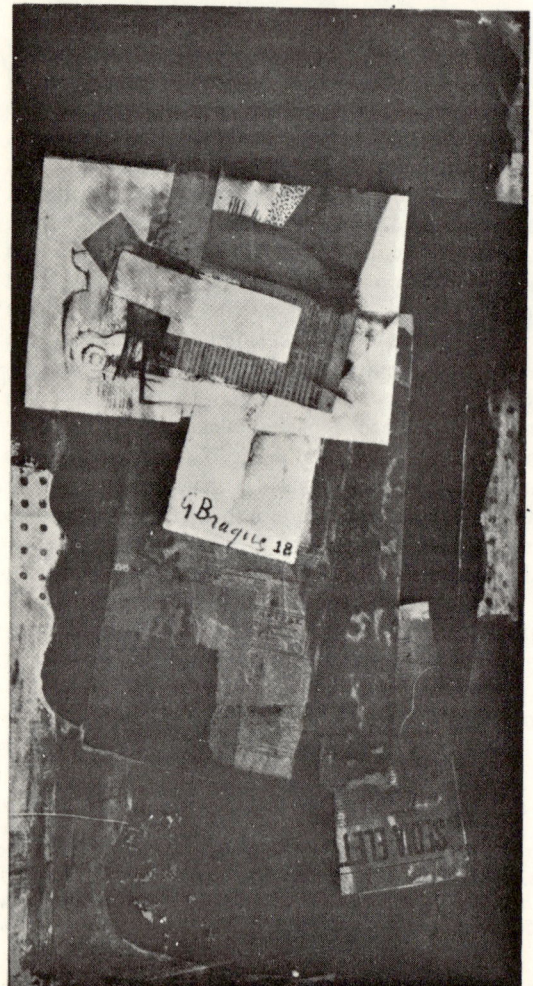

41. PICASSO: *Atelier da Modista*

42. PICASSO: *Moça Diante do Espelho*

é o mundo da nova física, de F. H. Bradley, que, em 1893, em *Appearance and Reality*, afirmara que a realidade não pode ter contornos absolutos e varia de acordo com o ângulo do qual a olhamos: "Precisamos considerar a realidade como múltipla e una e evitar contradições". Antecipando a teoria da relevância essencial de cada objeto para com todos os outros do universo de Whitehead, Bradley definiu a identidade de uma coisa como sendo a *visão* que dela temos: é o que, mais tarde, Whitehead chamou de apreensão mental da coisa. As aparências pertencem à realidade e é inerente à realidade variar as aparências. Para Bradley, o espaço é "a relação entre termos que nunca podem ser encontrados". Bradley, como Whitehead e os relativistas, aceita a "irredutível pluralidade do mundo" e afirma que "a pluralidade e o relacionamento são características e aspectos da unidade". O absoluto se manifesta na mudança e as mudanças revelam a natureza da realidade: "a aparência sem a realidade seria impossível, e a realidade sem a aparência nada seria". O engenhoso diagrama de Bradley torna esta noção mais clara do que as explicações de Whitehead: muitas relações são possíveis dentro da realidade que nos permite construir, de muitos pontos de vista, as aparências:

A B C D
B A D C
C D A B
D C B A

Se nos forem dados estes termos, poderemos lê-los em muitas direções e encontrar sentidos contrários. A aparência de um item como A forma um padrão, embora esse padrão não tenha existência independente fora da situação global dentro da qual aparece. Se virmos só diagonais, então a nossa realidade estará limitada a um padrão A e D. Mas a configuração dos itens A, formando diagonal, recebem o seu significado somente em relação aos outros itens B, C, D relevantes a qualquer padrão que possamos selecionar. Na verdade, qualquer mudança em B, C, ou D imediatamente altera a aparência de A. Bradley coloca as bases para uma aproximação existencialista, uma vez que cada uma das características da situação está envolvida num complexo global.

Whitehead expandiu o tema da relevância essencial de todos os aspectos da realidade para a própria realidade: "todas as entidades ou fatores no universo são essencialmente relevantes para a existência de todos os outros", uma vez que "toda entidade envolve um conjunto infinito de perspectivas". Do ponto de vista teórico, a "locação simples" não existe num universo em que nada pode ser localizado sem envolver todo o resto. Da mesma forma, teoricamente não existe um instante isolado no tempo, que se transforma numa função do movimento: as coisas não podem ser localizadas com um simples aqui e agora, uma vez que todas as velocidades parecem ser iguais em relação à velocidade da luz. Assim,

> A concepção errônea que perseguiu a literatura filosófica através dos séculos foi a idéia de "existência independente". Inexiste esse modo de existência; toda entidade só pode ser compreendida na medida em que está entrelaçada com o resto do Universo.
>
> (*Essays in Science and Philosophy*)

O mundo é uma estrutura de relacionamentos variáveis e múltiplas aparências.

Precisamos considerar o que Whitehead quer dizer com um evento, que é a última entidade concreta na realidade, para podermos compreender por que as perspectivas na pintura cubista eram "inquisitoriais" e por que o mundo cubista se apresentava como um complexo de planos cambiantes. Uma coisa é um evento que focaliza, fora de um processo, um certo complexo de relações a partir de um determinado ponto de vista; mas todo evento ou coisa envolve o resto do universo: todos os outros eventos e todos os outros pontos de vista. Whitehead comenta: "Um evento tem a ver com tudo o que existe". Parece ser independente mas não o é; só vemos essa independência ao cortar todas as relações que mantém com todo o resto e considerá-lo isoladamente, isto é, tendo uma visão bastante limitada da sua realidade:

> O evento é o que é, porque nele se unificam uma multiplicidade de relações. O esquema geral destas relações múltiplas é uma abstração que pressupõe que cada evento seja uma entidade independente, o que não o é, e pergunta o que resta dessas relações formativas sob o disfarce de relações externas. O esquema das relações, assim, imparcialmente expresso se torna o esquema de um complexo de eventos relacionados de formas variadas, do todo às partes ou de parte à parte dentro de um todo qualquer... sendo que a parte é, evidentemente, constitutiva do todo. Também, um evento isolado que tenha perdido o seu *status* dentro de um complexo de eventos fica excluído em virtude da própria natureza de um evento. Assim, o todo é, evidentemente, constitutivo da parte.
>
> (*Science and the Modern World*)

A natureza é, portanto, uma estrutura de "relações emergentes"; emergem, de acordo com nosso ponto de vista, de uma atividade neutra subjacente que precisa ser chamada de processo porque não tem características próprias e é como uma névoa de dentro da qual aparecem os vários objetos que assumem uma forma, para nós, segundo o nosso tipo de apreensão. Na medida em que nossa apreensão variar, variarão também as formas. E a nossa apreensão muda de acordo com a nossa situação no tempo e no espaço. As coisas são, exclusivamente, uma área de tensão em constante condição de emergência. Um objeto ou um fato é somente um resíduo do processo em constante funcionamento no universo.

Num universo desse tipo, no qual as coisas não têm locação simples, os velhos valores newtonianos do espaço e do tempo absolutos desapareceram. A única constante que resta é a velocidade da luz, que chega tão perto do instantâneo que faz com que todos os espaços, tempos e movimentos sejam nivelados ao serem comparados a ela. A velocidade da luz consome as diferenças no espaço e no tempo até que cada locação parece ser somente uma ilusão que depende de um ponto de vista local. Suponhamos, por exemplo, que o olho pudesse se mover com a velocidade da luz e ver, instantaneamente, todos os quadros separados de um rolo de filme de cinema: estes quadros separados que parecem se estender no tempo e no espaço quando projetados sobre uma tela, apareceriam juntos, simultaneamente, numa configuração que é estática, como se o rolo fosse projetado instantaneamente. Nesse caso, poderíamos absorver o curso total dos eventos com uma única olhada; a seqüência dos episódios do filme não seria uma trama que iria se desenvolvendo no tempo ou através da causa e efeito mas seria um certo padrão de relações que lá estariam como um dado *a priori*. Mas, para qualquer olho incapaz de absorver a situação total com a velocidade da luz, os vários eventos emergirão no tempo e no espaço, com movimento, de acordo com a velocidade de projeção dos quadros. Em ambos os extremos da escala do movimento, este deixa de existir; e o tempo de desenvolvimento desses eventos é uma ilusão criada pela velocidade com que o rolo é passado.

Além disso, a configuração total não teria significado separado dos quadros individuais, cada um dos quais é um evento no qual todos os outros eventos estão envolvidos. O evento concreto — o quadro individual — é um aspecto da configuração total que, sem os quadros ou eventos individuais dos quais é composta, se transforma em mera abstração. O filme não tem significado separado de cada um dos quadros individuais; entretanto, os quadros individuais adquirem seu significado a partir da sua situação dentro da abstração do filme total. A permanência não terá nenhum significado se estiver separada da mudança; o abstrato e o concreto são duas facetas da estrutura total. Segundo as palavras de Bradley, precisamos considerar esta realidade como sendo múltipla e una e evitar as contradições. Mas, como Whitehead também o diz, "a característica do real é a transição das coisas, a *passagem* de uma para outra". O nosso mundo é uma multiplicidade de relações cambiantes e se expressa como uma "comunidade de ocasiões" na qual cada fato concreto tem o seu lugar como "teimoso fato irredutível" dentro de um projeto total emergente.

Se assumirmos, portanto, que as idéias abstratas são a base da realidade, nós "colocamos o concreto no lugar errado" porque todos os valores estão enraizados nos "eventos de fato" que são bastante reais para não existirem independentemente de outros eventos. "O valor é a facticidade." Mais uma vez, Whitehead prenuncia o existencialismo de Sartre e Camus que acreditam que a existência individual do homem é a realidade última da experiência humana e que cada homem tem a liberdade inalienável de agir; entretanto, ao agir, ele se envolve num engajamento com todos os outros. Quando faço uma escolha, e isto preciso fazer, faço-a também por *você*. Sartre diz que "o destino do homem está dentro dele mesmo", uma vez que cada um precisa escolher por si mesmo e o valor da vida se origina nessas escolhas. Neste sentido, a existência precede a essência. Todavia, em virtude de uma contradição inerente à realidade, quando um homem age, ele se compromete com todos os outros homens "decidindo pelo todo da humanidade", e assumindo "completa e profunda responsabilidade". Como para Whitehead, aqui, também, o concreto e o abstrato são dois aspectos da mesma situação. A realidade da experiência humana é sempre singular; mas, ao escolher por mim, eu faço história, escolhendo pelos outros que se encontram comigo. O existencialismo diz: eu me defino através das minhas relações com os outros que *não* são eu; o Outro não é o Eu mas o Eu precisa do Outro para ter consciência da sua própria identidade. O existencialismo, então, é a extensão filosófica da idéia de Whitehead de que a salvação da realidade está na concretude do evento de fato, evento que perde, porém, o significado se estiver separado dos eventos que já foram ou virão a ser. A soma da relatividade de Whitehead e do nosso existencialismo resulta no fato de que não existe a locação simples nem a existência independente no sentido de existência isolada. A essência da realidade está nas relações em que cada evento concreto, cada pessoa ou cada coisa entram.

O cubismo foi moderno de todas essas maneiras, já que se constituiu em uma análise da identidade múltipla dos objetos, das suas relações emergentes e no seu engajamento com outros objetos e eventos.

Theo van Doesburg escreveu: "Um estilo nasce quando, depois de ter atingido a consciência coletiva de vida, somos capazes de estabelecer uma relação harmônica entre a característica interna e a aparência externa da vida"[7]. Ou, na colocação de Gertrude Stein: "a composição dentro da qual vivemos forja a arte que vemos e ouvimos". O cubista não só pertenceu à sua época como também foi profético. As técnicas de passagem, de transição e transformação dentro e ao redor do objeto expressaram a consciência coletiva da experiência moderna, coisa que a arte do século XIX não conseguiu. Na *Tour Eiffel* (1910) de Delaunay, são aparentes as oscilações do movimento moderno, a consciência tremeluzente do novo século com sua visão cinemática e seu espaço laminado. O contínuo atmosférico dos impressionistas foi quebrado, resultando na colisão dinâmica de várias tomadas a partir de ângulos diferentes.

Delaunay usa a perspectiva simultânea que se tornou uma técnica do cinema e é comum a todas as artes modernas; foi adaptada, depois do cubismo, aos métodos da pintura e da escultura abstrata e não objetiva, reaparecendo, depois, como tachismo. Einstein comentou que, enquanto o cubismo florescia na França, no cinema, pensava-se que a montagem fosse "tudo". Nas suas próprias palavras, a montagem é "um complexo composto por pedaços de filme que contêm imagens fotográficas" arranjadas de tal maneira que uma ou mais tomadas podem ser vistas juntas, ou quase juntas, numa imagem composta. Assim, "a estrutura polifônica atinge seu efeito total através da sensação compósita de todas as partes como se fossem um todo". Baseada não na seqüência mas no contraponto, a montagem nos obriga a ver as coisas dentro de uma perspectiva múltipla, remetendo o tempo para longe e fixando a representação numa imagem dividida semelhante à perspectiva plana cubista.

Einstein explica o princípio da montagem através da citação do artigo de René Guilleré sobre a era do

7. Citado no *Dictionary of Abstract Painting*, ed. Michel Seuphor, 1957, p. 43.

jazz que equaciona a técnica cinematográfica com o ato de sincopar:

> Tanto a arte quanto a criação literária procedem através de várias perspectivas empregadas simultaneamente. A ordem do dia é a síntese intricada que congrega os pontos de vista inferiores e superiores de um objeto.
>
> A perspectiva antiga nos ofereceu os conceitos geométricos dos objetos: como estes poderiam ser vistos por olhos ideais. A nossa perspectiva nos mostra os objetos como os vemos com os dois olhos – tentativamente. Não mais construímos o mundo visual com um ângulo agudo que converge no horizonte. Abrimos este ângulo, puxando a representação contra nós, sobre nós, em direção a nós... É por isso que não temos medo de usar o *close-up* em filmes: para retratar o homem como ele às vezes nos aparece, fora das proporções naturais...
>
> Em outras palavras, na nossa nova perspectiva, não há perspectiva.
>
> (Citado em *Film Sense*)

Guilleré quer dizer que não existe uma perspectiva mas a sincronização ou a sincopação do jazz com ritmos determinados em perfis agudos trazidos ao primeiro plano.

As naturezas mortas de Cézanne já haviam sincronizado desse modo as perspectivas, inclinando as superfícies e fragmentando o horizonte, dobrando as beiradas dos pratos e transformando as curvas em padrões planos. Em *Demoiselles d'Avignon* de Picasso (1907), a deformação assume um movimento cinemático, mostrando como as distorções expressionistas inventadas por Gauguin, Lautrec e a Art Nouveau foram adaptadas à análise do espaço empreendida pelos cubistas. Não importa se essa obra sofreu ou não influência da escultura africana; ela prova que o expressionismo foi influenciado pela análise da perspectiva do início do cubismo; e esta análise levou a passagens semelhantes a montagens cinematográficas, do lado direito da obra de Picasso. Os corpos fragmentados das *Demoiselles* tremeluzem numa visão múltipla que lembra os planos escorregadios dos tabuleiros de xadrez e das mesas de Braque. O cubismo absorveu grande parte da perturbação da pintura fauvista, teorizando-a em um estilo, uma representação do tempo e do espaço modernos que só podiam ser tratados por meio da imagem composta com suas relações simultaneamente cambiantes. Se a Art Nouveau levou ao fauvismo e à arte abstrata, o cubismo, depois de *Demoiselles*, transcreveu tanto a Art Nouveau quanto o fauvismo para uma linguagem cinemática contemporânea.

A complicada síntese do cinema foi usada com grande virtuosidade por Picasso em *Atelier da Modista* [41], em 1926, pintura que parece estar projetada sobre uma tela, em branco e preto, numa complicação móvel que adapta a técnica do duplo contorno (*Wasserspiegel*) da Art Nouveau ao sincopado do jazz. A pintura quase chega a ser uma ilustração completa da perspectiva cinemática definida por Eisenstein: há, até, o efeito de *close-up*, a representação é puxada sobre nós com o conseqüente aplainamento e distorção dos contornos. Estas silhuetas envolventes e móveis dão uma nova dimensão à arte gráfica de Beardsley e apresentam o expressivo escorço do espaço fauvista de Matisse. Estão, também, relacionadas às formas biomórficas de Joan Miró. As três figuras e as três imagens refletidas, o espelho (ou a porta), a mesa, a cadeira são vistas "com ambos os olhos" em várias perspectivas: é um estudo de montagem de atividade conservado "próximo à parede". Como no cinema, a terceira dimensão é reduzida a uma ilusão óptica e o espaço se torna um ideograma, perdendo todo valor realístico para entrar em uma composição pictórica. É óbvio que *existe* uma engenhosa organização básica que se assemelha a um tríptico, embora a extraordinária passagem das imagens por toda a superfície seja mais um resultado das experimentações impressionistas com a frágil aparência das coisas. Todas estas técnicas cinemáticas são usadas em *Guernica* (1937) que acrescenta, à montagem do *Atelier*, a implicação de ser uma caricatura, e, portanto, um toque do jornalismo contemporâneo. Outra vez, Picasso trabalha em preto e branco, suspeitando, talvez, que as estórias em quadrinhos nos jornais são como um filme. O sincopado é ainda mais desvairado em *Guernica*, convulsionando e combinando o jazz de *Atelier* para atingir uma fase progressiva.

O uso que Picasso faz da montagem é crescentemente mais cuidado, o que também acontece em James Joyce. Extrai, por exemplo, uma dimensão mítica da sua montagem em *Moça Diante do Espelho* (1932) [42]. Lançando mão do arquétipo tema da Vaidade, o motivo medieval da Beleza que contempla sua imagem, dá um tratamento de vitral à moça e adapta aos usos de *boudoir* o fundo lavrado com figuras geométricas da *Belle Verrière* como geometria básica juntamente com o medalhão medieval. Quem é esta Moça? Se "lermos" as duas partes da pintura — a moça e sua imagem — descobrimos que ela é uma Maria contemporânea, que também é Isis, Afrodite ou a Adolescente perante seu Espelho. Há, também, uma imagem freudiana do Eu, o dia ou o eu consciente do lado esquerdo que encontra eco na imagem do Id, à direita, o eu negro. Assim sendo, a Virgem, a Vaidade ou Vênus se apresentam aqui sob outros dois disfarces: Diana e Hecate, as fases luminosa e escura da deusa da lua; ou, talvez, Perséfone, a deusa que tem dupla existência durante o ciclo da fertilidade. O eu negro também sugere a selvageria da bacante; ou as figuras em um totem; ou o corpo coberto, a múmia, pronta para ser enterrada; ou os retratos Fayum nos sarcófagos coptas. A figura coberta, por sua vez, sugere a imagem velada da freira que morreu para o mundo, para a vaidade. E os seios não são somente seios, mas maçãs; temos então uma Eva moderna, cujo ventre é visto de duas perspectivas diferentes. Antecipando a técnica de raios X de Tchelitchew, Picasso analisou os órgãos das duas imagens através de uma visão de roentgen; há uma radiografia do esqueleto, das costelas, na imagem mais escura; e as costelas se transformam em um motivo bem diferente na moça, que parece estar usando um maiô listrado, tornando-se, assim, numa bela mulher de maiô — a Vênus moderna. As múltiplas imagens da lua cheia e crescente, o corpo e o rosto de perfil e de frente, o esqueleto e a carnadura criam uma montagem que tem significado psicológico, religioso e lendário bem como apresenta um desenho abstrato do ponto de vista da linha e da cor. As distorções fauvistas foram intelectualizadas, criando um estilo cinemático que sincroniza.

O princípio da sincronização foi a base até dos dispositivos mecânicos do novo século: a engrenagem sincronizada é um meio pelo qual velocidades variáveis e peças são ajustadas. Gertrude Stein suspeitou que o cinema fosse a arte primária do século XX porque ele sincroniza. Diz que, para o artista ser contemporâneo, ele precisa ter o "sentido de tempo" próprio da sua época; e o sentido de tempo deste século é simbolizado pelo método da linha de produção americana; o automóvel é concebido como um todo e é montado, parte por parte, por um processo de pré-fabricação. No século XIX, com seu sentido de tempo histórico e evolucionário, seus romances cujas tramas obedeciam à seqüência de causa e efeito dos eventos, suas cenas climáticas, seus desfechos lógicos, havia "a sensação de que tudo começava de um lado e terminava do outro". Hoje, existe a "concepção do todo", a sincronização que corresponde à montagem cinemática ou à justaposição dos elementos. O projeto móbil do século XX sincroniza as formas cambiantes em padrões nos quais o tempo é uma função do espaço; isto não se deu só nos móbiles de Calder mas vem desde 1912, quando a escultura de Boccioni *Desenvolvimento de uma Garrafa no Espaço* abriu as visões compostas do objeto sólido através do sincopado, que é o movimento do jazz e é o ritmo inerente do início do século XX.

Gertrude Stein comentou que os eventos melodramáticos perderam o significado para nós; não há mais batalhas "decisivas" mas, ao invés, guerras totais durante as quais o fato concreto irredutível é o soldado de pé numa esquina esperando que algo aconteça. Até historicamente a nossa perspectiva foi aplainada. "E, assim, o que estou tentando fazê-lo compreender é que o escritor contemporâneo tem que descobrir qual é o sentido de tempo inerente à sua contemporaneidade", escreveu Gertrude Stein. O nosso sentido de tempo é cinemático porque, como ela diz, "num filme de cinema, não há nenhum quadro que seja exatamente igual ao outro". É como um escritor que constrói uma imagem através de afirmações recorrentes, cada uma das quais é ligeiramente diferente da precedente e da conseqüente.

Whitehead apontou que o que parece ser permanência é, na verdade, só recorrência. Portanto, a partir do nosso sentido de movimento emerge um padrão total, a montagem que coloca a Representação A em contraponto com a Representação B num projeto que é, ao mesmo tempo, móvel e estático. Gertrude Stein comenta: "Quanto melhor o jogo, mais estático será". Esta opinião estranha advém de seu senso de configuração total, uma lei moderna da fatalidade que tem alguma semelhança com o senso de fatalidade que, em parte, se assemelha ao sentido grego da fatalidade no drama em que o homem, repentinamente, se descobre numa determinada *situação*. O sentido de tempo cinemático cubista é clássico desse ponto de vista pois toda arte clássica apresenta uma certa tranqüilidade que é a visão sinótica da ação.

Gertrude Stein, em alguns de seus contos, tentou captar o sentido de tempo do cinema para ilustrar a idéia de que não existe a repetição e de que a recorrência é o movimento moderno genuíno, a recorrência dos diversos quadros no filme — imagens que diferem infimamente umas das outras dando, porém, a sensação da existência no tempo e no espaço. Nada acontece nesses contos que são estáticos e precisam ser lidos como se apresentassem de forma "plana" uma situação que só deve ser considerada como configuração total. Como exemplo de experimentação cinemática temos "Miss Furr and Miss Skeene" (1922):

Helen Furr tinha uma casa bastante agradável. Mrs. Furr era uma mulher bastante agradável. Mr. Furr era um homem bastante agradável. Helen Furr tinha uma voz bastante agradável e digna de ser cultivada. Ela não se importava de trabalhar. Trabalhava para cultivar sua voz. Não achava divertido viver sempre no mesmo lugar onde sempre tinha vivido. Foi a um local onde alguns cultivavam alguma coisa, voz ou qualquer outra coisa que precisasse ser cultivada. Lá encontrou Georgine Skeene que cultivava a voz julgada, por alguns, como sendo bastante agradável. Helen Furr e Georgine Skeene passaram então a viver juntas.

Lá ficaram e lá se divertiram, não se divertiram muito lá, só se divertiram. Ambas se divertiram lá, trabalhando regularmente lá, lá cultivando a voz, ambas lá se divertiram. Georgine Skeene era alegre lá e regular, regular na alegria e regular na falta de alegria, regular ao ser alegre e ao não ser mais alegre do que era preciso para ser uma pessoa alegre. Ambas, então, se divertiam lá e ambas, então, trabalhavam lá. . . .

O último parágrafo sugere a idéia de Whitehead de que os acontecimentos são uma forma de recorrência que ocorre num processo. De fato, este trecho em prosa se aproxima tanto quanto é possível do processo do qual emergem os acontecimentos.

Eisenstein, como Gertrude Stein, pretende acabar com o teatro, com a estória do século XIX. Baseia sua técnica cinematográfica na técnica japonesa do ideograma que ele considera como sendo um tipo de montagem. Mais uma vez, então, chegamos ao uso que Pound dá ao ideograma como "superposição", "isto é, uma idéia colocada em cima de outra". Se as idéias a respeito de montagem de Eisenstein foram extraídas do *kabuki* japonês, uma forma dramática estilizada, sabemos que a "superposição de imagens" de Pound teve por origem os estudos do ideograma feitos por Fenollosa. Apollinaire desenvolveu os seus "caligramas" quase que no mesmo momento em que Pound, Eisenstein e os cubistas começaram a usar a mesma perspectiva. O pequeno poema conhecido como *haiku* também fez com que a poesia imagista se dirigisse para a técnica cinemática que aparece na sincronização e sincopação de *Waste Land* de Eliot que, por sua vez, tem um débito para com os métodos ideogramáticos de Pound. Na verdade, tanto Pound quanto Eliot começaram por escrever como poetas imagistas que desenvolveram uma técnica semelhante à usada por Eisenstein no cinema; pois Eisenstein dizia que queria "desmembrar" os acontecimentos, transformando-os numa montagem de várias tomadas e "ao combinar essas incongruências monstruosas, novamente coligimos em um todo o evento desintegrado". Ele faz uso de um "contraponto óptico" semelhante ao contraponto do verso tradicionalista de Eliot que termina *Waste Land* com uma passagem sincopada que lembra a sintaxe de um filme, um "conflito gráfico" ou as colisões no teatro japonês nas quais são colocadas duas características ou dois lados de um ator:

London Bridge is falling down falling down falling down
Poi s'ascose nel foco che gli affina
Quando fiam uti chelidon — O swallow swallow
Le Prince d'Aquitaine à la tour abolie
These fragments I have shored against my ruins
Why then Ile fit you. Hieronymo's mad againe.

Datta. Dayadhvam. Damyata.
Shantih shantih shantih*

Em seu ensaio sobre o cinema, Malraux afirma que o século XIX sofreu extrema necessidade do Objeto na pintura que acompanhou a trama narrativa na literatura. O novo método, ao contrário, prega a *découpage* que trunca o objeto e o transforma em símbolo tanto no cinema quanto na literatura. A decupagem na passagem de Eliot é o método usado nos *Cantos* de Pound que são construídos ao redor de certos motivos tratados por superposição de imagens tiradas da história e da literatura ocidental e oriental. Estas superposições — uma montagem extremamente complexa — tornam-se evidentes nos Cantos LII-LXI, em que Pound faz uso da história chinesa, e nos ideogramas chineses que foram incluídos na última parte deste ambicioso trabalho que apresenta uma perspectiva ou sincopação plana e atemporal. No Canto LXXV a menção de Buxtehude e de "Stammbuch of Sachs in yr/luggage" é seguida por uma orquestração musical que segue até o fim do Canto. Assim, Pound e Eliot criam uma visão multidimensional e mesmo a ironia que lhes é própria surge em função do princípio de montagem que coloca juntos afirmações de diferentes tons poéticos. Podemos citar como exemplo a abertura da terceira secção de *Waste Land* de Eliot em que aparecem referências e imagens divergentes e complicadas que provocam incongruências que se assemelham às discordâncias intencionais da nossa música e pintura.

> The river's tent is broken: the last fingers of leaf
> Clutch and sink into the wet bank. The wind
> Crosses the brown land, unheard. The nymphs are departed.
> Sweet Thames, run softly, till I end my song.
> The rivers bears no empty bottles, sandwich papers,
> Silk handkerchiefs, cardboard boxes, cigarette ends
> Or other testimony of summer nights...**

* A ponte de Londres está caindo, está caindo, está caindo/ *Poi s'ascose nel foco che gli affina*/ *Quando flam uti chelidon* — Oh, engole, engole/ *Le Prince d'Aquitaine à la tour abolie*/ Juntei estes fragmentos contra minha ruína/ Porque então Ile lhe serve. Hieronimo está louco outra vez/ Datta. Dayadhvam. Damyata/ Shantih shantih shantih.

** A tenda do rio se desfez: os últimos dedos das folhas/

Estes versos mostram que a impessoal teoria poética de Eliot é também uma forma de montagem, pois, como ele próprio diz, o poeta contemporâneo trabalha com a poesia do passado, empregando-a dentro de novas relações para obter novos efeitos. Ele explora os motivos tradicionais como Picasso o fez em *Moça Diante do Espelho*, ele tem somente um veículo para usar e não uma personalidade e, nesse ponto, separa-se dos simbolistas e dos fauvistas. Eliot faz uso dos versos de Marvell

> But at my back I always hear
> Time's winged chariot hurrying near*

num conjunto de relações totalmente insuspeitadas:

> But at my back in a cold blast I hear
> The rattle of the bones, and chuckle spread from ear to ear**.

Isto é o que, no seu ensaio sobre Joyce, Eliot chama de método "mítico" do romance: "manipular um contínuo paralelo entre a contemporaneidade e a antiguidade". É o meio próprio de Eliot "tornar o mundo moderno possível para a arte".

Ulysses de Joyce ilustra o princípio de montagem da sua forma mais ampla. Leopold Bloom é um Ulisses moderno que, durante o dia em Dublin, recria os eventos da Odisséia através de episódios "míticos", encontrando Telêmaco no jovem Stephen, defrontando-se com as sereias e Circe, descendo ao inferno por ocasião do enterro de Paddy Dignam, retornando à infiel Penélope na pessoa de Molly Bloom que, de modo semelhante à moça de Picasso,

Se agarram e afundam na margem molhada. O vento/ Atravessa a terra amarronzada, sem ser ouvido. As ninfas partiram/ Doce Tâmisa, corre suavemente até que eu termine minha canção./ O rio não contém garrafas vazias, invólucros de sanduíches,/ Lenços de seda, caixas de papelão, pontas de cigarros/ Nem outros testemunhos das noites de verão...

* Mas, às minhas costas sempre ouço/ A carruagem alada do tempo se aproximando depressa.

** Mas, às minhas costas ouço numa rajada fria/ O barulho dos ossos e o riso de orelha a orelha.

é uma imagem arquetípica da grande deusa adulterada pela visão compósita de Joyce. A linguagem *portmanteau*, aqui e em *Finnegans Wake*, fornece, instantaneamente, o cruzamento de referências sobre mito, filologia, psicologia e música; e adapta-se à corrente de consciência que é, igualmente, montagem. Leopold Bloom, ao caminhar pelo cemitério depois do enterro de Paddy, inventa uma nova "elegia num cemitério de interior":

> Além disso, quem poderia se lembrar de todo mundo? Olhos, andar, voz. Bem, a voz, sim: gramofone. Tenha um gramofone em todas as tumbas ou conserve-o em casa. Depois do jantar, num domingo. Ponha a tocar o Kraahraark! Aloaloalô, tomuitocontente kraark muitocontenteveloutravez aloalô tomui kopthsth do velho bisavô. Trar-lhe-á a lembrança da voz como a fotografia traz do rosto. De outro jeito, você não poderia se lembrar do rosto depois de uns quinze anos. Quem, por exemplo? Por exemplo alguém que tenha morrido quando eu estava em Wisdom Hely.

A montagem à beira do túmulo de Paddy é ainda mais simultânea pois Leopold percebe, instantaneamente, a necessidade de tirar o chapéu, a dolorosa descida do caixão, o indivíduo de capa que ele não conhece, o tweed macio de Ned Lambert, seus próprios ternos elegantes quando morava na rua Lombard, o respingo da chuva. A textura *portmanteau* é ainda mais complexa nas múltiplas camadas de linguagem em *Finnegan's Wake*: uma técnica de raios X aplicada à síntaxe e à consciência.

Em *Portrait of the Artist* Joyce já estava colocando de lado a perspectiva convencional, abrindo, no sentido de Eisenstein, a narrativa, empurrando-a contra nós com uma nova imediaticidade semelhante ao *close-up* do filme, mudando a linguagem da prosa para a poesia e dando a impressão de que as várias facetas de consciência, passando da textura do diário para o sermão, para o diálogo, para a meditação, dispositivos estes que já haviam sido explorados no extravagante romance *Tristram Shandy*, do século XVIII, que foi uma das primeiras experimentações no campo da montagem, do deslocamento do tempo, da dupla exposição da sensibilidade.

Até as "complexidades metafísicas" admiradas pelos Novos Críticos são cinemáticas, porque se diz que a "ambigüidade" e a "ironia" reúnem estados de espírito conflitantes e não se originam das alternâncias dos estados de espírito, como acontece no cômico, mas da justaposição. Vemos, agora, que Shakespeare fazia suas próprias montagens; não alternava o cômico e o trágico (como costumavam explicar os críticos do século XIX) mas fundia os significados cômico e trágico de maneira verdadeiramente moderna nas suas peças mais intensas como, por exemplo, *Hamlet*: a propensão grotesca do príncipe transforma em sinal de desgosto quase insuportável suas brincadeiras com Ofélia e Polônio; o mesmo acontece no cemitério quando pergunta a Horácio: "Por que a imaginação não pode seguir o curso do nobre pó de Alexandre até que eu o encontre tampando um batoque"? Da mesma forma, Prufrock de Eliot diz, com muita ironia, que ele deveria ter sido um par de garras fugindo no fundo de mares silenciosos.

Os efeitos de montagem estão profundamente arraigados nos temas absurdos do nosso pensamento existencial. A existência humana, tal como é agora considerada, é um conflito ou uma colisão de opostos. Estas contradições da experiência atual não são reconciliáveis através da lógica; no entanto, como disse Kierkegaard, são reconciliáveis em *mim*. O homem só é livre quando está engajado; é heróico mas cômico; precisa agir racionalmente sem ter nenhuma premissa racional sobre a qual se apoiar; só encontra seu próprio eu diante dos "outros"; o seu ser está fundado no nada; sua consciência é uma forma de desdobramento, o rasgar da consciência pela consciência de estar consciente, uma dissociação do eu que observa o eu. A personalidade se dissolve em perfis que precisam ser vistos conjuntamente. O existencialismo é uma "ética da ambigüidade".

Ortega y Gasset, como os cubistas, supõe que a estrutura da realidade depende do modo pelo qual a olhamos: há tantas perspectivas quantos modos de consciência. Sua filosofia do perspectivismo é uma tentativa contemporânea de lidar com as contradições entre dúvida e crença, entre razão e realidade externa: "A perspectiva é a ordem e a forma que a realidade assume para aquele que a contempla", diz Ortega. O erro filosófico mais grave é o de supor que exista uma perspectiva absoluta. Isso seria fazer, na filosofia, o que a perspectiva renascentista fez no espaço: pressupor a existência de um só sistema. Para ser absoluto, o espaço deixaria de ser real e se tornaria uma abstração apenas. Assim, Ortega aceita as premissas iniciais de Bradley e Whitehead, ou seja, de que muitas perspectivas diferentes coexistem na realidade:

> A perspectiva é uma das partes componentes da realidade. Não é uma perturbação da tessitura da realidade; ao contrário, é o seu elemento organizador. Uma realidade que permanecesse a mesma de qualquer ponto de vista que fosse observada seria uma idéia ridícula....
>
> Cada vida é um ponto de vista dirigido sobre o universo. Do ponto de vista estrito, o que é visto por uma vida não pode ser visto por nenhuma outra.... O erro persistente nasce da suposição de que a realidade possui, em si, independente do ponto de vista a partir do qual é observada, uma fisionomia que lhe é própria.... A realidade, entretanto, como a paisagem, possui um número infinito de perspectivas, todas igualmente verdadeiras e autênticas. A única perspectiva falsa é aquela que se considera como sendo a única existente.
>
> (*The Modern Theme*)

Quando reduzimos a visão da realidade a uma concepção única ou ortodoxa esvaziamo-la de seus significados. Quando suprimimos o individual amputamos o conteúdo da realidade e empobrecemo-la para todos nós. É por isso que Ortega define o liberalismo como sendo a virtude mais altamente civilizada: é a capacidade de viver com o inimigo. Certa vez, Ortega comentou que jamais duas câmaras tiram a mesma fotografia de uma cena. À medida que o homem muda o seu ponto de vista, a realidade muda a sua natureza para ele. Num mundo de perspectivas particulares e em constante mudança, "a realidade do objeto aumenta na medida em que aumentam as suas relações"[8]. Os significados da realidade emergem dentro da própria realidade. Ou, na colocação de Ozenfant, "o cubismo é pintura concebida como formas relacionadas que não são determinadas por nenhuma realidade externa a essas mesmas formas relacionadas". Ortega e os cubistas nos oferecem uma visão da realidade mais completa do que é possível em qualquer arte que tenha por base um único ângulo. Se uma das propriedades da realidade é o poder de reorganizar a partir de diferentes pontos de vista, o desmantelamento do objeto operado pelo cubismo é uma das mais englobantes leituras da realidade na arte ocidental.

O pintor cubista nunca enganou a si próprio achando que suas imagens representassem o mundo tal qual "é", ou que sua imitação fosse baseada em algum padrão de ouro da realidade. Para o cubista, a realidade é ao mesmo tempo factual *e* fictícia, dependendo da maneira pela qual nos aproximamos dela ou da nossa situação dentro dela. Durante sua fase cubista, Picasso disse: "do ponto de vista da arte não existem formas concretas nem abstratas, somente formas que são mentiras mais ou menos convincentes". A nossa ilusão condiciona a natureza da realidade e a realidade produz nossas ilusões. Bradley, certa vez, comentou que sem a realidade não há nada a "aparecer" embora essas "aparências" não sejam a realidade. Assim os cubistas aceitaram os objetos; para eles, o mundo existe como não existia para seus antepassados simbolistas. A pintura cubista é o lugar de conciliação das oposições ingênuas da arte do século XIX: o realismo e o simbolismo. O cubista destruiu o sólido mundo factual da fotografia, permeando este mundo de pensamento, tornando-o real, como o disseram Gleizes e Metzinger, através do impacto da razão sobre ele, através do estudo das relações que mantém com a consciência. O cubista atingiu o que Cézanne esperara atingir: algo sólido *e* artificial. Kahnweiler afirmou que o objeto cubista aparece "simultaneamente" na sua existência multidimensional significada por intersecções de planos na superfície da tela. O objeto pintado pelo cubista é reconstruído dentro de uma outra ordem de ser, removido das injúrias do tempo e do espaço pois a profundidade, ao contrário da visão renascentista, não é mais equacionada com o tempo que se leva para

---

8. A respeito do perspectivismo de Ortega y Gasset consultei o artigo de Leon Livingstone, "Ortega y Gasset's Philosophy of Art", *PMLA*, LXVII, 1952, pp. 609-55.

nela penetrar-se. No entanto, o cubista não nega o valor do tempo pois é este que causa a mudança das aparências. O tempo dentro do qual existe o objeto cubista é uma nova coordenação, inerente ao espaço. O objeto cubista tem um modo de ser ambíguo e contemporâneo, uma identidade múltipla que só se torna aparente como passagem entre coisa e idéia, fato e ficção. O cubismo é uma estrutura que emerge do processo. Apresenta formas literárias além das formas pintadas e esculpidas.

2. A DRAMATURGIA CUBISTA

Quando Luigi Pirandello escreveu *Seis Personagens à Procura de um Autor*, em 1921, denominou-a uma "comédia em processo". É um estudo altamente intelectual da oscilação das aparências no teatro. Assim como o cubista fragmentou o objeto em vários planos, a fotomontagem apresentou uma visão polifônica através de combinação de tomadas, assim também Pirandello oferece a imagem composta na dramaturgia. Suprime o assunto literário ao mesmo tempo que o cubista suprime a anedota e trata o seu teatro como sendo um plano de intersecção entre arte e vida, explicando no prefácio que "todo o complexo de elementos teatrais, personagens e atores, autor e diretor, críticos teatrais e espectadores (externos ou envolvidos) apresentam todos os conflitos possíveis". Preocupa-se com o choque entre arte e realidade, a crise teatral em que a imitação da vida e a própria vida aparecem como uma passagem entre acontecimentos no palco e acontecimentos na nossa existência. A peça é uma pesquisa sobre os múltiplos aspectos da identidade. O autor conclui que as coisas podem acontecer em vários níveis possíveis de realidade. Fez o pensamento penetrar o velho enredo teatral da mesma forma que os cubistas fizeram com os objetos; tendo concebido seu problema como um encontro da arte com a vida, descobriu "uma maneira de resolvê-lo através de uma nova perspectiva", perspectiva semelhante à ilusão plana cubista.

Em *Seis Personagens* a ação (que não é um jogo) improvisa sobre certas situações dramáticas como se fossem arte. Enquanto uma companhia de atores ensaia uma peça — do próprio Pirandello, pois os planos da realidade começam imediatamente a mudar — seis membros de uma família (pai, mãe, filhos legítimos *e* ilegítimos) entram no palco nu e pedem para poderem representar (ou "realizar") o drama de suas vidas; um autor os concebera mas não usara em nenhum roteiro. É a história de um lar desmantelado em virtude da infidelidade da mãe. Contra o desejo do diretor e contra o desejo dos atores, os seis personagens tentam apresentar suas tristes vidas sob forma de representação, o que suscita, imediatamente, uma dificuldade: eles não conseguem interpretar para os profissionais o significado do enredo que viveram e que estão tentando realizar. "O drama", explica o pai, "está em nós e nós somos o drama". Em outras palavras, o teatro é destruído. Os esforços dos personagens de representarem a si próprios no palco é, finalmente, bloqueado quando um dos seis, o infeliz Garoto, numa crise de desespero, se suicida com um tiro. Alguns dos atores profissionais consideram o fato como um clímax artístico; mas é um suicídio verdadeiro. O Pai grita "Fingimento? Realidade? Para o inferno com tudo isso... perdi um dia inteiro com estas pessoas, um dia inteiro!" A ambigüidade da ilusão é enfatizada pelo fato de, no fim do segundo "ato", um auxiliar fechar a cortina por engano, deixando o Pai e o diretor para fora, perante as luzes, isolados tanto do público quanto dos "personagens" e dos outros autores. O primeiro ato termina quando o diretor, juntando suas forças, cancela o ensaio que não é um ensaio mas um trecho equívoco da vida que está sendo traduzido para a arte através de personagens que desejam expressar suas vidas através da forma dramática.

Ao recusar o *momentum* do enredo, Pirandello se defronta com o problema artístico formal de escrever uma peça sobre escrever uma peça, que é uma purificação final do problema enfrentado pelo século XIX de tratar a vida como se fosse arte ou de considerar a vida de um ponto de vista artístico. Como a pintura cubista sobre a pintura de uma pintura, a peça de Pirandello é um tipo de *tableau-tableau* que mostra a relação entre a realidade e sua representação. Os cubistas usaram as texturas da realidade sob forma de colagem para colocar sua estrutura da arte no foco apropriado; e usaram-na de improviso. Algumas vezes colocavam alguns detalhes legíveis de objetos, de uma forma francamente fotográfica, de maneira que os chavões da pintura pudessem ser melhor contrastados com as ficções da perspectiva plana. Ao evitar assim a tirania do assunto literário, descobriram o que Piet Mondrian enfatizou um pouco mais tarde: "a expressão da realidade não pode ser igual à realidade". No seu estudo formal da escritura de uma peça, Pirandello deliberadamente inseriu vários chavões teatrais num tipo de colagem: os atores profissionais, cuja vocação é semelhante à do modelo tradicional ou manequim usada pelos pintores, dependem de todos os mecanismos usuais do palco; e o diretor assume, em relação à encenação, a atitude do teatro comercial. Fracassa completamente como mediador entre o grupo profissional que está ensaiando uma peça de Pirandello e os seis personagens deslocados que, saindo da realidade, adentraram o teatro comercial.

Estes personagens, ao mesmo tempo, pertencem e não pertencem à vida; são semelhantes às coisas que Picasso "assassinou" para alcançar a representação total. Seu aparecimento improvisado no palco "legítimo" expõe tanto a realidade quanto a ilusão. Há também a platéia genuína que pode ou não representar a vida real. Todos estes níveis de representação são interligados por uma perspectiva simultânea dos transparentes planos dramáticos que podem ser lidos, ao mesmo tempo, em várias direções. O teste final, é claro, é o seguinte: os eventos da vida podem ou não ser interpretados através da peça? ou seja, a experiência dos seis personagens pode ser concretizada até o ponto de aparecer dentro de uma composição artística? O suicídio do Garoto é uma colagem chocante. Não podemos dizer se estas pessoas existem fora do palco; e não podemos dizer que existam no palco. Acima de tudo, o que é o palco? Hamlet já tinha levantado o problema de que o drama pudesse ser simplesmente um sonho da paixão. Os seis personagens, o diretor, os atores ensaiando Pirandello têm encontros de todos os tipos. Se os seis existirem, existem em algum estado de emergência. Quando entram, "uma luz tênue os circunda, quase como se fosse irradiada por eles: o leve sopro de sua realidade fantástica". É esta sua iridescência cubista da forma.

No momento em que os seis aparecem, os planos da representação são deslocados. O Pai tenta colocar a situação: "O drama consiste, finalmente, nisto: quando aquela mão re-entra em minha casa, com a família nascida lá fora e, vamos dizer, sobreposta à original, termina com a morte da menininha, a tragédia do menino e a fuga da filha mais velha. Não pode sobreviver porque é estranha ao contexto. Assim, depois de muito tormento, permanecemos os três: eu, a mãe e aquele filho". Mas o Filho permanece no fundo recusando-se a ser identificado com os outros seis, comentando que o assunto todo é mera "Literatura". Em vão, o Pai protesta: "Literatura, sim! Isto é vida, isto é paixão". Mesmo assim, o Filho não toma parte em nenhuma representação teatral; nem pertence à vida. "Sr. Diretor", insiste ele, "do ponto de vista dramático sou um personagem 'não realizado'; e não me sinto bem na companhia deles. Peço-lhe que me deixe fora disso". Lá está ele, uma figura que deve se ajustar à composição contra sua vontade, criando mais uma dimensão difícil como se tivesse escapado dos termos do problema colocado por Pirandello. Não podemos sequer enquadrá-lo como sendo colagem.

Para o Pai, o drama está no se ter um ponto de vista a respeito dos acontecimentos — uma preensão, como diria Whitehead. Argumenta que "o drama está em tudo isto, na consciência que eu tenho, que cada um de nós tem. Acreditamos que essa consciência é única mas, na verdade, ela é múltipla. Há uma para esta pessoa e outra para aquela. Diversas consciências. Assim temo a ilusão de sermos uma só pessoa de termos uma personalidade que é única em todos os nossos atos. Isso, porém, não é verdade. Vemos isso quando, em alguma coisa que fazemos, tragicamente talvez, ficamos como que suspensos, pendurados no ar por algum tipo de gancho". Esta é a suspensão cubista do objeto. Quando o Pai vê os atores profissionais tentando fazer o seu "papel", falando as suas frases dentro dos chavões da arte deles, exclama, ficando cada vez mais confuso, "Eu não sei o que lhe dizer. Já começo a ouvir a falsidade das minhas palavras, como se elas tivessem outro som".

Pirandello nos convida a examinar a textura da sua peça exatamente da mesma maneira pela qual o cubista nos convida a examinar as texturas contrastantes de sua pintura. O próprio convite levanta dúvidas quanto ao espelhamento da natureza. A cena mais "natural" do ensaio se dá quando dois dos personagens, Madame Pace e a Enteada, começam a conversar tão calma e casualmente que os atores, que estão tentando aprender suas partes, objetam ser impossível desempenhar a cena daquela maneira. O diretor concorda: "Desempenhar um papel é a nossa função aqui. A verdade até certo ponto e nem mais um pouco". Pirandello parodia, assim, a aproximação que Cézanne fez da arte: "Não tentei reproduzir a natureza, representei-a". O diretor quer uma ilusão da realidade simples e única. O Pai aponta que uma ilusão desse tipo transforma o drama em uma "espécie de jogo". Naturalmente os atores não o consideram como sendo jogo: "Somos atores sérios"; são artistas. Desesperado, o Pai pede: "Gostaria de pedir-lhes que abandonem este jogo artístico que vocês estão acostumados a jogar aqui com seus atores e de perguntar-lhes, seriamente, ainda uma vez: quem são vocês?" O diretor, profundamente perturbado por este comentário, sofre por ter tido sua identidade questionada por um simples personagem: "Um homem que se diz personagem vem e me pergunta quem eu sou". Através da resposta do Pai, Pirandello sugere que as formas representadas podem ser mais reais do que as realidades: "Um personagem, senhor, pode sempre perguntar a um homem quem ele é. Porque um personagem realmente tem sua vida própria..." A realidade pode ser uma aparência; como diz o Pai: "Não pode contar muito com a sua realidade como ela se apresenta hoje já que ela, como a que existiu ontem, amanhã pode ser uma ilusão". Concordariam com ele Gide e T. S. Eliot que escreveu:

> You are not the same people who left that station
> Or who will arrive at any terminus...*
> ("*Dry Salvages*")

Pirandello apresenta as mesmas características de muitos outros autores do teatro moderno que tentaram quebrar as fronteiras entre o palco e a vida. Além disso, o problema já tinha se tornado bastante tradicional depois que Hamlet aconselhara os atores. Nem por isso, entretanto, deixa de ser contemporâneo[9].

* Vocês não são as mesmas pessoas que partiram daquela estação/ Nem aquelas que chegarão a qualquer terminal...

9. A mais notável, dentre as recentes tentativas para quebrar as barreiras entre o teatro e a vida, talvez seja o teatro "épico" de Bertolt Brecht. A discussão desse teatro, aqui, poderia obscurecer ou, pelo menos, retardar o assunto em virtude do envolvimento de Brecht com a ideologia marxista. Todavia, o teatro épico de Brecht é, do ponto de vista técnico, uma extensão dos métodos cubistas que aparecem em Pirandello, segundo explicação dada por John Willett em *Theatre of Bertolt Brecht*, Londres, 1959. Willett descreve como Brecht usa a montagem e fragmenta a continuidade da sua peça contrapondo efeitos, deliberadamente interrompendo a ação com canções e fazendo uso do filme como fundo e para criar efeitos sutis. Brecht impõe uma espécie de tratamento de choque à sua platéia através do chamado *Verfremdungseffekt* ("efeito V") fazendo com que o ator saia de seu papel, acabando com a ilusão do teatro convencional, fazendo com que os espectadores continuamente precisem se reorientar por ângulos não familiares, em constante mutação. Brecht, acima de tudo, é analítico e declarou a respeito de suas peças: "O processo da apresentação precisa ser apresentado". Escreve uma dramaturgia "não aristotélica" e já disse: "Sou o Einstein da nova forma de teatro". Willett considerou todas estas questões em relação ao realismo social

O problema, para Pirandello, foi quase obsessivo e coincidiu com a análise da ilusão e da realidade realizada pelos cubistas. Na peça *A Cada um o que lhe Parece* (1923), o autor retorna à ilusão dramática "baseada sobre um episódio da vida real". A platéia participa desta peça pois no meio dela existem pessoas "reais" cujas vidas foram dramatizadas no "jogo" que ocorre no palco. Estas pessoas, objetando que "o autor transpôs eventos da vida real", reúnem-se na entrada, depois do primeiro ato, para atacar Pirandello e acabar com a encenação no palco que trata do caso amoroso entre "uma certa Mulher Morena" e "o Barão Nuti" cujos nomes apareceram nos jornais. As instruções escritas por Pirandello para este interlúdio mostram como ele estava fazendo experiências com o teatro multidimensional:

> Esta cena na entrada — espectadores saindo de um teatro mostrará o que foi apresentado em primeiro lugar no palco como se a própria vida fosse uma ficção da arte; e a substância da comédia será empurrada para trás, como estava anteriormente, para um plano secundário da atualidade ou realidade.... A Mulher Morena e o Barão Nuti encontram-se no teatro entre outros espectadores. O seu aparecimento, portanto, repentina e violentamente estabelece um plano de realidade ainda mais próximo da vida real, deixando os espectadores, que discutem a realidade fictícia da peça encenada, num plano intermediário. No interlúdio no fim do segundo ato, estes três planos de realidade entram em conflito, na medida em que os participantes do drama da vida real atacam os participantes da comédia enquanto os Espectadores tentam interferir.

Pirandello "destrói" o drama de maneira bastante semelhante à utilizada pelos cubistas para destruir as coisas convencionais. Ele não aceita as pessoas reais nem o chavão do teatro como sendo autêntico, da mesma forma que os cubistas não aceitam como autêntico o objeto "real", o chavão da perspectiva profunda, o contorno dos volumes vistos sob a luz de estúdio nem sob a luz do sol. O objeto, segundo Gleizes e Metzinger, não tem uma forma absoluta;

de Brecht e ao uso que faz da música de Kurt Weill, Milhaud e outros. Brecht também foi influenciado tanto por Eisenstein quanto pelo teatro *No* japonês. É, no entanto, difícil falar do teatro de Brecht sem considerar o seu ponto de vista social.

é só uma passagem dentro de relações possíveis, apresentando muitas relevâncias que nunca chegam a ser fixadas. Só por asneira se pode fechar a cortina na peça de Pirandello uma vez que não fica claro o limite entre vida e arte. O pintor cubista também não pode isolar nem definir seu objeto. Pode, no entanto, representar sua emergência na realidade.

3. O ROMANCE CUBISTA

A "teatralidade desesperada" de Pirandello não foi um laboratório totalmente equipado para pesquisar as novas perspectivas da realidade. Suas peças parecem mais engenhosas do que artísticas, assemelhando-se, talvez, a algumas experimentações que Picasso teria conduzido em seu estúdio e não em público. Todavia, Pirandello, como Picasso, estava à procura de um "caminho além da arte" e, como os cientistas, aceitava a realidade como uma transformação contínua na qual a ficção colide com o fato, na qual a arte intersecta a vida. Gertrude Stein, ao escrever sobre Picasso, explica que, "porque o modo de vida tinha mudado, a composição da vida havia se estendido e cada coisa passara a ser tão importante quanto qualquer outra... tinha se acabado a necessidade de enquadrar a vida, de que uma pintura existisse numa moldura e nela permanecesse. A pintura que se conservava na sua moldura era algo que sempre existira; agora as pinturas começavam a querer deixar suas molduras, fato que criava a necessidade do cubismo". Os cubistas mudaram o *status* da pintura de cavalete e, deliberadamente, na qualidade de artistas modernos, rasgaram as fronteiras que separavam a composição do processo em andamento fora da moldura; a pintura de cavalete não era mais uma obra de arte isolada do mundo que a circundava. Para enfatizar a relevância do entrelaçamento de planos em relação à situação externa, eles "sangravam" a composição ou, algumas vezes, cortavam arbitrariamente suas construções sem completar o motivo ou sem estendê-la até a beirada da tela. Assim, afirmavam o princípio de Whitehead de que não há existência isolada ou independente, de que o todo é constituidor de cada parte e cada parte é constituidora do todo. A arte não é mais uma janela para um outro mundo mas é um aspecto da realidade, um modo de transformação, um outro ângulo do processo. A obliteração da pontuação nos "caligramas" de Apollinaire representa o mesmo tipo de elisão entre imagens que ocorrem simultaneamente, semelhante à montagem de ritmos nos rodopiantes discos coloridos de Delaunay[10].

A pintura cubista tinha a enorme vantagem de se *aproximar* da realidade sem tentar identificar a arte com as coisas nem alienar a arte das coisas, vantagem inexistente na pintura ilustrativa ou simbolista do século XIX. Esta é a diferença que existe entre a decupagem cubista e a decupagem de Degas que dependia da tomada fotográfica, um pedaço da vida, para fazer uma citação insuspeitada. O cubista fazia suas citações de outro modo: através da colagem ou da inserção de chavões de estúdio. Assim, quando ocorre a separação cubista entre pintura e realidade, ela é mostrada como sendo arbitrária e não enganadora; os limites da representação cubista não são dados pelos limites da tela pois a pintura cubista, por implicação, pertence ao mundo externo. A tela não é mais "outra". Nem os românticos nem os realistas conseguiram ajustar a arte à vida desta forma. Apollinaire foi preciso ao dizer que as estruturas cubistas possuíam a riqueza da realidade; desistiram do "jogo da arte" do século XIX para passar para "além da pintura". Os cubistas conseguiram *situar* o objeto de arte de maneira mais satisfatória, mais inteligente, mais provocativa que qualquer outra época desde o renascimento, ocasião em que os pintores também tentaram ajustar o objeto artístico ao espaço real através da perspectiva profunda.

Muitos romancistas, como Aldous Huxley e Philip Toynbee, fizeram uso da perspectiva simultânea dos cubistas mas nenhum autor moderno teve maior preocupação em situar sua narrativa do que André Gide. Foi chamado cubista somente no sentido trivial de que libertou o romance do convencionalismo. Este é o Gide que nos surpreende tanto quanto Picasso, muitas vezes, procurou nos surpreender. No entanto, como bem o disse Ozenfant, a surpresa funciona só uma vez. Há mais em Gide do que surpresa pois seus romances não são somente revolta mas experimentações com novos meios de representar a realidade. Gide examinava constantemente as transformações de fato em ficção e os efeitos do Princípio de Descontinuidade ou Incerteza: nesse ponto, acompanhou melhor a teoria científica da época do que Valéry que, sem dúvida, alguma, tinha conhecimentos científicos muito mais amplos.

Grande parte da "ficção" de Gide é um registro factual visto a partir de um determinado ângulo e sendo, assim, transformado. Como sugeriu em *Les Caves du Vatican* (1914), "a ficção é a história que *poderia* ter ocorrido e a história é a ficção que *ocorreu*". *Les Cahiers d'André Walter* (1891) foi sua primeira tentativa de conferir uma dimensão ficcional à autobiografia. Quatro anos mais tarde, em *Paludes*, explicou: "Arrumo os fatos de tal jeito que eles se conformam melhor à verdade do que acontece na vida real". A base da ficção gideana foi constituída por seus *Journals*, testamentos equívocos produzidos em algum lugar entre a vida e a arte de Gide, no domínio em que os escultores cubistas criavam o que foi chamado de "O Objeto Purificado" ou "O Objeto Dissecado". Devemos, por exemplo, considerar o episódio em *La Porte Étroite* (1909), no qual Jérome

---

10. Roger Shattuck, em *The Banquet Years*, 1958, explica a importância dos caligramas de Apollinaire para a arte da justaposição.

encontra Alissa chorando por causa do adultério cometido por sua mãe, como fato ou ficção? Sabemos que aí, bem como em *L'Immoraliste* (1902), Gide estava, conscientemente, tratando de forma dupla os eventos que mencionava não só nos seus *Journals* mas também naquele "registro" ainda mais atormentador *Et Nunc Manet In Te*. As engenhosas transformações de fatos em ficção efetuadas por Gide culminaram em *Les Faux-Monnayeurs* (1919-1926); imediatamente ele complicou essas transformações publicando *Le Journal des Faux-Monnayeurs* que, em sua maior parte, é o próprio diário de Gide documentando o processo de escritura do romance. Deliberadamente, Gide voltou as costas à moderna busca do mito na literatura e devotou-se ao problema cubista da distância que existe entre arte e realidade. No *Journal des Faux-Monnayeurs*, ele diz: "Não são os novos personagens mas uma nova maneira de apresentá-los que me atrai a um novo livro. Este romance precisa acabar categoricamente, não através da exaustão do assunto mas, ao contrário, através da sua expansão e de um embaçamento do seu contorno". O embaçamento ocorre, precisamente, na pequena margem entre arte e vida. Como afirmou na décima Entrevista Imaginária, o romancista pode dispor do seu material como melhor lhe convém, mas o seu material é a realidade — "Não se pode passar sem ela".

Partindo, como um pintor cubista, da realidade, Gide afirma, então, a diferença entre realidade e representação da realidade. Quando Gide era muito jovem, um outro escritor lhe perguntou: "Se você tiver que resumir seu trabalho futuro em uma frase, em uma palavra, qual seria essa palavra?" Gide respondeu: "Todos nós precisamos representar". Desde o começo percebeu que a representação é um desafio da realidade. Toda representação é um simulacro que ousadamente nos convida a detetar o que é fraudulento na semelhança. É um ato de desafio no qual o artista arrisca a sua habilidade na execução de uma idéia de realidade. A falsificação se torna um ato criativo. Gide baseou *Les Faux-Monnayeurs* no paradoxo de Oscar Wilde de que a natureza imita a arte: "A regra para o artista deveria ser jamais restringir-se ao que a natureza propõe e nada propor à natureza a não ser o que ela pode e deveria imitar imediatamente". Assim, Gide aceita o motivo significativo dos decadentes e simbolistas e regenera a arte pela arte ligando-a à pesquisa da relação entre arte e vida.

Gide descobre que a vida não é arte, que a arte não é vida, que a arte não pode acontecer sem a vida mas que esta pode ser menos significativa do que aquela: a vida e a arte são dois aspectos da consciência, talvez. Os cubistas caminhavam na mesma direção; Juan Gris disse a Kahnweiler: "O meu objetivo é criar novos objetos que não possam ser comparados a nenhum objeto de fato... O meu *Violin*, sendo uma criação, não precisa temer a competição". Gide achava que este era o problema com o romance que havia estado sempre ligado à realidade (*cramponné à la réalité*). Defoe e Stendhal escreveram romances "puros" fazendo uso de uma falsificação que interessou a Gide que afirmou no *Journal des Faux-Monnayeurs*: "Por um lado, o acontecimento, o fato, o que nos é dado do exterior; do outro, o esforço especial despendido pelo romancista para escrever o seu livro baseado neles. Aí está o assunto real, o novo eixo que desequilibra a narrativa e a projeta em direção ao imaginário. Em poucas palavras, vejo este caderno onde registro a composição do romance transformar-se no próprio romance, assumindo o maior interesse, para maior irritação do leitor". Este é um romance centrado sobre um romancista (de alguns pontos de vista, o próprio Gide?) que está escrevendo uma obra de ficção sobre os acontecimentos nos quais ele, enquanto romancista, se vê envolvido. Todas as relações no romance de Edouard são reflexivas e, ao mesmo tempo, abertas para a realidade, o incerto e o cambiante.

Já foi dito que a grande conquista do cubismo foi a *camouflage*. Na pintura cubista e nas estórias de Gide as relações entre o objeto pintado e o objeto, entre enredo e autobiografia são recíprocas e não se resolvem. Semelhantemente, no filme que "rompeu com o teatro", Eisenstein apresentou um "conflito vívido" através da montagem: "Os faróis de carros em velocidade, pontos luminosos em trilhos que se afastam, reflexos brilhantes no chão molhado — tudo isto espelhado em poças que destroem o nosso sentido de direção (o que está para cima? o que está para baixo?)".

Edouard afirma ter-se postado como um pintor perante a realidade. Mais tarde, Strouvilhou pergunta por que a pintura moderna se desenvolveu tão mais do que a literatura ao ousar descartar o bom assunto. Curiosamente, Strouvilhou está errado. A pintura não se distanciou *Les Faux-Monnayeurs* que, como a comédia em progresso de Pirandello, sacrifica o bom assunto e desmantela o enredo com suas certezas de causa e efeito enquanto os cubistas procediam à difração da realidade. *Les Faux-Monnayeurs* é uma pesquisa, como a *Arlésienne* de Picasso, sobre as inúmeras transições entre o objeto e a concepção do objeto. Gide parece não ter notado a semelhança uma vez que era insensível à pintura contemporânea. Um de seus amigos se surpreendeu por ele admirar Chardin. Gide comenta: "Não tendo o dom para apreciar instintivamente a pintura, liguei-me particularmente a um pintor a quem eu podia apreciar especificamente pelas qualidades que me faltavam... Há poucos pintores que mais autenticamente tenham me ensinado a apreciar a pintura". Evidentemente, Gide gostava de Chardin pela mesma razão por que gostava de Defoe: ambos oferecem confiantemente as realidades que Gide não se permitiu oferecer. Em *Les Faux-Monnayeurs*, Edouard não se coloca diante da realidade como Chardin e Defoe o fazem, mas, ao invés, como Braque, La Fresnaye e os primeiros cubistas que destruíram as coisas e, depois, formalmente as reconstruíram para competir com a realidade que haviam destruído. Gide comenta que seu romance "não pode ser precisamente arrematado mas, ao contrário, precisa ser um pouco disperso e desintegrado".

Em 1937, Gide escreveu: "Some Reflections on the Relinquishing Subject in Plastic Arts" no qual afirma que nunca se sentiu tentado a considerar as naturezas mortas de Cézanne ou Chardin como sendo "os objetos reais". Gide sabia que os cubistas estavam ansiosos para explorar a contradição entre objeto e representação do objeto. Cézanne queria que suas pinturas fossem sólidas *e* artificiais "como as pinturas nos museus". Braque costumava levar seus quadros para os campos "para que eles encontrassem as coisas", para testar se a sua representação mantinha o seu lugar ao lado do mundo natural do qual fora excluída. Picasso também trocava a realidade pela representação, colocando, na sua pintura, o que o mundo *não* é. No outro extremo de pureza cubista, Mondrian protestava que "a arte foi libertada de tudo que evitava que ela fosse verdadeiramente plástica", sendo este um último corolário dos motivos significativos da Art Nouveau. A arte, para todos estes pintores, é um equivalente. Gide, de forma mais consciente do que qualquer outro romancista, praticou a arte da falsificação que é a "camuflagem" do documento (o diário) e a representação do documento num nível incerto da ficção. Segundo explicação de Edouard, a nota falsa de dez francos "valerá dez francos enquanto ninguém perceber que é falsa". Gide pergunta se somos capazes desse reconhecimento. A princípio, Edouard escreve em seu diário que jamais foi capaz de inventar qualquer coisa; depois se corrige: "Só isto ficou — a realidade me interessa na medida em que é plástica e eu me preocupo mais, infinitamente mais, com o que pode ser do que com o que foi". As texturas da realidade contra as texturas da ficção, é esse o problema da pesquisa de Gide, que repete no romance a análise cubista no *tableau-tableau*, a forma artística em processo.

Picasso perguntou, um dia, se alguém jamais viu uma obra de arte "natural". Suas próprias pinturas, pretende ele, constituem uma seqüência de destruições:

> Eu faço uma pintura — depois a destruo... Em cada destruição de uma bela descoberta o artista na realidade não a suprime, mas antes a transforma... Torna-a mais substancial.

O romance que Edouard pretende escrever será uma suma de destruições ou sua porfia entre o mundo real e a representação que dele fazemos para nós mesmos. A maneira como o mundo das aparências se nos impõe e a maneira como tentamos impor ao mundo externo nossa própria interpretação — este é o drama de nossas vidas.

43. PICASSO: *Fêmea Nua,* 1910-11

44. PICASSO: *Homem com Violino,* 1911

É um drama que a arte do século XIX, com sua ansiedade acerca da natureza, nunca escreveu; o século XIX ou tentou encontrar o drama na natureza ou então, com os simbolistas, recusou a natureza, mas não saudou a porfia da mente com o que a natureza oferece. Esta porfia produz um estilo — o que é mais do que uma técnica: é uma asserção de que o homem colhe uma *vista* da natureza. Tentando justificar seu método, Edouard diz que gostaria que seu livro estivesse tão longe *quanto perto da* realidade — quer humana quer ficcional — como *Athalie* de Racine. Edouard concede a si mesmo um tema tão bom quanto o pintor Strouvilhou; tudo fará parte de seu romance, no entanto, o resultado não será uma reportagem, não haverá supressões, mas somente tradução de acontecimentos em ficção:

> O que eu quero é representar a realidade de um lado e, de outro, aquele esforço de estilizá-la na arte.

A luta do artista, que suscita estilo, encontra-se "entre o que a realidade lhe oferece e o que ele próprio quer fazer dela". Durante sua fase cubista, Picasso estuda o modo como as feições de *O Homem com Violino* se transformam, elas próprias, em sua concepção. O pintor ou o romancista convertem-se em "espectador do nascimento de sua própria obra"[11]. Eis outra faceta da dupla consciência do homem moderno, ou *dédoublement* da experiência existencial.

Bernard objeta ao romance de Edouard: "um bom romance escreve-se de maneira mais ingênua do que essa". Bernard erra o alvo — este não é um "bom romance" do século XIX, pois o artista moderno percebe a realidade de um novo modo. De fato, Edouard diz que a realidade "o põe fora". Ele tem, como Braque, de competir com ela. Edouard está tentando libertar sua narrativa de identificações fáceis. Seu diário (que é, em parte, o romance de Gide) usa a tática da colagem sobrepondo excertos da vida (documentos!) a uma tecitura ficcional com o objetivo de afirmar a competição entre ficção e história. Apollinaire chama esta tática de "enumeração de elementos" cubistas, elementos dos quais a realidade é meramente um. Edouard declara que seu romance será uma "tremenda erosão de contornos". A erosão começara na destruição cubista de objetos; pois, como disse Picasso, se eles são danificados pela representação, "tanto pior para os objetos". Edouard transvalora os documentos como os cubistas transvaloravam coisas corriqueiras tais como garrafas, mesas, jornais. Para o cubista os objetos são residuais; são tomados de empréstimo em outra realidade.

O cubista dá prestígio à contrafação, recuperando as formalidades da visão artística mediante o recurso de passar objetos através de um repertório de planos e não por reportagem. A perícia da contrafação empenha-se contra grandes pressões do mundo externo. Sua resistência a este mundo é o penhor de sua arte, uma vez que a realidade tem de ser usada apenas como colagem — um fragmento que guarda a integridade de representação. A pintura cubista é um exame imparcial de tecitura, um resumo dos vários níveis de identidade em que as coisas aparecem. Apollinaire disse que a grande revolução que Picasso realizou na arte quase sem ajuda "foi a de fazer do mundo sua representação dele". O protocubismo de Cézanne era geometria sólida, inteiramente não teórico, uma compreensão da força do mundo, os grossos contornos das casas, pombais e colinas, a massa de árvores, estradas, mar, rochas e terras não aradas. Por seu próprio peso, quase este mundo caiu e esparramou-se em planos movediços que ofuscam em Braque, Gris e Picasso, que efetuam muitos ajustes hipotéticos graças a uma visão cinemática através da qual as coisas bruxuleiam, vão e vêm, retrocedem e aproximam-se, sempre mantidas, no entanto, em composição formal. À medida que o artista penetrava a natureza com seu pensamento, o cubismo tornava-se, nas abordagens e estruturas, algo conceitual. Os volumes de Cézanne foram nivelados a planos até que o objeto, primeiro desmantelado, foi reconstruído na superfície da tela no âmbito de duas dimensões, em deslocamento inteiramente pictórico com

---

11. Max Ernst, *Beyond Painting*, 1948, pp. 20-21.

súbitas rupturas dos planos geometrizados. A erosão dos contornos estava completa, e o cubismo, disciplinado pela mente, passou de sua fase maciça para a fase transparente, sintética, cinemática.

É assim que Gide corrói os acontecimentos e os personagens. Edouard reclama que o romance, por muito tempo prejudicado por manter a fidelidade aos fatos, precisa ser despido dos seus embaraços, da sua "literatura". Argumenta que, agora que a fotografia "libertou a pintura da preocupação para com um certo tipo de exatidão", o fonógrafo deveria libertar o romance do diálogo do século XIX. Não descreve os seus personagens; preocupa-se, somente, com os "ajustamentos formais" da sua ficção. O mundo cubista e o mundo de *Les Faux-Monnayeurs* não são o mundo que normalmente conhecemos. Quando estamos a ponto de sentir as coisas de Braque, reassegurando-nos, "aí" elas desaparecem em um complexo de planos, linhas, cores, interpoladas por madeira, papel, tecido que estão, e não estão, dentro da composição e que são tão-somente mais um valor insolente na realidade. A ficção de Gide lança mão de todas as texturas simuladas e literais do cubismo. O caderno de Edouard é uma ficção? Se for, qual é então o *status* do diário de próprio Gide que foi transcrito nas formalidades do romance-em-progresso de Edouard? Mais desconcertante ainda, qual é o *status* de Alfred Jarry, o lendário *fauve*, sem falar na figura que fazia com pistola e duto? Este *trompe l'oeil* é uma versão sardônica das realidades gastas do romance. O que dizer então dos moedeiros que Gide toma emprestados ou das estórias da imprensa diária? E o que dizer dos escandalosos comentários finais feitos por Edouard a respeito de Boris? Edouard não fará uso do suicídio de Boris no *seu* romance: "Me é muito difícil entendê-lo. E também não gosto de detalhes de delegacia de polícia. Há, neles, algo de peremptório, de irrefutável, brutal e terrivelmente real". Onde quer que estes fatos apareçam de uma maneira mais óbvia como fatos, assumem o caráter ficcional. Contrastando com a figura-colagem de Jarry, a figura de Lady Griffith é deliberadamente colocada "fora da ação", como o Filho na peça de Pirandello. Quais são as relações entre os diários de Gide, o *Journal des Faux-Monnayeurs* intermediário, os diários que substituíram os cadernos de Edouard e a ficção, se é que é ficção, englobante de Gide? Nas suas notas, Gide afirmou que queria que esse livro fosse "uma encruzilhada, uma reunião de problemas".

Apollinaire comentou que a análise cubista do objeto era "tão completa e tão decisiva em relação aos vários elementos que compõem o objeto que esses mesmos elementos não assumem a forma do objeto". Gide não apreciava a lógica ingênua do romance antigo e admirava a habilidade demonstrada por Defoe para alcançar uma perspectiva ficcional a respeito de fatos literais. Por mais útil que tenha sido, as experimentações de Defoe foram limitadas. Gide fez experiências com outras dimensões, desde a dimensão interna do diário de Edouard até a totalmente inesperada intrusão à la Thackeray em que comenta diretamente para nós: "Acho que Edouard está cometendo uma imprudência ao confiar o pequeno Boris aos cuidados de Azais". Gide, para nos apoquentar ainda mais, abre mais uma dimensão ficcional quando Edouard registra nas suas notas para o romance-em-progresso (que, por sua vez, é as próprias notas) como essas mesmas notas foram submetidas ao exame de Georges ("Eu queria saber qual poderia ser a reação de George; ...ela poderia me instruir.") Estas inversões em espelho são tão complicadas que a realidade se torna somente uma perspectiva teórica da realidade.

Gide trata os acontecimentos em *Les Faux-Monnayeurs* a uma distância tal que lhe possibilita o acesso à realidade sem falsas semelhanças ou dificuldades naturalistas. Edouard reclama que os romances anteriores foram como lagos nos jardins públicos: "seus contornos são definidos, talvez perfeitos, mas a água que contém é cativa e sem vida. Eu quero que ela corra livremente.... Escolho não prever seus caminhos... Acho que a vida nunca nos apresenta nada que não possa ser considerado tanto como um novo ponto de partida quanto como um final". Quer que o seu romance termine com a frase "poderia ser continuado". Comparativamente, Gertrude Stein deixou *Making of Americans* inacabado ao se

O ROMANCE CUBISTA 223

convencer de que os seus fragmentos cinemáticos tinham adquirido os ritmos da realidade. *Les Faux-Monnayeurs* termina com o desejo de Edouard de conhecer Caloub, o menino que fora só casualmente mencionado no início do livro. O perfil inacabado de Caloub leva a ficção "para fora".

Edouard diz que, para ele, "Tudo está junto e sempre sinto uma interdependência tão sutil entre todos os fatos que a vida me oferece que me parece impossível modificar um único deles sem alterar o todo". Isto quer dizer que não pode haver ênfase isolada sobre "grandes" eventos, nenhuma grande crise, nenhum fragmento emotivo, nenhuma passagem melodramática; as perspectivas são por demais complexas para permitirem este pesado toque pessoal. Nem Gide nem os pintores cubistas precisam do clímax. Isso seria romântico. A visão cubista do mundo apresenta-se como um calmo sentido de significados e contornos possíveis. Esta imperturbável percepção é privilégio da arte clássica, que faz seus arranjos formais sem se tornar uma vítima do momento emocional. O romance cubista, a pintura cubista deslocam e ajustam suas figuras arbitrariamente, talvez com o controle do drama de Racine ou com qualquer uma das disciplinas clássicas que destroem e, depois, reconstroem o mundo.

A imaginação cubista, ou a imaginação de Racine, coloca o mundo clara e firmemente em foco, considerando tanto nossas sensações quanto nossas idéias. O experimento de Gide, precisamente, descobriu onde era necessário colocar o plano da ficção, ficção que precisa purificar os fatos através das idéias desses mesmos fatos. Os realistas do século XIX nunca conseguiram determinar isso pois aceitaram a crença de Courbet de que "a arte da pintura deveria consistir somente na representação dos objetos visíveis e tangíveis para o artista". Gide começou por distanciar a autobiografia, insistindo, como Picasso, em que não existem formas concretas ou abstratas em arte mas tão somente mentiras de maior ou menor êxito que aparecem quando as realidades são transpostas para o plano representacional. A arte de Picasso, ou a de Gide, é uma falsificação erigida arbitrariamente entre o mundo físico e as formações de pensamento. Este aspecto é compartilhado pela ciência "pura". Para o pintor, o romancista e o cientista modernos o mundo existe para ser violado pela razão que retira dele aquilo de que necessita. A falsificação cubista não recusa o esplendor das coisas e dos acontecimentos. Mas pode, também, se aproximar da condição da música. Edouard diz: "Não sei porque o que foi possível na música deveria ser impossível na literatura". Como Gide deve ter sabido ao esperar que seu romance fosse como uma fuga, é possível. O cubista, submetendo o mundo à atividade da razão, chega a variações semelhantes à fuga sobre os temas que a realidade oferece.

O objetivo dos simbolistas era que a arte se aproximasse da música. Mas a distância da realidade usada pelos simbolistas não é a mesma dos cubistas. A imaginação simbolista, um romantismo tardio, demoliu o mundo através do sentimento, possuindo emotivamente os objetos como se fossem hieroglifos de um estado de alma. A imaginação simbolista sofre em meio às suas imagens arruinadas das coisas. Os cubistas respeitaram o mundo de uma maneira que os simbolistas e *fauves* não fizeram, pois estes últimos freqüentemente herdaram a distorção emocional simbolista. A violência da imaginação cubista é intelectual; os objetos são destruídos numa distância impessoal, como se fosse por um teorema. A refração cubista dos objetos era "desinteressada". A pintura e o romance cubista não são a arte da fuga no mesmo sentido que a arte era música no século XIX, quando música significava sugestão emocional. Poe e Baudelaire escreveram composições musicais, mas não purificaram a sua música dos envolvimentos emocionais. Foi tarefa dos cubistas distanciar-se dos seus estados de espírito, especular desapaixonadamente a respeito dos objetos, adquirir nuances através do pensamento e da visão e, não, do sentimento. Braque disse: "Adoro a regra que controla a emoção". A cor cubista, como a linha cubista, tem valor arquitetônico e não emotivo. Já foi dito que o cubismo desumanizou a arte; Ortega y Gasset achava que não.

Os cubistas não foram *fauves* verdadeiros apesar do parentesco próximo; os fauvistas eram descendentes dos primeiros românticos e o movimento só chegou a se aproximar de um estilo nas ocasiões em que era decorativo ou quando usava o ritmo e a cor arquitetonicamente dominando a visão urgente como Van Gogh o fez sob o brilho intenso do sol sulino. A seguir, os motivos ornamentais dos Nabis e da Art Nouveau foram dotados de uma presença monumental. Matisse, o maior dos fauvistas, inscreveu o sentimento romântico em alegres e livres padrões planos; segundo ele, a composição é a redução do movimento violento à decoração. Os cubistas passavam de plano para plano sem o ímpeto romântico. Suas composições em fuga eram neutras no tom, apresentando variações inteligentes sobre poucos temas: figuras com guitarras, arlequins, mesas, garrafas, frutas e o mobiliário da vida urbana. O cubista investigava os usos da realidade através de difrações e descontinuidades, uma estrutura de texturas contrastantes ajustadas dentro de transparências monocromáticas e reflexos como se aparecessem em espelhos que se afastassem. Gide, com o asceticismo cubista, reduziu os maneirismos do estilo até deixar "pura" a sua superfície pois, como decidira, nesse romance "tudo precisaria ser dito da maneira mais neutra" (*à la manière la plus plate*). A sua afirmação é tão desinteressada quanto uma natureza morta de Braque. Sua narrativa recusa a cor sensual, as passagens vistosas e as inflexões românticas. Tem a lucidez da manipulação de Bracque, o toque fácil da mão francesa.

Ele improvisa sobre o motivo comum até ter examinado todas as suas possibilidades. Como os cubistas, Gide é imparcial. O que achou que era irresolução, incapacidade ou falta de vontade para endossar uma perspectiva qualquer, era um traço típico do temperamento cubista, a indecisão do intelectual do início do século XX que, tendo aceitado a noção de relatividade, tinha consciência de todas as atitudes que poderiam ser tomadas mas, talvez, não seguidas: a neutralidade na arte e na vida, uma inteligente investigação sobre os variados ângulos de todos os problemas. Em 1932, Gide escreveu: "Até agora, cada um dos meus livros foi uma exploração de uma incerteza". Gide descobriu, juntamente com os cubistas, o valor artístico do improviso. Comenta outra vez: "Tudo em mim clama por ser revisado, corrigido, re-educado". Picasso tinha um temperamento cubista: mercurial nas suas experimentações, na sua diversidade, nas suas fugas e nas suas voltas. Outro cubista, André Lhote, disse uma vez: "Cada aspecto de um objeto exige uma nova perspectiva, um novo espaço para criar".

O objeto cubista, sob esse exame, gradualmente tendia a desaparecer [43]. Uma vez que a figura havia sido fragmentada em planos, e que estes planos também haviam sido fragmentados, não havia outra maneira de fazer parar a destruição a não ser absorvendo estas facetas cada vez menores no contínuo neutro do processo que não possui feições. Vemos a fragmentação começar de forma bastante selvagem nas *Demoiselles d'Avignon* (1907) de Picasso e terminar nas passagens despersonalizadas e extremamente fragmentadas de *Homem com Violino* (1911) [44]. Depois de ter considerado o objeto de uma forma ousada e quase fauvista, o cubismo tornou seus momentos difusos aceitando o que Whitehead chamou de "a espantosa descontinuidade da existência espacial" que também aparecia na teoria quântica, na decupagem cinematográfica, no sincopado e na "colisão de tomadas independentes". Gide pretendia que a ação em *Les Faux-Monnayeurs* fosse uma contínua descontinuidade: "cada novo capítulo deveria colocar novos problemas, servir como um novo começo, um novo impulso, um salto para a frente". Sua lei de composição era: "Jamais continuar — *Ne jamais profiter de l'élan acquis*". Começar outra vez. Controlar a velocidade. Quebrar o ritmo. Experimentar outro perfil. Seu romance é um tipo de "incoerência criativa". A partir de *André Walter* Gide adotou para si e para seus personagens a improvisação ética, *la vie spontanée*. "Inconsistência. Personagens de romance ou peça que agem o tempo todo exatamente como se espera que ajam... Esta consistência, que desejam que admiremos, é ao contrário o que nos faz reconhecer que são artificialmente compostos." Assim Edouard explica sua psicologia. Proto também afirma em *Caves du Vatican*: "Você sabe o que é preciso para transformar um homem honesto em um malandro? Uma mudança de cenário — um momento de esquecimento basta... o cessar da continuidade — uma simples interrupção da corrente". O ato gratuito é um mecanismo psicológico congenial para o artista cubista que, estando sempre pronto a mudar de perspectiva, adota a improvisação. Nos fins do século XIX, Pater pedira que o artista fosse inquisitivo: "O que precisamos fazer é estar sempre testando as novas opiniões e procurando novas impressões". O cubista transformou esta receptividade estética *fin de siècle* em um princípio estilítico.

A arte de Gide excita pela interrupção, pela fragmentação. Sua ficção é um intelectualismo ousado que constantemente re-organiza as aparências em arranjos que parecem muito estranhos, se não inexplicáveis, para a velha lógica da continuidade. Como disse Gris: "O cubismo é um estado de espírito". Como disse Braque: "A arte é feita para perturbar". Gide repete: "O meu papel é desconcertar".

O afastamento de Gide não é hostil nem emocional: somente cubista. A distância que toma dos acontecimentos que apresenta não é determinada pela intensidade de sentimento; ele não trai a desilusão; ele não se surpreende; ele não exclama. Em vez disso, seu tom é exploratório, descomprometido. A própria questão da "sinceridade" o perturba: "Não sou coisa alguma a não ser o que eu próprio penso — e isto varia tão incessantemente que, muitas vezes, se eu não estivesse por perto para apresentá-los, o meu eu matutino não reconheceria o meu eu vespertino. Nada poderia ser mais diferente de mim do que eu mesmo". Esse é o comentário de Edouard que reforça o que Gide fala em seus diários. Esta 'dissociação da sensibilidade" em Gide não é atormentada (o que seria romântico) porque a recruta, indiferentemente, em todos os tipos possíveis de experiência, sem pré-disposição. O seu ceticismo e escrúpulo protestantes são um disfarce para a descontinuidade de temperamento e a inconsistência de motivos. A sua perspectiva é "plana", isto é, não é cínica mas é aberta para todos os possíveis ângulos. Gide é capaz de ter simpatia, cometer um crime, ter fé ou blasfemar; não é capaz de ser burro. O cubista inventa, com desconcertante curiosidade, fazendo experimentos severos e engenhosos.

Antes dos cubistas investigarem o mundo, não sabíamos de que um objeto era *capaz*. Chardin deve tê-lo imaginado mas não foi suficientemente ousado. Defoe deve ter adivinhado mas conduziu uma pesquisa local. Gide investiga sistematicamente os seus moralistas e imoralistas, sujeitando-os a tensões irresistíveis inteligentemente preparadas. O homem, no romance cubista, como o objeto na pintura cubista, é capaz de apresentar todas as suas facetas, em um mesmo momento. Entretanto, a curiosidade de Gide não é a curiosidade boêmia de Baudelaire e Rimbaud que, em essência, era um meio de escapar do mundo ou de rejeitá-lo. Ao contrário, Gide diz: "Amo a vida mas perdi a confiança nela".

O cubismo foi tanto um sinal de destruição quanto de criação. A destruição do mundo, empreendida por cubistas e fauvistas, sugerem as possibilidades de esplendor e desastre que o século XIX mal poderia ter imaginado, mesmo depois das devastações flamejantes da pintura de Turner. Quando Gertrude Stein sobrevoou o solo americano em 1934-35, ela compreendeu o que a arte significa para o nosso século, pois a vista aérea lhe deu uma perspectiva nova e aterradora:

...quando olhei a terra, vi todas as linhas que o cubismo havia traçado numa época em que nenhum pintor tinha subido em um avião. Vi, sobre a terra, as linhas misturadas de Picasso, indo e vindo, desenvolvendo-se e se destruindo, vi as soluções simples de Braque, vi as perambulantes linhas de Masson, sim vi e, mais uma vez, compreendi que aquele que cria é contemporâneo, entende o que pertence à sua época e que seus contemporâneos ainda não reconheceram; ele é contemporâneo e, como o século XX é um século que vê a terra como jamais foi vista antes, esta adquire um esplendor que jamais teve e, já que tudo no século XX se autodestrói e nada continua, então o século XX tem um esplendor que lhe é próprio e Picasso pertence a esse século, ele tem aquela rara qualidade de uma terra que jamais foi vista e de coisas destruídas como jamais haviam sido destruídas.

(*Picasso*)

Em primeiro lugar houve a destruição do mundo, do objeto pintado, da ficção em prosa efetuada pelo artista. Depois, houve as destruições mais amplas e mais públicas: *Guernica* e Hiroshima. O cubismo foi uma arte de idéias aterradoras.

4. O MUNDO SEM OBJETOS: NEOPLASTICISMO E POESIA

Setembro de 1939 mudou tudo e pode, de maneira conveniente, ser considerado como uma fronteira além da qual as idéias de destruição passaram a pertencer ao domínio militar e não artístico. Os exércitos acabaram com o cubismo que, de qualquer forma, já tinha feito todas as suas pesquisas mais importantes e que já tinha se transformado em neoplasticismo — excrescência lógica da tentativa cubista de purificar o mundo da pintura transformando-o em uma afirmação das relações existentes dentro do objetos, entre objetos, além dos objetos. A tendência, talvez, não tenha se tornado oficial até 1940, época em que Mondrian vivia em Nova Iorque e em que uma nova geração de pintores transformava o expressionismo abstrato em tachismo. Já em 1913, Malevich, com seu "suprematismo", tinha esperado "libertar a arte do peso morto do objeto". Essa nova tendência de "rejeitar a semelhança" também apareceu logo em Kandinsky, Delaunay, Severini e Marcel Duchamp cujas versões do *Nu Descendo a Escada* apontavam em direção ao futuro. Em 1912,

Frank Kupka tinha atingido níveis muito altos de abstração em obras como *Ordonnance Sur Verticales Jaunes*. A Segunda Grande Guerra simplesmente enfatizou a ruptura com os métodos clássicos da arte cubista e trouxe uma nova onda de iconoclasmo com "o desaparecimento do assunto na pintura".

A necessidade de um idioma abstrato na ocasião em que os exércitos se engalfinhavam na guerra total poderia ter sido prevista por qualquer pessoa que conhecesse a teoria de Wilhelm Worringer: a arte naturalista floresce em períodos nos quais o homem se sente à vontade em seu mundo e a arte não-figurativa aparece nas épocas em que o homem fica alarmado com o seu mundo. Gauleiters significava, entre outras coisas, que depois dos cubistas viriam outros pintores que obliterariam o objeto de forma ainda mais completa. Mais uma vez, Mondrian prova como o artista muitas vezes serve de sensor da sociedade ao ter confessado já em 1920: "Gradualmente, conscientizei-me de que o cubismo não aceita as conseqüências lógicas das suas próprias descobertas; não está desenvolvendo a abstração até chegar ao seu objetivo final, a expressão da realidade pura. Sinto que esta realidade só pode ser estabelecida através da *plástica pura*". Plástica pura: o recuo diante das coisas em direção à geografia não-figurativa era inerente às experimentações cubistas que tinha que terminar em algo como equações de campo.

Em 1933, quatro anos antes de Gide ter escrito sua nota sobre "The Relinquishing of Subject in Plastic Arts", T. S. Eliot estava, evidentemente, alimentando noções semelhantes em uma conferência dada sobre a possibilidade de se escrever "poesia que fosse essencialmente poesia, sem nada de poético, poesia que apresentasse nu o seu esqueleto ou poesia tão transparente que não se veria a poesia". Ele não escreveu muitas poesias deste tipo até o aparecimento, entre 1936 e 1942, de *Four Quartets*, com sua linguagem pensativa, linguagem permeada pela contemplação oriental e assemelhando-se, em muitos pontos, a língua especulativa usada por Dante em *Paradiso* e em outros lugares em que versifica Tomás de Aquino:

The detail of the pattern is movement,
As in the figure of the ten stairs.
Desire itself is movement
Not in itself desirable;
Love is itself unmoving,
Only the cause and end of movement,
Timeless, and undesiring
Except in the aspect of time
Caught in the form of limitation
Between un-being and being*.

Este verso duro e transparente, claro como um conceito dogmático, é, sem dúvida alguma, o resultado, no caso de Eliot, da crença religiosa formal. Nem por isso é menos inteligente e marca uma fase no caminho do poeta que vai da poesia simbolista-metafísica inicial até o idioma mais genuinamente contemporâneo usado nas passagens teológicas de *The Hollow Men* e *Ash Wednesday*. Precisamos nos lembrar que a carreira poética de Eliot o afastou de maneira consistente de Laforgue e o impeliu em direção a Dante e ao oriente. Este progresso sugere que, enquanto as Novas Críticas e muitos dos seguidores de Eliot se ocuparam com a chamada complexidade "metafísica", metáfora e ironia, o próprio poeta foi além desses problemas, dirigindo-se para a poesia neo-abstrata do *Quartet:*

To be conscious is not to be in time**.

Recapitulando: em 1917, Eliot, um beneficiário do simbolismo, começou escrevendo um tipo de poesia imagísta. Nesse espírito, registrou suas impressões de Waste Land em linguagem dura, seca e muito irônica:

The winter evening settles down
With smell of steaks in passageways.

---

* O detalhe da estrutura é movimento/ Como na figura das dez escadas./ Em si, o desejo é movimento/ que por si não é desejável./ Em si o amor é imóvel,/ A causa e o fim do movimento,/ Atemporal e indesejável/ Exceto sob o ponto de vista do tempo/ Compreendido como uma limitação/ Entre o não-ser e o ser.

** Ser consciente é não pertencer ao tempo.

Six o'clock.
The burnt-out ends of smoky days*.

Em Prufrock e outros poemas desta época, era óbvia sua dependência para com a "herança irônica" da poesia francesa, com o uso de metáforas como a do sapo amarelo que passava a língua pelos cantos da noite, imagem vividamente extraída do mundo dos objetos. Não era menor sua dependência para com as imagens concretas de Donne e dos "metafísicos":

Webster was much possessed by death
And saw the skull beneath the skin;
And breastless creatures under ground
Leaned backward with a lipless grin**.

Estas imagens extremamente materiais e altamente carregadas de sentimento expressionista (quase fauvista) eram os "correlativos objetivos" capazes de evocar o que Eliot queria estimular, uma sensação de desorientação da era do jazz. Vieram, então, as montagens cinemáticas de *The Waste Land*, uma série de "tomadas" extraídas, como os *Cantos* de Pound, de todos os períodos da história ocidental, das lendas e da poesia, criando imagens compostas de grande poder e sugestão: Madame Sosostris, com seu resfriado e malévolo baralho, morcegos com cara de bebê à luz violeta, datilógrafas seduzidas por jovens carbunculosos, pondo discos no fonógrafo com a mão automática e o deus morto passando sua hora de sofrimento em lugares de pedra vermelha, onde é traído. Este tipo de poesia apresentava a cristalização de imagens arranjada como contraponto própria de Donne, em que um motivo correspondia a outro em certos movimentos, e o tema da esterilidade e da frustração sexual era levado à frente através de rápidas aparições de Marie, a menina dos jacintos, Elizabeth e Leicester, Philomela, balconistas violentadas em canoas alugadas e o aborto de Lil. Perto do fim do poema, a linguagem se torna diferente e as afirmações cinemáticas e escorregadias sobrepõem um verso ao outro, segundo uma técnica que não é a do *enjambment* mas é uma sintaxe dupla que lembra o funcionalismo livre da arquitetura de Le Corbusier; a linguagem é "modular" —

If there were water we should stop and drink
Amongst the rock one cannot stop or think*.

Em *The Hollow Men* (1925) a linguagem abandona ainda mais a concretude metafísica e adota a fraseologia conceitual da teologia:

Between the conception
And the creation
Between the emotion
And the response
Falls the Shadow...**

Em *Ash Wednesday* (1930) esta linguagem intelectual foi, em muitos trechos, desnudada até chegar ao tipo de linguagem usada em *Quartets*, que é um novo tipo de poesia abstrata, um discurso escolástico dantesco. Eliot se afasta da "glória enferma da hora positiva" —

Because I know that time is always time
And place is always and only place
And what is actual is actual only for one time
And only for one place...***

Juntamente com este discurso não-figurativo surge, para Eliot, a sensação de que a imagem concreta não é mais suficiente porque

---

* A noite invernal desce/ Com o cheiro de bifes nas aléias./ Seis horas./ Baganas queimadas de dias enfumaçados.

** Webster estava possuído pela morte/ E viu a caveira debaixo da pele;/ E criaturas sem seios em baixo da terra/ Deitavam para trás com um sorriso sem lábios.

* Se tivesse água, pararíamos e beberíamos/ Entre as rochas não se pode parar nem pensar.

** Entre a concepção/ E a criação/Entre a emoção/ E a resposta/ Cai a Sombra....

*** Porque sei que o tempo é sempre tempo/ E o lugar é sempre e somente lugar/ E o que é real só o é uma única vez/ E em um único lugar...

>   ...Words strain,
> Crack and sometimes break, under the burden,
> Under the tension, slip, slide, perish,
> Decay with imprecision, will not stay in place,
> Will not stay still*.

Quando se descobre que as palavras não podem apresentar "um correlativo objetivo", presumivelmente, deixa-se que elas "escorreguem" para uma poesia tão transparente que deixe de lado a imagem concreta na medida em que é possível para a poesia assim proceder. Dessa forma, a poesia de Eliot funciona agora como um móbile de Calder, aceitando um novo tipo de movimento no qual os contornos se apresentam como um efeito de onda. O poema tem uma nova ilusão, uma nova complexidade, mais transparente do que as tortuosas involuções metafísicas.

Dessa maneira, Eliot chega ao discurso da grande passagem de abertura de *Quartets* que abandona o objeto e apresenta uma figuração mais pura, séria, nua, controlada, abstrata:

> Words move, music moves
> Only in time; but that which is only living
> Can only die. Words, after speech, reach
> Into the silence. Only by the form, the pattern,
> Can words or music reach
> The stillness, as a Chinese jar still
> Moves perpetually in its stillness....
> Or say that the end precedes the beginning,
> And the end and the beginning were always there
> Before the beginning and after the end.
> And all is always now*.

Esta passagem se aproxima da pureza de Mondrian que acreditava que as relações simples afirmadas em suas formas geométricas tiravam, da pintura, o peso "do trágico conteúdo das coisas materiais e individuais; assim, ela pode se tornar a mais pura expressão do universal". É uma poesia de pensamento que, talvez, mostre que Will Grohmann estava certo ao dizer que a concepção não é só a causa, mas o resultado da pintura[12]. Isto seria verdadeiro para a música, uma arte essencialmente não-figurativa. É uma mudança no estilo que tira a poesia da tradição metafísica e a alinha junto à pintura abstrata que também nasce no intelecto e fala ao intelecto sem muita referência à imagem concreta. Na verdade, Eliot disse que o modo mais antigo da poesia não era adequado:

> That was a way of putting it — not very satisfactory:
> A periphrastic study in a worn-out poetical fashion,
> Leaving one still with the intolerable wrestle
> With words and meanings. The poetry does not matter.
> It was not (to start again) what one had expected*.

Lá estava ele "entre duas guerras", sentindo que havia desperdiçado vinte anos tentando aprender como usar as palavras e descobrindo que, depois que se aprende, não se tem disposição para dizer a mesma coisa.

Este resumo do caminho trilhado por Eliot indicará que os experimentos feitos na dramaturgia e no romance não foram mais contemporâneos do que o que aconteceu na poesia. Dizemos que esta é uma época ruim para os poetas; e é. No entanto, pode ser que Eliot fosse mais responsivo do que Pirandello ou Gide e que a sensibilidade do poeta que é contemporâneo o leve aos mais longínquos postos da vanguarda.

---

* ...Palavras esticam,/ Racham e, às vezes, quebram, sob o peso,/ Sob a tensão, escorregam, derrapam, perecem,/ Estragam-se com imprecisão, não ficam no lugar,/ Não ficam quietas.

* Palavras se movem, a música se move/ Só no tempo; mas o que vive somente/ Pode somente morrer. As palavras, depois do discurso, caem/ Em silêncio. Só pela forma, pelo padrão/ Podem as palavras ou a música atingir/ A quietude, como um jarro chinês ainda/ Se move perpetuamente na sua quietude.../ Ou dizer que o fim precede o começo,/ E o fim e o começo sempre estiveram lá/ Antes o começo e depois o fim./ E tudo é sempre agora.

12. Will Grohmann como foi citado em Marcel Brion, *L'Art Abstrait*, 1956, p. 241.

* Essa foi uma maneira de colocar — não muito satisfatória:/ Um estudo perifrástico numa forma poética já desgastada,/ Que nos deixa com a luta intolerável/ Com as palavras e significados. A poesia não importa./ Não foi (para começar outra vez) o que se tinha esperado.

Eliot parece ter, mais constantemente, tido consciência da sua posição do que Wallace Stevens, que, de certo modo, é um exemplo mais característico da tendência para a abstração, uma vez que se aproxima de um tipo quase decorativo de arte. Embora as explicações dadas por Stevens a respeito de seu próprio trabalho tivessem sido tão veladas a ponto de serem modestas, nos seus poemas fica claro que passou toda sua carreira explorando a relação entre o intelecto e o mundo, tentando saber até que ponto os poemas podem ser purificados pelas Idéias de uma Ordem. Deixando-se de lado o fato dele ter ou não sido influenciado por Valéry, Stevens propõe que a imaginação do poeta precisa de alguma forma criar uma "não-geografia" no intelecto, pois a imaginação precisa ser "uma violência interna que nos proteja da violência externa. É a pressão da imaginação que se contrapõe à pressão da realidade". A razão poética precisa inventar o seu próprio mundo: "a idéia inconcebível do sol". Esta é a abstração imaginativa, quase platônica, que, surpreendentemente, tem uma ligação próxima com a arte pós-cubista e com o pensamento científico mais recente. Nas conferências que pronunciou em Princeton, Stevens disse que o poeta precisa ser medido "pelo seu poder de se abstrair e de recolher consigo, na sua abstração, a realidade sobre a qual insistem os amantes da verdade. Ele precisa ser capaz... de abstrair a realidade, o que consegue colocando-a na imaginação". Esta idéia assemelha-se ao elogio que Sócrates faz às artes que alcançam a visão das formas puras, no *Filebo*. Parece, também, ser uma recolocação da idéia de Baudelaire de que a poesia se assemelha à matemática e à música. Stevens falou da "aguda inteligência da imaginação", que nos possibilita criar o "irreal" a partir do "real", dotando os objetos de "luz" e compreendendo "o oposto do caos dentro do caos". Ou ainda, "pensar a imaginação como metafísica é considerá-la como uma parte da vida e considerá-la como parte da vida é ter consciência da extensão do artificial".

A imaginação de Stevens não é uma atividade racional mas, antes, assume dominância na forma musical. Realmente, o jogo que faz com as palavras é muitas vezes uma figura em puro som; desenvolve, também, muitos poemas a partir de motivos abstratos da cor: o tema do violão *azul* que moderniza os desenhos da Art Nouveau. Tem um débito tão grande para com a pintura quanto para com a música em motivos como Hartford sob a luz roxa. Segundo Stevens, precisamos, através da imaginação, criar a "Suprema Ficção" que precisa ser "abstrata", precisa "mudar", precisa "dar prazer". Através de feitos de visão, transcendemos o objeto e percebemos, como o Teseu de Shakespeare, que o que há de melhor são apenas sombras e o que há de pior não fica pior uma vez que a imaginação pode consertar. A imaginação é a satisfação do intelecto:

> The central poem is the poem of the whole,
> The poem of the composition of the whole,
> The composition of blue sea and of green,
> Of blue light and of green, as lesser poems,
> And the miraculous multiplex of lesser poems,
> Not merely into a whole, but a poem of
> The whole, the essential compact of the parts,
> The roundness that pulls tight the fatal ring*.
> (*"A Primitive like an Orb"*)

A imaginação é um órgão pelo qual atingimos aquelas ficções supremas necessárias para "purificar" os desejos românticos — pois Stevens repudia o romantismo na arte simbolista, embora ele, também, deseje triunfar sobre os meros objetos:

Sentimos, sem nem por isso demonstrarmos uma atitude particularmente inteligente, que a imaginação como metafísica sobreviverá ao positivismo lógico sem ser danificada. Ao mesmo tempo, sentimos, de modo muito perspicaz, que ela não é digna de sobreviver se for para ser identificada com o romantismo. A imaginação é um dos grandes poderes humanos. O romantismo faz pouco caso dela. A imaginação é a liberdade do intelecto. O romantismo falha ao fazer uso dessa liberdade. É para a imaginação o que o sentimenta-

---

* O poema central é o poema do todo,/ O poema da composição do todo,/ A composição do mar azul e do verde,/ Da luz azul e da verde, como poemas menores,/ A multiplicidade miraculosa dos poemas menores/ Não somente no todo, mas um poema do/ Todo, o compacto essencial das partes,/ A circularidade que aperta o anel fatal.

lismo é para o sentimento. É o fracasso da imaginação precisamente do mesmo modo que o sentimentalismo é um fracasso do sentimento. A imaginação é o único gênio. É intrépida e ansiosa; o ponto extremo da sua realização está na abstração.

(Imagination as Value)

O grande problema para Stevens, como para Kandinsky, estava em saber por que substituir o simples objeto; descobriu que a imaginação precisa pilhar os objetos para, finalmente, libertar-se deles em ficções puras, as figurações da mente:

> The prologues are over. It is a question, now,
> Of final belief. So, say that final belief
> Must be in a fiction. It is time to choose*.
> ("*Asides on the Oboe*")

Stevens fala para o intelecto moderno. Uma ficção: não um mito, pois este é romântico e antropomórfico, projetando, como no devaneio, o drama humano para o universo. A ficção é impessoal, e chega até a realidade sem os "gestos" românticos, segundo a aparente explicação de Stevens em "So-and-So Reclining on Her Couch":

> ...To get at the thing
> Without gestures is to get at it as
> Idea**.

Chegar à coisa enquanto idéia é o que Stevens denomina "Projeção C", a trajetória do intelecto em direção à realidade. A ficção é intelectual sem ser lógica. É um "poema do intelecto" que impõe sua ordem, seu projeto sobre o mundo das coisas, coisas coloridas que também têm sua própria textura e satisfação. Seguindo a tradição de Valéry, Stevens escreve:

> The poem of the mind in the act of finding
> What will suffice. It has not always had
> To find: the scene was set; it repeated what
> Was in the script.
>   Then the theatre was changed
> To something else. Its past was a souvenir.
> It has to be living, to learn the speech of the place.
> It has to face the men of the time and to meet
> The women of the time. It has to think about war
> And it has to find what will suffice. It has
> To construct a new stage. It has to be on that stage
> And, like an insatiable actor, slowly and
> With meditation, speak words that in the ear,
> In the delicatest ear of the mind, repeat,
> Exactly, that which it wants to hear...
>   ...The poem of the act of the mind*.
>   ("*Of Modern Poetry*")

Flutuamos "na contenção, o fluxo / Entre a coisa enquanto idéia e / A idéia enquanto coisa". O intelecto no ato de se descobrir num mundo de coisas — é este o tema de Stevens. É o tema de Naum Gabo, que diz: "O que quer que exista na natureza, existe em nós sob a forma da nossa consciência de sua existência". Stevens, entretanto, também acredita que não viver no mundo físico é a maior perda: "as partes plásticas dos poemas/ despedaçam-se na mente". O intelecto precisa se encontrar no meio das coisas. Precisamos criar nossas próprias ficções, encontrar os motivos da imaginação enquanto o mundo, do ponto de vista plástico, está se despedaçando. Então poderemos escrever uma "Description Without Place" —

---

* Os prólogos se acabaram. Agora temos o problema/ Da crença final. Diga, então que a crença final/ Deve ser uma ficção. É hora de escolher.

** ...Chegar a uma coisa/ Sem gestos e chegar a ela enquanto/ Idéia.

* O poema do intelecto no ato de descobrir/ O que bastará. Nem sempre teve/ Que descobrir: o cenário estava pronto; repetia o que já/ Estava no roteiro./ Então o teatro foi transformado/ Em alguma outra coisa. Seu passado era lembrança/ Precisa estar vivo para aprender o discurso do lugar/ Precisa enfrentar os homens da época e encontrar-se/ Com as mulheres da época. Precisa pensar sobre a guerra/ E encontrar o que bastará. Precisa/ Construir um novo palco. Precisa estar nesse palco/ E como ator insaciável, vagarosa e/ Pensativamente fala palavras que ao ouvido,/ ao mais delicado ouvido do intelecto, repetem/ Exatamente, o que quer ouvir.../ ...O poema do ato do intelecto.

It is possible that to seem — it is to be,
As the sun is something seeming and it is*.

A descrição sem lugar, para Stevens, é um "universo do espírito", indiferente à visão como o futuro que também é uma "descrição sem lugar". Stevens, quase como Andrew Marvell, é capaz de destruir o mundo em função de um pensamento puro: "Seu intelecto puro tornou verde o mundo ao seu redor". ("Her green mind made the world about her green".) O intelecto faz a música do mundo; como o cântaro colocado no alto do morro em Tennessee, o intelecto se ergue para "estabelecer seu domínio por todo lugar".

Não é, todavia, entre os poetas mas entre os pintores que o objeto tende a "desaparecer de vista" por completo, como acontece em Mondrian, o teórico do neoplasticismo. Sua composição rigorosamente intelectual é uma afirmação das relações purificadas de toda e qualquer referência ao mundo exterior, atingindo, através da imaginação geométrica, "aquilo que é absoluto na relatividade do tempo e do espaço". (Lembramo-nos das palavras de Eliot — "O que é real é real somente por uma vez/ E só em um lugar".) Mondrian quer que a sua pintura "seja capaz de expressar estas relações" através de "uma nova visão" que erradique a antiga personalidade romântica. (Outra vez nos lembramos da idéia de Eliot de que o poeta precisa escapar do peso da personalidade através do veículo que lhe é próprio e que é tudo o que ele pode usar.) Mondrian percebe que o homem moderno vive impessoalmente em uma cosmologia na qual suas perspectivas são definidas por conceitos científicos. "A vida de um homem culto em nossa época está se divorciando, gradualmente, dos objetos naturais e se tornando, cada vez mais, uma existência abstrata", escreveu Mondrian em 1917. Isto é um marco na emancipação final do objeto como fragmento isolado da realidade e de todas as formas de realismo que foram, somente, uma "acumulação de objetos".

* É possível que parecer — seja ser,/ Como o sol é algo aparente e existente.

O cubismo deu início ao cancelamento do objeto, tendência que veio sendo continuada, através de anulações cada vez mais severas, pela pintura neoplástica e não objetiva, tendo produzido o "anti-objeto" da mesma forma que os romancistas produziram o "anti-herói". Hoje, os cientistas detectaram a "antimatéria", as chamadas "partículas estranhas" cujas trajetórias, quando fotografadas, poderiam ser confundidas com uma pintura de Pillet. O objeto foi perdido numa atividade que o cientista denomina de campo. "O particular, na arte, desaparecerá", segundo Mondrian, que descreve o que aconteceu não só nas suas estruturas simplificadas mas também no recente desenvolvimento conhecido sob o nome de tachismo, que absorve e aniquila toda figuração numa textura aparentemente casual gotejada sobre a superfície da tela. Mondrian e os tachistas alcançaram a última fase da pintura futurista, que tentara provar que um padrão no tempo é somente um padrão no espaço e vice-versa. O futurista Severini queria que a pintura expressasse o "dinamismo plástico, a vitalidade absoluta da matéria". Boccioni, um outro futurista, disse: "Precisamos abrir a figura ou a forma e enchê-la completamente com o ambiente no qual ela existe". Bazaine conta-nos que uma árvore, um rosto ou uma paisagem é somente uma teia de direções ou linhas de força: "Quanto mais penetrarmos dentro de um objeto, menos ele se fechará sobre si mesmo; ele se abrirá para todo o universo". Matta comentou, a propósito da pintura que fez para o prédio da UNESCO em Paris, que "a imagem do homem deixou de ser antropomórfica para ser um complexo de forças" — é o princípio do anti-heroísmo na pintura. A crise da pintura de cavalete iniciada pelos cubistas, que queriam que a pintura saísse da moldura, resultou no aniquilamento dos objetos no neoplasticismo que trata o tempo como se fosse um campo do espaço.

O recuo do objeto para dentro de campos complexos de tempo e espaço é bem ilustrado por uma das pinturas abstratas de Singier que tem o significativo nome de *Le Quatuor*; Singier, deliberadamente, invoca a arte temporal da música. Em *Le Quatuor*, o espaço se abre para o tempo musical, como acontece no móbile, apresentando um campo pictórico que é uma variante do quarteto, com linhas que se estendem ou expandem através de verdes planos transparentes, com quatro grandes nódulos ou curvas que se interseccionam num clássico movimento sinfônico. Os planos e as linhas que se interseccionam são notações para o violino, o violoncelo, a partitura, o sinal, o traço que indica o compasso, o crescendo e o diminuendo, as repetições e as pausas; a composição se torna arquitetônica através da transposição de quatro movimentos musicais no tempo para o espaço cinematográfico simultâneo com o seu complexo de retângulos formando um desenho plano.

A composição de Singier demonstra a inexaurível fertilidade das técnicas cubistas como meios de representar o recuo gradual do objeto ou o seu cancelamento do mundo exterior que se processa progressivamente na pintura neoplástica. Como aconteceu no início do movimento cubista, as referências de Singier ainda oscilam entre o objeto e os constructos mentais. A geração mais antiga de cubistas limitou a área dentro da qual o objeto poderia oscilar através da geometria e da cor bastante ascéticas; os pintores neo-abstratos ousam remover ainda mais o objeto antes de reconstruí-lo. As recristalizações de Singier são um pouco mais particulares de que as empreendidas pelo cubismo clássico, sem, contudo, submergir por completo o objeto no eu ou no campo neutro das forças exteriores. Este nível de submersão confere à pintura de Singier uma nova transparência semelhante à que também encontramos no lírico e altamente mobil *Adolescent* de Lapoujade, que é uma evaporação esbranquiçada dos primeiros estudos futuristas do movimento que se transformam numa perspectiva opalescente, muito rococó e feminina, do qual o *Nu Descendo a Escada*, de Duchamp, também é um exemplo. O movimento na figura de Lapoujade, bem como no estudo de Singier, ainda é cinemático.

O objeto oscila de uma maneira algo diferente em abstrações como *La Carrière: La Cathédrale* de Busse, um desenvolvimento cinemático pós-cubista de um motivo duplo, em cinza, preto e branco; é o tratamento ambíguo da catedral, da pedreira e de um padrão plano. Aqui, o movimento próprio do filme se apropria do espaço arquitetônico, pois, além do rápido movimento cinemático dos retângulos, reaparece a terceira dimensão quase que sob a forma de bastidor de teatro, numa composição que restringe sua cor ainda mais severamente que o cubismo original. Esta obra de Busse mostra como os pintores abstratos em geral voltaram para os problemas cubistas que tinham uma tradição atrás de si e fizeram uso de Cézanne, Braque e Picasso da mesma forma que Poussin usou Rafael. Em Busse, cuja obra é muito pensada, o padrão plano do movimento cinemático traz uma implicação plástica sem sacrificar a superfície. Esta reconstrução inteligente apresenta as superfícies firmemente construídas das pinturas de De Staël, cujas áreas cobertas por denso pigmento montam os antigos planos cubistas com uma textura que parece incrustação. Os *Telhados de Paris* de De Staël, um grande mosaico, oscilam ainda mais remotamente do que as jarras e os tabuleiros de xadrez de Braque. Busse faz uma revisão não só do cubismo mas também do impressionismo, em *Rayon de Lumière*, um padrão plano de fichas azul forte e verde sobre as quais recaem duas alegres diagonais amarelas que criam a impressão de uma floresta em perspectiva e que remetem aos métodos divisionistas de Seurat ou, mais longe ainda, ao arcaico *Moulin de la Galette* de Renoir ou até mesmo aos caminhos na floresta pintados por Courbet. Hoje, a atual geração de pintores espanhóis descobriu ainda outras maneiras de oscilar entre o mundo dos objetos e a abstração autônoma.

À medida que desaparece o objeto, desaparece, também, a cor. Picasso trabalhava muito com o preto, o branco e o cinza, cores próprias do cinema antes do advento do tecnicolor; uma das descobertas feitas pelos cubistas foi que o preto realça o valor das cores. A pintura abstrata que derivou do cubismo continuou a usar o preto como um meio de reduzir o problema da pintura a um modo de ausência. Os cubistas apresentavam seus objetos de maneira neutra; os pintores neoplásticos caminharam ainda mais longe em direção à negação. Hartung descobriu uma louca *écriture* negra; Soulages usa o negro em faixas plásticas; Busse executa suas profundidades contra verticais negras.

Ao lado desta negação da cor, houve um outro tipo de resposta à situação moderna: uma fluorescência interna na obra de Soulages, Pillet, Lancelot-Ney e outros. Esta radiação profunda é diferente da luz calma e facetada da pintura cubista, dos raios prismáticos de Feininger, da penetração de raio X de Tchelitchew, do alegre brilho de Dufy e da intensidade jubilosa de Matisse. Aparece inserida em uma grade de geometria de superfície e pouco tem a ver com a cor, uma vez que qualquer tom pode ser levado à atividade na pintura abstrata. Moderniza o ensolarado difuso de Claude, a sonolenta luz de meio-dia de Fragonard e a chamejante cor romântica de Turner. Surge da cidade iluminada a neon como uma aurora, que brilha dentro de estruturas modulares. Difere do espectro da luz solar dos impressionistas e também da branca luz de gás sob a qual Degas captou suas dançarinas, pois Degas, como todos os pintores, foi sensibilizado pela luz de sua época. Esta fluorescência recente parece significar a existência do objeto, como uma manifestação atômica, mesmo depois que esse objeto desapareceu.

Em resumo, desde o cubismo, a pintura vem sendo um novo iconoclasmo, mais um repúdio de um mundo por demais sólido que vinha existindo desde o renascimento. Bazaine reivindica que "o objeto precisa desaparecer enquanto objeto, a fim de justificar-se a si mesmo como forma". Em vez de objetos, há, somente, indicações das relações e das texturas que ocorrem durante o processo.

O que determina a relação e a textura no "novo mundo do espaço", como Le Corbusier o chama? Para responder a esta questão precisamos retornar a algumas das noções da ciência pós-Einstein, que, aparentemente, substituiu os conceitos de espaço e energia do início do século XX pela teoria de que tanto o espaço quanto a energia são aspectos do comportamento de campo[13]. Einstein tratava o espaço como uma função da distribuição massa-energia de acordo com as equações de campo; a teoria geralmente aceita, hoje, de que a gravitação é um certo tipo de comportamento das estruturas de tempo-espaço em campos de força baseia-se nessa idéia. O espaço é interpretado não como sendo um sistema absoluto na natureza das coisas, mas como uma função do nosso próprio esquema conceptual: é uma maneira de perceber os objetos e não uma característica das coisas em si. Assim, qualquer que seja a geometria usada, ela será sempre uma questão de conveniência e, uma vez que não podemos sair do sistema que usamos, selecionamos um que nos permita lidar da melhor forma possível com os aspectos da natureza que nos interessa observar. De um outro ponto de vista, a estrutura do espaço é somente uma função da distribuição de matéria e energia. Realmente, a energia ou força pode provar ser somente mais uma ficção semelhante ao espaço. A idéia de força, essencial para a física kepleriana, foi aceita pela mecânica do século XIX como sendo um valor em si; além disso, a idéia de força passou a ter significados psicológicos quando Schopenhauer, Nietzsche e os românticos transferiram este valor da física para a ética sob a forma da vontade.

A teoria da relatividade e as teorias de campo dispensaram a idéia de força exceto como uma fórmula para indicar o aparecimento de objetos juntos no campo. Além deste significado técnico, a idéia de força se transforma em um conceito tão vazio quanto as idéias de éter ou de espaço e tempo absolutos do sistema newtoniano. Agora, a força parece ser o termo médio de um silogismo, um meio de se chegar da premissa à conclusão, que pode ser deixado de lado depois de ter servido ao seu propósito metodológico. A ciência contemporânea sugere que a força é somente uma determinada relação entre objetos num campo. O objeto A se movimenta dentro

---

13. Os próximos parágrafos que tratam do comportamento de campo e das modernas teorias de força, juntamente com a textura casual da pintura tachista, são uma recolocação das explicações encontradas nos dois livros de Max Jammer, *Concepts of Space*, 1954, e *Concepts of Force*, 1957 e no artigo muito sugestivo de Rudolf Arnheim, "Accident and Necessity in Art", *Journal of Aesthetics and Art Criticism*, XVI, 1957, pp. 18-32.

de uma determinada órbita quando está circundado pelos objetos B e C. A única maneira de explicarmos o comportamento do objeto A, dentro destas condições, é através da idéia de força, que desaparece no momento em que compreendemos a configuração total, o aparecimento e a interação dos objetos colocados lado a lado. Assim, a idéia de força foi substituída pela idéia da dependência funcional dos objetos e a "energia" do século XIX torna-se, simplesmente, a descrição do campo. Em resumo, força parece ser somente um nome para designar as condições sob as quais as coisas podem coexistir. A gravitação não é uma força mas uma propriedade de um dado sistema de espaço-tempo. E o espaço é uma função da distribuição da matéria ou de seu comportamento em um campo. Nada poderia, com maior eficiência, acabar com a crença romântica na liberdade, no individualismo e na importância do ato decisivo: o heroísmo de Ahab e das criaturas cujos destinos eram controlados por elas mesmas.

Matta é um dos pintores que vêm interpretando estes efeitos de campo, especialmente em suas últimas obras, nas quais ele parece ter abandonado o surrealismo abstrato em favor de composições cujos títulos indicam o seu senso de espaço pós-eisnteiniano. *O Revolver da Terra* (1955), por exemplo, faz uso de planos e órbitas que mantêm relações tão intrincadas que o espaço deixa de ser homogêneo; cada passagem parece ser uma complicação especial, com seus próprios contornos, e as galáxias de "coisas" se expandem de forma quase explosiva em um universo estranho que é, ao mesmo tempo, finita e infinitamente extensiva. As relações entre os planos e os grupos de objetos granulares são reafirmadas de modo mais provocante em *O Impensável* (1957), no qual as trajetórias intersectam ou circundam superfícies bidimensionais que se dissolvem em luz atmosférica. Mesmo em trabalhos anteriores como *Vertigem de Eros* podemos encontrar uma série de desvios no tempo e no espaço que ocorrem em um campo incoerente que exige equações matemáticas alternativas para se tornar inteligível. O espaço de Matta é ao mesmo tempo orgânico e inorgânico, mas, certamente, não antropomórfico no sentido em que o espaço de pinturas anteriores foi antropomórfico. É um espaço que não pode nem ser concebido nem ser visto sem que seja necessário invocar-se uma matemática desconhecida para se poder lidar com as suas descontinuidades. A olho nu não se consegue distinguir uma estrutura uniforme.

Repetindo o que disse Mondrian: o pintor neoplástico tenta considerar sua composição como "uma expressão abstrata de relações". A pintura atual, seja ela chamada neoplasticismo ou tachismo, parece ser uma variedade da equação de campo, um símbolo da maneira pela qual espaço e energia são considerados como *situações*. Esta arte pode bem ser iconoclástica; expressa, porém, uma visão de mundo na qual o objeto desaparece dentro de padrões de comportamento, uma orquestração abstrata de funções relacionais. A pintura neoplástica, ou, pelo menos, na sua forma tachista, é uma representação da distribuição da matéria e da energia sem nenhum sistema de referência absoluto. Os pingos de pigmento entrelaçados na enorme tela *Les Capétiens Partout* de Mathieu se revelam a partir de borrões aparentemente casuais e se desenvolvem como um movimento emergente que é um tipo de fluidez magnética de pincelada. As horizontais e verticais em pigmento vermelho, preto e amarelo, ondeando, engrossando, desaparecendo e reaparecendo, existem conjuntamente como se fossem uma equação de campo circundada por loucos borrões de tinta branca em movimentos orbitais que se desintegrassem à medida que se distanciassem da galáxia que as projetara. Como já foi escrito, é uma equação que libera grande energia sob condições de extrema instabilidade — uma *écriture* que parece também ser uma forma de jogo. A "distribuição" que emerge é algo semelhante a um complexo padrão ou ritmo estatístico. A tela marrom realiza seu desenho semelhante a um gráfico quase que por acaso, representando o que aparentemente acontece no átomo ou na própria pessoa. A pintura recente apresenta um alto nível de sensibilidade ao negativo que, provavelmente, é uma parte do aspecto de acaso do campo. Os buracos negros perfurados na tela *Concetto Spaziale* de Lucio Fontana são uma intrusão significativa do negativo na composição; estes buracos são, em última análise, uma versão da colagem, jogados numa distribuição, ou, na melhor das hipóteses, direção aparentemente casual, aparecem contra um "fundo" fino, aproximadamente retangular, preto. No campo da escultura, Henry Moore já há algum tempo vem interpolando o valor do espaço negativo: furos no material que criam uma forma a partir do que *não* está lá.

O tachismo de Jackson Pollock demonstra que a distribuição num campo pode ser quase casual; o efeito obtido aqui é muito similar ao movimento browniano das partículas em uma solução. Na verdade, no entanto, o movimento casual no pigmento cria uma textura. A diferença entre textura e padrão está no fato de que a primeira parece uma atividade molecular que sugere uniformidade, enquanto a segunda formula relações entre partes independentes e uma estrutura constante. O método tachista de esguichar ou derramar pigmento sobre uma superfície a ser coberta atinge um nível bastante baixo de estruturação, aproximando-se às vezes, da uniformidade. Foram, todavia, uma textura. Embora este tipo de pintura tenha sido chamado de "caos padronizado", ele adquire um sentido numa época em que a força se tornou uma ficção, em que a matéria é um aspecto do comportamento das forças em um campo, em que parece necessária a supressão da vontade e da individualidade românticas. O campo se tornou mais importante que os objetos no campo: os objetos se destacam do campo somente quando os estruturamos melhor para que possam se soltar do seu fundo.

A idéia de "conjunto" tem significação cósmica. O tachismo parece refletir, na pintura, a situação na qual pensamos existir; pois, como diz Francastel, qualquer sistema espacial é somente a expressão do mundo numa determinada época. Se assim o for, o tachismo é o sinal de uma nova lei de necessidade (*ananke*) extremamente anti-romântica que confere à fatalidade um significado negativo dentro de um mundo totalitário. Sob seu aspecto de neutralidade, sua tática de subtração, sua resignação do que é individual ou até mesmo pessoal, o tachismo pode ser interpretado como uma forma recente de desespero — ou pelo menos de conformismo — ou, ainda, como a perda do sentido de liberdade. Uma indiferença perturbadora é inerente à pintura tachista que emprega a listra, o borrão, o pequeno toque ou a unidade padronizada a partir dos quais é feita toda composição. Este princípio modular estava implícito na pintura impressionista, principalmente em Monet que, nas suas últimas composições, obliterou o objeto, absorvendo-o numa atmosfera que é tanto um efeito de campo quanto uma abstração. A técnica modular está subjacente à nossa era de observação de massa e de engenharia humana na qual o indivíduo é tratado, por leis estatísticas, como se fossem partículas nos movimentos brownianos.

Será que Meursault, no fim do *Estrangeiro* de Camus, percebe que há uma lei de neutralidade em operação e se entrega a ela como resultado da intuição que tem pouco antes de morrer, de um universo extremamente indiferente? Suas subtrações extremadas — a falta de sentido no comportamento das coisas, a irrelevância do objetivo, da vontade e até do desejo que o levam para o pólo do anti-romantismo — poderiam representar o estado de espírito dentro do qual são executadas algumas das pinturas tachistas. Meursault aceita o acaso. Sua existência é esvaziada de toda e qualquer figuração até chegar a se apresentar quase como uma abstração. O nivelamento casual parece completo nas peças e romances de Beckett.

A textura casual reaparece numa tendência que parece ser contrária à arte abstrata: os franceses a chamam de "aliteratura". Um de seus representantes é Alain Robbe-Grillet que retornou à "superfície das coisas", evitando qualquer ponto de vista através da técnica de reportagem, colocando a personalidade no mesmo nível neutro com a cena a qual pertence. Robbe-Grillet não separa o personagem do fundo; existe um baixo nível de estruturação no relato aparentemente indiscriminado que funde a psicologia com uma incessante descrição das coisas. A "figura" é reabsorvida pelo "fundo". Estes escritores, como Gautier, dizem que o mundo "simplesmente é" e precisa ser considerado a partir da sua óbvia evidência, a um primeiro olhar. A tentativa de evitar a antiga "profundidade" da visão pessoal levou os escritores "aliterários" a registrar, numa espécie de *neue Sachli-*

chkeit, não a "essência" da experiência mas somente as aparências superficiais, que *são* a realidade. O método tachista na aliteratura é ilustrado pelo episódio em *The Voyeur* em que Mathias vê — e vagarosamente reconhece o que é — um *poster* anunciando um filme: não é o fluxo da consciência no sentido antigo do termo porque reprime por completo a consciência ao plano da percepção:

O novo anúncio representava uma paisagem.
Pelo menos Mathias acreditava conseguir perceber um brejo salpicado de grupos de arbustos nas linhas entrelaçadas mas algo mais se sobrepôs: aqui e ali apareceram certos contornos ou manchas coloridas que não pareciam fazer parte do desenho original...
Na parte superior apareciam os nomes dos atores principais....

E assim por diante. Se na pintura o tachismo já tinha surgido nas últimas obras de Monet, pergunta-se se a aliteratura já não teria também aparecido nos romances de Arnold Bennett, com seu grande acúmulo de coisas. O realismo indiscriminado de Bennett, no entanto, não nivelava as pessoas e as coisas como Robbe-Grillet o faz ao tentar descerebrar sua ficção. Sua experiência é cinemática uma vez que se baseia em "tomadas" a fim de "nos arrastar para fora do conforto interior, em direção a este mundo oferecido" e de nos dar a sensação da "presença" das coisas. A submersão completa da pessoa no meio é conseguida através da técnica que parece ser a forma mais casual da casualidade: "A cafeteira está sobre a mesa. É uma mesa redonda com quatro pernas, coberta por um linóleo xadrez de vermelho e cinza..."

Os pintores tachistas eliminaram o objeto sem perguntar pelo que o objeto poderia ser substituído; as substituições foram, todavia, feitas e parecem, algumas vezes, ser mais valiosas do que os objetos. Hartung, por exemplo, recorreu a um automatismo do pincel que transmite a extrema neurose do indivíduo moderno e o comportamento explosivo das coisas no campo contemporâneo. O mundo-sem-objeto, o mundo como uma afirmação de relações puras, é tematicamente apresentado na obra aberta escultural de Antoine Pevsner, Richard Lippold, Ibram Lassaw ou Naum Gabo, que purifica os métodos cinemáticos da arte cubista transformando-os numa montagem espaço-temporal, desencarnada, mais para ser pensada do que para ser vista. Esta forma de neoplasticismo só nos dá os paradigmas do processo e não dos objetos.

Em um dos recentes simpósios sobre arte não-figurativa, Berto Lardera resumiu o significado da passagem do cubismo para a arte iconoclasta de Mathieu ou de De Staël: "O problema do espaço, na verdade, é o problema da situação do homem no mundo. Realmente, a análise do espaço, de seus problemas, é, tão somente, a análise de todos os problemas do homem no mundo de hoje". Assim sendo, continua Lardera, precisamos encontrar novas leis de gravidade para a escultura. Calder parece ter conseguido isso. O artista moderno só pode acreditar numa realidade que tenha perfis infinitos: perfis que só aparecem acidentalmente e que estão em constante mudança. E, segundo Lardera, pode ser que todos esses perfis venham a ser "devorados no espaço pela luz" — a luz, talvez, das destruições do século XX, que são mais brilhantes do que o sol?

NOTA BIBLIOGRÁFICA

A lista que se segue indica as principais fontes secundárias consultadas para a feitura ou citadas nos capítulos desta obra:

ROCOCÓ

AINSWORTH, EDWARD GAY. *Poor Collins*, 1937
CASSIRER, ERNST. *The Philosophy of the Enlightenment*, 1951
EVANS, JOAN. *Pattern*, 1931
FLORISOONE, MICHEL. *Le Dix-Huitième Siècle*, 1948
GILLET, LOUIS. *La Peinture de Poussin à David*, 1935
HAZARD, PAUL. *La Crise de la Conscience Européene*, 1935
HAZARD, PAUL. *La Pensée Européene au XVIII ème Siècle*, 1946
KAUFMANN, EMIL. *Architecture in the Age of Reason*, 1955
KIMBALL, FISKE. *The Creation of the Rococo*, 1943
LOVEJOY, ARTHUR O. "The Parallel of Deism and Classicism", *Modern Philology*, XXIX, 1932, 281-299
MACK, MAYNARD. "Introduction" a Essay on Man de Pope, ed. Twickenham, 1950
OGDEN, C. K. *Bentham's Theory of Fictions*, 1932
TILLOTSON, GEOFFREY. *On the Poetry of Pope*, 1938
VAIHINGER, HANS. *The Philosophy of "As If"*, 1924

O PITORESCO, ROMANTISMO E SIMBOLISMO

ABRAMS, M. H. *The Mirror and the Lamp*, 1953, 1958
BACOU, ROSELINE. *Odilon Redon*, 1956

BAKER, JAMES VOLANT. *The Sacred River*, 1957
BEGUIN, ALBERT. *L'Âme Romantique et le Rêve*, 1946
CAZAMIAN, LOUIS. *Symbolisme et Poésie*, 1947
CHARLTON, D. G. *Positivist Thought in France*, 1959
CHIARI, JOSEPH. *Symbolism from Poe to Mallarmé*, 1956
CLARK, H. F. "Eighteenth Century Elysiums", *Journal of the Warburg and Courtauld Institutes*, VI, 1943, 165-189
COOK, BRADFORD, ed. *Selected Prose Poems, Essays, and Letters of Mallarmé*, 1956
FREY, JOHN ANDREW. *Motif Symbolism in the Disciples of Mallarmé*, 1957
FRIEDLAENDER, WALTER. *David to Delacroix*, 1952
GENGOUX, JACQUES. *Le Symbolisme de Mallarmé*, 1950
GILMAN, MARGARET. *Baudelaire as Critic*, 1943
GILMAN, MARGARET. *The Idea of Poetry in France*, 1958
HAUTECOEUR, LOUIS. *Littérature et Peinture en France*, 1942
HIPPLE, WALTER JOHN, JR. *The Beautiful, the Sublime, and the Picturesque*, 1957
HITCHCOCK, HENRY-RUSSELL. *Architecture: 19th and 20th Centuries*, 1958
HUSSEY, CHRISTOPHER. *The Picturesque*, 1927
JOHANSEN, SVEND. *Le Symbolisme*, 1945
JONES, P. MANSELL. *The Background of Modern French Poetry*, 1951
JONES, P. MANSELL. *Verhaeren*, 1957
KLINGENDER, FRANCIS D. *Art and the Industrial Revolution*, 1947
KNIGHT, EVERETT. *Literature Considered as Philosophy*, 1957
LANGBAUM, ROBERT. *The Poetry of Experience*, 1957
LEHMANN, A. G. *The Symbolist Aesthetic in France*, 1950
MICHAUD, GUY. *Mallarmé*, 1953
MICHAUD, GUY. *Message Poétique du Symbolisme* (e Documents), 1947
MONK, SAMUEL H. *The Sublime*, 1935
PEVSNER, NIKOLAUS. "Genesis of the Picturesque", *Architectural Review*, XCVI, 1944, 139-146
PEVSNER, NIKOLAUS. *An Outline of European Architecture*, 1951
PEVSNER, NIKOLAUS. "Richard Payne Knight", *Art Bulletin*, XXXI, 1949, 293-320
PEYRE, HENRI. *Shelley et la France*, 1935
POULET, GEORGES. *Études sur le Temps Humain*, 1949
POULET, GEORGES. "Timelessness and Romanticism", *Journal of the History of Ideas*, XV, 1954, 3-22.
PRÉVOST, JEAN. *Baudelaire*, 1953
RAYMOND, MARCEL. *From Baudelaire to Surrealism*, 1933, 1950
SANDSTRÖM, SVEN. *Le Monde Imaginaire d'Odilon Redon*, 1955
SCARFE, FRANCIS. *The Art of Paul Valéry*, 1954
STEEGMAN, JOHN. *Consort of Taste*, 1950

TEMPLEMAN, WILLIAM D. *Life and Work of William Gilpin*, 1939
TURNELL, MARTIN. *Baudelaire*, 1953.
TODD, RUTHVEN, *Tracks in the Snow*, 1947
WEINBERG, BERNARD. *French Realism: The Critical Reaction*, 1937
WITTKOWER, RUDOLF. "Principles of Palladio's Architecture", *Journal of the Warburg and Courtauld Institutes*, VIII, 1945, 68-106

NEOMANEIRISMO

AHLERS-HESTERMANN, FRIEDRICH. *Stilwende: Aufbruch der Jugend*, 1956
ANTAL, FREDERICK. *Fuseli Studies*, 1956
BALSTON, THOMAS. *John Martin*, 1947
BAZIN, GERMAIN. *French Impressionists in the Louvre*, 1958
BØE, ALF. *From Gothic Revival to Functional Form*, 1957
CABANNE, PIERRE. *Edgar Degas*, 1958
CHASSÉ, CHARLES. *Le Mouvement Symboliste*, 1947
CLARK, KENNETH. *Landscape into Art*, 1949, 1956
CURTIUS, ERNST ROBERT. *European Literature and the Latin Middle Ages*, 1948, 1953
DAULTE, FRANÇOIS. *Frédéric Bazille et Son Temps*, 1952
DORIVAL, BERNARD. *Les Étapes de la Peinture Française Contemporaine*, 1943-46
DORIVAL, BERNARD. *Les Peintres du XXe Siècle*, 1957
DURET, THÉODORE. *Manet and the French Impressionists*, 1910
FOCILLON, HENRI. *La Peinture au XIXe Siècle*, 1927
FOCILLON, HENRI. *La Peinture aux XIXe et XXe Siècles*, 1928
Formes de l'Art, Formes de l'Esprit, 1951
FRANCASTEL, PIERRE. *Art et Technique aux XIXe et XXe Siècles*, 1956
FRANCASTEL, PIERRE. *L'Impressionisme*, 1937
FRANCASTEL, PIERRE. *Nouveau Dessein, Nouvelle Peinture*, 1946
FRIEDLAENDER, WALTER. *David to Delacroix*, 1952
FRY, ROGER. *Characteristics of French Art*, 1932
GAUNT, WILLIAM. *The Aesthetic Adventure*, 1945, 1957
GAUSS, CHARLES EDWARD. *Aesthetic Theories of French Artists*, 1949
GOLDWATER, ROBERT. *Gauguin*, 1957
HITCHCOCK, HENRY-RUSSELL. *Architecture: 19th and 20th Centuries*, 1958
HITCHCOCK, HENRY-RUSSELL. *Early Victorian Architecture in Britain*, 1954
HOCKE, GUSTAV RENÉ. "Manier und Manie in der Europaeischen Kunst", *Merkur*, junho, 1956

HOCKE, GUSTAV RENÉ. "Ueber Manierismus in Tradition und Moderne", *Merkur*, abril, 1956
HOPE, HENRY R. Sources of Art Nouveau (Tese apresentada à Universidade de Harvard), 1943
HUMBERT, AGNÈS. *Les Nabis et Leur Époque*, 1954
HUNTER, SAM. *Modern French Painting*, 1956
IRONSIDE, ROBIN. *Pre-Raphaelite Painters*, 1948
JOHNSON, LINCOLN F., JR. *Toulouse-Lautrec, the Symbolists, and Symbolism* (Tese apresentada à Universidade de Harvard), 1956
JONES, HOWARD MUMFORD. "The Pre-Raphaelites", *The Victorian Poets*, 1956
KERMODE, FRANK. *The Romantic Image*, 1957
LENNING, HENRY F. *The Art Nouveau*, 1951
LETHÈVE, JACQUES. *Impressionistes et Symbolistes Devant la Presse*, 1959
MADSEN, STEPHAN TSCHUDI. *Sources of Art Nouveau*, 1955
MARTINO, PIERRE. *Parnasse et Symbolisme*, 1954
MINER, EARL. *The Japanese Tradition in British and American Literature*, 1958
MOSER, RUTH. *L'Impressionisme Français*, 1952
PEVSNER, NIKOLAUS. *Academies of Art*, 1940
PEVSNER, NIKOLAUS. *Pioneers of the Modern Movement*, 1936
RAMSAY, WARREN. *Jules Laforgue and the Ironic Inheritance*, 1953
REWALD, JOHN. *History of Impressionism*, 1946
REWALD, JOHN. *Post-Impressionism*, n.d.
SCHEFFLER, KARL. *Das Phaenomen der Kunst*, 1952
SCHEFFLER, KARL. *Verwandlungen des Barocks*, 1947
SCHMALENBACH, FRITZ. *Jugendstil*, 1934
SCHMUTZLER, ROBERT. "The English Origins of Art Nouveau", *Architectural Review*, CXVII, 1955, 108-116
SHIRLEY, ANDREW. *John Constable*, 1944
VAN LIER, HENRI. *Les Arts de l'Espace*, 1959
VENTURI, LIONELLO. *Impressionists and Symbolists*, 1950
VENTURI, LIONELLO. *Modern Painters*, 1947
VALLIS, ANNE ARMSTRONG. "Symbolist Painters of 1890", *Marsyas*, 1941, 117-152

CUBISMO

ALVAREZ, ALFRED. *The Shaping Spirit*, 1958
APOLLINAIRE, GUILLAUME. *The Cubist Painters*, 1913, 1944
ARNHEIM, RUDOLF. "Accident and Necessity in Art", *Journal of Aesthetics and Art Criticism*, XVI, 1957, 18-32
Arte Figurativa e Arte Astratta, 1955
BARR, ALFRED, JR. *Picasso: Fifty Years of His Art*, 1946
BRADLEY, F. H. *Appearance and Reality*, 1893, 1902
BRAQUE, GEORGES. "Pensées sur l'Art", *Confluences*, maio, 1945, 339-342
BRION, MARCEL. *L'Art Abstrait*, 1956
BRU, CHARLES-PIERRE. *Esthétique de l'Abstraction*, 1955
DORIVAL, BERNARD. *Les Étapes de la Peinture Française Contemporaine*, 1943-46
DORIVAL, BERNARD. *Les Peintres du XXe Siècle*, 1957
DORNER, ALEXANDER. *The Way Beyond "Art"*, 1947
EISENSTEIN, SERGEI. *Film Form*, 1949
EISENSTEIN, SERGEI. *Film Sense*, 1942
ERNST, MAX. *Beyond Painting*, 1948
ESCHOLIER, RAYMOND. *La Peinture Française: XXe Siècle*, 1937
GIEURE, MAURICE. *G. Braque*, 1956
GIEURE, MAURICE. *Initiation à l'Oeuvre de Picasso*, 1951
GLEIZES, A. e METZINGER, J. *Du Cubisme*, 1912, 1947
GRAY, CHRISTOPHER. *Cubist Aesthetic Theories*, 1953
JAMMER, MAX. *Concepts of Force*, 1957
JAMMER, MAX. *Concepts of Space*, 1954
JUDKINS, WINTHROP. "Toward a Reinterpretation of Cubism", *Art Bulletin*, XXX, dezembro, 1948, 270-78
KAHNWEILER, DANIEL-HENRY. *Juan Gris*, 1947, 1948
KAHNWEILER, DANIEL-HENRY. *The Rise of Cubism*, 1949
KEPES, GYORGY. *The New Landscape*, 1956
LE CORBUSIER (CHARLES-ÉDOUARD JEANNERET-GRIS). *The New World of Space*, 1948
LHOTE, ANDRÉ. *La Peinture Liberée*, 1956
LHOTE, ANDRÉ. *Theory of Figure Painting*, 1954
LIVINGSTONE, LEON. "Ortega y Gasset's Philosophy of Art", *PMLA*, LXVII, 1952, 609-55
MALRAUX, ANDRÉ. *Esquisse d'une Psychologie du Cinema*, 1946
MARCH, HAROLD. *Gide and the Hound of Heaven*, 1952
MATTHIESSEN, F. O. *The Achievement of T. S. Eliot*, 1958
MOHOLY-NAGY, LASZLO. *Vision in Motion*, 1947
MONDRIAN, PIET. "Natural Reality and Abstract Reality", in *Piet Mondrian*, ed. Michel Seuphor, 1957
MONDRIAN, PIET. *Plastic Art and Pure Plastic Art*, 1945
OZENFANT, AMADÉE. *Foundations of Modern Art*, 1931, 1952
PAULHAN, JEAN. "Braque, le Patron", *Horizon*, XI, maio, 1945, 329-39
PEREIRA, I. RICE. *The Nature of Space*, 1956
SALMON, ANDRÉ. *La Jeune Peinture Française*, 1912
SEUPHOR, MICHEL. *Dictionary of Abstract Painting*, 1957
SHATTUCK, ROGER. *The Banquet Years*, 1958
STEIN, GERTRUDE. *Lectures in America*, 1935, 1957
STEIN, GERTRUDE. *Picasso*, 1938, 1939
Témoignages Pour l'Art Abstrait, 1952
VENTURI, LIONELLO. *Four Steps Toward Modern Art*, 1956
WHITEHEAD, ALFRED NORTH. *Essays in Science and Philosophy*, 1947
WHITEHEAD, ALFRED NORTH. *Science and the Modern World*, 1925

Coleção Stylus

1. *O Modernismo*, Org. Affonso Ávila.
2. *O Maneirismo*, Arnold Hauser.
3. *O Romantismo*, Org. J. Guinsburg.
4. *Do Rococó ao Cubismo*, Wylie Sypher.
5. *O Simbolismo*, Anna Balakian.
6. *O Grotesco*, Wolfgang Kayser.
7. *Renascença e Barroco*, Heinrich Wölfflin.